运营与供应链管理系列

运营管理

主编　范体军

副主编　李淑霞　常香云　吴一帆

科学出版社

北　京

内 容 简 介

运营管理是一门实践性很强的学科，涉及管理学和运筹学等，是多门学科知识的综合应用。本书的内容共分 14 章，按四部分进行结构组织，即绪论和运营战略、运营系统设计、运营系统运行、运营系统维护和改进。其特点主要在于：（1）内容新颖，信息量大，国内外最新研究动态被有机地穿插于有关章节中；（2）将运营管理丰富的内容从运营战略、运营设计、运营运行和运营系统维护视角组织起来，内容丰富，体系合理、完整；（3）侧重企业生产的实际运作，结合案例分析，具有很强的现实性和可操作性。

本书既可作为高等院校信息管理与信息系统、工程管理、物流管理、工商管理、人力资源管理、市场营销等管理类各专业学生的教材，也可供高职高专相关专业教学使用。

图书在版编目（CIP）数据

运营管理 / 范体军主编. —北京：科学出版社，2022.5

（运营与供应链管理系列）

ISBN 978-7-03-067834-8

Ⅰ. ①运…　Ⅱ. ①范…　Ⅲ. ①企业管理—运营管理—高等学校—教材　Ⅳ. ①F273

中国版本图书馆 CIP 数据核字（2021）第 003762 号

责任编辑：郝　静 / 责任校对：贾伟娟
责任印制：赵　博 / 封面设计：蓝正设计

科 学 出 版 社 出版
北京东黄城根北街 16 号
邮政编码：100717
http://www.sciencep.com
北京厚诚则铭印刷科技有限公司印刷
科学出版社发行　各地新华书店经销
*
2022 年 5 月第 一 版　开本：787×1092　1/16
2025 年 1 月第三次印刷　印张：22
字数：510 000
定价：68.00 元
（如有印装质量问题，我社负责调换）

前　言

随着物联网、云计算、大数据、移动互联网等新一代信息技术的不断发展，互联网加速向制造和服务行业渗透，新业态、新模式、新产业不断涌现。电子商务、网络零售、快递配送等新业态快速发展，正改变着顾客的消费方式，顾客消费呈现个性化和多样化。同时，全球政治经济和社会环境的巨大变化，特别是地球资源消耗不断加速，全球生态环境危机加剧，全球气候剧烈变化，这些都导致企业所处整个市场环境的不确定性大大增加，这样的环境变化不断推动着企业运营管理的变革。在这种环境中，有些企业因抱守传统的运营模式而濒临破产，却总有企业经营得非常出色。编写本书的目的就是告诉读者如何通过运营管理来创造企业的竞争优势。

从生命周期角度，运营管理主要包括运营系统的设计、运营系统的运行和运营系统的维护。运营系统的设计包括产品或服务的选择和设计、运营设施的选址、运营设施布置、服务交付系统设计和工作设计。运营系统的设计对其运行有先天性的影响，设计质量的好坏直接影响运营系统的运行。运营系统的运行主要涉及生产计划与控制，需要在需求预测前提下，决策生产什么、生产多少和何时生产的计划问题以及如何保证按计划完成任务的控制问题。运营系统的维护主要涉及设备和设施的维护管理，其目标就是优化使用设备和设施这样的有形资产，使企业获得最大的投资回报。

全书共分14章，按四部分进行结构组织。第一部分为绪论和运营战略，第二部分为运营系统设计，第三部分为运营系统运行，第四部分为运营系统维护和改进。第一部分包括第1、2章，介绍运营管理的概述以及运营战略。第二部分包括第3~5章，主要介绍企业运营流程、生产/服务系统的设施选址与设施布置以及新产品开发。第三部分包括第6~11章，主要介绍需求预测、综合生产计划、库存管理、企业资源计划、作业计划与控制以及供应链管理。第四部分包括第12~14章，主要介绍设备管理与运维，精益生产以及质量管理。

本书的特点：①内容丰富，信息量大，国内外最新研究动态有机地穿插于有关章节中；②将运营管理丰富的内容从运营战略、运营设计、运营运行和运营系统维护视角组织选材，内容丰富、体系合理、完整；③侧重企业生产和服务的实际运作，结合案例分析，具有很强的现实性和可操作性。

本书相关电子课件将免费提供给采用本书作为教材的院校使用。

全书结构由范体军确定，第1、2、4、7、13章的内容由范体军编写。第3、5、6、10、12章由李淑霞编写。第9、11章由常香云编写。第8、14章由吴一帆编写。博士研究生宋杨、陈婧怡和徐畅参加了资料和文稿的整理工作。

由于水平有限，书中难免存在不妥之处，敬请读者批评指正。

目　　录

第四部分　运营系统维护和改进

第一部分

绪论和运营战略

第1章

绪　论

引导案例

1998 年 6 月 18 日，京东公司（简称京东）在北京中关村成立。2004 年 1 月，京东开辟电子商务领域的创业实验田，京东多媒体网正式开通。2007 年 6 月，成功改版后，京东多媒体网正式更名为京东商城，以全新的面貌屹立于国内 B2C（企业对消费者，business to customer）市场。2019 年，京东的市场交易额超过 2 万亿元。2020 年 8 月，京东集团第五次入榜《财富》全球 500 强，列第 102 位，位居中国零售及互联网行业第一、全球互联网行业第三。

2019 年起，京东全面发力线上＋线下的全渠道购物服务。以京东超市"物竞天择"项目为主导，拓展全渠道业务，已经成功在全国多个城市、区域建立起了完善的全品类即时消费的零售生态。截至 2020 年 5 月，共引入线下门店 5 万个，覆盖 200 个城市，超 160 个城市实现 1 小时达，打造 2 万个一小时生活圈。本地化生活服务还围绕汽车维保、买房租房、生活旅行、拍卖消费、鲜花订购等场景，高效整合全产业链资源，为消费者提供了连接线上和线下、囊括实物和服务、覆盖日常生活各方面的丰富选择，带来"商品＋服务"一体化消费体验。目前，京东汽车平台 SKU（库存量单位，stock keeping unit）数量超 1 亿个，线下合作门店近 3 万家；超过 800 家店铺入驻京东房产，"自营房产"模式开创行业先河；京东生活旅行与全球百余家主要航空公司建立合作，销售全球数万条航线机票；京东鲜花 LBS（基于位置服务，location based service）门店 30 万家，实现全国同城 1～2 小时极速达；京东拍卖的海关拍卖连续 3 年保持全国海关合作规模及成交规模全网第一。

面对发展迅速的下沉新兴市场，京东在主站下沉的同时，推出创新业务"京喜"，并融合线上线下，以创新的社交、社群电商，为 5 亿人以上的下沉新兴市场消费者带来优价好物。京东新通路已成为贯通 1～6 线，深入 3 线及以下市场，多场景覆盖的百万用户级 B2B2C（供应商对企业对消费者，business to business to customer）智能平台。通过布局京东便利店、名酒荟、母婴生活馆等"六统一"门店，新通路持续加强线上线下的融合，升级传统中小业态，提升消费体验。"京喜"通过高质价比的好货及丰富的社交玩法，打造全域社交电商平台。2020 年已布局全国 100 个产业带，深入供应链货品源头，省去中间环节，将源头好货直接送达消费者手中。2020 年京东物流在全国运营超过 750 个仓库，包含云仓在内，运营管理的仓储总面积约为 1800 万平方米。其中，28 座大型智能化物流园区"亚洲一号"以及超过 70 座不同层级的无人仓，形成了目前亚洲规模最大的智能仓群，率先建立全球首个 5G 智能物流园区，推出络谜（LoMir）智能物流开放平台。

你认为：京东集团在零售行业获得竞争优势的源泉是什么？

****

随着物联网、云计算、大数据、移动互联网等新一代信息技术的不断发展，互联网加速向制造和服务行业渗透，新业态、新模式、新产业不断涌现。电子商务、网络零售、快递配送等新业态快速发展，正改变着顾客的消费方式，顾客消费呈现个性化和多样化。同时，全球政治经济和社会环境的巨大变化，特别是地球资源消耗不断加速，全球生态环境危机加剧，全球气候剧烈变化，这些都导致企业所处整个市场环境的不确定性大大增加。这样的环境变化不断推动着企业运营管理的变革。如美团外卖、永辉超级物种、苏宁云商和盒马鲜生等，正在探索新零售企业的多渠道或全渠道模式。希望满足消费者任何时候、任何地点、任何方式购买的需求，采取实体渠道、电子商务渠道和移动电子商务渠道整合的方式提供线上与线下的深度融合服务，提供顾客无差别的购买体验。在这种环境中，有些企业因抱守传统的运营模式而濒临破产，但总有企业经营得非常出色。

除了京东集团成功的案例，还可以看看戴尔（Dell）公司：在 20 世纪后期，制造业实现了由大规模标准化生产走向大规模敏捷定制的飞跃。最典型的案例当数戴尔模式，戴尔公司充分利用信息技术实现了大规模敏捷定制，从而一举奠定了全球 PC（个人计算机，personal computer）霸主的地位！

戴尔公司成功的秘诀是什么？也许人们说是它的直销模式。既然直销模式比分销模式能为制造企业赢得竞争优势，那为什么惠普公司、联想公司等个人计算机生产企业不采用这种模式？事实上，直销模式本身并不难，难点在于企业运营管理的支持。而滴滴出行成功的秘诀又是什么？是它的共享模式吗？同样地，麦当劳、肯德基快餐的成功运作也值得我们深思。就餐饮业而言，中国人自己开设的餐馆无论在菜肴的花色还是在口味等方面应该说更适合中国人的口味，但为什么没有一家餐馆能经营成它们这样的规模？很重要的一点是麦当劳、肯德基快餐的标准化服务，它们将制造业的大批量、标准化生产原理应用于服务业，使其服务质量不会因地点、区域等改变而变化，其基础是运营管理的支持。

企业运营管理能力的增强无疑能提高企业的竞争能力，获得竞争优势。

1.1　运营管理在企业中的地位

在企业的运营活动中，运营、理财和营销是企业最基本的活动。运营涉及企业输入转化为输出的过程；理财是为组织筹措资金并合理地运用资金的过程，包括投资、融资和资金的合理利用；营销则是发现与发掘顾客需求的过程，包括挖掘顾客需求、合理定价和广告促销等。可见，运营是企业职能中最重要的职能活动之一。

图 1-1 简单描述了制造企业的运营、财务会计和市场营销的职能。制造企业的运营活

动包括生产设施的建设和维护、生产与库存控制、质量保证与控制、采购、制造、产品开发与设计等。财务会计包括财务现金管理、股票发行、会计应收应付账款和总账等；市场营销主要包括促销、广告、销售和市场研究等。

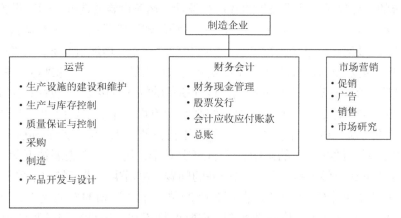

图 1-1 制造企业的运营职能

图 1-2 简单描述了网约车平台公司的运营、财务/会计和市场营销的职能。网约车平台公司的运营职能包括用户服务、车主管理、平台运营等；财务/会计则包括现金控制和国际汇兑、应收应付账款等；市场营销则包括用户研究、定价补贴、广告推广等。

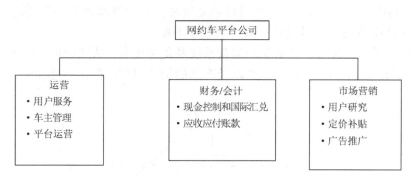

图 1-2 网约车平台公司的运营职能

1.2 运营管理的目标及基本内容

1. 运营管理的目标

运营管理是对一切社会组织利用资源将输入转化为输出过程的管理。运营管理所追求的目标就是高效、灵活、准时、清洁地生产合格的产品和提供满意的服务，其目标体现了 CQSTE 五方面的特征，即低成本（cost，C）、合格质量（quality，Q）、满意的服务（service，S）、准时性（time，T）和清洁生产（environment，E）。

2. 运营管理的基本内容

从运营系统的整个生命周期角度，运营管理主要包括三方面内容：运营系统的设计、运营系统的运行和运营系统的维护。

运营系统的设计包括产品或服务的选择和设计、运营设施的选址、运营设施布置、服务交付系统设计和工作设计。运营系统的设计一般在设施建造阶段进行，但在运营系统的生命周期内，不可避免地要对运营系统进行更新，包括扩建新设施、增加新设备，或者由于产品和服务的变化，需要对运营设施进行调整和重新布置，在这种情况下，都会遇到运营系统设计问题。运营系统的设计对其运行有先天性的影响，设计质量的好坏直接影响运营系统的运行。

运营系统的运行主要涉及生产计划与控制两个方面。计划主要解决生产什么、生产多少和何时出产的问题，包括预测对本企业产品和服务的需求，确定产品和服务的品种与产量，编制生产计划，做好资源的组织，人员班次安排，统计生产进展情况等。

控制主要解决如何保证按计划完成任务的问题，包括生产进度控制、采购程序控制和库存控制等。生产进度控制的目的是保证各生产单元生产计划的按期完工，产品按期装配和出产。采购程序控制包括对战略性物资、重要性物资和一般性物资的采购审批控制程序等。库存控制包括对原材料库存、在制品库存和成品库存的控制。如何以最低的库存保证供应，是库存控制的主要目标。

运营系统的维护主要涉及设备和设施的维护管理。特别对于一些资产密集型的企业，如石油化工、电力和航空等行业，设备和设施的运行维护效率直接决定企业的竞争能力与经济效益。因此，运营系统维护的目标就是优化使用设备和设施等资产，使企业获得最大的投资回报。具体地，运营系统维护的目标就是提高资产的维修效率，增加资产的可靠性，降低资产的总体维修成本，尽量延长资产的使用寿命。

图 1-3 展示了一个典型制造企业的运营系统及相关要素。从图中可以看出，整个系统的运营包括原材料的采购、产品的生产以及产品的销售过程。在这一过程中，运营的核心

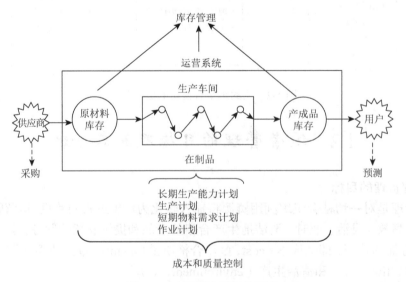

图 1-3　运营系统及相关要素

是运营计划。运营计划包括长期生产能力计划、生产计划、短期物料需求计划和作业计划，它体现出运营计划的层次性，即长期计划、中期计划和短期计划。该计划决定了运营系统生产什么、生产多少和什么时间生产等要素。运营系统的重点内容是库存管理问题。库存问题不仅包括原材料的库存，还包括在制品库存和产成品库存。除此之外，成本和质量管理又贯穿于运营的始终。

1.3 运营管理的概念及分类

1.3.1 运营概念

运营（operation）的概念最早来自生产（production）的概念，是在生产的概念基础上发展起来的。生产是一个产品的制造过程，而运营是与生产产品或提供优质服务直接关联的一组活动，包括产品制造过程和提供服务的过程，也称生产运营或生产运作。

运营概念的发展与服务业兴起有直接关系。图 1-4 显示了中国 2000～2018 年三大产业的就业分布情况。从图中可以看出，2011 年，第三产业（即服务业）就业占据就业榜首，并且此后一直超过第一产业和第二产业。不仅是中国，整个世界的服务业发展也遵循同样的趋势。

目前，服务业正在蓬勃发展，出现了如个人服务、社会服务、商贸服务、金融服务、通信服务和交通服务等。更重要的是许多制造企业走上了制造与服务并举的道路，服务在其产品价值中的比重也越来越高，制造业中越来越多的人从事服务工作。

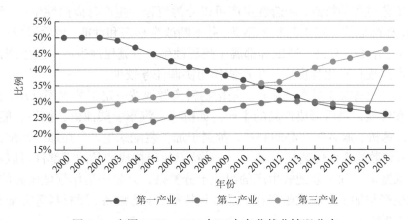

图 1-4 中国 2000～2018 年三大产业就业情况分布

在这种情况下，如何来定义运营呢？运营是一切社会组织利用资源将输入转化为输出的过程。输入可以是原材料、顾客、劳动力以及机器设备等资源。输出的是有形的产品和无形的服务。输入不同于输出，这就需要转化。典型的运营转化的过程有：物理过程（如制造）、位置移动过程（如运输）、交易过程（如零售）、生理过程（如医疗保健）、信息过程（如电信）。

表 1-1 列出了典型社会组织的主要输入、转化和主要输出。

表 1-1　典型社会组织的主要输入、转化和主要输出

社会组织	主要输入	转化	主要输出
医院	患者	诊断与治疗	恢复健康的人
工厂	原材料	加工制造	产品
物流公司	甲地的物资	位移	乙地的物资
餐厅	饥饿的顾客	提供精美的食物、舒适的环境	满意的顾客
大学	高中毕业生	教学	高级专门人才
咨询站	情况、问题	咨询	建议及解决方案

1.3.2　运营的分类

不同形式的生产运作系统在运营方式上存在较大差异，因此有必要对生产进行分类。按输出物的性质，可以将生产分为制造性生产和服务性生产。

1. 制造性生产

制造性生产是通过物理或化学作用将有形输入转化为有形输出的过程。例如，汽车制造、钢铁冶炼、石油化工和啤酒生产等都属于制造性生产。

1）流程性生产与离散性生产

按生产工艺过程的特点，制造性生产可以分为流程性生产与离散性生产。流程性生产是物料均匀、连续地按一定工艺顺序移动，并不断改变形态和性能，最后形成产品的生产，如炼油、化工、冶金、食品、造纸等都属于流程性生产。流程性生产一般生产设施地理位置集中，生产过程自动化程度高，生产协作与协调任务较少。

离散性生产也称加工装配式生产，是指物料离散地按一定工艺顺序移动，在移动中不断改变形态和性能，最后形成产品的生产。如机床、汽车、柴油机、锅炉、船舶、家具、电子设备、计算机、服装等产品的制造，都属于加工装配式生产。在加工装配式生产过程中，产品是由离散的零部件装配而成的。这种特点使得构成产品的零部件可以在不同地区甚至不同国家制造。加工装配式生产的组织十分复杂，是生产运作管理研究的重点。

流程性生产与加工装配式生产在产品市场特征、生产设备、原材料等方面有着不同的特点，如表 1-2 所示。

表 1-2　流程性生产与加工装配式生产的特征

特征	流程性生产	加工装配式生产
产品品种数	较少	较多
营销特点	依靠产品的价格与可获得性	依靠产品的特点

续表

特征	流程性生产	加工装配式生产
资本/劳动力/材料密集	资本密集	劳动力、材料密集
自动化程度	较高	较低
对设备可靠性要求	高	较低
原材料品种数	较少	较多
在制品库存	较低	较高

2）备货型生产与订货型生产

按照企业组织生产的特点，制造性生产可以分为备货型生产（make-to-stock，MTS）和订货型生产（make-to-order，MTO）两种。流程性生产一般为备货型生产，加工装配式生产既有备货型生产又有订货型生产。

备货型生产是指按已有的标准产品或产品系列进行的生产，生产的直接目的是补充成品库存，通过维持一定量成品库存来满足用户的需要。例如，流程性生产中的化肥、炼油、制皂，加工装配式生产的轴承、紧固件、小型电动机等产品的生产，都属于备货型生产。服务业的快餐也属于备货型生产。

订货型生产又称按订单制造式生产，是指按用户订单进行的生产，生产的是顾客所要求的特定产品。用户可能对产品提出各种各样的要求，经过协商和谈判，以协议或合同的形式确认对产品性能、质量、数量和交货期的要求，然后组织设计和制造。例如，锅炉、船舶等产品的生产，属于订货型生产。

备货型生产与订货型生产的特征在产品、交货期、设备、人员等方面有不同的特征，如表 1-3 所示。

表 1-3 备货型生产与订货型生产的特征

项目	备货型生产	订货型生产
产品	标准产品	按用户要求生产，无标准产品
对产品的需求	可以预测	难以预测
价格	事先确定	订货时确定
交货期	不重要，由成品库随时供货	很重要，订货时决定
设备	多采用专用高效设备	多采用通用设备
人员	专业化人员	需多种操作技能

3）单件生产、成批生产和大量生产

按生产的重复程度，制造性生产又可以分为单件生产、成批生产和大量生产。单件生产就是根据用户的特定要求组织生产或服务，如船舶制造、医疗保健等。成批生产就是品种较多、产量较大、若干种产品成批轮换生产，如目前家用电器的生产。大量生产则是大批量生产一种或少数几种标准化产品，如福特 T 型车的生产。实际生活中，绝对的单件生产和大量生产较少出现，更多的是成批生产。成批生产又可以分为单件小批生产、中批生产和大量大批生产。

2. 服务性生产

服务性生产又称为非制造性（non-manufacturing）生产，其基本特征是不制造有形产品，但有时为实现服务而必须提供有形产品。服务行业多从事劳务性生产。

1）服务性生产的分类

按照是否提供有形产品，服务性生产可以分成纯劳务服务和一般劳务服务。纯劳务服务不提供任何有形产品，如咨询、法庭辩护、指导和讲课等。一般劳务服务则提供有形产品，如批发、零售、邮政、运输、图书馆书刊借阅等。

按顾客是否参与，服务性生产可以分成顾客参与的服务性生产和顾客不参与的服务性生产。顾客参与的服务性生产如理发、保健、旅游、客运、学校、娱乐中心等，没有顾客的参与，服务不可能进行；顾客不参与的服务性生产如修理、洗衣、邮政、货运等。顾客参与的服务性生产管理较为复杂。

服务性生产可以分为商业服务（如咨询、金融、银行等）、贸易服务（如零售业、维修和保养业等）、基础设施服务（如通信业、运输业等）、社会或个人服务（如餐饮业、保健业等）以及公共管理（如教育、政府等）。

不同服务类型有不同的运作规律，服务性生产的分类有助于我们进一步深入地研究不同服务类型的内在运作规律。

2）服务性生产的特征

随着服务业的兴起，提高服务运作的效率日益引起人们的重视。然而，服务性生产的管理与制造性生产的管理有很大不同，不能把制造性生产的管理方法简单地搬到服务业中。与制造性生产相比，服务性生产有以下几个特点。

（1）服务的产出是无形的、不可储存的。对服务而言，服务过程就是产品。

（2）有顾客参与，顾客作为服务系统的输入，服务人员与顾客直接接触。

（3）生产率难以确定。

（4）质量标准难以建立。

（5）服务管理具有服务运作和服务营销双重职能。

（6）有形的产品和无形的服务很难区分，产品往往伴随有服务，服务的同时有物品的提供。

1.4　运营管理的发展历程

按时间发展的先后顺序，运营管理的发展历程如表1-4所示。

表 1-4　运营管理的发展历程

年代	理论	创始人
1776	劳动分工（division of labor）	亚当·斯密
1910s	科学管理（scientific management）	泰勒
	工作研究（industrial psychology）	吉尔布雷斯夫妇
	甘特图	甘特
	装配流水线（moving assembly line）	福特
	经济批量模型（economic lot size）	哈里斯
1930s	质量控制（quality control）	道奇等
	人际关系学（hawthorne study）	梅奥
1940s	运筹学（operations research）	丹齐格、运筹学研究小组
1950-60s	运筹学的进一步发展	
	生产管理领域的形成（OM's emergence as a field）	布曼和怀特
1970s	计算机在企业中的应用	奥里克和怀特
	服务质量与生产率（service quality and productivity）	麦当劳餐厅
1980s	制造战略	哈佛商学院
	准时生产制等	丰田公司、戴明、朱兰
1990s	全面质量管理与质量认证（total quality management and quality certification）	ISO9000
	业务流程再造（business process reengineering）	哈默
	精益生产（lean production）	
	供应链管理（supply chain management）	
	敏捷制造（agile manufacturing）	里海大学
2000s	电子商务	
2010s	全渠道、共享平台运营	

　　运营管理最早可以追溯到 1776 年的亚当·斯密的劳动分工，但最早将科学的方法用于生产管理的则是 20 世纪 10 年代的泰勒。与泰勒同时代的吉尔布雷斯夫妇专门从事工作研究，甘特则发明了至今仍广泛使用的编制作业计划的甘特图，哈里斯提出了用于库存控制的经济批量模型。真正将劳动分工用到极致的是亨利·福特，他通过劳动分工创造了大量生产的奇迹，使汽车进入美国普通老百姓家庭，改变了美国人的生活方式。

　　20 世纪 30 年代，道奇等首先将统计理论用于生产管理中的质量检验和质量控制，而梅奥则根据霍桑实验提出人际关系学说，为运营管理注入了新的元素。

20 世纪 40 年代，丹齐格提出了线性规划的单纯形法，运筹学研究小组继续发展了数学规划的研究，现在数学规划广泛应用于运营管理的建模和决策中。

20 世纪 50 年代和 60 年代，运筹学得到了进一步发展，众多数学家、心理学家和经济学家相继提出了如数学规划、对策论和排队论等各种数学模型，促成了运筹学的创立和发展，并将运筹学运用于运营管理领域。但运营管理作为一门学科则是 1957 年的布曼和怀特的《生产与运作管理分析》著作出版以及 1961 年布法的《现代生产管理》著作面世。

20 世纪 70 年代，IBM（国际商业机器，International Business Machines）公司的奥里克和怀特将计算机应用于企业的运营管理，特别地，他们是 MRP（物资需求计划，material requirement planning）的革新者。同时，麦当劳将生产制造业的理念运用到服务业，通过标准化大量生产大幅度地提高了服务质量和劳动生产率，至今仍被誉为将生产制造业的理念运用到服务业的典范。

20 世纪 80 年代，哈佛商学院的研究人员开发出制造战略模式，强调制造业的生产能力能够作为战略竞争的因素，其核心是集中制造和均衡制造。同时，日本制造业的崛起，引起了人们的广泛关注。其一是强调保持最小的零部件存货、把零部件及时按需送达生产现场进行准时生产（just in time，JIT）的生产模式；其二是强调这种思想与全面质量控制的结合。全面质量控制通过美国质量管理专家戴明和朱兰引入，强调全员参与，持续改进。这时的日本制造业以其高质量、低成本而获得强大的竞争优势。

20 世纪 90 年代，运营管理中全面质量管理（total quality management，TQM）得到发展，国际标准化组织颁布的 ISO9000 认证体系在全球制造业的质量标准制定中发挥重要的作用。同时，在这一时期，出现业务流程再造（business process reengineering，BPR）、精益生产、供应链管理和敏捷制造等理论。精益生产（lean production，LP）是指对一切资源的占用少，对一切资源的利用率高。它是美国麻省理工学院国际汽车项目组的研究者给日本汽车工业的生产方式取的名称。精益生产只需要一半的人员、一半的生产场地、一半的投资、一半的工程设计时间、一半新产品开发和少得多的库存，就能生产出质量更高、品种更多的产品。精益生产已广泛应用于汽车制造行业，取得了良好的效果。在此基础上，丹尼尔从价值链角度提出了"精益思想"，其核心是消除浪费。

从 20 世纪 80 年代中后期开始，由于企业所处环境的不确定性，为了赢得竞争优势，任何企业都只能在某一方面拥有一定时间的优势，为此许多企业将原有的非核心业务外包（outsourcing）出去，自己集中资源发展核心能力，选择在设计工艺、原料供应、毛坯制造、零部件加工、产品装配、包装和运输等各个环节最有优势的企业进行合作，构成一条从供应商、制造商、分销商到最终用户的物流和信息流网络，这就是供应链。供应链管理是借助信息技术（information technology，IT）和管理技术，将供应链上业务伙伴的业务流程相互集成，从而有效地管理从原材料采购、产品制造、分销，到交付给最终用户的全过程，在提高顾客满意度的同时，降低整个系统的成本、提高各企业的效益。供应链使链上的企业专注于自己的核心能力的发展，各个企业发挥优势，从而使供应链企业有更强整体竞争力。

20 世纪 80 年代后期，日本制造业的崛起引起美国的关注，但学习日本的精益生产方式效果却不理想。于是，1991 年美国国会要为国防部拟定一个较长期的制造技术规划，并体现工业界和国防部的共同利益，委托 Lehigh 大学的 Iacocca 研究所编写一份《21 世纪制造企业战略》报告。该大学邀请了理论界和实践界的代表，建立了以 13 家大公司为核心的，有 100 多家公司参加的联合研究组。耗费 50 万美元，花费了 7500 多人时，分析研究了美国工业界 400 多篇优秀报告，提出了敏捷制造（agile manufacturing，AM）。报告的核心建议是：由于全球性竞争使得市场变化太快，单个企业依靠自己的资源进行自我调整的速度赶不上市场变化的速度，因此，应该以虚拟企业或动态联盟为基础的敏捷制造模式来应对全球化激烈竞争的市场。

21 世纪以来，随着互联网的发展，电子商务出现，传统的交易和服务活动转为通过互联网完成。电子商务涵盖网络购物、网络营销和供应链管理等活动。常见的有以下三种模式。

（1）B2B 指的是 Business to Business，是企业与企业之间进行产品、服务及信息的交换。

（2）B2C 指的是 Business to Customer，企业为用户提供一种服务或交易方式，既节省了用户和服务提供者之间的时间与空间，也提高了交易效率。

（3）C2C 指的是 Consumer to Consumer，企业通过为用户双方提供一个交易服务平台，使用户双方完成相应服务或交易。

随着移动互联网的普及，电子商务线上渠道和传统实体企业线下渠道互相渗透、融合，企业逐步发展为多渠道或全渠道运营。全渠道是指企业尽可能多地将渠道类型进行组合和整合（跨渠道）销售的行为，以满足顾客任何时候、任何地点、任何方式购买的需求。O2O（online to offline）就是一种典型的全渠道模式，是指线上营销线上购买带动线下经营和线下消费，它将线上和线下的优势完美结合。典型的 O2O 企业有美团、饿了么等。全渠道模式有以下几种方式。

（1）线上购买，线下取货（buying-online-pick-up-in-store）。消费者通过网络、移动 APP（应用程序，application）等平台下单，下单成功可在线下实体店铺或者前置仓自提购买的产品。

（2）线上购买，即时配送（buying-online-deliver-to-home）。消费者通过网站、移动 APP 等平台下单，由商家从就近的前置仓进行快速配送。相比传统的电子商务，这种模式下的配送有很高的时效要求，如美团买菜、京东到家都建立自己的前置仓，消费者下单后能在 1 小时内收到产品。

（3）线下体验，线上购买（showroom）。消费者通过实体体验店铺了解产品，之后采用计算机或手机线上下单，产品将采用快递配送的方式交予消费者，如华为、小米的体验店。

随着一系列实物共享平台的出现，共享开始从纯粹的无偿分享、信息分享，走向以获得一定报酬为主要目的，基于陌生人且存在物品使用权暂时转移的共享经济。共享经济平台的出现，在供应端帮助个体劳动解决办公场地（WeWork 模式）、资金的问题，在需求端帮助企业解决集客的问题。同时，平台的集客效应促使单个的企业可以更好地专注于提供优质的产品或服务。共享经济平台是一种虚拟或真实的交易场所，它本身不生产产品，但可以促成双方或多方供求之间的交易，收取恰当的费用或赚取差价而获得收益。

共享平台运营一种基于数字技术，由数据驱动、平台支撑、网络协同的功能活动单元所构成的平台系统。通过平台整合线下的闲散物品或服务者等资源，以较低的价格提供产品或服务。对于供给方来说，通过在特定时间内让渡资源的使用权或提供服务，来获得一定的回报；对需求方而言，不直接拥有资源，而是通过租、借等共享的方式使用资源。以滴滴快车为例，不少私家车主注册成为平台司机，提供短途出行客运服务。这些司机有自己的工作，但在自己的非工作时间，从事兼职工作，利用平台接单，提供客运服务。这样一来，滴滴的共享平台模式让需要用车的消费者能够获得的出行资源增加，且出行成本低，下单便捷。与此同时，私家车每天跑在路上的时间延长，大大降低了私家车在时间上的闲置，为私家车主提供了额外的收益。

1.5　新形势下运营管理面临的挑战

1.5.1　运营管理面临的形势

1. 经济全球化

21 世纪，随着全球经济的一体化，越来越多的行业已经演化为全球性行业。经济全球化给企业运作带来了挑战。在这种环境下，买方市场范围扩大，过剩能力增强，导致竞争加剧，许多公司出现生存危机；产品的生命周期越来越短，研究开发费用越来越高。

同时，经济全球化给企业运作带来了机遇。企业可以权衡成本、收益、风险等因素在世界任何地点选择厂址投资建设工厂，企业生产的产品不仅为制造它的本地人们所享用，同时也能满足全球各个角落的需要。通信与信息技术和互联网正迅速缩短国家之间的距离，打破国家在时间、空间上的约束，使得全球化运营的企业能够将其计划决策实时地传递到世界各地的分公司。全天候网上订单以及实时通存通兑使得企业销售信息和财务不存在地域限制。经济的全球化使企业的竞争转向高技术行业和高附加值产品的生产，竞争重点由制造领域向服务业和技术创新领域转移，竞争者之间由竞争走向联合。

与此同时，以中国为引领的新兴经济体成为新一轮全球化的重要推动力。随着中美关系的不断紧张升级，美国以及部分西方发达国家在全球化上回缩，纷纷提出要重塑相对独立的经济体系，掀起了逆全球化思潮。面对这种情况，企业运营不仅需要考虑全球化趋势，也要考虑逆全球化思潮下不同国家与地区的贸易政策。

2. 环境问题

制造业是国民经济的支柱产业，它在将制造资源转变为产品的过程，以及产品的使用过程和废弃处理过程中，一方面消耗大量人类社会有限的资源，另一方面造成环境污染，是当前环境污染问题的主要根源。

据统计，造成全球环境污染的排放物 70%以上来自制造业。人们过度燃烧石油、煤炭等化石燃料,产生了大量的二氧化碳等温室气体,这些温室气体使地球温度上升,造成全球变暖。根据 IPCC(政府间气候变化专门委员会,The Intergovernmental Panel on Climate Change)第五次报告,1880~2012 年,全球海陆表面平均温度呈线性上升的趋势,升高了 0.85℃,2003~2012 年平均温度比 1850~1900 年平均温度上升了 0.78℃。2018 年 10 月,IPCC 在韩国仁川发布新报告称,将全球变暖控制在工业化前水平以上 1.5℃是一项艰巨的任务,地球升温超过 1.5℃乃至 2℃,可能会产生可怕后果。

全球变暖将对人类赖以生存的环境产生巨大的影响。一方面,全球变暖会引起缓发性海洋灾害,引起海水膨胀、海洋变暖,导致海平面上升、冰川融化等。另一方面,全球变暖容易发生洪涝、干旱等自然灾害,从而影响人类生存的自然环境。

在这种情况下,企业必须关注环境问题,肩负起一定的社会责任,进行绿色制造和生态供应链的运作。可喜的是,目前很多企业的绿色制造、低碳供应链和生态供应链已不仅仅停留在概念阶段,已经开始付诸行动。

3. 新一代信息技术

当今世界正处于新一轮科技革命的孕育期,以大数据、物联网、区块链等为代表的新一代信息技术蓬勃发展。新一代信息技术的发展深刻影响传统生产模式,催生其与供应链企业运营的深度融合,进而带来企业运营管理的全新挑战。

大数据是一种规模庞大,在获取、存储、管理、分析方面远远超出传统数据库软件工具能力范围的数据集合,具有海量的数据规模(volume)、快速的数据流转(velocity)、多样的数据类型(variety)和价值密度低(value)四大特征(4V)。大数据技术的战略意义在于对这些含有意义的数据进行专业化处理,包括大规模并行处理(massively parallel processing,MPP)数据库、数据挖掘、分布式文件系统、分布式数据库、云计算平台、互联网和可扩展的存储系统。随着大数据技术的飞速发展,大数据应用已经融入制造服务等多个行业。例如,在中石化(中国石油化工集团公司)燕山石化工厂,生产线上应用了大数据技术结合振动分析技术的设备全生命周期预知维修系统。设备全生命周期预知维修系统构建了基于规则的故障诊断、基于案例的故障诊断、设备状态劣化趋势预测、部件剩余寿命预测等应用。根据每天的生产数据,系统能够针对每个设备的每个测点给出符合当前工况的报警阈值,给出设备故障诊断和预测结果。服务行业的大数据应用则更为广泛,如 Oracle 公司针对金融行业开发了全面涵盖互联网实时资讯分析的市场心理指数和新闻分析产品,实时采集 5 万个新闻站点和 400 万个社交媒体网站的信息,进行自然语言处理,通过金融学模型的多维度测量标准,全面评估市场情绪,形成可操作的结论,帮助金融机构及时修正投资战略,准确把握交易时机。

物联网(Internet of things,IoT)即万物相连的互联网,是互联网基础上的延伸和扩展的网络,将各种信息传感设备与互联网结合起来而形成的一个巨大网络,实现在任何时间、任何地点,人、机、物的互联互通。物联网的三层架构包括感知层、网络层、应用层,其核心和基础仍是互联网,是在互联网基础上延伸和扩展至任何物品之间,进行信息交换和通信。物联网的应用领域涉及方方面面,在工业、农业等制造行业和交通、物流等服务行业广泛应用,有效地推动了这些领域的智能化发展,使得有限的资源更加合理地使用分配,从而提高了各个行业效率和效益。例如,在智能交通方面,高速路口设置道路自动收费系统（electronic toll collection，ETC）即应用了物联网技术，车辆节约了进出口的取卡和还卡时间，提升车辆的通行效率。在智能家居方面，通过顾客端实现智能灯泡的开关、调控灯泡的亮度和颜色等；智能插座可通过遥控插座实现定时通断电流，甚至可以监测设备用电情况，生成用电图表，安排资源使用及开支预算。

自从比特币受到人们的热捧，人们开始关注其背后的区块链技术。区块链是一个开放、分布式的分类账，它能够有效地、永久性地记录双方之间的交易，呈现为可扩展的链式结构。每笔交易数据都会根据时间顺序加密到区块中，并用于生成下一个区块加密哈希值。区块链技术具有包括去中心化、开放性、独立性、安全性、匿名性、不可逆性在内的一系列优点。区块链技术带来了一个全新的世界，所有形式的交易都被嵌入数字代码中，通过分布式核算和存储，实现信息验证、传递和管理，无须人为干预，并受到保护，避免被随意删除、篡改和修改的可能，同时，任何人可以通过公开的接口查询区块链数据和开发相关应用。在不对称、不确定和不安全的环境中使用算法证明机制，区块链技术可以完美地塑造信任机制。鉴于这项颠覆性技术的前景，食品医药、汽车制造、石油化工等制造行业，以及金融服务、交通运输、供应链管理等服务行业，已开始积极通过拥抱区块链来发掘自身的巨大潜力，从而获得竞争优势。目前，区块链技术在食品医药行业引起了全球各国的重视，成立了食品药品区块链国际联盟，汇集全球顶级科技力量，致力于实现食品药品研发、生产，到流通、消费各个环节的全球数字化、智能化监管以及全方位的社会监督，从而保障全球人民的产品使用安全，有益于全球人民的生活质量和生命健康。

1.5.2　运营管理的发展趋势

1. 大量定制生产

个性化生产和标准化生产是两种不同的生产方式。个性化生产满足了顾客的个性化需求，但效率低、成本高；标准化生产可以实行大量生产，从而实现了高效率和低成本。那么，如何以大量生产的效率和成本，生产个性化的产品？为实现以大量生产的效率和成本生产个性化产品，产生了大量定制生产方式。

1993年，派恩在《大规模定制：企业竞争的新前沿》一书中写道："大规模定制的核心是产品品种的多样化和定制化急剧增加，而不相应增加成本；个性化定制产品的大规模生产，其最大优点是提供战略优势和经济价值。"

尽管多样化生产是在从大量生产向大量定制生产转变过程中出现的，但它只是提供顾客更多的选择。如制鞋厂生产出不同标准尺码（37码、38码等）的皮鞋以满足顾客的多样化的要求，但很少提供非标准尺码（如37.5码）的皮鞋。

大量定制生产的关键是如何变顾客个性化的产品为标准化的模块。假设一家计算机公司生产四种不同类型的中央处理器、三种不同类型的输入/输出装置，以及两种不同类型的打印机。对顾客来说，虽然这家计算机公司只生产9种（4+3+2）标准化组件，却可以为顾客提供24种（4×3×2）不同的计算机组装方案。

那么，这种生产方式是如何运作的呢？

假定生产制造方式可以划分为产品设计、原材料采购、零部件加工和产品组装几个典型的生产阶段，如图1-5所示。为了兼顾顾客个性化要求和生产过程的效率，可以将个性化生产和标准化生产进行组合，形成不同的生产方式。其关键是确定响应顾客需求定制生产的转换点，即顾客订单分离点（customer order de-coupling point，CODP），见图中的"△"符号。按照顾客需求对企业生产活动影响程度的不同，即 CODP 在生产过程中的位置不同，把大规模定制分为按订单销售（sale-to-order，STO）、按订单装配（assemble-to-order，ATO）、按订单制造（make-to-order，MTO 或 fabrication-to-order，FTO）、按订单采购（purchase-to-order，PTO）和按订单设计（engineer-to-order，ETO）五种类型。当顾客可选择的只是标准化产品时，称为按订单销售（STO），这一生产方式实质上是标准化生产，按库存生产（make-to-stock）。当 CODP 左移时，意味着顾客的选择多一些，即按订单装配（ATO）。企业是在接到顾客订单后，将企业中已有的零部件经过再配置后向顾客提供定制产品的生产方式，如模块化的汽车、个人计算机等，在这种生产方式中，装配活动及其下游的活动是由顾客订货驱动的。当 CODP 进一步左移时，意味着顾客的选择可以更多一些，个性化增强，即按订单制造（MTO）。按订单制造是指接到顾客订单后，在已有零部件的基础上进行变型设计、制造和装配，最终向顾客提供定制产品的生产方式，大部分机械产品属于此类生产方式。在这种生产方式中，CODP位于产品的生产阶段，变型设计及其下游的活动是由顾客订货驱动的。当 CODP 进一步左移到按订单采购（PTO）位置时，说明顾客可以对采购及其下游生产阶段提出特定需求，而其上游的设计阶段则是标准化设计模块。当 CODP 再左移到按订单设计（ETO）位置时，企业根据顾客订单中的特殊需求，重新设计能满足特殊需求的新零部件或整个产品。

可见，随着 CODP 的左移，顾客个性化的程度越来越高，但生产效率越来越低。因此，企业采用大量定制生产方式时必须根据自己行业的实际情况合理地确定 CODP，选择适合的大量定制生产方式。

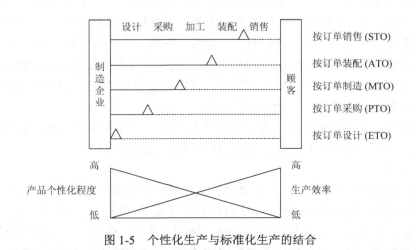

图 1-5 个性化生产与标准化生产的结合

2. 绿色制造

绿色制造也称为环境意识制造（environmentally conscious manufacturing）、面向环境的制造（manufacturing for environment）等，是一个综合考虑环境影响和资源效益的现代化制造模式。其目标是使产品从设计、制造、包装、运输、使用到报废处理的整个产品全寿命周期中，对环境的影响（负作用）最小，资源利用率最高，并使企业经济效益和社会效益协调优化。绿色制造的运作模式可用图 1-6 粗略地表示。从图中可以看出，绿色制造和传统方式相比，运作流程增加了废旧产品收集、预处理、再制造、包装销售和进入市场维修使用的过程。

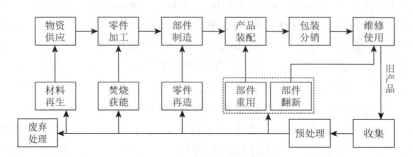

图 1-6　绿色制造运作流程

　　国外不少国家的政府部门已推出了以保护环境为主题的绿色计划。1991 年日本推出了绿色行业计划，加拿大政府已开始实施环境保护绿色计划。美国、英国、德国也推出类似计划。在一些发达国家，除政府采取一系列环境保护措施外，公众的环保意识也在日益增强，倾向于购买对环境无害的绿色产品，进而促进企业的绿色制造发展。我国在工业化和数字化进程中越来越重视资源节约和生态环境保护工作，明确要求形成节约资源和保护环境的空间格局与生产方式，生产更多优质生态产品以满足人民日益增长的优美生态环境需要。

3. 智能化运营

　　无论制造业还是服务业，智能化运营都是今后的发展方向。制造业智能化运营的核心是智能制造。智能制造系统是智能机器人和人类专家共同组成的人机一体化系统，借助计算机模拟人类专家的智能活动，进行分析、判断、推理、构思和决策，取代或延伸制造环境中人的部分脑力劳动，同时收集、存储、完善、共享、集成和发展人类专家的制造智能。智能制造成为未来制造企业重要的生产模式。智能制造能够从安全、质量、响应、效率和环保五大维度带来制造企业运营全方位的提升。

　　考虑未来制造业和服务业的运营，智能化运营作为今后的发展方向将与 3D 打印、数字孪生、人工智能（artificial intelligence，AI）等技术融合发展。

　　1）3D 打印

　　3D 打印技术是以数字模型文件为基础，运用粉末状金属或塑料等可黏合材料，通过逐层打印的方式来构造物体的技术。3D 打印有别于传统的减材制造技术，是一种自下而上的制造方法，它改变了对原材料进行切削、磨削、腐蚀、熔融、组装的传统加工模式，以数字模型为基础，将材料逐层堆积制造出实体物品，实现随时、随地、按需生产，体现了信息网络技术与先进材料技术、数字制造技术的密切结合，是先进制造业的重要组成部分。3D 打印的主要工艺包括熔融沉积建模（fused deposition modelling，FDM）、选择性激光烧结或熔化（selective laser sintering，SLS 或 selective laser melting，SLM）、立体光刻、直接能量沉积（directed energy deposition，DED）、分层实体制造（laminated object manufacturing，LOM）。

运用 3D 打印可以实现一些小规模制造，尤其是高端的定制化产品，如汽车零部件制造。虽然主要材料还是塑料，但未来金属材料肯定会被运用到 3D 打印中，目前 3D 打印技术先后进入了牙医、珠宝、医疗行业，未来可应用的范围会越来越广。

2）数字孪生

数字孪生是充分利用物理模型、传感器更新、运行历史等数据，集成多学科、多物理量、多尺度、多概率的仿真过程，在虚拟空间中完成映射形物理实体的"双胞胎"，最终实现物理世界和虚拟世界之间的无缝对接。数字孪生的核心内容为从基础数据采集层到顶层应用层的数据保障层、建模计算层、数字孪生功能层和沉浸式体验层四部分，每一层的实现都建立在前面各层的基础之上，是对前面各层功能的进一步丰富和拓展。

数字孪生目前广泛应用于航空航天、卫星/空间通信网络、船舶、车辆、复杂机电装备、立体仓库、医疗、智慧城市等多个制造行业和服务行业。在制造业中，针对复杂产品用户交互需求，波音公司建立了基于数字孪生的 3D 体验平台，利用用户反馈不断改进信息世界的产品设计模型，从而优化物理世界的产品实体，并进行了飞机雷达数字孪生应用。在服务业中，京东物流打造了新型智能物流数字孪生供应链平台——LoMir（络谜）。数据采集的有效性、及时性，以及数据交互的智能性、及时性，都得以提升。该平台成功应用在京东物流亚洲一号智能物流园区等场景，并同步对外赋能，为顾客提供高效的产品服务与支持。

3）人工智能

自从谷歌的人工智能机器人 AlphaGo 打败围棋九段高手李世石，人们对人工智能的关注迎来新的热潮。人工智能的核心问题包括建构能够与人类似甚至超卓的推理、知识、规划、学习、交流、感知、移物、使用工具和操控机械的能力等。人工智能技术包括机器人、语言识别、图像识别、自然语言处理和专家系统等。它可以用于工程设计、工艺过程设计、生产调度、故障诊断等，从而实现制造过程智能化，如通用电气公司在电网系统应用机器学习人工智能的方法。这项技术将大大提高电网的效率，如果在全球范围内得到应用能节省 2000 亿美元的资金。在服务行业，顺丰科技运用人工智能技术帮助实现了快递全流程线上化。其开发的智能蓝牙耳机"小丰"，内置了融合语音识别、自然语言理解等技术的语音助手，可通过识别收派员语音指令，辅助处理日常的收派件工作或联系顾客，从过去快递小哥拨打电话、转单、查单等 8 步手动操作减为 1 步语音指令，通过解放双手提升工作效率。随着智能制造的应用，运营管理以 CPS（信息物理系统，cyber-physical systems）为基础，实现人、设备、产品的互通互联，对价值链节点企业数据以及市场数据、销售数据、采购数据、研发数据等实时数据进行深度挖掘，提供科学的运营管理方案。

1.6　本 章 小 结

随着全球经济环境的变化，资源正在日益耗竭，气候环境正在日益恶化，特别是大数据、物联网和人工智能等新一代信息技术的发展，导致企业所处的整个市场环境的不确定性大大增加。在这种环境中，运营管理对于提高企业的竞争力具有举足轻重的作用，而核心的运营管理能力是企业形成核心竞争力的保证。

运营、理财和营销是企业最基本的活动。运营是一切社会组织利用资源将输入转化为输出的过程。运营管理是对一切社会组织利用资源将输入转化为输出过程的管理。运营管理所追求的目标就是高效、灵活、准时、清洁地生产合格的产品和提供满意的服务。其目标体现了 CQSTE 五方面的特征，即低成本（cost，C）、合格质量（quality，Q）、满意的服务（service，S）、准时性（time，T）和清洁地生产（environment，E）。

从运营系统的整个生命周期角度，运营管理主要包括三方面的内容：运营系统的设计、运营系统的运行和运营系统的维护。运营系统的设计包括产品或服务的选择和设计、运营设施的选址、运营设施布置、服务交付系统设计和工作设计。运营系统的运行主要涉及生产计划与控制两个方面。计划主要解决生产什么、生产多少和何时出产的问题。运营系统的维护主要涉及设备和设施的维护管理。

不同形式的生产运作系统在运营方式上存在较大差异，因此有必要对生产进行分类。按输出物的性质，生产分为制造性生产和服务性生产。按生产工艺过程的特点，制造性生产分为流程性生产和离散性生产；按企业组织生产的特点，制造性生产分为备货型生产和订货型生产；按生产的重复程度，制造性生产分为单件生产、成批生产和大量生产。按照是否提供有形产品，服务性生产分为纯劳务服务和一般劳务服务；按顾客是否参与，服务性生产分为顾客参与的服务性生产和顾客不参与的服务性生产。特别需要注意的是，服务性生产与制造性生产有很大不同，它有自身的一些特点，如不可存储、有顾客参与等。

从 1776 年的亚当·斯密的劳动分工到 20 世纪泰勒的科学管理再到今天，运营管理在新的形势下面临着全球化、环境问题和新一代信息技术的挑战，其发展趋势则是大量定制生产、绿色制造和智能化运营等。

习　　题

1. 简述运营管理在企业中的地位。
2. 什么是生产？什么是运营？简述它们之间的区别。
3. 简述制造性生产的不同分类。
4. 简述流程性生产与加工装配式生产的区别。
5. 简述备货型生产与订货型生产的区别。
6. 简述服务性生产的不同分类以及服务性生产的特征。
7. 简述运营管理的发展历史。
8. 简述运营管理面临的挑战及发展趋势。

第 2 章

运 营 战 略

引导案例

短视频风口之争：头条抖音逆袭腾讯微视

早在 2015 年开始，坊间就不断有人高呼"短视频的风口即将到来"，然而，从秒拍、美拍、小咖秀再到各种直播 APP，无数人经历了无数尝试，却鲜有人真正把这个"风口"坐实，变成流量洼地。让人意外的是，一款突围成功并快速走红的产品，居然来自此前从未染指过短视频的今日头条团队。

2016 年底，抖音上线，历经半年蛰伏后，开始放量增长，此后，通过不断对运营端加持砝码，赞助热门综艺节目，包括《中国有嘻哈》《快乐大本营》《天天向上》等，在短短的半年内，抖音用户量增长了 10 倍以上。截至 2018 年 8 月，包括抖音火山版在内，抖音日活突破 6 亿人大关。这是一个非常炸裂的用户数据，比老牌社交神器 QQ 还要高，在中国互联网中仅次于微信。

而作为互联网巨头的腾讯公司，也长期投入短视频产品，事实上，腾讯在短视频领域一直没有独当一面的杀手锏，不是其不努力，相反非常努力。在腾讯全面发力产业互联网之前，这家互联网巨头只做两件事：内容产业和连接器。其中，短视频是内容产业的重要一环，腾讯自然高度重视，投入大量人力物力，近年来推出一款又一款短视频产品。据不完全统计，竟然有 17 款之多，但是只有其核心产品微视能勉强撑住场面。然而，QuestMobile 发布的《中国移动互联网 2020 半年大报告》显示，截至 2020 年 6 月，微视月活跃用户数为 9615 万人，月人均使用时长为 245.9 分钟，活跃用户 7 日留存率为 50.3%，按照活跃率 26.4%计算，其日活跃用户数为 2538 万人，与抖音已经形成难以超越的差距。微视还是腾讯一众短视频产品中发展相对较好、相对能打的，但仍无力与抖音抗衡，其他产品战斗力有多弱可想而知。

对于腾讯而言，微信胜出的关键是战略创新。其实，创新往往是被逼出来的，微信诞生之初，腾讯内部三个团队同步起步，相互竞争，微信的营销和运营团队享受的资源十分有限，创新几乎是唯一出路。而微视面临的局面大不一样，腾讯预感到短视频赛道正起势，且抖音迅速蹿红让其大为紧张，必须快速加码布局。微视享受了腾讯已有的微信、QQ 腾讯视频等充足的流量，让其他玩家羡慕不已，但并不利于推进创新。严格意义上来说，微视在产品层面是有创新之处的，但缺少真正让人眼前一亮的杀手级创新，产品不行只能营销来凑。因此，微视傍包括微信、QQ 音乐在内的各种大腿，试图从营销层面突围，但效果不佳。

不知是纯属巧合还是上天注定，微视错失的 1 年（2017 年 4 月—2018 年 4 月），正是抖音快速崛起的 1 年，其真正火遍全国是在 2018 年春节，明星助阵加各种综艺赞助只起到助推作用，产品本身具有吸引力才是硬道理。换言之，抖音之所以迅速成为短视频领域的现象级产品，值得深思。

整理自：搜狐新闻 https://www.sohu.com/a/228019264_114756.

网易新闻 https://dy.163.com/article/FMMEG9K105118NQK.html.

2.1　企　业　战　略

企业战略面临的内外环境正发生着根本的变化。全球经济环境多变，资源日益耗竭，气候环境日益恶化，大数据、物联网和人工智能等新一代信息技术不断发展。企业在从工业经济到网络经济再到数字经济的发展过程中，面临的竞争环境从生产导向转变为个性化定制，从区域竞争转变为全球化竞争，从成本优势转变为创新优势，从生产效率至上转变为可持续发展的绿色制造。企业在不断变化的国际环境和飞速发展的技术进步中无法墨守成规，必须时刻调整，随时迎接机会和挑战。

企业战略是企业最高层次的战略，解决公司应该投入何种事业领域，以实现长期利润最大化的目标。企业战略一词最初是由安索夫（Ansoff）在其 1976 年出版的《从战略规划到战略管理》一书中提出的，他认为企业战略是指将企业的日常业务决策同长期计划决策相结合而形成的一系列经营管理业务。另一位管理学家斯坦纳（Steiner）在 1982 年出版的《企业政策与战略》中提出：企业战略是确定企业使命，根据企业外部环境和内部经营要素确定企业目标，保证目标的正确落实并使企业使命最终得以实现的一个动态过程。

2.2　企业战略管理过程

按照战略规划制订和实施的模式，战略管理过程包括确定企业使命（宗旨）和愿景、企业战略分析、企业战略选择和企业战略实施四个阶段。下面介绍前三个阶段。

2.2.1　确定企业使命和愿景

企业使命（mission）是企业存在的基础和原因。每一个企业在生存和发展的过程中，都要履行一定的社会责任，满足某种社会需求，扮演一定的社会角色，否则便无其存在的依据，更无从谈起如何发展。无论是新办企业或是在经营中作重大调整的企业，都要解决这个问题。对这个问题的回答就是确定企业使命。企业使命就是企业在社会经济生活中所担当的角色和责任，就是企业区别于其他企业而存在的理由。一般来说，绝大多数企业的使命是高度概括和抽象的，企业使命不是企业经营活动具体结果的表述，而是企业开展活动的方向、原则和哲学。

因此，使命是一个组织的基础，是一个组织存在的原因。一个组织使命是由该组织的业务性质决定的，它应回答"一个组织从事什么"。使命指导一个组织的战略形成以及各层次的战略决策。

企业使命的定义有狭义和广义之分。狭义的企业使命定义是以产品为导向的。例如，一家准备进入高新技术产业领域的公司可以将其使命定义为生产计算机。这一表述清楚地确立了企业的基本业务，即公司生存的目的；同时也限制了企业的活动范围，甚至可能剥夺了企业的发展机会。因为任何产品和技术都存在一定的市场生命周期，都会随着时间的推移而进入衰退阶段，而市场需求却是持久的。因此，广义的企业使命应从企业的实际出发，以市场需求为导向来定义，着眼于满足市场的某种需求。例如，一家公司将其使命定义为"向用户提供最先进的办公设备，满足用户提高办公效率的需求"，尽管这一表述相对比较模糊，但为企业经营活动指明了方向，就不会在未来计算机惨遭淘汰的时候失去方向，失去经营领域的连续性。

下面我们看看几个公司的使命。福特公司的使命是在汽车、与汽车有关的产品和服务以及较新的行业（如航空）等领域成为世界范围的领导者，并不断提高产品和服务的质量以满足顾客的需要，以获得商业上的成功并向股东提供合理回报。华为集团的使命是聚焦顾客关注的挑战和压力，提供有竞争力的通信解决方案和服务，持续为顾客创造最大价值。

企业愿景是由组织使命决定的愿景蓝图。使命和愿景共同确立了该组织的最终目标。

下面我们看看几个公司的愿景。沃尔玛公司在 1990 年的愿景是在 2000 年时成为拥有 1250 亿美元的公司；花旗银行（花旗公司的前身）早在 1915 年就确立了该公司的愿景，即成为迄今世界上最强大、最具服务意识、最广泛的金融机构。阿里巴巴的愿景是构建未来的商务生态系统。让顾客相会、工作和生活在阿里巴巴，并持续发展最少 102 年。

2.2.2 企业战略分析

战略分析在于总结影响企业目前和未来发展的关键因素，并确定在战略选择步骤中的具体影响因素。主要分析企业内外部环境，具体方法有以下几种。

1. SWOT 分析

SWOT 分析是企业拥有的优势（strength）和劣势（weak）分析以及企业面临的机遇（opportunity）和挑战（threat）分析。SWOT 分析一般从企业外部环境和内部环境分析入手。

在外部环境分析中，主要从宏观环境方面着手，从与企业有关的政治、经济、技术、社会、市场等方面进行分析，从而得出企业面临的机遇和挑战。在内部环境分析中，考虑竞争对手，从企业内部的产品、技术、人力资源、资金、设备和信息等方面，结合价值链分析，得出企业拥有的优势和劣势。

2. 五力模型

不同公司在各自行业中运营的竞争力特征和强度各不相同。五力模型是评价公司所在行业竞争格局最有效、最广泛的使用工具。如图 2-1 所示，五力模型认为一个行业中的竞争压力来自五种力量，包括：①现有竞争者之间的竞争；②行业潜在新进入者的竞争；③替代品生产商的竞争；④供应商的议价能力；⑤购买者的议价能力。

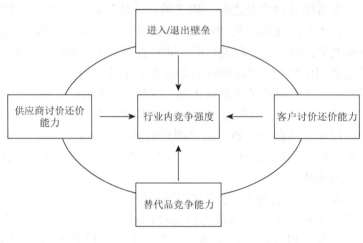

图 2-1　五力模型

3. 三角底线模型

许多企业都将自己的战略延伸至股东，这种延伸意味着公司战略视角不局限于经济可行性，还要考虑给关键股东带来的环境和社会影响。为此，雅各布斯提出了一个三角底线模型，该模型从社会责任、经济繁荣和环境管理三个维度来评价企业。

社会责任：属于一种社会公平、有益的企业行为，与企业运营所依赖的劳动力、社区和地区相关。企业不能聘用童工，应同工同酬，为员工营造安全的工作环境。企业不应让员工的工作时间超出其所能承受的极限。

经济繁荣：企业有责任通过投资回报，有力地补偿那些购买股票或其他金融产品来提供资本的股东。公司战略应当为这个群体谋取长远利益。在可持续战略框架内，这一维度不仅指为企业创造利润，还包括为社会提供源源不断的经济利益。

环境管理：企业应该尽可能保护环境，至少不对环境造成破坏。管理者应当致力于降低企业对生态环境的破坏，可以通过良好的管理降低对自然资源的消耗、减少浪费以及用安全合法的方式排放毒性废弃物。

传统战略只看重上述框架中的经济繁荣部分。运营与供应链管理的流程大多对社会和环境有影响，因此从这三个维度的考量越来越被各个政府以及企业所重视。

2.2.3　企业战略选择

根据波特的研究，一般企业竞争战略包括三种：成本领先战略、差异化战略和集中一点战略。成本领先战略和差异化战略的市场定位面向整体市场，集中一点战略市场定位于细分市场。

成本领先战略要求企业针对规模较大的市场，采用规模经济生产较为单一的标准产品和提供较为单一的标准服务，严格控制成本和费用，尽量降低产品和服务的成本，使企业的某项业务成为该行业所有竞争者中成本最低者的战略。制造业中的福特 T 型车,服务业中的麦当劳和肯德基以及零售商业中的沃尔玛（WalMart）都是运用成本领先战略的典型案例。

差异化战略要求企业创造一种能被感知的独特产品和服务,使目标顾客感到该产品和服务物有所值,愿意支付较高的费用。差异化战略并没有忽视成本,其最主要的目的是培育顾客忠诚。这种战略可以有多种形式。如品牌形象（IBM 的 Thinkpad 标志）、创新技术（Spring 公司的光纤网络）、顾客服务（如 Shouldice 医院的疝气手术）等。

集中一点战略要求企业深入了解顾客的具体需求来更好地为某特定目标市场服务。细分市场可以是一个特定的购买群体（如某一地区的中老年顾客）,也可以是某一特定的地理区域（如沃尔玛的农村零售商）等。对于大多数中小企业在发展初期都采用这一战略。因为这样它们能更有效地为范围狭窄的目标市场提供优良的产品和服务。

企业一旦确定了战略的市场定位,就必须针对该市场定位形成相应的战略方案。一般的战略方案包括职能战略、时间和资源配置三个维度的内容。由于企业战略是全局性的,因而企业战略必须分解到各个职能战略,如财务战略、人力资源战略和运营战略等。同时,由于企业战略是一个长期性的计划,为保证战略的可实施性,必须将该战略目标分解到各个较短的时间段,如一年。除此之外,由于各个职能战略在不同时间段必须要达到不同的目标,因而必须在不同时间段配置不同资源,以保障其实施。

2.3 运 营 战 略

运营战略是在企业（或任何其他组织）经营战略的总体规划下,决定如何通过运作活动来达到企业的整体经营目标。根据企业各种资源要素和内、外环境的分析,构建和运行一个能使企业获得竞争优势、适应市场需求并不断发展的运营系统,保证企业总体战略目标的实现。尽管企业产品和服务的竞争要素有成本、质量、品种、时间、信誉和环保,但任何一个企业不可能在所有上述的全部竞争要素中处于领先优势。在这种情况下,企业不得不权衡这些竞争要素,确定哪些是企业成功的关键要素,然后配置企业资源去实现。

2.3.1 企业产品和服务的竞争要素

产品和服务的竞争要素主要有六大因素:成本、质量、品种、时间、信誉和环保。

（1）成本。当企业的产品和服务成本大大低于竞争对手时,该企业无疑将能获取产品和服务的价格优势,占有更大的市场顾客群。因此,许多企业为了获得这种优势,采用了各种策略来降低成本。凯马特（Kmart）在 2000 年破产的很重要原因就是其无法与提供低成本商品的沃尔玛竞争,沃尔玛依靠规模效应不断有效地降低运营成本,从而成为零售业的成本最低者。

（2）质量。质量反映产品使用价值的高低和范围。产品的质量与原材料、设计和生产过程密切相关。服务的质量则与服务设施、环境、提供服务过程中的有形物质和服务人员服务过程有直接关系。丰田汽车以其高质量享誉世界,而联邦快递以其优质的物流服务质量享有很好的声誉。特别地，随着人们消费水平的提高，"价廉质劣"的产品和服务不再受人们青睐，人们往往追求高质量的产品和服务。

（3）品种。品种是顾客对不同产品的选择余地。当质量和价格普遍达到一定水平时，顾客就要追求多样化的产品和服务。看看我们周围的同事和同学，很少有两款一模一样的手机。产品多样化要求生产系统具有柔性，能够很快地从一种产品的生产转向另一种产品的生产。丰田公司的"三分钟换模"通过模具的快速更换提高了汽车产品的生产柔性。

（4）时间。时间主要指产品的交货期。当各种企业的产品和服务在价格、质量和品种方面差别不大时，快速满足顾客的产品和服务必然受到欢迎，这时，时间成为一个非常重要的竞争要素。1988 年，Stalk 在《哈佛商业评论》上发表了一篇文章"时间——下一个竞争优势之源"，他认为 Atlas Door 生产工业用门之所以竞争实力居全行业之首，是因为：一般该行业接到无现货或者是按顾客要求订做的订单时大约需要 4 个月才能供货，但 Atlas 只需几周便就可供应任何订货，因此其战略优势是时间。

（5）信誉。当各个企业提供的产品和服务在成本、质量、品种和时间方面的差别不大时，谁能够满足顾客个性化需求，提供最好的服务和担保，获得顾客的信赖，培养顾客对产品、服务、品牌和公司的忠诚，谁就能争取到顾客。信誉成为影响竞争优势的主要因素。企业的宗旨是服务顾客，产品只是服务顾客的一部分。只有树立服务顾客的观念，并形成良好的信誉，才能获得和保留顾客，并使顾客忠诚。根据 Heskett 的服务利润链的观点，利润的增长来源于忠诚的顾客。顾客忠诚度增长 5%，利润增长 25%～80%。

（6）环保。随着人们生活水平的提高，公众意识的增强，顾客不仅关注自身的健康，也关注周围的环境。因此顾客不但希望企业提供的产品和服务是无害的、环保的，而且希望这些企业在生产产品和提供服务的过程中应该对环境的污染最小，报废处理由企业承担。无疑，环保已成为企业产品和服务非常重要的竞争要素。例如，市场上许多企业的产品都标志"绿色产品"和"低碳产品"，绿色冰箱、绿色彩电、绿色大米、新能源汽车等随处可见。

2.3.2　竞争要素的权衡

尽管企业产品和服务的竞争要素有成本、质量、品种、时间、信誉和环保，但任何一个企业不可能在所有上述的全部竞争要素中处于领先优势。在这种情况下，企业不得不权衡这些竞争要素，确定哪些是企业成功的关键要素，然后配置企业资源去实现。

虽然企业必须权衡所有的竞争要素，然后选择某些竞争要素，但实际上，企业的产品或服务必须满足订单资格要素，即允许企业的产品和服务参与市场竞争的资格筛选标准。如果企业的产品和服务不能满足订单资格要素，则企业的产品和服务必然被市场淘汰。另外，企业的产品和服务满足订单资格要素并不意味着企业能够在市场获得订单，它必须还具备订单赢得要素。订单赢得要素是指企业产品和服务区别于其他企业的标准。无论是订单资格要素还是订单赢得要素，都是变化的。如在 20 世纪 70 年代日本企业进入世界汽车市场时，改变了汽车产品的订单赢得要素，从以价格为主导变化为以质量为导向。美国汽车制造商由于产品质量问题而失去了订单。到了 20 世纪 80 年代，美国的各大汽车公司提高了产品质量，才得以重新进入市场。

2.4　运营战略案例分析

提到西式快餐，大家必然想到肯德基和必胜客等。然而国内还有一家西式快餐品牌萨莉亚，相较其他品牌，萨莉亚人均消费仅 30 多元，年收入却高达百亿元！萨莉亚凭啥这么牛？

很多人都不知道，意式连锁西餐厅萨莉亚其实是一家日本餐饮公司。现任总裁正垣泰彦于 1973 年创立了萨莉亚意式餐厅，至今已延续了近 50 年。当前，萨莉亚在中国入围了 2018 年餐饮品牌百强，萨莉亚在中国采取低价位并保持一定新鲜度的战略，收获了学生和工薪阶层的大批消费者。用其总裁正垣泰彦的说法"真正好的东西，应该既便宜又好吃"。围绕平价这一定位，萨莉亚充分发挥了低成本的运营战略。

（1）选址布局。萨莉亚为了降低租金成本，一般选址在大商圈附近，但不会选择黄金门面，很多都是靠里面或者位置比较偏一点的地方，有的分店甚至会开在二三流地段。"但是这并不影响店里的生意，因为很多人都是萨莉亚的忠实顾客，价格便宜、口味好、性价比高，名声自然就传出去了，很多顾客都会特地找来。"除了选址外，萨莉亚的装修布局非常简单，且装修风格多年不变，极大地降低了运营成本。

（2）规模化运营。萨莉亚是一家高标准化餐厅，上菜速度非常快。快速完成且标准化的产品得益于萨莉亚的中央厨房，产品不需要在门店进行任何烹调作业，都转移到了中央工厂进行规模化处理。这种运营模式一方面提高了门店的上菜速度和翻台率，另一方面减少了门店的人工成本。

（3）采购策略。在萨莉亚仅有几家店铺时，正垣泰彦便提出了"萨莉亚 60 年构想"，希望建立从产地到门店的一条龙的制造直销系统，去除中间环节，用最低的价格获取优质食材，如今，这个构想正在一一实现。萨莉亚建立了一套垂直采购体系，原材料的采购、制作、销售均由公司负责完成，公司有一整套明确的采购指标，全权操作直营门店食材的采购，并由中央统一配送，节省了间接的人工费用及中间供应商的费用。除了垂直采购外，萨莉亚还建立了上游种植基地和养殖基地，完成自产自销。据了解，在日本，萨莉亚的自营农场面积约有 330 万平方米，每年都能为餐厅提供质量稳定的蔬菜、牛肉等食材。

（4）员工激励。萨莉亚实行全职＋兼职的用人模式，除了正式员工外，面向在职人士、学生、家庭主妇等无经验人群招募兼职，提升员工的工作效率。与国内众多餐厅常用的绩效考核不同，萨莉亚重点考核"人时营业额"（人时营业额＝总营业额÷总劳动时间），即一名员工一小时所能实现的营业额，讲究单位时间内的劳动效率，以此实现较少的人力维持经营，降低劳动力成本。

2.5　本 章 小 结

企业面临的全球政治、经济、社会和技术的运营环境正发生着根本的变化。在这种环境下，企业必须有一个能够预测未来，不致迷失方向的企业战略，即为实现企业的最终目标而制订的计划，即重大的、带全局性的或决定全局的谋划，指明了达到最终目标的途径。从战略管理的角度，企业战略包括企业战略制定、企业战略实施和企业战略评价。在企业战略的制定中，需要明确企业的使命愿景，进行 SWOT 分析，确定企业的长期发展目标，形成企业的战略方案。企业使命是企业在社会经济生活中所担当的角色和责任，就是企业区别于其他企业而存在的理由。企业愿景是由组织使命决定的愿景蓝图。使命和愿景共同确立了该组织的最终目标。SWOT 分析是企业拥有的优势和劣势、机遇和挑战分析。通过 SWOT 分析，制定企业的竞争战略。企业的竞争战略包括成本领先战略、差异化战略和集中一点战略三种。

运营战略是根据企业各种资源要素和内、外环境的分析，构建和运行一个能使企业获得竞争优势、适应市场需求并不断发展的运营系统，保证企业总体战略目标的实现。

习　题

1. 简述企业所处的竞争环境。
2. 什么是企业战略？有哪几种竞争战略？什么是企业使命和愿景？
3. 简述 SWOT 分析。
4. 什么是运营战略？企业产品和服务的竞争要素有哪些？
5. 什么是订单、订单赢得要素和订单资格要素？
6. 案例分析

特斯拉公司的发展

2003 年，一群希望证明电动车比燃油车更好、更快并拥有更多驾驶乐趣的工程师创立了特斯拉（Tesla）。今天，特斯拉不仅制造纯电动汽车，还可以生产能够无限扩容的清洁能源收集及储存产品。特斯拉相信，让世界越早摆脱对化石燃料的依赖，向零排放迈进，人类的前景就会更美好。

特斯拉在 2008 年推出了 Roadster 车型，从而揭开了其尖端电池技术和电动动力总成的神秘面纱。由此，特斯拉从零开始设计了世界上第一款纯电动豪华轿车 Model S，该车型在同类产品中出类拔萃。Model S 安全高效、性能优异，续航里程表现出众，并且可以通过 OTA（空中下载技术，over-the-air technology）空中升级助力车辆不断完善。经《汽车趋势》（Motor Trend）杂志的测试，Model S 0～60 英里/小时（1 英里 = 1.609 千米）加速最快仅需 2.28 秒，颠覆了人们对于 21 世纪汽车的期待。2015 年，特斯拉扩大了产品线，推出了 Model X。这是一款安全性、速度和功能性俱佳的 SUV（运动型多用途汽车，sport utility vehicle），在美国国家公路交通安全管理局的所有类别测试中均获得五星级安全评级。根据特斯拉首席执行官 Elon Musk 的"特斯拉秘密宏图"。特斯拉在 2016 年发布了价格更亲民的量产型纯电动汽车 Model 3，并于 2017 年开始量产。此后不久，特斯拉又推出了深受用户喜爱的半挂卡车 Tesla Semi。单单燃油成本一项，每百万英里就能为车主节省至少 20 万美元。2019 年，中型 SUV Model Y 问世，可容纳 7 人乘坐；同年特斯拉推出了 Cybertruck，该款车比传统卡车更实用，比跑车具有更高的性能。

特斯拉汽车在位于加州的弗里蒙特工厂和上海超级工厂生产。特斯拉在生产价格亲民的汽车的同时，加速实现清洁交通和清洁能源的生产。

资料来源：特斯拉中国 https://www.tesla.cn/about

第二部分

运营系统设计

第 3 章

企业运营流程

引导案例

"得来速"快餐

快速可靠的流程对于竞争激烈的快餐服务业历来重要。第一家得来速式快餐始于 1928 年，当时，罗伊斯·海利（Royce Hailey）在其洛杉矶的匹格斯丹德饭店首先开展了驾车直通快餐服务。司机只需把车开到饭店后门，厨师就会出来递给他这家饭店最著名的"炭烧猪肉"三明治。现在，得来速快餐的流程更加灵活快捷，也更加普及。麦当劳在 1975 年还没有一家驾车直通快餐服务店，如今，麦当劳在美国本土 90% 以上的快餐店都提供得来速快餐服务。实际上，近年来快餐行业 80% 的增长都来自越来越多的驾车直通服务。一位业内专家说："越来越多的顾客认为快餐还不够快。他们希望把等待的时间减到最少，甚至连跨出车门的时间也要取消。满足他们的需求取决于我们服务的娴熟程度。"

设计最快、最可靠的得来速流程的竞争异常激烈。其中，星巴克战略性地在其驾驶直通快餐服务店的点餐板上安装了摄像头，这样，服务员就能认出常客，甚至在他们点餐之前就开始为他们制作快餐。汉堡王则靠一套精密的声讯设备、简洁明了的菜单以及透明的食品袋来保证高度的准确性（如果你不能保证递送给顾客的食品的准确性，再快也没用）。

上述细节对竞争胜败至关重要。按照麦当劳的说法，在架车直通快餐上每节省 6 秒钟，其销售额就会增长 1%。而汉堡王的计算结果则指出：每减少 1 秒钟的排队时间每年就能增加 15 000 美元的收入。另外，菜单必须易读易懂。例如，把菜单设计成"组合套餐"（汉堡、薯条和可乐组成套餐）就能节省订餐时间。在驾车直通流程的时间灵活性方面，最超凡的体验也许发生在美国的麦当劳店里。在距洛杉矶 150 英里以外的加州中心海岸线上，通过呼叫中心可以对全美 40 家麦当劳进行远程点餐。这些订单会通过网络传到厨房，食物会在距离订餐者几米之外准备好。这样，虽然在每次订餐时只能节省几秒钟的时间，但却可以增加高峰期的销售量。当然，并不是所有人都喜欢得来速服务的快速增长——由于顾客在购买过程中甚至不需要下车，住在附近的居民会抱怨由其带来的交通拥堵问题，并把快餐看作不健康的食品。不过，对于一步也嫌太远的顾客而言，得来速的服务正合心意。

资料来源：奈杰尔·斯莱克（Nigel Slack），阿利斯泰尔·布兰（Alistair Brandon-Jones），等，2015. 运营管理. 7 版. 陈福军，吴晓巍，等，译. 北京：清华大学出版社.

3.1　运营流程概述

3.1.1　流程的定义与要素

在越来越激烈的市场竞争环境下，企业流程的绩效标准在不断提高，这就需要企业在快速设计和推出新产品的同时，也需要不断地提高产品的交货速度和质量。因此，企业运营流程也必须相应地不断改进。另外，环境是在不断变化的，市场、技术、竞争条件都在不断变化，运营流程也需要不断地改进，以适应新的要求。流程并不是一成不变的，而是需要不断地改进，这已成为业界普遍的共识。为了更好地进行流程改进，需要经常性地进行运营流程的分析，寻找与标杆企业流程绩效的差距，制定相应的改进目标使企业得到不断改进，成为或赶超一流企业。

流程是使用资源（劳动力和资金等），将投入（原材料、待服务的顾客等）转换为产出（产成品、接受完服务的顾客等）的一个过程。这个过程实际上是任何一种或一组活动，它选择某些投入，并向这些投入中转移或增加价值，进而向顾客提供一种或多种产出。企业要给顾客提供产品或服务，需要一系列流程来完成。一家生产型企业主要的流程可能是使原材料发生物理和化学等变化，从而生产出产品。但是，这也会涉及许多其他的非生产性的流程，如订单处理、向顾客提供交货日期承诺以及库存控制。对于服务型企业，其主要的流程包括使原材料或顾客发生位移、信息或生理变化等，其他相关流程还包括预约登记、手续办理和安排服务人员等。

企业的运作离不开流程，其所有的业务都是由一系列流程构成的。企业的核心流程向外部顾客提供产品或服务的一系列活动，包括与外部顾客建立关系的顾客关系流程、开发并设计新产品或服务的流程、与供应商相互合作以采购所需的供应商关系流程、交付产品或服务的订单履行流程等。支持流程则是为核心流程提供必需的资源和输入要素，它也同样是不可或缺的，包括预算、招聘、设备维护等。

构成流程的要素包括投入、产出、活动、物流、信息流和库存。投入包括人力资源（工人和管理人员）、资本（机器设备和企业设施）、购买的物料、服务、土地和能源等资源要素。

为了在某一个流程得到一定量的产出，首先必须决定各种资源要素的数量，如多少人工、多少电力等。流程可以为其顾客提供两种形态的产出：产品或服务。现在制造型企业和服务型企业都认识到组织中的每一个流程和每一个人都有其顾客：有些是外部顾客，他们可能是终端用户；也可能是那些购买企业提供的完工产品或服务的中间用户（如制造商、批发商或零售商）；另外一些则是内部顾客，即企业内部的一些员工，他们需要依赖前期流程所提供的投入，从而在下一个车间、下一个办公室、下一个商场或下一个部门中进一步开展流程运作。至于活动、物流、信息流和库存，对于不同行业、不同企业，生产不同产品或服务的流程可能各有不同，但是这几个要素也是不可或缺的。

3.1.2 流程图

由于现代企业的运营过程是一个复杂的程序，同时每个企业的运营流程都是通过各种具体的设施、设备、工装、工具以及相互之间的联系体现出来的，因此人们仅凭直觉难以准确识别和界定运营流程所包含的工序（或工艺阶段）以及相互之间的内在联系。作为一种简单实用的工具，流程图通过使用一组统一定义的符号，可以将运营流程的各活动之间的关系直观、清晰地表示出来。它可以帮助人们组建在流程规划、设计、改善等项目中收集到的信息，也有助于明确价值流，找到价值流中的增值部分和非增值部分。

用于流程图的技术有很多，但是所有技术都有两个特征：识别流程中活动的不同类型；显示出整个流程中的物（人、信息）流方向。尽管没有一套适用于全世界任何类型流程的符号体系，但仍然有一些广泛使用的符号，如图 3-1 所示。这些符号有些起源于科学管理阶段，有些起源于系统分析的流程图。

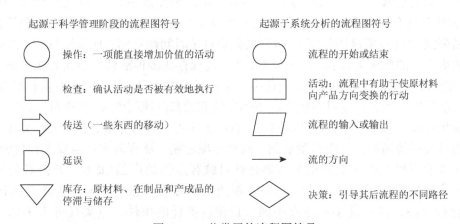

图 3-1 一些常用的流程图符号

在绘制流程图之前，首先要聚焦在需要具体分析的那部分流程，也就是说，需要确定流程边界和适度的细节程度。流程边界的设置取决于拟研究的项目。例如，一家医院的运作中，研究患者等待时间的一个项目，我们可能会关注患者是如何等待做检查的，那么患者与医生见面时，医生要求查看检查报告可能就在分析边界之外。但是，另一个与手术质量有关的项目可能要详细关注患者与医生见面的全过程，而不会关注体检的细节。另外，由于所关注流程的空间和时间范围不同，流程图的详细程度也应不同。在最高层次，流程图可以画得比较简单，仅包括输入、转换和输出。在稍低或详细层次，流程图可以用来大体确定活动的顺序。在更详细的层次，流程图能够将上层缩略的活动进一步展示，看到所关注的细节活动。

3.1.3 流程的分类

按照运营产出的性质，运营流程可分为制造有形产品的生产流程和提供无形服务的服务流程。需要注意的是，现实中制造企业的运营流程中可能存在服务流程，如空调制造厂的售后服务流程；而服务企业的运营流程中也可能有产品的制造流程，如快餐店的食品制作流程。按照其他不同的分类标准，运营流程还可以划分为不同类型。

1. 按照流程中步骤的数量

按照流程中步骤的数量，运营流程可以划分为单步骤流程和多步骤流程。单步骤流程是整个流程中只有一项任务（操作），而多步骤流程则包括了两个以上的任务（操作）。现实的运营流程大多数都是多步骤流程，即使是单步骤流程在大多数情况下也能够细分为多步骤。相比较而言，多步骤流程的复杂性远远高于单步骤流程，流程的绩效不仅要受每一步骤状况的影响，还要受不同步骤之间是否平衡和协调的影响。

2. 按照流程的结构

按照流程的结构，运营流程可划分为项目流程、作业流程、成批流程、线性流程和连续流程。

（1）项目流程是基于提供非重复的、一次性的特定产品/服务而形成的，如策划一场大型演出、家庭装修、修建一条铁路、一项新产品的研发或绩效、一项管理咨询活动等。这些产品/服务具有项目的特点，即任务的一次性（具有明显的起点和终点）、独特性（不同的产品/服务之间有明显的差别）、目标的确定性（时间性目标、成果性目标、约束性目标和其他需满足的要求）、活动的整体性（产出过程存在多种活动并相互关联，形成一个整体）、临时性和开放性（组织处于变化中，采取矩阵式结构，任务完成后重新组合）、结果的不可挽回性（运营过程具有较大的不确定性和较高的风险性）。在项目流程中，所有的工序或作业环节都按一定秩序依次进行，有些工序可以并行作业，有些工序又必须顺序作业。项目流程的周期长，流程图复杂，需要专项定制，流程的实现需要多种技能协调。

（2）作业流程（或零工流程）主要是针对顾客定制的产品/服务，如模具公司接的模具订单、研究所试验用的一些零部件的制造和医院的紧急救护等。这类产品/服务顾客定制化程度高，其产量小但还没小到项目流程那样的单件。这类任务大多加工顺序不同，流程的流向比较混杂。作业流程和项目流程有些类似，通常都是根据订单来生产的，从不提前生产，因为顾客的订单不好预测，即使是重复性订单也不太好预测。不同的是，项目流程将资源在一段时间内完全配置给某个任务，而作业流程则是将胜任某类型工作的设备和工作人员集中在一起，这样可以对所有需要这类操作的任务进行加工，但是完成订单就需要不同订单在不同资源配置中移动。但由于不同订单中会出现一些相同的加工顺序，或者顾客会经常下达重复性的订单，这样就会在混杂流向中出现线性流向。

（3）成批流程中的任务与作业流程中的任务相比，批量要大一些、品种少一些，并且重复订货的次数多一些，如一批标准零部件的订单、旅游公司为团队安排旅游计划以及银行的抵押贷款处理等。虽然加工这些任务的流程多样性较高，流向还是混杂，但是采用批量流程，将相同的资源配置在一起，在其中增加一些主导路径，或者利用成组技术，增加一些线性布置，可以提高生产效率。同时由于重复订货多，因此可以预测，从而提前生产一些零部件，或者生产产品，通过库存来快速满足顾客的重复性订单。

（4）线性流程面向的是品种较少、批量大的产品/服务，如汽车、计算机和家电的组装等。由于这类产品和零部件相对标准，并且其加工步骤也是固定的，因此通常将各个加工步骤所需的设备按对象专业化摆成一条线，采用线性流程来生产。与项目流程及作业流程不同的是，标准化产品可以在接到订单之前生产出来进行库存，在顾客下订单之时就可即时交货。线性流程也可用于服务型企业的后台办公室中。

（5）连续流程适用于石油、化工以及钢铁等属于高度标准化且大批量的产品。这类流程配置了高度自动化的设备，并布置成固定流向，使物料在加工过程中不间断地移动，因此，其生产过程高度连续和重复。由于连续流程往往采用资本密集型设备，为了提高昂贵设备的利用率，经常以 24 小时不间断运行来减少开机和停机操作。

上述分类对于服务型企业也适用，只不过为了便于区分，服务流程还可划分为专业化服务、服务车间和大量服务三类。

专业化服务不以设备为中心，而以人为中心，顾客接触度高，顾客在服务过程中付出大量时间。专业化服务的定制化程度高，为此，服务人员有较高自主权。服务车间（或店铺式服务）介于专业化服务与大量服务之间，服务由前台和后台活动组成，前台侧重服务质量，后台则更注意流程效率。大量服务的顾客量大，顾客接触度低，定制化程度低且服务人员自主权低。

3. 按照企业组织生产的特点

如第 1 章所述，按照企业组织生产的特点，生产可以分为备货型生产和订货型生产。事实上，这也对应着企业的两类流程，即备货型流程和订货型流程。一般而言，备货型流程由于产品标准化程度高，因而生产效率高，用户订货提前期短，但库存水平高，并难以满足顾客个性化需求。订货型流程的产品由于标准化程度低，因而生产效率低，用户订货提前期长，但库存水平低，对顾客个性化需求的满足程度高。

3.2 运营流程设计

3.2.1 运营流程设计的内容

运营流程设计是运营管理的核心内容之一，运营管理者应根据企业的战略定位和发展目标，综合考虑市场需求状况以及产品/服务的特征、资源的可获得性、行业技术发展水平、竞争对手运营流程的特点等因素，设计和选择适合于企业实际情况、有助于培育和提升核心能力、赢得竞争优势的运营流程。

运营流程设计本质上是一个信息的输入—转化—输出过程，输入的信息包括产品/服务信息、运营流程信息和运营战略信息，在对这些信息进行收集、整理、分析的基础上，考虑选择运营流程，研究垂直一体化、流程工艺性、技术装备和设施布局等方面的问题，通过慎重思考，合理构建符合企业现状、市场需求情况、产品技术要求，高效、优质、低耗的运营流程。输出部分是流程设计结果的具体体现，表明企业如何进行产品的生产或服务的提供，对运营资源的配置和使用、运营过程及方法措施提出明确要求。运营流程设计基本内容如表 3-1 所示。

表 3-1   运营流程设计基本内容

输入	运营流程设计	输出
1. 产品/服务信息 产品/服务品种数 产品/服务需求模式和需求量 竞争环境 顾客要求 产品/服务的订单赢得要素 2. 运营流程信息 资源可获得性和约束 运营流程的经济性 制造技术或特殊技能 优势与劣势 3. 运营战略信息 战略定位和目标 重点竞争维度 资源配置 资源利用程度	1. 选择运营流程 与运营战略相适应 2. 垂直一体化研究 自制-外购决策 供应商管理 采购和库存控制 3. 运营流程研究 主要技术路线 标准化和系列化 产品/服务设计的可加工性 4. 技术装备研究 自动化水平 专业化程度 设备（设施）选择 设备（设施）之间连接方式 工艺装备配置 5. 流程布局研究 地址选择与建筑物设计 设备（设施）布置	1. 运营技术流程 工艺设计方案 工艺流程之间的联系 2. 设备（设施）布置 建筑物设计方案 设备（设施）布置方案 设备选型、选购方案 3. 人力资源 工作研究和设计 技术水平要求 人员数量 培训计划 管理制度和措施

3.2.2 影响流程设计的因素

运营战略、需求预测、产品和服务设计以及技术变化等，都会影响流程的设计。运营战略确定了企业的竞争策略，基于成本、质量、时间等的不同战略将导致企业的流程设计有所差异。根据预测，得到需要产品/服务的品种、数量等信息，通过设计得出本企业需要提供的产品/服务的具体功能和构成，这些都是流程的重要输入信息。而技术的变化更直接影响了流程的设计。除了上述这些输入信息，还存在更多影响流程选择的因素，包括投资、柔性、纵向一体化或外包、需求的性质和需求量、产品/服务质量水平、顾客接触程度等。

（1）投资。流程是不同资源的组合配置，制造流程更多的是人和设备的组合，可能更重要的是设备和技术；而服务流程由于更关注与顾客的情感交流，因而更重要的是人。无论制造或服务，都需要购买设备、培训与支付工作人员工资。随着机械化和自动化的发展，需要更多的投资。当销售量达不到预期水平时，高投资引起高风险。不同类型的流程有不同的资本需求，在流程设计中特别需要加以考虑。

（2）柔性。柔性是指设备和人力资源能够在合理的时间和成本范围内适应产品、产量、响应时间等的变化。不同的流程对柔性的要求不同。项目流程工作的变动性较大，稳定性较差，需要人员和设备具备柔性，因而广泛招聘多技能员工，购买通用设备。

（3）纵向一体化或外包。纵向一体化的程度和一个企业承担整条供应链上的流程数量相关，流程的数量越多，说明纵向一体化程度越高。对于在流程中能够实现低成本和高质量的企业，纵向一体化可以带来成本节约。当产量规模比较小时，可以通过外包提高外包企业的规模经济性。另外，当技术比较复杂，要使这种技术形成竞争优势所花费的代价超过其所带来的好处时，外包也是比较合适的选择。这样，企业只需针对产品的核心零部件或服务的核心部分，构建运营流程，而将产品的非核心零部件或服务的非核心部分外包出去。其好处是既可以降低运营资源的投入，又可以缩短产品服务的研发、设计和运营周期，提高运营的效率和响应性。

（4）需求的性质和需求量。运营流程是为生产产品或提供服务而存在的，离开了顾客对产品/服务的需求，运营流程就失去了存在的意义。因此，企业的运营流程应有足够能力满足顾客需求。不同的运营流程特点各异，具有不同的适应性。有的运营流程具有批量大、成本低、效率高的特点，而有的运营流程具有适应产品/服务品种及产出量变化快的特点。所以，在流程设计时，首先要了解产品/服务的需求特点，从市场需求的品种、数量、变动状况等方面考虑对运营流程的要求，从而决定选择哪种类型的运营流程，做到运营流程和产品/服务特征的匹配。

（5）产品/服务质量水平。质量是企业重要的运营竞争维度之一，它过去是、现在是而且将来还是市场竞争的武器。运营流程的设计与产品/服务的质量水平关系密切，流程中的每一环节的设计都受到质量要求的约束，不同的质量要求决定了运营流程采用什么样的技术装备和工艺手段。流程的自动化水平越高，就越能够保证产品质量的一致性和稳定性。

（6）顾客接触程度。绝大多数服务企业和某些制造企业，顾客是其运营流程的有机组成部分，因此，顾客对运营过程的参与程度也会影响运营流程设计。例如，理发店、医院、心理咨询所的运营，顾客是运营流程的重要部分，企业提供的服务就发生在顾客身上。顾客高度的个性化需求决定了只有顾客的高度参与，运营过程才能顺利进行。在这种情况下，顾客就成了运营流程设计的中心，运营场所和设备（设施）布置要把方便顾客参与放在首要位置，强调运营流程为顾客提供个性化服务的能力。而另外一些企业，如银行、快餐店、公共交通公司等，顾客需求的个性化程度较低导致参与程度也较低，企业通过提供标准化的服务就能满足顾客需要。这时，运营流程的设计则应追求标准、效率、简洁和低成本。对于制造流程，顾客参与通常会影响流程的效率，从而增加成本。

3.2.3　流程的选择

1. 产品—流程矩阵

管理人员在设计一个良好运行的流程时，需要事先做出的决策之一就是流程选择，也就是决定如何围绕产品或者流程来组织资源。海斯（Hayes）和惠尔莱特（Wheelwright）于 1979 年提出产品在生命周期的不同阶段需要不同类型的生产流程，为此他们研究了产品生命周期和流程生命周期之间的内在联系，提出了产品—流程矩阵（product-process matrix，PPM），如图 3-2 所示。

矩阵中的横坐标表示产品结构与产品生命周期。随着产品生命周期的演变（由导入期、成长期、成熟期到衰退期），市场需求特性渐趋同一化，产品的产出量增加而产品结构（水平方向）变窄。纵坐标表示流程结构与流程生命周期。随着流程生命周期的演变，生产运营流程的规模效应与学习效应逐渐凸现，自动化程度很高的专用设备与标准物流（垂直方向）变得经济可行。在矩阵中的对角线列出了与产品品种—数量特征相匹配的五种

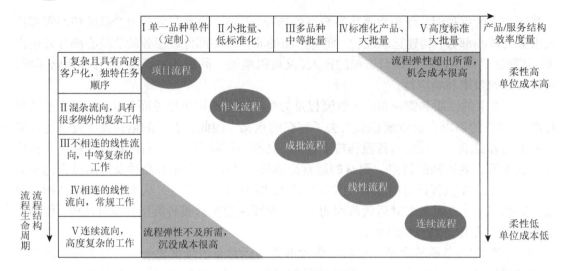

图 3-2　产品—流程矩阵

流程形式，按照此"自然"对角线或"合适线"进行流程选择，可以达到最好的技术经济性。对于服务型企业，图 3-2 中对角线上的流程形式可替换为专业化服务、店铺式服务和大量服务。

当产品产出流程组织方式从矩阵的左上角演变到右下角时，其效率与成本优势逐渐凸现，但同时也逐渐损失了企业的定制能力与市场反应的柔性。由此可见，每种典型的工艺流程只能满足有限的功能需求，流程决策不是建立一种满足所有的功能需求，适合所有的需求状况，在产品生命周期的每个阶段都是最优的工艺流程，而是根据需求特征选择最匹配的工艺流程，并随着需求特征的变化不断调整。

偏离对角线的企业的运营成本要高于那些位于矩阵对角线上的企业。对于位于自然对角线右方的企业来说，其流程通常应用于生产数量较少、品种较多的产品。这意味着其流程弹性要高于实际的产品品种—数量特征位置要求。换句话说，他们没有对其流程实行充分的标准化。因此，他们的成本要高于更接近对角线的流程。反之，那些位于对角线左边的企业所采用的流程通常适用于数量较多、品种较少的企业，因此他们的流程出现了过度标准化的问题，与其产品品种—数量特征位置相比其流程则缺乏弹性。由于缺乏弹性，该流程就不能高效率地从一个活动转换到另一个活动，成本也会相应增加。产品—流程矩阵存在两个不可行区域，分别位于矩阵的右上角和左下角。如果配置结果出现在右上角区域，会丧失高效率流程带来的好处，从而导致企业损失市场的机会成本相当高；如果配置结果出现在左下角区域，由于追求高效率而投入过多的运营资源使生产能力过剩，固定资产投资成为沉没成本而无法收回。

在市场需求变化时，企业不能仅仅调整产品结构，还必须沿对角线方向同步调整，流程结构才能形成竞争优势。这种调整在现实中常常会偏离对角线，以围绕对角线以折线的方式进行。这种偏离化的调整会导致管理者必须在两种策略中进行权衡：保守策略和激进策略。保守策略是调整路径经过矩阵的右上角区域，调整过程中生产能力始终不足，运营效率一直偏低。激进策略是调整路径经过矩阵的左下角区域,调整过程中生产能力始终超过市场需求量,营销压力较大。

当然,随着行业的技术发展,企业也可能恰当地利用偏离对角线的匹配策略,提升自身的竞争优势,以出奇制胜。例如,在产品—流程矩阵中,沃尔沃的汽车装配线位于流程结构第Ⅲ阶段与产品结构第Ⅳ阶段的交界处,这样就可以在其汽车装配线上生产出更多车型的汽车。虽然沃尔沃不能像福特汽车公司和通用汽车公司等竞争对手那样进行大批量生产,牺牲了传统的装配线的高效性,但是,沃尔沃的汽车装配线却更加具有柔性,并能够进行更好的质量控制。

2. 基于盈亏平衡分析的流程选择

盈亏平衡分析(breakeven analysis)是一种基于成本和需求量的权衡来进行决策的方法,它在衡量不同程度的自动化生产方式时尤其有用。更高的自动化程度就会有更高的固定成本,但是同时也会降低可变成本。最佳的流程是在准确预测需求量,并结合固定成本和可变成本的情况下做出的。

盈亏平衡分析的要素包括产量、成本、总收入和利润。产量是生产的水平,通常用生产和销售的单位来表示。这里假设生产的产品都能被销售掉。成本分为两类:固定成本和可变成本。固定成本(如工厂和设备等费用)通常是不变的,与生产的产品数量无关。可变成本(如原材料和劳动力成本等)随着生产量的变化而变化。总成本是固定成本和所有可变成本之和,其中可变成本为单位可变成本与生产量之积。单位产品的收入是指这个产品的销售价格。总收入是指单位产品的收入乘以销售量。利润是总收入和总成本之差。

在选择流程时,需要知道当生产和销售的量达到多少时能够盈利。我们希望确保生产产品的成本不会超过销售产品所得的收入。通过比较不同产量下的总收入和总成本,可以找到当产量是多少的时候利润为零。这个点就称为盈亏平衡点。产量大于盈亏平衡点时,就能够盈利。

例 3-1 急流泛舟公司准备拓展一项业务,将买来的橡皮筏子进行个性化加工并销售。初期投资估计为 2000 美元,一个未加工筏子的原材料成本是 5 美元。如果一个筏子可以 10 美元的价格出售,请问盈亏平衡点是多少?如果采用另一个方案,在设备上的初期投资为 10 000 美元,一个未加工筏子的原材料成本是 3 美元。那么请问如何根据需求量选择不同的流程方案。

解: 对于第一种流程方案,固定成本 $c_f = 2000$ 美元,可变成本 $c_v = 5$ 美元/个,价格 $p = 10$ 美元/个。设产品的批量为 v 个,则在盈亏平衡点处,利润和总成本相等,即

$$c_f + vc_v = pv$$

因此,$v = \dfrac{c_f}{p - c_v} = \dfrac{2000}{10 - 5} = 400$(个)

这说明当产量大于等于 400 个时,该公司能获利。

当对不同流程方案进行选择时,可以进一步分析哪种方案的总成本最小。由于总成本 $\text{TC} = c_f + vc_v$,可以分别得出方案 1 和方案 2 的总成本为

$$\text{TC}_1 = c_{f1} + vc_{v1} = 2000 + 5v$$

$$TC_2 = c_{f2} + vc_{v2} = 10\,000 + 3v$$

画出方案 1 和方案 2 的总成本直线，如图 3-3 所示。不难分析，当需求量大于 4000 个时，可变成本小的流程方案 2 更好，否则，流程方案 1 更好。

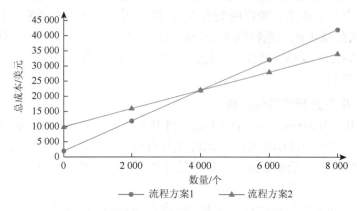

图 3-3　流程的总成本比较

3.2.4　服务流程的设计

服务业所特有的顾客参与、时间相关、空间相关、运营过程与顾客消费同时发生等特点，决定了服务流程设计的顾客中心性。因此，顾客研究也必然成为服务流程设计的出发点，包括顾客需求分析、消费心理研究、购买行为分析等，以此确保服务流程的产出达到或超过顾客期望。在充分的顾客研究基础上，企业才能准确把握顾客的需求特征，从而清晰界定其流程产出，即提供的服务应具备怎样的属性才能更好地满足顾客需要，为企业赢得竞争优势。

不同服务类型的企业，其流程设计的管理思想和方法，以及资源状况和能力可能大不相同。因此，在服务流程设计中企业还要对自身进行分析，明确企业目标和运营战略，以及企业的运营特点、资源状况和可能达到的能力水平，以充分发挥企业优势，培养其核心竞争力。

1. 服务流程设计矩阵

服务型企业与制造型企业最大的不同在于服务企业的服务提供过程需要与顾客接触。图 3-4 给出了六种常见的顾客接触程度，并通过服务流程矩阵反映了不同的顾客和服务接触程度与所对应的流程运营效率和销售机会的组合，为企业选择相应的方式构建服务平台提供了系统性的分析框架。

矩阵的最上方由左向右表示顾客与服务系统的接触程度逐渐提高，转移的信息量逐步增加：缓冲核心表示顾客和服务系统实际上是分离的，渗透性系统表示顾客和服务系统之间有部分沟通，可经由电话或面对面方式广泛接触，反应性系统不仅可通过渗透性方式接触，也会与顾客进行频繁的接触和沟通，并回应顾客的需求。在这种变化过程中，服务效率在递减，而市场销售机会（在每位顾客身上增加销售额的可能性）在递增。这种关系表明，服务企业在运营流程设计时，需要在市场和运营之间进行权衡。矩阵的底端反映了在不同的顾客接触程度下，对员工技能的要求、运营焦点以及技术创新代表行为的变化过程，这要求服务企业在运营流程设计时要根据自身的资源状况，特别是员工技能水平进行决策。

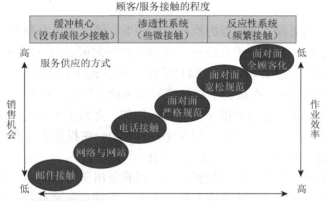

图 3-4　服务流程设计矩阵

当然，这些服务提供的方式都可能发生变化。例如，面对面严格规范化服务是那种在服务过程中只有很小变化的情况，消费者和服务人员都不可能改变服务程序，快餐店和游乐场就是这种情况的典型例子。面对面宽松规范化服务则是那种对服务过程有一般性说明，但在服务实施中可以根据情况灵活应变，如提供全套服务的饭店或汽车销售代理商的运作。面对面全顾客化服务是有针对性地通过和顾客的交互过程了解其特定的要求，提供其所需要的服务，法律和医疗服务就是典型的例子。

对于服务企业而言，为了防止舍掉部分细分市场，可以沿矩阵对角线选择多种服务形式进行组合，使其服务运营流程变得多样化。如加油站提供全面服务和自动服务两种加油方式，大多数银行都附设有自动柜员机。同时，企业面临发展过程中的变革或服务生命周期变化时，可沿着对角线的左下方或右上方发展，构建新的服务方式以实现市场机会和运营效率新的平衡。

2. 服务行为运作

服务运作中，不仅要求与顾客接触的人员掌握服务流程的技术特点，更要学会理解顾客的感受。从行为科学的角度上来看，在服务流程的设计与改进中，要从三个方面着手，即服务的内容、服务的时间和顾客的感知，主要有以下六个行为准则。

（1）服务接触的开始与结束并不同等重要。在行为科学中，人们偏好于服务改进，并且结果支配着感知。与虎头蛇尾相比，相对较差的开始与逐渐上升的服务质量更能令顾客满意。因此，服务接触的流程设计中，结束重于开始。研究者发现，在类似结肠镜检查这样的不愉快经历中，在检查结束后通过延长一分钟的检查时间并无痛地取出结肠镜会使患者的感知大为改观。马来西亚航空公司更关注行李的领取和到达地面的传送工作，从而给顾客留下了很好的印象。

（2）分割满意，整合痛苦。把快乐的经历分解成若干个小的阶段，把不愉快的经历合并在一起。迪士尼乐园提供两轮各 90 秒的乘坐，其满意度要高于一轮 3 分钟的乘坐。很多患者宁愿延长看病的时间，也要减少看病的次数。

（3）让顾客控制流程。把流程的执行交给顾客，顾客通过自我控制来提高满意度。对于某些修理工作，顾客更倾向于自己选择进行修理的时间，而不是马上开始修理。在到医院抽血检查时，如果让患者自己选择哪只手臂，其疼痛感会消减。

（4）关注标准和礼节。偏离标准往往会导致失败，而对于那些过程和结果都不易被顾客了解的专业服务来说，坚持标准十分重要。例如，为顾客企业提供咨询，即使顾客对研究的问题不太清楚，除了在咨询中必须要坚持标准外，在报告中也要对接触过的顾客企业中的人员进行赞扬，即使他们没有做多少工作。

（5）相对于制度，人员更容易受到责备。当服务出错时，顾客的第一反应是责备服务人员，而不是制度。例如，机场安检人员常常不让迟到的顾客通过安检口，即使这个"起飞前 30 分钟安检"制度是航空部门制定的。

（6）为弥补服务失误时，必须认清失误类型。常常一个失败的服务需要物资补偿，而一个糟糕的服务则需要道歉。例如，在一个复印店，发生复印错误，当然需要道歉，但更重要的是迅速重新复印。而如果复印员工的态度差，则来自经理的道歉比一些小的物资补偿更能令顾客满意。

3. 服务蓝图

根据服务的特点，顾客或多或少地会参与到服务过程中，所以只是简单地绘制业务流程图是不够的。把流程图的每个部分画得明显具有一定程度的可视性，会对流程设计非常有帮助。因为这样有助于对流程进行高可视性的设计，从而可以加强顾客对流程的认知。服务蓝图就是一种描述服务过程的有效工具，它用箭头线把服务过程中的各项作业（用矩阵框或菱形框表示）按其前后顺序连接起来的作业顺序图。

服务蓝图是对业务流程图的细化和扩展。从横向上可把服务蓝图分为四个层次，即顾客层、前台、后台和支持层。第一个层次描述顾客的活动，第二个层次描述前台服务人员的活动，第三个层次描述后台服务人员的活动，第四个层次描述支持单位或其他部门的活动。从纵向上，根据特定的服务项目，划分为若干阶段。

图 3-5 是典型的汽车维修服务蓝图，从四个层次描述了维修服务过程。同时，站在顾客的角度，把从顾客接触服务系统到完全离开服务系统的整个过程分为界限比较清晰的四个阶段，即事前作业、问题诊断、执行作业和付款及取车。在图 3-5 中，可视性分为四个等级，以便让顾客看清楚其中的活动。当然，对等级的划分没有严格的规定；许多流程只是依据顾客可否看到进行划分。两个等级之间的界限通常称为可视线。图 3-5 展示了三种可视性。最高等级的可视性指的是维修公司员工和顾客之间直接接触的活动。等级低一些的活动发生在顾客场所或包含更少或不包含直接接触的活动。更低级的活动只有部分可视性，因为它们发生在远离现场的地方，对直接顾客是非可见的。

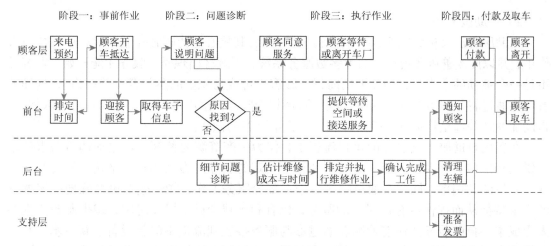

图 3-5　汽车维修服务蓝图

4. 服务流程设计方法

服务运营流程的主要设计方法有三种：生产线法、自助服务法和个体维护法。

1）生产线法

20 世纪 70 年代初，哈佛商学院教授西奥多·莱维特（Theodore Levitt）对当时一些优秀企业研究后提出："将制造企业的运营管理方法应用于服务企业，使服务业运营工业化。"在这一思路基础上形成的服务流程设计方法就是生产线法，着眼于通过总体设计和设施规划来提高运营效率。从系统化、标准化的观点出发，使用标准化的设备、物料和服务流程，通过精确的控制来实现服务过程的一致性，从而提高了服务质量的稳定性和服务效率。

麦当劳公司是将生产线法应用到服务业的典范。除了市场营销和财务技巧，公司还密切控制着每一个中心功能的实施，在一个整洁、井然有序、服务态度良好的环境中，快速提供统一、高质量的食品。公司系统地用设备替代人，并通过详细的规划和参数设计保持了在行业中的领先地位。生产线法具有服务产品标准化、服务运营标准化、标准化的过程组织和控制、明确的劳动分工和有限的员工自主权等特征。其采用的一些措施如下。

（1）麦当劳的炸锅一次烹饪的法国薯条数量是最优的；

（2）用一把宽口铲子盛取精确数量的法国薯条（员工从不直接接触食品）；

（3）储藏空间根据事先决定的预制食品包和预先称重过的产品进行精确设计；

（4）采用印有颜色编码的包装纸来包装汉堡，避免拿错；

（5）在每个设施周围提供充足的垃圾箱，以保持清洁；

（6）整体设计和设施布置相当严谨，所有流程步骤都有详细的规划、技术参数和操作说明，服务人员唯一的选择是严格按照设计者的意图来操作；

（7）设计了新型服务系统，在柜台和儿童游乐区提供了自动点餐的触摸式屏幕，顾客通过图形化界面点餐，然后根据打印在餐单上的号码到柜台领取食物，或者由服务人员把食物送到餐台。

2）自助服务法

自助服务法又称为顾客参与的流程设计方法,其核心是让顾客在服务过程中发挥更大作用,并以此改善服务流程。对大多数服务系统,当顾客出现时,服务才能开始。顾客并不是一个被动的旁观者,当需要的时候,顾客也可成为积极的参与者（劳动力）,这样就有可能通过将某些服务活动转移给顾客而将其变成合作生产者。如公司网站、自动取款机、自助加油站等都是将部分甚至全部服务移交给顾客的做法。

在运用自助服务法设计的运营流程中,作为生产资源的顾客能够主动调节需求使之与供给相适应,有助于在变动的需求和相对稳定的服务能力之间建立平衡,提高服务设施、人员的利用率。同时,通过顾客承担一部分服务工作,能使企业更准确地把握顾客的需求特征从而提供更有针对性的服务,也有利于减少员工操作时间,减少服务流程的人力成本。自助服务法还能使顾客通过参与服务接触到流程中的新设备、新技术,有助于管理者根据顾客反馈尽快为新技术和新设备（设施）的使用效果做出评价并及时调整与改进。在运用自助服务法设计运营流程时,要提高顾客的信任度、降低顾客的操作成本、提高速度和便利性,提供说明以保证顾客操作的正确性,同时让服务提供者扮演"教育者"的角色来培养顾客的学习能力和操作技能,并采取有效措施激励顾客的学习行为。

3）个体维护法

对于个性化的非常规服务,服务行为的差异性和针对性更加受到顾客关注。个体维护法就是一种针对顾客的个性化需求提供差异化服务的顾客化流程设计方法,其核心是满足顾客的个性化需求,提高其满意度。采用个体维护法设计的服务运营流程是非结构化的,可能没有固定的模式,只对服务过程的基本规则和步骤做出原则性的规定,赋予员工足够的自主权来决定各种操作行为。例如,以优质的服务闻名于世,被称为世界上服务最好的商店的美国诺德斯特龙公司（Nordstrom Inc）在指导员工工作的政策手册中有一句话"随时依照自己的最佳判断",一位商店经理将其解释为:"不要犹豫不决,不要妄想这里有现成的服务方法。"

采用基于个体维护的方法进行服务流程设计时,要充分理解和把握顾客的个性化需求,分析目标顾客的心理特点以及顾客在服务提供过程中的可能行为和对服务的期望,并考虑各种可能出现的情况,及时做好故障预防。在流程设计中,应突出服务运营流程的灵活性,合理权衡运营效率和流程柔性。同时,要注意流程中员工自主权与其技能状况与服务需求的合理匹配。另外,由于不同顾客的需求差异化程度较大,所以,非结构化的服务运营流程尤其要重视动态监控以及服务绩效的评估,及时对服务过程和结果进行分析、评价,并做出改进。随着用于收集、整理顾客满意度的信息技术广泛应用于服务运营流程中,还应使每位员工在日常工作中注意收集并使用与服务过程和结果有关的数据,如采用信息系统记录顾客个人的偏好等。

3.3　运营流程评价与分析

3.3.1　运营流程的评价指标

不断改善是企业管理者取得成功的关键,而改善的关键在于其对现有流程的衡量。正如著名管理大师彼得·德鲁克所言："如果不能衡量业务流程绩效，就不能很好地管理它。"如果没有适当的方法对流程绩效进行衡量，管理者就不可能对其公司的运行绩效进行评价，也无从与其他公司进行比较。不断反馈给管理层的绩效评价结果为管理者的决策的数据信息，从而可以正确判断公司是否达到了预期的目标或标准。

流程评价指标的选取应遵循 SMART（specific，measurable，attainable，relevant，time-bound）原则，即明确性、可衡量性、可达成性、相关性和时限性原则。流程评价指标通常包括结果性指标和过程性指标。结果性指标是指业务目标本身。例如，产品开发流程，其结果指标应该是新产品上市成功。结果性指标是经由过程性指标来实现的。流程时间、在制品数量、所需步骤、所涉及的部门或人员、移动距离和差错率等都是非常直观的过程性指标。下面介绍运营流程分析中常用的一些重要指标。

1. 流程能力与利用率

流程能力是指一个流程在单位时间内所能实现的最大产出量。例如，汽车总装厂每小时所装配的汽车数量，造纸厂每年生产的纸张吨数，酿酒厂每年生产啤酒的桶数，餐馆每小时接待的顾客数，呼叫中心每小时能答复的电话呼叫数量，大学每学期每班学生数量等。这种从流程产出角度定义的流程能力也称流程产能或最大产出率。

能力的另外一种度量是可用的资源，如汽车制造厂的人工时间和机器时间，钢铁公司的高炉的尺寸，石油化工业中炼油厂的规模，农业中的耕地面积，餐馆的桌子数，剧院的座位数，零售业的营业面积或收款台等。之所以从资源投入的角度来衡量能力，是因为产品可能是高度异质的，尤其是流程要求相差很大，难以从产出的角度来衡量。

在实际运营中，还要注意区分设计能力、最大能力与持久能力。设计能力是指企业在标准工作环境下的理想产出量，即当单位产出成本最小时的产出量。根据产品、流程以及企业的目标不同，设计能力可以建立在每周 5 天、每天 1 个班次的标准工作环境的基础上。最大能力是指最大限度地使用投入资源时所能达到的最大可能输出。要达到最大能力，可能需要更高的能源成本、加班补贴及员工疲劳或过多的设备消耗磨损等，因此这种最大能力，一般企业只能在短期内维持。因此，企业应该更关注持久能力，即能长期维持下去的能力水平。

值得注意的是，流程能力度量的是流程能够生产的数量，而不是流程实际生产的数量。例如，当机器发生故障或者其他外部事件导致流程没有生产任何东西时，流程的能力是不受影响的，但是单位时间产出则降为零。为此，企业采用流程利用率来衡量流程设计能力的利用程度。如果产品或服务是同质的，其定义如下：

$$流程利用率 = 实际产出 / 设计能力 \tag{3-1}$$

例如，一家汽车装配厂的设计能力为每周装配 3600 辆，而某周的实际产出为 2700 辆。在这种情况下，该厂某周的流程利用率就只有 75%。

无论是设备还是流程，都存在理论上的最大能力，这个最大能力都会大于设计能力，因此，流程的利用率大于 100% 也是存在的。这时，管理者要引起警觉，有可能存在额外的运作成本，并且有可能存在人员过劳或设备损坏的风险。

如果产品或服务是不同质的，则流程利用率也可从资源投入的角度来衡量。例如，假设一个柔性加工中心可以加工费时 5 分钟到 2 小时不等的零部件,那么加工中心每周的产出量会随着所需加工的零部件种类不同而出现很大的差异。这样,流程利用率的定义为

$$流程利用率 = 流程实际使用时间 / 流程可用时间 \qquad (3\text{-}2)$$

随着顾客需求日益个性化,企业的流程也要不断增加柔性,这种用时间来衡量的流程利用率越来越流行。

2. 流程生产率

衡量运作效率的最直接的指标就是生产率,即生产率反映的是将输入转化为输出的效率:

$$流程生产率 = 流程输出 / 流程输入 \qquad (3\text{-}3)$$

对于一个业务流程,理想的状态是用总输出除以总输入来求得总流程生产率,但输入往往呈现不同的形式,如一个业务流程投入的人工是以小时来度量的,车间厂房则是以平方米来度量的,能源如煤炭则是以吨来度量的。这样,总投入的计算就有些困难。即使是能按统一的单位来度量(如换算成货币),但这种换算出来的数字,从流程分析的角度也已经失去了很多内在含义。因此一般管理层会采用单要素生产率和多要素生产率来衡量运作流程的生产率。单要素生产率是总输出与单要素投入的比,多要素生产率则是总输出与一组要素投入的比。表 3-2 给出了一些常用的单要素生产率的实例,这些都是实际管理者常用的。要强调的是,生产率需要用的是相对指标,只有与其他企业相互比较,或者本企业在不同时间段的比较,生产率的计算才有意义。

表 3-2 单要素生产率的实例

企业类型	餐馆	商场	养鸡场	发电厂	造纸厂
单要素生产率	顾客数/人工时间	销售额/平方米	鸡肉磅数/饲料千克	千瓦/吨煤	纸张吨数/木材吨数

例 3-2 某公司 3 月份产出投入情况如表 3-3 所示,而且,平均人工工资为 15 元/小时,平均机器使用费用为 10 元/小时。请计算该月的人工生产率、机器生产率和总生产率。

表 3-3 某公司 3 月份产出投入情况

产出成品数量/个	人工工时/小时	机器工时/小时	原料成本/元	能源成本/元
100 000	10 000	5 000	35 000	15 000

解: 根据式(3-3)可得

人工生产率 = 产出/人工工时 = 100 000/10 000 = 10 个/小时

机器生产率 = 产出/机器工时 = 100 000/5 000 = 20 个/小时

由于总投入包括多要素,所以衡量总生产率时,将多要素转换成统一的货币来计算:

总生产率 = 产出/总投入 = 100 000/(10 000 × 15 + 5 000 × 10 + 35 000 + 15 000) = 0.4 个/元

3. 流程时间与周期时间

流程时间也称通过时间，是指一个流程对象或流程单元通过整个流程所需的时间。在一家汽车制造厂的组装线流程中，车辆可作为流程单元。在医院的服务流程中，患者可看作流程单元。流程单元的选择一般是根据流程所供应的产品或服务的类型而确定的。流程单元在整个流程中流动，从投入开始到最终转换为产出。周期时间或称节拍，是前后两个单位产品完成的平均间隔时间。

与运营流程由作业、检验、运输和等待要素构成相对应，流程时间也由作业时间、检验时间、运输时间和停滞时间组成。习惯上，又将检验时间、运输时间和等待时间之和称为辅助时间。在流程时间的构成中，占最大比例的并不是直接作业时间，而是辅助时间，其中等待时间所占比例很大。

流程时间决定了企业的交货速度，从服务顾客的角度出发，需要考虑两个方面：流程时间的长短和流程时间的稳定性。

以网上购物为例，从顾客在网上下达订单，到将所订产品交到顾客手上所需的时间就是流程时间。京东为了缩短流程时间，通过合理布局各级仓库等一系列措施来达到"一天三送"甚至京准达的运作目标。也有一些企业模仿京东提出的运作目标，但现实中却做不到。在面临众多选择的电子商务时代，顾客一般都不喜欢虚假承诺，这就更需要强调流程时间的稳定性了。不稳定的流程时间，除了会引起顾客的反感和抛弃，还会对作业计划安排、流程利用率甚至流程的总效率产生负面影响。当库存积压多、流程烦琐时，要通过流程时间来确定订单交货期比较困难。

律特（Little）提出了律特法则（Little's Law），揭示出流程中的平均库存、平均产出率和平均流程时间三者之间的关系，即

$$平均库存 = 平均流程时间 \times 平均产出率 \tag{3-4}$$

只要测出了其中的两个指标，就可以很方便地计算出第三个指标。例如，要想找出在放射科室的患者等待做胸透所需要的时间，可以先测出该科室的平均库存和单位时间产出。如果平均库存为 7 位患者，单位时间产出为 7.5 位患者/小时，则平均流程时间为 7/7.5 = 0.933 小时，即 56 分。根据律特法则，还可发现，如果控制住了其中一个指标，那么另两个指标之间的关系就非常明确了，这对流程的分析和改进十分有用。例如，由于流程中的库存取决于肯德基餐厅的座位数量，为了提高餐厅每天的单位时间产出，肯德基餐厅就得降低平均每个顾客在餐厅中的流程时间。

再如，表 3-4 是美国两家最大零售公司凯马特公司和沃尔玛公司 1998～2002 年年报的一些摘取数据。初看前者库存水平低，但如果利用律特法则来计算流程时间，即库存物资进入公司流程到售出的时间间隔，情况就不一样了。凯马特公司 1998 年的流程时间 = 6367/26 319 = 0.24 年 = 88 天；而沃尔玛公司 1998 年的流程时间 = 16497/93438 = 0.1766 年 = 64 天。可以看出，虽然沃尔玛的库存是凯马特的几倍，但由于流程时间短，这样每年周转次数多，因而其利润则更高。到了 2002 年，凯马特改进了很多，流程时间变为 67 天，但沃尔玛也在大幅改进，缩短为 48 天。从流程时间的改进效果，不难解释在 30 多年时间内，沃尔玛从无到有，将美国零售业的"航空母舰"凯马特拉下了龙头宝座。

表 3-4　美国两家最大零售公司 1998～2002 年年报数据　（单位：百万美元）

	项目	1998/01	1999/01	2000/01	2001/01	2002/01
凯马特	库存	6 367	6 536	6 350	5 796	4 825
	售出产品成本	26 319	28 161	29 732	29 853	26 258
沃尔玛	库存	16 497	17 076	19 793	21 644	22 749
	售出产品成本	93 438	108 725	129 664	150 255	171 562

另外，根据周期时间的定义可知：

$$周期时间 = \frac{1}{平均产出率} \qquad (3\text{-}5)$$

因此，式（3-4）还可写为

$$平均流程时间 = 平均库存 \times 周期时间 \qquad (3\text{-}6)$$

假设在一家按照订单生产三明治的店铺，制作和售卖一个三明治需要 2 分钟，需要 2 名员工。每名员工每 2 分钟能够为一位顾客提供服务。因此，该店每 2 分钟能服务 2 位顾客，即平均每分钟有一位顾客离开该流程，该流程的周期时间为 1 分钟。当有一位顾客进入该流程排队时，他就成了在制品库存。如果排队的顾客有 10 位（包括该顾客），当该顾客加入到队伍中，他将等待 10 分钟才能离开该流程，即

10 分钟的等待 = 系统中的 10 个人 × 每人 1 分钟

例 3-3　某金融公司为有资格的预制车库购买者提供贷款、在刚刚对其贷款申请处理运作进行了一次再造后，该金融公司正在评价这种变革对其服务绩效的影响。该分支机构在每 30 天的工作月内收到大约 1000 份贷款申请，并根据对每份申请的广泛审查做出接受或拒绝的决定。

1 月份公司采用流程 I，对每份申请进行分开单个的处理。平均 20% 的申请被接受。一项内部的审计表明，在该公司批准程序的各个阶段中大约平均有 500 份申请，这些申请还没有被做出最后的决定。

为了应答顾客对处理每份申请时间的抱怨，该公司聘请某咨询公司帮助其改进决策流程使之流线化。咨询公司迅速查明了目前流程存在的一个关键问题。尽管大部分的申请能够比较迅速地处理，但是有一些却因资料不充分和/或不明确而必须花费很长的处理时间，于是建议对流程进行如下的改变，因此产生了流程 II，如图 3-6 所示。

因为被批准的申请比例相当低，所以应该设立一个预审小组，根据严格的相当机械的原则预先处理所有的申请。所有的申请可以归为以下三类中的一类：A 类（看起来就很好）、B 类（需要进一步审查）、C 类（立刻就可以拒绝）。A 类和 B 类申请将被传递到不同的专家评审分组。然后每个分组将在其专业范围内评价申请并做出接受/拒绝的决定。

该金融公司试行了流程 II，发现平均 25% 的申请属于 A 类，25% 属于 B 类，而剩余的 50% 则属于 C 类。一般地，大约 70% 的 A 类申请和 10% 的 B 类申请被审查批准（所有的 C 类申请都已经被拒绝）。内审检查进一步发现预审小组平均有 200 份申请接受审查，仅 25 份在 A 分组接受审查，大约 150 份在 B 分组接受审查。

该公司希望能够确定这种变革是否已经改进了服务绩效。

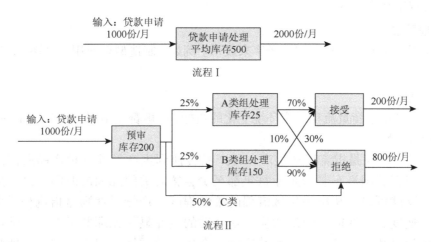

图 3-6 流程 I 和流程 II 的示意图

解：根据律特法则，流程 I 的平均流程时间＝平均库存/平均产出率＝500/1000＝0.5 月＝15 天；流程 II 的平均流程时间＝平均库存/平均产出率＝（200＋150＋25）/1000＝0.375 月＝11.25 天。由此可见，这种变革确实已经改进了总体服务绩效。

对于 A、B 和 C 不同类的申请，其流程时间各有不同。

C 类申请的平均流程时间＝200/1000＝0.2 月＝6 天

B 类申请的平均流程时间＝6＋（150/250）×30＝24 天

A 类申请的平均流程时间＝6＋（25/250）×30＝9 天

由此可见，B 类申请的平均流程时间相对更长。

4. 通过效率与增值通过效率

通过效率是指生产时间与通过时间（或流程时间）的比值，即

$$通过效率(\%)＝工作用时÷通过时间×100\% \tag{3-7}$$

通过时间与流程中用于生产的时间不同，这是因为在流程中有许多时间没有用于对物料、信息或顾客的处理。在大多数的物料和信息加工的流程中，通过效率一般都在 10% 以内。

在上述计算中，假定所有的工作用时都是实际需要的，但工作的某些要素可能被认为没有增值（如活动中的移动、延误和一些检查活动等），而那些给流程中的处理对象增加价值的活动的通过效率则称为增值通过效率。增值通过效率是流程中增值活动的时间与通过时间的比值，即

$$增值通过效率(\%)＝增值时间÷通过时间×100\% \tag{3-8}$$

例如，一桶可乐生产的真正增值时间是 3 小时，但实际通过时间是 319 天，则增值通过效率＝3 小时/（319 天×8 小时/天）＝0.12%。

实际上，工作用时实际上取决于工作的方法和技术，流程的改进可以明显降低完成任务所需的时间，进而提高增值通过效率。

另外,类似的指标还有流程周转率,它是指流程时间与流程中增值过程的时间的比值,与增值通过效率互为倒数。

5. 流程质量

衡量流程质量的指标常常用出错率来表示。例如,制造型企业用次品率、医院护士针剂用错率等。

6. 流程柔性

流程柔性是用来衡量流程适应环境变化的指标,一般都是从时间上来衡量的,分成品种柔性和产量柔性。

流程的品种柔性是指流程从生产一种产品转换到生产另外一种产品所需的转换时间。例如,很多美国汽车制造企业每年都至少会暂时关闭几周的时间,来完成不同车型的转换,这就可以反映出该领域流程的柔性程度。产量柔性则是指流程适应订单量变化的反应速度。那些能更快地适应产量波动的企业显然比那些不能很快适应这种波动的企业更为灵活。服务型企业尤其应该具有良好的柔性,因为它们不可能将顾客需求存储起来。

3.3.2　流程的瓶颈分析

当一个流程存在能力不足时,瓶颈是首要分析因素。在一个流程中,往往不同阶段会使用不同资源,就会存在不同阶段的生产率各不相同。此时,就会存在能力最低的环节。如果该能力最低的环节限制了流程的产出,则称为流程的瓶颈。瓶颈不仅限制了整个流程的产出,还限制了其他环节生产能力的发挥。

先来分析如图 3-7 所示的一个简单的两步流程。如果第一步的生产时间是 30 秒,第二步的生产时间为 45 秒,显然第二步的能力低。如果流程需要生产 100 单位的产品,采用图 3-7(a)的设置,两步骤之间没有缓冲,那么每生产一个单位产品,第一步就会阻塞15 秒。也就是说,在第二步由于无处存放刚完工的半成品,流程中的活动不得不停止。如果在两个步骤之间设计一个库存缓冲区,如图 3-7(b)所示,情况就会发生变化。在这种情形下,第一步能在 3000 秒(30×100)内生产出 100 单位的产品,而第二步在 3000 秒内只能生产 66 单位((3000–30)/45)的产品。这就意味着在开始的 3000 秒内,库存缓冲区里将会存储 34 单位(100–66)的产品。全部产品的生产将耗时 4530 秒(3000 + 34×45)。可见,第二步成了瓶颈,因为它限制了流程的生产能力。当然,如果两个周期的时间接近,就能降低缓冲区的库存。

图 3-7　一个简单的两步流程

如果这两个步骤的生产时间相反,即第一步花费 45 秒,而第二步花费 30 秒,情况就会发生变化:第一步成为瓶颈。每一单位的产品将会直接从第一步转移到第二步,而第二步将窝工或停工待料 15 秒，等待上一个步骤完工。但是，生产所有的产品仍需要 4530 秒。其原因是该流程的周期时间并没有发生变动，它由流程中生产时间最长（或能力最小）的步骤决定。

对于上述时间设置的两种情况，实际上分别构成了需求约束和供应约束两种情形。在第一种情况下，第二步的需求小于供应（第一步）的能力，即有充足输入，流程就按照需求的速度生产。在第二种情况下，第二步的需求大于供应的能力，即流程的原料输入不足，流程就按照供应的速度生产。对于更一般的情形，如果再把输入（或供应）和输出（或需求）能力考虑进来，那么整个流程的产出率由输入能力、输出能力和资源的流程能力最小者决定，如图 3-8 所示。

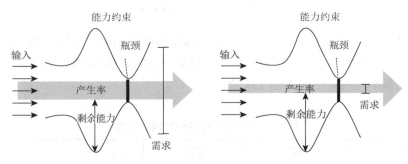

图 3-8　流程产出率与供应、需求和资源能力的关系

值得注意的是，平行地运作两个同类型的活动能使生产能力加倍。或者，两个不同类型活动也能同时运行。在这种情况下，平行运作的流程代表了不同的选择。有时两个或两个以上不同的流程可能终止于同一个库存缓冲，这表示两个流程独立生产的产品是相同的，都将流入这个缓冲区。如果平行流程生产的产品不同，那么它们将流入不同的库存缓冲区。

例 3-4　某面包房有两条平行的烘烤生产线，每条生产线配有一台搅拌机、一台发酵机和一个烤箱。另外还有一条包装生产线，两条烘烤生产线共用一条包装生产线，面包经包装后销售给顾客。面包按每炉 100 个生产，各工序的生产时间如图 3-9 所示。每道工序当天必须全部处理完，不能有库存。请问：

（1）该流程的产出率是多少？瓶颈及资源利用率如何？

（2）制作一炉面包的流程时间如何？

（3）如果面包房要进行技术改造，替换部分现有设备，有两种选择：替换烤箱，新烤箱每 45 分钟烤一炉；购买新包装线，新包装线 30 分钟可包装 120 个面包，应该采取哪项措施？

（4）在不添加和更换设备的情况下，该面包房除生产白面包之外，还需要生产黑面包。假定生产每种面包的数量相等，一条烘烤生产线用于生产白面包，一条烘烤生产线用于生产黑面包，包装线在包装完 100 个白面包后，必须进行调整，如更换包装袋，然后才能包装黑面包，包装线调整时间为 0.25 小时，在继续按照每批生产 100 个面包，包装批次同为 100 个的情况下，试分析流程的生产能力、资源利用率和流程时间。

（5）如果每包装完 200 个面包，花 15 分钟调整包装线，再包装 200 个另一种面包，则该生产流程的绩效又有哪些变化？

（6）两条面包烘烤生产线每天生产两班，每班 8 小时。包装线可以每天 3 班，每班也是 8 小时。为了问题分析的简便，忽略包装设备的调整时间。这时面包烘烤生产线和包装线间的平均等待时间如何？

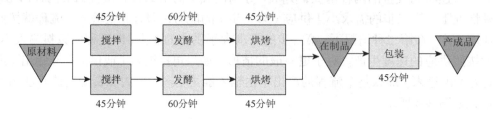

图 3-9　面包生产线的流程

解：（1）假设供应和需求能力都无限大，则该流程的瓶颈由各工序中能力最小者决定。各工序的生产能力如表 3-5 所示。由此可见，包装一小时只能包 133 个，能力最低，因此该面包生产线每小时的生产能力是 133 个。

表 3-5　面包各工序的生产能力计算

工序	搅拌	发酵	烘烤	包装
时间/(分钟/炉)	45	60	45	45
设备台数/台	2	2	2	1
能力/(个/小时)	266	200	266	133

瓶颈流程的利用率为 100%。其他各工序的利用率如下。

搅拌：（45/2）/45 = 50%　　　　烘烤：（45/2）/45 = 50%

发酵：（60/2）/45 = 66.7%　　　包装：45/45 = 100%

（2）一般而言，制作一炉面包的流程时间为：45 + 60 + 45 + 45 = 195 分钟 = 3.25 小时。

需要说明的是，这仅仅是第一炉面包的流程时间。第一炉各个过程没有等待，而在后续各炉面包处理中，由于设备或加工对象会出现等待，因此流程时间就不同了。此时，可进一步利用律特法则来分析。

（3）由于包装是瓶颈，所以应该更换包装线。更换后，每小时可以包装 240 个，不再是瓶颈。而烘烤生产线成为新的瓶颈，其生产能力是每小时 200 个。

（4）增加品种后，黑白面包的生产批量仍为 100 个。流程的瓶颈仍然在包装工序，包装工序的处理时间为 0.25 + 0.75 = 1 小时，因此整个流程的产能变成 100 个/小时。

此时的设备利用率如下。

搅拌：（45/2）/60 = 37.5%　　　烘烤：（45/2）/60 = 37.5%

发酵：（60/2）/60 = 50%　　　　包装：（45 + 15）/60 = 100%

如果不考虑等待时间，则流程时间为 0.75 + 1 + 0.75 + （0.75 + 0.25）= 3.5 小时。实际系统中，流程时间还需要考虑工序间的等待，情况更为复杂。

（5）此时，流程的生产能力为 200/（2 × 0.75 + 0.25）= 114 个/小时。

如果不考虑等待时间，每 200 个面包的流程时间为：2 ×（0.75 + 1 + 0.75）+ 0.75 × 2 + 0.25 = 6.75 小时，平均 100 个面包的流程时间为 6.75/2 = 3.375 小时。

通过比较可以看出，经过提高批次，流程的产出能力有所提高，但对于流程来说，需要在包装工序前设置更大的缓冲区。同时，随着批量的增大，顾客等待另一种面包的时间增加。

（6）由于生产线和包装线之间的缓冲区的存在，可以使面包生产和包装都按照各自最大的产能进行。在前两个班次中，库存增长速度是 200–133 = 67 个/小时，最高库存量为 67 × 16 = 1072 个，在前 16 小时中的平均工艺库存量为 1072/2 = 536 个。在最后 8 个小时的包装班次中，库存量从 1072 降到 0（因为 1072/133 = 8 小时）。

由于在库存形成的前两个班次，包装线的能力限制了流程的产出，其产出率为 100/0.75 = 133 个/小时。所以，根据律特法则，平均等待时间 = 平均在制品库存/平均产出率 = 536/133 = 4 小时。

3.3.3　流程单元移动方式分析

当流程中的流程单元个数在两个以上时，流程时间就受到流程单元在系统中的移动方式影响。所谓移动方式，就是流程单元在系统中的运送组织方式，即流程单元的一项作业完毕后，是整批地移动到下一项作业，还是立即移动到下一项作业。在制造型企业中，流程单元多为零部件，下面就以零部件的移动方式展开分析。

一般来说，零件的移动方式有三种，即顺序移动、平行移动和平行顺序移动。不同的移动方式，对流程时间、在制品库存、搬运次数及现场管理等的影响各不相同。

1. 顺序移动方式

顺序移动方式的特点是每批零件在前道工序全部完成之后，再整批地转送到后道工序，如图 3-10 所示。

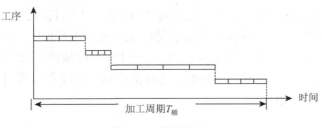

图 3-10　顺序移动

设零件批量为 n（件），工序数目为 m（个），零件在第 i 道工序的单件工时为 t（分钟/件），$i = 1, 2, \cdots, n$。为了使问题讨论简化，将工序间的运输时间和辅助时间忽略不计。由图 3-10 可以看出，该批零件的加工周期 $T_顺$ 应为

$$T_顺 = n \sum_{i=1}^{m} t_i \tag{3-9}$$

如果 $n=4$ 件，$m=4$ 个，$t_1=10$ 分钟，$t_2=5$ 分钟，$t_3=15$ 分钟，$t_4=10$ 分钟，则 $T_顺=4\times(10+5+15+10)=160$ 分钟。

2. 平行移动方式

平行移动方式的特点是一批零件中的每个零件，在前道工序完成之后，立即转移到后道工序上继续加工，如图 3-11 所示。由图 3-11 可知，在相邻工序中，当后工序单件时间较短时会出现设备停歇时间，其周期时间比顺序移动的周期时间短。

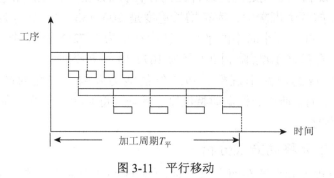

图 3-11　平行移动

零件平行移动的加工周期为

$$T_平=\sum_{i=1}^{m}t_i+(n-1)\cdot t_长 \tag{3-10}$$

其中，$t_长$ 为最长的单机工序时间。

将前例数据代入式（3-10），可得其平行移动的加工周期为

$$T_平=10+5+15+10+3\times15=85 \text{ 分钟}$$

3. 平行顺序移动方式

顺序移动方式零件运输次数少，设备利用充分，管理简单，但加工周期长；平行移动方式加工周期短，但运输频繁，设备空闲时间多而零碎，不便利用。为了综合两者的优点，可采用平行顺序移动方式。该移动方式要求每道工序连续进行加工，但又要求各道工序尽可能平行地加工。具体做法是：当 $t_i < t_{i+1}$ 时，零件按单件移动方式转移；当 $t_i \geq t_{i+1}$ 时，以 i 工序最后一个零件的完工时间为基准，往前推移 $(n-1)\times t_i$ 作为零件在 $i+1$ 工序的开始加工时间，如图 3-12 所示。

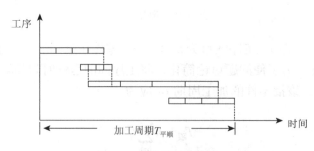

图 3-12　平行顺序移动

零件平行顺序移动的加工周期为

$$T_{平顺} = n \cdot \sum_{i=1}^{m} t_i - (n-1) \cdot \sum_{i=1}^{m-1} t_{i短} \tag{3-11}$$

其中，$t_{i短}$ 为每两个相邻工序中较短的单机工序时间。

将前例数据代入式（3-11），可得其平行顺序移动的加工周期为

$$T_{平顺} = 4 \times (10+5+15+10) - 3 \times (5+5+10) = 100 \text{ 分钟}$$

三种移动方式各有优缺点，它们之间的比较如表 3-6 所示。

表 3-6　三种移动方式的优缺点

比较项目	平行移动	平行顺序移动	顺序移动
生产周期	短	中	长
运输次数	多	中	少
设备利用	差	好	好
组织管理	中	复杂	简单

3.3.4　流程的不稳定分析

流程中存在各种波动因素，如物料、信息或顾客到达过迟或过早，流程某个阶段的工艺技术出现故障或失灵；将"误加工"物料、信息或顾客返回到流程中的上一个阶段；加工零部件的需求波动等。所有这些可变因素都会相互影响，但最终会形成两种基本的波动性类型。

（1）在流程中某一阶段，对于加工需求的波动性，通常表现为流程内部零部件到达时间的波动性。

（2）流程各阶段进行一次作业（即处理一个单元）的时间波动性。

流程的波动性会降低其效率。以一个简单的一步流程来分析零部件到达时间波动性对流程绩效的影响。假设该流程包含一个作业时间为 10 分钟的加工活动。零部件的到达速度恒定且可预测。如果其到达速度为每 30 分钟一件，那么，这个流程就仅用了 33.33% 的时间，而且零部件不需要等待，这对应于图 3-13 的 A 点。如果到达速度为每 20 分钟一件，那么，其利用率会上升到 50%，零部件也不需要等待，这对应于图 3-13 的 B 点。如果到达速度为每 10 分钟一件，那么，这个流程会满负荷运转。但是，由于一个零部件到达时，上一个零部件刚好加工完，所以，它仍然不需要等待，这对应于图 3-13 的 C 点。但是，如果到达速度快于每件 10 分钟，那么，在该活动前将形成等待队列，这对应于图 3-13 的 D 点。所以，在一个速度恒定且可预测的环境中，流程等待时间和利用率的关系是一个矩形函数。如图 3-13 的虚线所示。

但是，如果到达时间和加工时间均可变化，那么，有时就会存在零部件等待处理的情况；有时流程则又会空闲，等待零部件的到达。所以，流程就会处于一种既有等待队列，但又不能满负荷工作的状态。所以，图 3-13 所示的 X 点更接近现实情况。如果平均到

达时间也存在同样的波动性，平均等待时间与流程利用率的关系就可用图 3-13 的曲线表示。流程的利用率越接近 100%，其平均等待时间将越长。换言之，保证零部件低等待时间的唯一方法是忍受流程的低利用率。

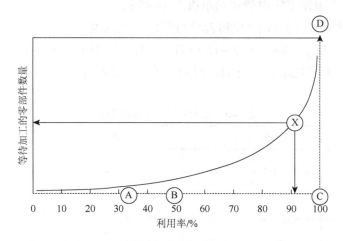

图 3-13　有无波动情况下的流程利用率和等待时间之间的关系

流程的波动性越大，等待时间—利用率曲线就会越背离图 3-13 所示的矩形函数。这实际表达了对于希望提高等待时间或利用率的三种选择：

（1）接受较长的平均等待时间，达到更高的利用率；

（2）接受较低的利用率，得到更短的平均等待时间；

（3）降低到达时间和/或作业时间的波动性，得到更高的利用率和更短的平均等待时间。

当然，在分析到达时间和作业时间波动性对流程的影响过程中，可以使用队列分析进一步加以展开。

3.4　运营流程改进

3.4.1　混合流程

为了更好地适应顾客的需求变化，混合流程是目前很多制造型和服务型企业在流程改进中普遍采取的方法。混合流程是一种推拉结合的流程，它吸收了面向库存的生产流程或面向订单的生产流程的优点。下面以汉堡制作的流程为例。

在快餐时代之前，普通餐厅制作汉堡的传统方式通常是按照订单生产的，如图 3-14（a）所示。首先，顾客下达订单，指定需要几成熟的产品和需要哪些特殊的调味品（泡菜、干酪、生菜、洋葱、番茄酱）。根据这些特别的要求，厨师从库存中取出汉堡肉的原料制作汉堡夹肉并加热面包，然后制成汉堡并送到顾客手中。汉堡的质量在很大程度上依赖厨师的技术。面向订单生产的流程只有在订单确实下达后才有效。在制品和产成品库存控制在最低程度。理论上，汉堡递送给顾客的响应时间会很长，因为在产品交付之前，必须一步一步完成所有的活动。所以，特殊性质的服务通常采用面向订单生产的流程。

　　大量生产方式给汉堡的制作流程带来了变革，采用了备货型流程，也就是图 3-14（b）所示的方式。麦当劳餐厅成批地将汉堡肉饼放在烤架上，每批有 12 块汉堡肉饼。面包片同样也是以 12 片为一批进行烘焙，然后进行"组装"（把干酪、生菜、洋葱、番茄酱等调味品和佐料加入汉堡包）和包装。当然，这也是为一批进行的。接着，将这些成品放到成品库存区，可以随时送到顾客手中。这种低成本、高效率的流程一般是备货型生产，即预先生产出标准化的产品，然后再按顾客需求把产品快速地送到顾客的手中。因此，麦当劳的主要目标市场定位在有儿童的家庭上，对他们而言，交货速度很重要。因此，麦当劳的很多广告都强调快速服务。

　　在备货型和订货型的基础上，可以对这两种方式进行适当改进，形成混合型流程，以满足不同的顾客需求，提供所需的服务。例如，图 3-14（c）所示的汉堡王采用了一种按照订单装配（assembly-to-order，ATO）的流程。汉堡王利用高度专业化的移动烘烤师来烹饪汉堡。他们把生的汉堡肉饼放在一个在灼热的不断移动的烘烤炉装置上，利用这种装置可以同时烘烤汉堡肉片上下两面。90 秒后，当汉堡肉片移动至烘烤炉的另外一端，已经被烤得恰到好处。面包片同样也是这样在烘烤炉上烘烤的。由于移动烘烤师的移动速度是均匀的，并且加热时间是固定的，因此，这套系统烹饪出的是质量高度一致的食品，能够最大限度地摆脱对厨师技术的依赖。但是，这种流程的柔性却非常有限。由于汉堡肉饼在移动烘烤箱上加热的时间都是 90 秒，故汉堡肉饼的厚度必须保持一致，从而导致汉堡王在制作巨无霸汉堡时，唯一的方法就是将汉堡肉饼做得更大，因为其厚度必须与常规的汉堡保持一致。烤好的汉堡肉饼放在面包片上储存在保温的储藏箱中，成为在制品库存，这是对标准化的成品库存的一种补充。然后，随时根据顾客订单完成后续的制作。汉堡肉饼的在制品库存使得汉堡王能够在相对较短的时间内按顾客要求制作汉堡（与传统订货型方式相比）。同时由于这种方法的补货时间相对较短，也能够减少成品架上的成品库存水平（与备货型方式相比）。汉堡王的流程的优势在于能够快速地按照顾客订单组装汉堡并交付给顾客。所以，汉堡王有一句口号："用您自己的方式去拥有。"

　　温迪用的是另外一种不同的方式，如图 3-14（d）所示。在顾客高峰期，厨师预计到顾客的到来而稍微提前将汉堡肉饼放在烤架上进行烤烘，随时等候顾客的订单。一旦顾客惠顾并下订单后，员工就把汉堡肉饼从烤架上拿下来并根据顾客特定要求加入不同配料，顾客甚至可以看到汉堡制作的全过程。所以相对于麦当劳的旧的生产方式和汉堡王，温迪的汉堡是一个高质量的定制产品，既新鲜又快速还符合顾客的口味。值得权衡的是由于温迪的流程是从烤汉堡肉饼开始的，所以比汉堡王定制的汉堡还要稍微慢一些。

　　1999 年麦当劳引入了新流程，如图 3-14（e）所示，它也是一个混合型流程。做好的汉堡肉饼被存放在特制的储存装置中，这样湿度至少能保持 30 分钟。这个流程使用了最新的技术，汉堡肉饼在 45 秒钟就可以制成，面包片只需要 9 秒钟。通过专门设计的计算机系统，顾客的特殊要求能及时传到汉堡制作区，包括烤面包片在内的制作流程在 15 秒内对顾客的需求做出响应。这样，通过将先进的烹调技术和巧妙的流程工艺相结合，麦当劳开发出快速响应的流程。产品新鲜，交付迅速，且符合顾客的口味。

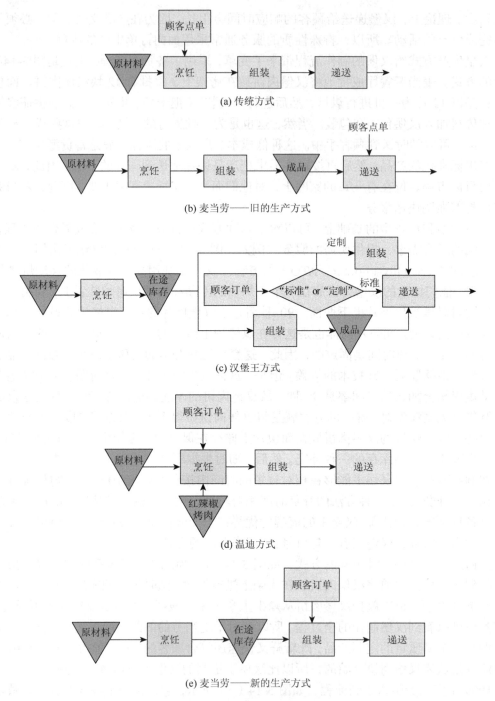

图 3-14　汉堡制作的运营流程

制造型企业在进行混合流程改进中，更注重技术的创新与应用，包括产品与流程的模块化、延迟制造和大规模定制等。

模块化是指将一个复杂的系统分解成若干个模块的过程。每个模块完成某些特定的子功能，模块之间标准接口，每个模块可以分散设计并独立测试，同类模块相互竞争。多种模块按一定方法组装起来，通过标准的接口，形成一个整体，完成整个系统所要求的功能。模块化有狭义和广义之分，狭义模块化是指产品生产和工艺设计的模块化；而广义模块化是指把系统（包括产品、生产组织和过程等）进行模块分解与模块集中的动态整合过程。模块化是制造行业进行混合流程改造，即采取延迟制造与大规模定制的前提条件。

延迟制造是指将产品的生产过程分为通用化阶段与差异化阶段，生产企业事先完成通用化阶段的生产，即只生产共同的半成品或模块化的通用部件，而产品差异化阶段的生产，等最终用户提出具体要求后才开始。

延迟制造采取的是一种混合流程，它将流程分为两个阶段，在通用化阶段采取按库存生产，通过规模经济来降低成本，同时也加快订单的交工时间。在差异化阶段采取按订单生产，追求满足顾客的个性化需求。延迟制造最早使用的例子之一是根据顾客要求混合油漆颜色。这极大限度地减少了油漆零售商店的库存，零售店不是持有预先混合好的颜色，而是储存一种基色调，再根据顾客特殊的订单来混合颜色。

3.4.2　标杆管理

标杆管理又称基准化管理，是指企业寻找业内领先的本地企业或世界最先进的企业作为标杆，将自身的某一方面或某几个方面与这些标杆进行比较，寻找差距，再来确定追赶标杆的方案。在寻找标杆时，可以跨越行业的界限，寻找世界一流企业；也可以针对自己存在缺陷的某些领域有针对性地寻找这一领域做得出色的企业。标杆管理是施乐公司于 20 世纪 70 年代末首创的，后经美国生产力与质量中心系统化和规范化。很多国际大型企业，如 IBM、福特、杜邦等公司，都将标杆管理作为标准化管理工具，并取得了很好的效果。

施乐公司的首席执行官（chief executive officer，CEO）大卫·凯恩斯将标杆管理定义为："标杆管理就是一个将产品、服务和实践与最强大的竞争对手或行业的领导者相比较的持续流程。"这个定义表明，标杆管理，重视实际经验，强调流程的分解和渐进性改善。持续流程意味着持续和不断改进，而不是一次性的实践。随着竞争的全球化、技术的飞速发展，今天被顾客普遍接受的绩效标准或许明天就被淘汰了，企业只有不断监测着竞争对手，不断寻找和研究一流公司的最佳实践，并以此为基准与该企业进行比较、分析、判断，从而使自己的企业得到不断改进，成为或赶超一流公司。

标杆瞄准提供了一个客观、有效的测评标准，用来判断企业在人员、质量、成本、设备、流程等方面究竟还能走多远。标杆管理不仅有助于企业制定极具挑战性的目标，还为企业领导层提供了实现这一目标的切实有效的实施办法。

根据标杆对象选择的不同，通常可将标杆管理分为内部标杆管理、竞争标杆管理、非竞争标杆管理、功能性标杆管理和通用标杆管理。

（1）内部标杆管理，是以企业内部的最佳运营实践和业务流程作为基准的管理，通常以识别内部现行的最佳实践为起点，也是了解企业现状并寻找差距的第一步，这是确定未来改进目标所必需的。内部标杆管理尤其适合于多址分布的大型企业。通过展开内部标杆管理，还可以促进内部沟通和培养学习气氛。但是其缺点在于视野狭隘，不易找到最佳实践，很难实现创新性突破。

（2）竞争标杆管理，是以最强的行业内部直接竞争对手或最强竞争对手为基准进行的管理，其目标是以业内最强对手的绩效和实践相比较，以获得改进。由于同行业竞争者之间的产品结构和产业流程相似，面临的市场机会相当，竞争对手的作业方式会直接影响企业的目标市场，因此竞争对手的信息对于企业的策略分析及市场定位有很大的帮助，收集的资料具有高度相关性和可比性。但正因为标杆伙伴是直接竞争对手，信息具有高度商业敏感性，难以取得竞争对手的积极配合，获得真正有用或准确的资料，从而极有可能使标杆管理流于形式或者失败。

（3）非竞争标杆管理，以寻找同行业非直接竞争对手作为标杆，即那些由于地理位置不同等虽处同行业但不存在直接竞争关系的企业。非竞争标杆管理在一定程度上克服了竞争标杆管理资料收集和合作困难的弊端，继承了竞争标杆管理信息相关性强和可比性强的优点。但可能由于地理位置等而造成资料收集成本增大。

（4）功能性标杆管理，是以不同行业但拥有相同或相似功能、流程的最强企业为标杆。任何行业均存在一些相同或相似的功能或流程，如物流、人力资源管理、营销手段等。跨行业选择标杆伙伴，双方没有直接的利害冲突，更加容易取得对方的配合。另外可以跳出行业的约束随时掌握最新经营方式。但是投入较大，信息相关性较差，最佳实践需要较为复杂的调整转换过程，实施较为困难。

（5）通用标杆管理，是以不同行业且具有不同功能、流程的组织作为标杆。即使完全不同的行业、功能、流程，也会存在相同或相似的核心思想和共通之处。从完全不同的组织学习和借鉴，会最大限度地突破创新，从而使企业绩效实现跳跃性的增长，大大提高企业的竞争力，这也是最具创造性的学习。由于双方信息相关性更差，企业需要更加复杂的学习、调整和转换过程，才能在本企业成功实施学到的最佳实践，因此困难更大。

无论采用哪种标杆管理，在实施标杆管理的过程中，需要根据标杆管理报告，确认正确的纠正性行动方案，制订详细的实施计划，在组织内部实施最佳实践，并不断对实施结果进行监控和评估，及时做出调整，以最终达到增强企业竞争优势的目的。同时，标杆管理是持续的管理过程，不是一次性行为，因此，为便于以后继续实施标杆管理，企业应维护好标杆管理数据库，制订和实施持续的绩效改进计划，以不断学习和提高。

3.4.3　业务流程再造

1. 产生的背景和内涵

为了适应顾客需求的多样化、个性化以及不断的变化，企业需要对现成的流程进行改进和再造。当供不应求时，企业和各种社会组织追求的是效率，不是适应性。当供过于求时，顾客成为"上帝"，"适者生存"迫使企业和各种社会组织改变过去按功能或职能设置生产单位或部门的方式。于是，产生了消除职能界限，聚焦能够创造真正顾客价值和超越职能界限的、端到端的业务流程。

虽然随着计算机和信息技术的不断进步，人们利用建立管理信息系统等手段试图提高企业的管理效率。但是，如果传统业务流程不改变，即使采用了先进的信息技术，也不会对工作有根本性的改进，甚至让人们更快地做出错误决定。这也是后来的企业业务流程得以产生的原因。企业真正的成功来自运作流程的改善。共享顾客服务流程、采购系统、分销和制造系统以及其他流程，能带来巨大的协同效应和成功。

美国麻省理工学院的迈克尔·哈默（Michael Hammer）于 1990 年在《哈佛商业评论》上首先提出企业业务流程重构（business process reengineering，BPR）的概念。三年后，哈默和 CSC 管理顾问公司董事长詹姆斯·钱皮（James Champy）合作出版了《再造企业》（*Reengineering the Corporation*）一书。1995 年，钱皮又出版了《再造管理》。这些著作的问世引起了学术界和企业界的广泛重视，并使企业业务流程重构成为企业管理研究和实践的热点。

根据哈默和钱皮的定义，业务流程再造是对企业的业务流程进行根本性再思考和彻底性再设计，从而获得在成本、质量、服务和速度等方面业绩的显著性的改善。企业需要以从订单到交货或提供服务的一连串作业活动为着眼点，跨越不同职能与部门的分界线，以整体流程，整体优化的角度来考虑与分析问题，识别流程中的增值和非增值业务活动，清除非增值活动，重新组合增值活动，优化作业过程，缩短交货周期。定义中的根本性是指突破原有的思维定式，以回归零点的新观念和思考方式，对现有流程与系统进行综合分析与统筹考虑，避免将思维局限于现有的作业流程、系统结构与知识框架中，以取得目标流程设计的最优；彻底性是指抛弃所有的陈规陋习创造全新的业务处理流程，而非对既存的事物进行肤浅的改良、增强或调整；而显著性是指企业竞争力增强，企业的管理方式与手段、企业的整体运作效果达到一个质的飞跃，体现高效益与高回报。企业业务流程重构不认为就事论事的、小修小补的"微创新"能起到多大作用，唯有根本的、彻底的、显著的、流程上的革新，才能真正提升企业的竞争力。

2. 业务流程重构的原则

关于业务流程重构，哈默提出了七条原则。

（1）组织结构应该着眼于最终结果，而非具体的任务。原先由不同的人完成的几种专业化工作合并为一个工作，并交由一个人或一个工作小组来完成。围绕最终结果来组织流程可以缩短时间传递过程，从而加快速度，提高生产力，同时，也可以提供一个和顾客全方位接触的环境。

（2）让那些使用流程产出的人参与流程重构。过去由于专业化精密分工，企业的各个专业化部门只做一项工作，同时又是其他部门的顾客。例如，会计部就只做会计工作，如果该部门需要一些新铅笔就只能求助于采购部，于是采购部需要寻找供货商，讨价还价，发出订单，验收货物然后付款，最后会计部才能得到所需的铅笔。这一流程的确能完成工作，并且对于采购贵重货物的确能显示出专业化采购优势，但是对于铅笔这类廉价物品，这一流程就显得笨拙而缓慢了，并且往往用以采购的各项间接费用竟会超过所购产品的成本。现在有了信息系统，一切就变得容易了。通过数据库和专家系统，会计部可以在保持专业化采购所具优势的条件下，自己做出采购计划。

（3）将信息处理工作整合到产生这些信息的实际工作中。过去大部分企业都建立了这样一些部门，它们的工作仅仅是收集和处理其他部门产生的信息。而今伴随着信息技术的运用和员工素质的提高，信息处理工作完全可以由底层组织的员工自己完成。例如，很多大型公司的应付款部门必须对采购订单、收货单和发票进行核对协调，应用该原则后，采取在线订单信息收集和处理，整个过程不再需要发票，许多传统账户的支付也不再是必需的工作。

（4）将各地分散的资源集中化。集权和分权的矛盾是长期困扰企业的问题，集权的优势在于规模效益，而缺点是缺乏灵活性；分权，即将人、设备、资金等资源分散开来，能够满足更大范围的服务，但却随之带来冗员、官僚主义和丧失规模效益的后果。有了数据库、远程通信网络以及标准处理系统，人们不再为鱼和熊掌不可兼得而伤透脑筋，企业完全可以在保持灵活服务的同时，获得规模效益。

（5）将并行工作联系起来，而不是仅仅联系它们的产出。存在着两种形式的并行，一种是各独立单位从事相同的工作；另一种是各独立单位从事不同的工作，而这些工作最终必须组合到一起。新产品的开发就属于后一种的典型。并行的好处在于将研究开发工作分割成一个个任务，同时进行，可以缩短开发周期。但是传统的并行流程缺乏各部门间的协作，因此，在组装和测试阶段往往就会暴露出各种问题，从而延误了新产品的上市。现在配合各项信息技术，如网络通信、共享数据库和远程会议，企业可以协调并行的各独立团体的活动，而不是在最后才进行简单的组合，这样可以缩短产品开发周期，减少浪费。

（6）把决策点放在工作的执行过程中，并对流程实施控制。将决策变成工作执行过程的一部分，让控制也成为工作执行的一部分。现代员工都受过良好的教育和培训，掌握了更多技能，再加上现代信息技术的支持，他们完全有能力胜任决策、执行和控制。这样就可以对流程及其组织进行垂直方向的压缩，形成具有快速响应能力的扁平的组织结构。

（7）从信息来源地获取信息。在信息难以传递的时代，人们往往会重复采集信息。但是，由于不同人、不同部门和组织对于信息有各自的要求和格式，不可避免地造成企业业务延迟、输入错误和额外费用。建立、健全企业的在线信息系统，并在第一时间将实际发生的信息输入在线数据库中，让所有需要的人都能共享。如果第一时间能在公司的在线系统收集和处理信息，这样就能避免信息的错误和重新获取信息的成本。

3. 业务流程重构的步骤

（1）观念更新。要改变传统的组织过程的观念，从企业领导到干部和员工真正树立顾客导向、过程中心和团队管理的指导思想，认识到不变革企业就要遭淘汰，员工就要丧失工作，就是"死路一条"，从而激发从领导到员工变革的动力。

（2）过程重构。包括识别、评价、设计和实施四个步骤，不断循环。识别是对企业现有的业务过程进行调研和描述。评价需要对现有过程进行重新分析、建模和诊断。设计则是根据分析诊断的结果，基于顾客需求，运用信息技术，对业务过程进行重新设计，绘制新的业务过程图。实施最终将重新设计的业务过程进行仿真运行、实施、跟踪、检查、评估。

（3）组织重构。业务过程重构需要组织上的配合和保证，否则不能保证过程重构的成功。企业业务流程重构要求组织架构扁平化，也为组织扁平化创造了条件。需要企业领导实行广泛的分权，使多功能团队发挥更大的作用。

企业再造理论的核心精神，就是不断调整业务流程以适应时代的潮流。进入 21 世纪，互联网、大数据、人工智能，甚至是区块链技术的进步，正在又一次颠覆商业环境。新一波由互联网引导的再造推倒了挡在各个企业之间的围墙。公司自家门口不再是业务流程的终点。产品研发、规划、预测以及许多其他流程天生就具有跨企业的特征，甚至牵涉到顾客和供应商的工作。互联网通过企业与企业之间分享信息，促进了跨企业流程的再造。如何适应这个时代？企业再造是永不过时的思想。

3.4.4　流程改进方法与工具

1. 6W 法

6W 法又称为六问法或 5W1H 法，它通过对运营流程或运营流程的每个环节提出六个问题来进行流程分析，如表 3-7 所示。6W 的排列顺序一般是 Why-What-How-Who-Where-When。其中 Why 是最重要的，是对流程或流程某环节存在意义和价值的判断，是其他 W 的基础。如果对于六个 W 都有很充分、合理的理由回答，则流程或流程的某环节是比较令人满意的；反之，则说明现有流程存在问题。针对这些问题应连续追问"为什么"（一般认为只有连续追问五个，才能由现象触及本质），找到产生问题的根本原因，从而提出相应的改进方案。6W 法的运用框架如表 3-7 所示。

表 3-7　6W 法的运用框架

6W	分析			结论（改进方案）
	第 1 次提问（现状）	第 2 次提问（为什么）	多次提问（为什么）	
Why（原因）	做的必要性？	理由是否充分？	……	取消
What（对象）	做什么？	为什么要做它？	……	取消或合并
How（方法）	怎样做？	为什么要这样做？	……	简化
Who（人员）	谁做？	为什么他做？	……	重排
Where（地点）	在哪做？	为什么在这做？	……	重排
When（时间）	何时做？	为什么此时做？	……	重排

2. ECRS 法

通过取消（elimination）、合并（combination）、重排（rearrangement）、简化（simplification）四项技术对现有流程进行优化，这四项技术俗称 ECRS 分析法。

（1）取消：对任何工作首先要问：为什么要干？能否干？包括：取消所有可能的工作、步骤或动作（其中包括身体、四肢、手和眼的动作）；减少工作中的不规则性，如确定工件、工具的固定存放地，形成习惯性机械动作；除必要的休息外，取消工作中一切怠工和闲置时间。

（2）合并：如果工作不能取消，则考虑能否与其他工作合并，对于多个方向突变的动作合并，形成一个方向的连续动作；实现工具的合并、控制的合并和动作的合并等。

（3）重排：经过取消、合并后，可再根据"何人、何处、何时"三种提问对工作的顺序进行重新排列，使其能有最佳的顺序。

（4）简化：指工作内容、步骤方面的简化，动作的简化，能量的节省，也包括自动化技术的应用。

3. 流程程序图

流程程序图是对一个服务对象或操作工位的全部活动进行系统化描述的方法。它使用符号、时间和距离，为分析和记录构成流程的活动提供了一种客观和结构化的方法。流程程序图使我们可以将精力集中于价值增值的活动。例如，图 3-15 所示的流程程序图表示目前快餐店的汉堡包制作方法，对所有增值活动与不增值的检查、储存、延误和运输相对的活动的鉴别使我们能够确定增值活动占活动总数的百分比，进而通过分析找到改善方法。

流程程序图

图表名称：<u>汉堡包制作过程</u>　　　　　　　　　　日期：<u>2020 年 5 月 8 日</u>
部门：　　　　制图：<u>方鸣</u>　　　　　　　　　表格号：

距离 (cm)	时间 (min)	图形符号					过程描述
		操作	运输	检查	延迟	储存	
					D	▽	
	/					×	储存肉饼
45	0.05		×				送到烤炉上
	2.50	×					烤肉
	0.05			×			检查
30	0.05		×				挂起来
	0.15					×	临时储存
15	0.10		×				取面包、配料等
	0.20	×					制作
15	0.05		×				放置在烤架上
105	3.15	2	4	1	0	2	总计

图 3-15　汉堡包制作流程程序图

4. SIPOC

SIPOC 图由质量管理大师戴明提出，是一种最常用的流程设计与优化的方法。事实上，任何一个流程都是由供应商、输入、处理、输出与顾客（supplier, input, process, output, customer）这样相互关联的五个部分组成的系统。

供应商是向流程提供关键原材料、信息或其他资源的实体。对于在企业内部就可以完成的局部流程，供应商实际上是指上一个工序或上一个环节。输入是供应商所提供的资源。需要明确各项输入及必须满足的标准。处理是把输入转换为输出的一组活动。正是通过这些活动对输入进行整合，进而增加价值。输出是过程结果，通常是产品和服务包。输出可能是多样的，但分析流程时必须强调主要输出，判断依据就是哪种输出可以为顾客创造价值。对流程的输出，要明确所要测评的关键指标以及所必须达到的标准。顾客是接受输出的实体。对于在企业内部就可以完成的局部流程，顾客实际上指下一个工序或下一个环节。SIPOC 图说明了信息和原材料等资源来自哪一个或哪几个供应商，所提供的资源对生产过程有什么影响，包括哪些主要处理过程，过程的结果是什么，谁是这个过程的顾客。图 3-16 是 SIPOC 的示意图。

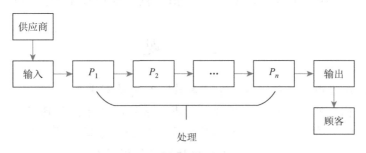

图 3-16　SIPOC 示意图

通过 SIPOC 模型，参与了某一特定工作流程的人能够看到一幅描绘一项业务从开始到结束的实际完成过程的较清晰的图像，还能够鉴别其他团队或部门成员所做出的不同努力。SIPOC 能展示出一组跨越职能部门界限的活动，以全面的视角分析企业核心流程的实质，帮助企业认清流程中的问题，进而得以不断改进。

3.5　本 章 小 结

在快速多变的市场环境下，企业运作流程也必须相应地不断改进，以适应新的要求。流程是使用资源（劳动力和资金），将投入（原材料、待服务的顾客）转换为产出（产成品、接受完服务的顾客）的过程。这个过程实际上是任何一种或一组活动，它选择某些投入，并向这些投入中转移或增加价值，进而向顾客提供一种或多种产出。构成流程的要素包括投入、产出、活动、物流、信息流和库存。流程图以图形的方式来描绘流程，可以帮助人们组建在流程规划、设计、改善等项目中收集到的信息，并找到价值流中的增值部分和非增值部分。流程可分为单步骤流程和多步骤流程、面向库存生产流程和面向订单生产流程等。

运营流程设计需要在对产品/服务信息、运营流程信息和运营战略信息进行收集、整理、分析的基础上考虑选择运营流程，研究垂直一体化、流程工艺性、技术装备和设施布局等方面的问题，合理构建符合企业现状、市场需求情况、产品技术要求，高效、优质、低耗的运营流程。产品—流程矩阵和盈亏平衡分析等方法有助于企业进行运营流程选择。服务流程矩阵则反映了不同的顾客和服务接触程度与所对应的流程运营效率和销售机会的组合，为企业选择相应的方式构建服务平台提供了系统性的分析框架。

运营流程的评价指标包括流程能力与利用率、流程生产率、流程时间与周期时间、通过效率与增值通过效率、流程质量、流程柔性等。运作流程的瓶颈分析和不稳定分析有助于提出流程改善的措施及建议。

采用推拉结合的混合流程方法可以更好地适应顾客的需求变化，是一种流程改进中普遍采取的方法。标准管理就是一个将产品、服务和实践与最强大的竞争对手或行业的领导者相比较的持续流程，能够使企业得到不断改进，成为或赶超一流公司。流程再造是指从根本上对流程进行重新思考和再设计，从成本、质量、服务和速度等方面迅速提高流程的绩效。流程改进的方法和工具还有 6W 法、ERCS 法、流程程序图、SIPOC 等。

习　　题

1. 为什么说流程中的瓶颈可能产生"漂移"？请举例说明。

2. 麦当劳声称新的流程可以为顾客提供更加新鲜的产品，并且可以为顾客定制需要的产品，你认为如何才能实现这种按照顾客需求定制的新流程？对比麦当劳的新工艺与汉堡王和温迪使用的工艺，哪一个可以生产出最新鲜的汉堡？

3. 为什么增加批量可以减少流程的调整时间，而且也能同时增加流程的产能？

4. 用你自己的话说出律特法则的含义。描述一个你观察到的应用律特法则的例子。

5. 流程绩效的衡量指标有哪些？

6. 流程分析的步骤包括哪些？

7. 考虑表 3-8 所示的具有三个资源的一个流程。请回答：

（1）瓶颈是什么？

（2）这个流程的能力有多大？

（3）如果需求是 8 个单位产品/小时，那么单位时间产出是多少？

表 3-8　具有三个资源的一个流程

资源	活动时间（分/单位产品）	工人数量（人）
1	8	2
2	6	1
3	16	4

8. 某美发店提供优质的发型设计与 SPA 服务，且价格实惠，因此服务总是供不应求。沙龙的服务流程主要包括如下五步（每步所需时间见步骤后括号中数据）。

步骤 1：欢迎客人并倒茶（5 分钟）。

步骤 2：洗头（10 分钟）。

步骤 3：按摩颈部、肩部及背部（15 分钟）。

步骤 4：沟通设计发型并处理头发（25 分钟）。

步骤 5：付款（5 分钟）。

假设只有 3 名员工，1 号员工负责步骤 1 和步骤 2，2 号员工负责步骤 3，3 号员工负责步骤 4 和步骤 5。请回答：

（1）哪名员工是整个服务流程的瓶颈？

（2）如果该服务的需求率为 5 名顾客/小时，流程的产出率是多少？

（3）如果该服务的需求率为 1 名顾客/小时，员工的利用率分别是多少？

（4）假设该沙龙每天上午 10 点准时开门营业，那么第 15 个顾客结束服务是什么时间？2 号员工的利用率是多少？

9. Wally 的装饰品商店从早 7 点到晚 7 点都能接受订单。商店经理希望对流程进行分析，员工已为他提供了如下的流程步骤。处理客房订单需要三个步骤。第一步是接受客房订单；第二步是挑出订单中需要的产品；第三步是对其进行包装，以方便运输。Wally 承诺当天收到订单次日就能发货。这就意味着员工在下班前必须完成所有订单的挑选和包装工作。Wally 希望对以下内容进行计算：

（1）流程现在最大的产出能力是多少？

（2）如果以一天能够接受的订单为最大数量，挑选和包装的流程需要多少时间？

（3）排队等待挑选的最大订单数是多少？

（4）排队等待包装的最大订单数是多少？

（5）单位产品的流程时间为多少？

（6）如果我们将包装能力提高一倍，从每小时处理 60 个订单增加到 120 个订单，上述问题的答案又是多少？

10. 某国际酸梅公司在桶装酸梅时以每小时 150 桶的速度装到运输卡车上，并以持续不变的每小时 100 桶的速度进行处理。运送卡车在早上 6：00 到下午 2：00 的 8 小时里的到达速度是统一的。假设运输卡车足够小使得酸梅的运输可以被看作连续的流，早上 6：00 第一辆卡车到达立刻进行卸载与处理，公司的箱柜最多可以装载 200 桶酸梅。如果一辆卡车到达而此时箱柜是满的，那么这辆卡车就必须等待直到箱柜中有空间。请问：

（1）在任意给定的时间点，在卡车上等待处理的酸梅最多有多少桶？

（2）什么时候起卡车停止等待？

（3）什么时候箱柜变空？

（4）如果公司聘用 1 名临时工提高他们的处理能力，那么当临时工加入工作的时候，处理速度上升至每小时 125 桶。临时工在上午 10：00 开始工作，直至卡车停止等待结束工作。那么什么时候公司可以停止使用临时工呢？

11. 你所了解的流程改进方法与工具有哪些？

12. 什么是标杆管理？

13. 业务流程再造的根本思想是什么？在具体应用时应注意什么问题？

14. 案例分析

草籽娃娃曾是风行一时的新产品。从 4 月中旬开始生产以来，Seiger Marketing 已经两次搬迁和扩建它的草籽娃娃生产分厂及仓库。即使这样，在 7 月的生产水平仍然使它们位于安大略省的多伦多工厂的设备生产能力达到了其物理极限。

一切都是不确定的，然而，草籽娃娃的合伙人，西方商学院的新近毕业生安顿·拉比和龙能·哈拉里，却不愿意给草籽娃娃的生产主管（他们的商学院同学本·瓦拉蒂）任何实质性建议，只是会说："保持弹性。我们也许会拿到 10 万件的订单，但是如果这些订单没有来，我们将保持现有人员，并不承担巨大的库存。"基于这种不确定性的背景，瓦拉蒂正在寻求提高生产能力的方法，这些方法的实施是不能以牺牲弹性和提高成本为代价。

当草籽娃娃的主人把它们从盒子里取出时，他们会发现一个光秃秃的惹人喜爱的人头状的小东西，这个小东西的直径大约 8 厘米。在水中浸泡后，把草籽娃娃放在潮湿的环境中待上几天，它就会长出一头漂亮的绿花。草籽娃娃主人的创造力能够通过发型的变化表现出来。草籽娃娃的销售工作是从多伦多地区的花店和礼物商店开始的，但由于产品获得了广大顾客的普遍欢迎和认可，分销工作通过凯马特和沃尔玛这样的商店在全国范围内开展。到 7 月中旬，有 10 万多个草籽娃娃在加拿大出售，向美国的出口工作也已经开始。

草籽娃娃通过一个混合批量流水线生产，六名填充机操作员同时工作，制成基本的球形体，并放入装载盒里，每盒 25 只。在另一个工作地，一个操作工人用带有塑料皮的电线制成草籽娃娃的眼镜。接下来的作业过程是一个流水线。三个塑型工从盒子中取出球形体，塑造鼻子和耳朵。在塑型工的旁边有两个工人在球形体上制作眼睛，并把先前做好的眼镜戴在鼻子上，并且转交给一个工人进行涂染，然后放在晾干架上，经过 5 小时的自然晾干后，两名包装工人进行包装。工业工程部门测定的在各个生产设施中工作的工人的单位产品的操作时间为：填充 1.5 分钟，塑形 0.8 分钟，制作眼睛 0.4 分钟，构造眼镜 0.2 分钟，涂染 0.25 分钟，包装 0.33 分钟。一天工作 8 小时，按实际工作时间为 7 小时计算。

按照本的计算方法，目前一个班次可以生产多少草籽娃娃？如果一周生产七天，一天三班，那么一周的产量能达到多少？拉比从沃尔玛接到一张大订单，预计还会有更多的订单，于是他要求瓦拉蒂将产量提高到每日 4000 件，瓦拉蒂应该如何处理？在一个公司生产的早期，通常会有 15% 的产品要丢掉，假定缺陷出现在填充之前或填充的过程中，而直到包装时才被发现，这对生产能力有什么影响？如果在填充工序后进行一下特别检验有帮助吗？

第 4 章

生产/服务系统的设施选址与设施布置

引导案例

盒马鲜生为什么火爆

近两年来，打"新零售"牌的盒马鲜生陆续在北京、上海、杭州、苏州等10多个城市开了50余家门店。区别于传统超市，盒马鲜生将自己定位为"餐饮＋超市＋APP电商＋物流"，线下店主要用来培养用户的生鲜消费习惯，引导用户转向电商。从扩张路径来看，它在选址上也和传统精品超市抢占中心商业区的路子有所不同。

以北京为例，半数以上门店都位于四环以外，包括盒马在北京的首店十里堡店。最远的门店，亦庄世纪店和亦庄经开店，位于大兴区，在五环以外，两家店相距仅3公里。

就门店经营来讲，位置就是流量。盒马鲜生CEO侯毅表示，"只要有人的地方，都可以，选址对我们来说不重要，盒马本身是IP，自带流量，盒马的slogan是吃得好、吃得方便、吃得开心；所以消费者很愿意来店里，只要有足够停车位就好"。

但是真的选址不重要么？为什么盒马鲜生这么火爆？

1. 居民区多但餐饮少

对于具体选址标准，盒马鲜生会通过淘宝、支付宝的用户分布进行大数据筛选，以社区型Shopping Mall为主。门店中心3公里半径范围内有30多万消费人口，盒马鲜生会通过大数据，了解目标顾客的整体用户画像及线上购物活跃度，并希望Shopping Mall的停车位数量越多越好，以满足消费者的停车需求。

盒马鲜生通常选址在大型社区周边，附近楼盘价格偏高，居民消费水平偏中上。如盒马鲜生的北京小营店，靠近西小口地铁站，周围高档小区较多。但由于整治较严，小区底商几乎没有生鲜餐饮实体店。北京十里堡的盒马鲜生店面也是类似的情况，盒马鲜生对面就是大片的居民区，但是吃东西的地方寥寥无几，这给了盒马鲜生很大的发展空间。

2. "非城市中心"VS"城市中心"

如果单纯看位置，那么盒马鲜生不会选择亦庄这个地方，但是盒马鲜生偏偏在那开了两家。

北京超市发董事长李燕川指出，北京城内大面积、带停车场的物业数量有限，无论是建筑商还是零售商基本都有共识。城里并不适宜做相对占用社会资源较多的大店模式，而远郊更容易找到合适的物业。

拿北京亦庄的盒马鲜生店面来举例，为什么会连开两家，除了围攻京东 7 FRESH 的战略之外，城乡世纪广场具备了场地基础，它占地 15 万平方米，拥有超过 3000 个停车位。盒马在这里的门店也因此超过 9000 平方米。

据悉，盒马对于选址有自己的考量标准。综合来说，会事前对周边 3 公里范围的人群数量、质量，地产方的配合能力、物业特点等做整体考量，而不是单纯看重位置和流量。所以选址的时候，既会选择商超多的繁华之地，也会选择相对偏僻的地方。

4.1　企业的设施选址意义

设施选址在企业运作管理中具有十分重要的地位。经常吃麦当劳或肯德基的人会有印象：几乎每一个麦当劳或肯德基门店都生意兴隆。除了品牌的因素外，店址的选择也是其中至关重要的条件。选到了合适的地点，等于生意成功了一半。设施选址直接关系到设施建设的投资和建设的速度，同时在很大程度上也决定了所提供的产品和服务的成本，从而影响整个企业的经济效益。错误的选址决策无论对制造型企业还是服务型企业都意味着高昂的代价，因为在错误的时间、错误的地点选址决策会进一步导致错误的能力规划或者错误的流程选择，从而给企业带来无法弥补的损失。

4.2　选址决策的一般步骤

从范围看，选址决策一般遵循先选择国家再选地区然后再选地点的顺序，而在选择过程中，还要遵循以下步骤。

1. 明确企业选址的目标

制造业选址和服务业选址的目标存在差异。一般来说，制造系统选址的目标是追求成本最小化，而服务业选址的目标是追求收益最大化。为此，制造企业的选址尽量考虑原材料的可获得性，尽量靠近原材料的供应地，如上海宝山钢铁公司选址就考虑到进口澳大利亚铁矿石的可获得性。而服务业的选址目标追求靠近顾客。选址的第一步就是要明确企业选址的目标是什么，在此基础上，根据选址的目标，列出评价选址地点的影响因素。

2. 分析选址决策所要考虑的影响因素

影响选址决策的因素非常多，不仅有经济因素，还有政治因素、社会因素和自然因素等。在经济因素方面，则又包括交通运输条件、原材料的可获得性等。4.3 节将详细介绍。

3. 找出可供选择的选址方案

企业选址方案一般有以下三种。

（1）扩建现有厂址。当选择该选址方案时，选址决策工作比较简单。如果现有地址有足够的扩展空间，在其他条件相同的情况下，应优先考虑这种选择。

（2）保留现有厂址并增加新的厂址。对于制造业，新增厂址的考虑主要是扩充产能，同时还须考虑生产出的产品快速送达需求的市场。对于服务业，如零售业，增开新的店面可作为一种保护性策略，以维持市场份额或防止竞争对手进入市场。

（3）放弃现有厂址而迁至新的厂址。市场的转移、原材料的消耗以及原址运营成本过高经常促使公司做出这种选择。例如，矿山资源开采已经完竭，这时企业就不得不寻找新的矿山。迁址要考虑的因素也有很多，既要对企业进行迁址的成本及因此而获得的利润与留在原址的成本和利润进行比较与权衡，同时，还需将市场的覆盖面、运输成本的变化等综合慎重考虑。迁址涉及面较大，一般是非常大的工程，需要花费大量的成本及时间。如东风汽车有限公司总部搬迁至武汉，就是其中一例。

4. 选择合适的评价方法，评估几种选择并作出选址决策

常见的选址评价方法包括因素评分法、重心法、线性规划法等。我们将在后面的章节中详细地介绍。

4.3　设施选址的影响因素

对于生产系统和服务系统，在设施选址方面考虑的因素会有很大的差异。一般地，由于不同地点产品售价变化不大，因此生产系统的选址着眼于成本。生产系统的地点选址对于成本有至关重要的影响，会直接关系到产品的运输成本和生产成本，不同地点的成本会存在很大的差异。对于服务设施的选址，则着眼销售收入，因为不同地点服务成本相差无几。地点的不同直接影响顾客接触量，进而影响商业交易量。

在选址过程中，选择国家、地区和地点的影响因素存在很大差异。选择国家的影响因素一般包括备选国家的政府政策、文化传统与经济系统、市场位置、劳动力、基础设施和外汇汇率等，选择地区的影响因素一般包括企业长远规划、地区的吸引力、劳动素质和成本、能源成本、当地政府的优惠政策、靠近顾客和供货商、土地和建筑费用、自然环境等。选择地点的影响因素包括可利用空间的大小、地点成本、进出的运输条件、协作服务条件以及周边环境影响等。

1. 选择国家的影响因素

1）政府政策

政府政策是国家选择首要关注的因素。政治局面的稳定、法律是否健全等直接关系到企业投资的资本权益能否得到保障。在一个政局动荡、经常发生战争的国家投资建厂或者开设新的公司，风险性极高。同时，当地政府是否有鼓励企业在当地落户的政策（如设立经济开发区、低价出售或出租土地、税收减免、低息贷款等）以及是否抑制企业在当地落户的政策（如设置文化和法律壁垒等）。另外，环境保护等有关法规也直接关系到投资建厂或开设新的公司的成功与否。

2）文化传统与经济系统

不同国家和地区，宗教文化信仰和风俗习惯会存在很大的不同，因此，企业的产品或服务要适合当地的需求。另外，还要考虑当地的教育水平的总体状况、经济是否发达等经济系统。

3）市场位置

随着全球经济一体化，企业可以在全球任何国家开设新的工厂，其中企业选址的一个非常重要的因素就是考虑离目标市场位置的远近。距离市场位置的远近直接影响服务产品的物流成本、销售成本以及交货速度等。近年越来越多的跨国企业选择在中国开设新的工厂（如丰田、福特、诺基亚、博世等），选择的原因固然有成本因素的考虑，但其中一个非常重要的因素就是离整个中国或者亚洲目标消费市场非常近。

4）劳动力

对于劳动密集型企业，由于人力资源成本占产品和服务的比重大，因此必须考虑当地国家廉价劳动力的可供给性。随着当前制造行业向精细化、复杂化、自动化发展，对于这些技术性要求较高的企业，需要有受过良好教育和专业技能培训的职工，只有这样高素质的职工才能胜任越来越复杂的工作，因此，选择国家时需要考虑当地国家劳动力的教育情况。

5）基础设施

基础设施包括交通、信息、市政等基础条件。交通主要考虑公路、铁路、航空和海运等服务状况；通信信息则主要考虑视频系统、信息网络以及公共信息平台的可获得性；市政方面，则考虑电力、燃气、供热、供水、废弃物排放与处理设施和条件等。便利的基础设施不但可以降低运营成本，而且可以高质量、快捷地为顾客提供服务。

6）外汇汇率

外汇汇率也是国家选择的影响因素之一。汇率的波动对于跨国企业服务于全球市场的供应链利润影响很大。例如，一家在日本生产产品卖往美国的公司要冒日元升值的风险，因为其生产成本以日元结算，而收益是美元，一旦日元升值就将导致以美元计价的生产成本上升，从而降低公司利润。汇率风险可以通过合理的分公司选址决策解决，合理设计的供应链网络可以充分利用汇率波动的机会，限制或免于它的波动所带来的损失，并增加利润。

2. 选择地区的影响因素

1）企业长远规划

由于选址是企业战略决策的关键因素之一，企业在地区的布局，一定要结合自身实际和长远发展规划，有条有序进行。如沃尔玛门店分布一般有长远规划，并且具有一定的集中度，这有利于沃尔玛总部实行更加精细科学的管理，节省人力、物力、财力，而且每一个门店的设立都为整个企业的发展战略服务。

2）地区的吸引力

对于服务业来说，人口密度低的地区吸引力低，且顾客光临的次数也少；一个地区人口密度越高，其地区的吸引力也越高。对于制造业，地区的吸引力主要体现在当地政府的办事效率、规范，以及当地的配套设施。

3）劳动力素质和成本

即使在同一个国家，不同地区的劳动力素质和成本也存在很大的差异。在我国，东部地区人口受教育程度普遍高于西部。在劳动力成本方面，东部劳动力成本明显高于西部。人力资源是企业的重要资源，它的可获得性及成本直接影响企业的地区选址决策。

4）能源成本

制造业是能源消耗的大户。特别是一些大型的钢铁公司、电解铝生产企业、大型化工厂等，它们在生产过程中需要消耗大量的能源，能源在其生产成本中的比重非常高。因此，对于这样的企业在选址中必须考虑能源成本。

5）当地政府的优惠政策

当地政府的优惠政策对于企业选址决策也有非常重要的影响。我国许多地区为了吸引外资，纷纷出台各种优惠政策，减免相应的税收，进行相应投资环境的政策配套。

6）靠近顾客和供应商

靠近顾客和供应商可以使企业降低大量原材料运输成本以及产成品运输成本。特别是，对于实施精益生产方式的企业，靠近主要的供应商是它们实施精益生产方式的条件之一。只有这样，才能使无库存的生产成为可能。对于零售商业而言，靠近选择的目标顾客是其选址的最基本要素。

7）土地和建筑费用

由于选址涉及的投资非常庞大，而在这些投资中用于土地和建筑的费用占了相当大的比重，因此，在选址中，也需要慎重考虑选址决策中的土地和建筑费用问题。对于大型的公司，不同的地区在土地政策方面提供的优惠条件存在很大差异，有些地区提供免费的土地租赁费用，而有些地区则可能需要花费高昂的费用。

8）自然环境

在自然环境中，不仅要考虑气温、温度、湿度等气候条件，还要考虑水资源条件，特别是对于耗水量大的企业，如造纸厂、发电厂、钢铁厂等。

3. 选择地点的影响因素

1）可利用空间的大小

当选择国家、地区之后，地点的选择则直接与生产或服务的设计规划能力密切相关，而与这些能力相配套的则是地点的可利用空间，它直接影响企业生产能力或服务能力的发挥。

2）地点成本

即使是在同一个城市，选择城市中心和郊区在成本方面会存在很大的差异。一般地，城市中心的土地价格和店面租赁价格会高出郊区或者稍离市中心不少，但城市中心的客流量要比郊区或者稍离市中心高出不少。

3）进出的运输条件

对于制造企业，原材料以及产成品的进出非常频繁，良好的交通运输条件是其企业生产运作的基本条件。对于零售商业，情况也类似。对于物流配送中心，由于运输是物流活动的核心环节，配送活动必须依靠各种运输方式所组成的最有效的运输系统，才能及时、准确地将商品送交给顾客。所以，配送中心的选址应尽可能接近交通运输枢纽，如高速公路、主要干道、其他交通运输站港等，以提高配送效率，缩短配送运输时间。

4）协作服务条件及周边环境影响

地点选择的服务条件及周边的环境影响主要指与职工生活密切相关的教育、购物、娱乐、交通、医疗收入水平等方面的情况。这些服务条件和周边环境会影响企业员工的工作、生活条件，直接影响企业对员工的吸引力以及员工对企业的忠诚度。

4. 选址决策案例

特斯拉是一家享誉世界的美国电动汽车及能源公司，产销电动汽车、太阳能板及储能设备。2019 年，特斯拉在中国的首家工厂正式落户上海临港开发区。从加州弗里蒙特的第一座超级工厂到上海临港，特斯拉为什么选上海临港呢？

首先需要选择国家。根据其市场定位，认为中国是特斯拉的第二大市场，拥有庞大的市场份额。随着居民消费水平的持续增长，中国拥有全球规模最大、最具成长性的中等收入群体，成为吸引特斯拉在中国落户的巨大引力场。中国新能源汽车保有量稳步提升，在新能源汽车补贴退市后，仍能实现销量增长，这得益于不断扩大的刚需市场。同时，将工厂选址在消费终端，对特斯拉来说无疑节约了整车运输成本，对消费者来说减免了关税，这对特斯拉的在华销量将起到促进作用。

然后选择地区。选择上海临港地区，主要考虑了交通便捷、产能集中以及当地政府的优惠政策。临港开发区地处上海东南角，是长三角沿海大通道上最重要的节点区域。杭州湾、浦东国际航空港、洋山国际枢纽港构成了临港便捷的综合交通优势，在整车运输方面提供了极大的便利条件。临港开发区作为上海市的全球科创中心的承载地，目前已有众多企业选择在此发展。同时，宁德时代的锂电池、比亚迪自主研发的 IGBT4.0 芯片以及华为的智能网联等新能源汽车相关技术的快速发展，使得中国新能源汽车产业链逐步完善，能为特斯拉提供众多汽车配套供应商选择。另外，在当地政府的优惠政策方面，上海临港以起拍价出让 1200 亩工业用地给特斯拉，同时，特斯拉享受以外商独资形式在上海设立集研发、制造、销售等功能于一体的特斯拉子公司和电动车研发创新中心等待遇。

4.4　设施选址方案的评估方法

影响设施选址的因素众多，关系也非常复杂，因此必须对拟定的选址方案进行综合评价分析。在常用的综合评价方法中，既有定性分析方法也有定量分析方法。一般最常用的是因素分析法、重心法和线性规划法。

1. 因素分析法

因素分析法在选址方案选择中应用相当广泛，它是一种把非常复杂的问题转换为易于理解的简单问题的方法。

因素分析法的使用一般采用如下步骤。

（1）列出与选址有关的各种因素。

（2）评价各因素之间的重要程度，赋权重。

（3）对于各种备选地址的各种因素评分。

（4）将每个因素的评分值与其权重相乘，计算出每个因素的加权分值；累计每个备选地址的所有因素的加权分值，计算出每个备选地址的总分。

（5）选择总分最高的备选地址作为最优方案。

例 4-1　捷达汽车公司打算建一个汽车制造厂，已经选出 A 和 B 两个备选地址，公司管理层决定使用以下的标准进行最后的选址决策，并已经根据各标准相对于公司选址决策的重要程度，赋予每个因素一个权重，给出了两个备选地址的每个因素评分值。

表 4-1　计算出了每个因素的加权分以及每个备选地址的总评分。

表 4-1　基于因素分析法的选址决策

因素	权重	评分		总分	
		方案 A	方案 B	方案 A	方案 B
区域内能源供应情况	0.3	100	90	30	27
动力的可得性与供应的稳定性	0.25	80	90	20	22.5
劳动力环境	0.1	85	90	8.5	9
生活条件	0.1	90	80	9	8
交通运输情况	0.05	80	90	4	4.5
供水情况	0.05	70	80	3.5	4
气候	0.05	80	70	4	3.5
供应商情况	0.05	70	90	3.5	4.5
税收政策与有关法律法规	0.05	100	80	5	4
合计				87.5	87

根据因素评分法，总分最高的 A 地应被选中。

2. 重心法

重心法是一种定量方法，一般用于单个设施的最优位置决策。使用该方法的前提是现有设施的位置以及它们之间要运输的货物量（或者运输费用）能够定量表达。该方法常用于制造型企业决策制造厂与配送设施的相对位置，服务型企业的配送中心以及零售店等选址。

重心法公式如下：

$$C_x = \frac{\sum d_{ix} V_i}{\sum V_i}$$

$$C_y = \frac{\sum d_{iy} V_i}{\sum V_i}$$

其中，C_x 为重心的 x 坐标；C_y 为重心的 y 坐标；d_{ix} 为第 i 个地点的 x 坐标；d_{iy} 为第 i 个地点的 y 坐标；V_i 为运入第 i 个地点或从第 i 个地点运出的货物量。

例 4-2　ABC 公司现有的三个汽车销售分店 A，D，Q，它们的坐标分别为（100, 200），（250，580），（790，900），如图 4-1 所示，它们每月的汽车销售量分别为 1250 辆，1900 辆和 2300 辆。现打算建立一个地区仓库，由该仓库直接向三个销售分店供货，求该仓库的最佳位置。

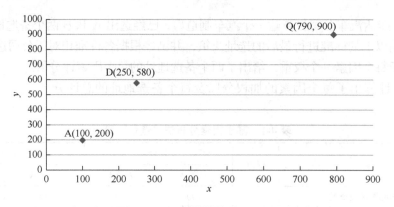

图 4-1　三个汽车销售分店 A，D，Q 的坐标

解： 根据上述信息，可以计算出重心的坐标为

$$C_x = \frac{100 \times 1250 + 250 \times 1900 + 790 \times 2300}{1250 + 1900 + 2300} = \frac{2417000}{5,450} = 443.49$$

$$C_y = \frac{200 \times 1250 + 580 \times 1900 + 900 \times 2300}{1250 + 1900 + 2300} = \frac{3422000}{5,450} = 627.89$$

通过计算，得出该仓库的最佳位置在（443.49，627.89）。如图 4-2 所示。

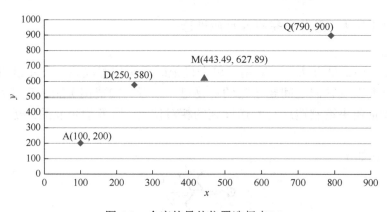

图 4-2　仓库的最佳位置选择点 M

3. 线性规划法

在定量数据可获得的情况下，线性规划法可以帮助企业找到成本最小的选址方案。应用该方案的解决问题思路是：如何把某种产品从若干个产地运输到若干个销地，并使得总的运输成本最低。

运用线性规划法解决选址问题的步骤如下。

（1）建立线性规划模型。该线性规划模型的目标函数是运输成本最小，其约束条件是产销平衡的能力约束。

（2）线性规划模型求解。用线性规划软件（如 Lindo）求解，或者用 Excel 的 Solver 功能进行求解。

（3）选择选址方案。根据求解结果，计算总成本，比较各备选方案，选择成本最小的方案。

例 4-3 某公司现有三个工厂 A，B，C，它们在三个不同城市。有两个仓库 P 和 Q，它们位于不同城市，仓库用来存放工厂生产的产品，随时供应用户，每个仓库每月需供应市场 2100 吨产品。各工厂到各个仓库的单位运费如表 4-2 所示。为了更好地服务顾客，该公司再设置一个新仓库。经过调查研究评价，确定 X 和 Y 两个点可建仓库，选址决策需要确定究竟是选址 X 点还是 Y 点建仓库。

表 4-2 工厂生产能力和至仓库运费表

工厂	生产能力	到各仓库单位运费（元）			
		P	Q	X	Y
A	2100	15	27	48	51
B	2400	27	12	24	27
C	1800	45	24	9	15
		2100	2100	2100	2100

解： 首先选择 X 点建仓库。那么假定 X_{ij}——为工厂 i 运到 j 仓库的运输量，其中 $i = 1$，2，3，分别表示 A，B，C 三个工厂；$j = 1$，2，3，分别表示 P，Q，X 三个仓库。则建立的线性规划模型为

$$\min Zx = 15x_{11} + 27x_{12} + 48x_{13} + 27x_{21} + 12x_{22} + 24x_{23} + 45x_{31} + 24x_{32} + 9x_{33}$$

subject to：

$$\begin{cases} x_{11} + x_{12} + x_{13} = 2100 \\ x_{21} + x_{22} + x_{23} = 2400 \\ x_{31} + x_{32} + x_{33} = 1800 \\ x_{11} + x_{21} + x_{31} = 2100 \\ x_{12} + x_{22} + x_{32} = 2100 \\ x_{13} + x_{23} + x_{33} = 2100 \\ x_{ij} \geqslant 0 \end{cases}$$

通过线性规划软件（如 Lindo）或者用 Excel 的 Solver 功能进行求解，可以计算出 Zx 的目标值。

然后选择 Y 点建仓库。原理如上，建立线性规划模型，通过软件求解，可以计算出 Zy 的目标值。

比较 Zx 和 Zy 的总成本的大小，如果 Zx 大，则选择 X 点建仓库。

4.5　设施的布置

4.5.1　设施布置的类型

设施布置一般有四种类型：工艺原则布置，产品原则布置，成组技术布置和固定布置。

1. 工艺原则布置

工艺原则布置是一种将相似的设备或功能集中放在一起，完成相同工艺加工任务的方式。例如，将所有的车床放在一个地方，将所有的铣床放在另一个地方等。如图 4-3 所示。同样地，医院一般也是采用工艺原则布置的典型，在医院每个科室能完成特定的医疗服务，如产房和加护病房等。

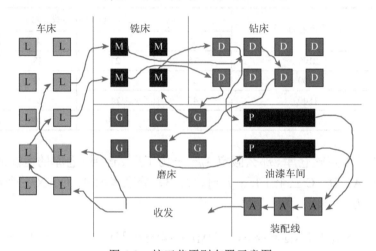

图 4-3　按工艺原则布置示意图

2. 产品原则布置

产品原则布置是一种根据产品制造的步骤来安排设备或工作过程的方式，最常见的如流水线或者产品装配线。一般地，鞋、化工设备和汽车清洗剂等的生产均是按照产品原则布置的。

例如，假定零件 A 的加工工艺过程为：车→铣→钻→热处理→切齿，零件 B 的加工工艺过程为：车→钻→热处理→磨，两种零件加工完成后组装成产品 C。按产品原则布置的示意图如图 4-4 所示。

图 4-4　按产品原则布置示意图

3. 成组技术布置

按工艺原则布置生产和服务设施，被加工对象在生产单元之间交叉往返运输，导致生产周期延长。因此，在实践中创造了成组技术布置，将不同的机器组成加工中心（或工作单元）来对形状和工艺要求相似的零件进行加工。如图 4-5 所示，成组生产单元类似于产品原则布置形式，但比它具有更高的柔性，适合多品种少批量的生产方式。

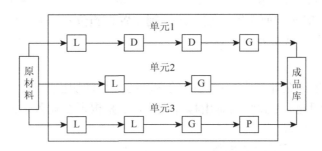

图 4-5　成组生产单元布置示意图

4. 固定布置

固定布置是指由于产品的体积庞大或重量太重，不得不将产品位置固定，生产工人和设备都随产品所在的某一位置而移动。这种布置形式适用于大型产品的装配过程。如大型船舶和飞机等的装配以及医院的手术室（患者固定在手术台上，医生、护士以及手术器材都需要围绕患者布置）一般采用这种布置方式。

4.5.2　设施布置的考虑因素

选择设施布置类型之后，接着必须系统地布置设施。不论采用怎样的方法，设施布置必须考虑以下的因素。

1. 环境条件

环境条件指运营组织的周围特征，如噪声水平、照明、温度等。特别是在服务型企业，为顾客提供服务的部门应尽可能地布置在环境条件好的位置。

2. 空间布置及其功能性

对于制造型企业，设施布置设计的目标是使两地之间物流成本最小化。对于服务性企业，设施布置设计的目标不仅要考虑工作人员的行走方便，还必须考虑顾客在服务前台的行走时间最小化。设施布置应该尽可能地向顾客提供服务机会吸引顾客消费。如有的大商场设施布置设计得像单通道迷宫，顾客在进入之后，必须要走完整个商场才能走出来。

3. 徽牌、标志和装饰品

徽牌、标志和装饰品是服务型企业具有重要意义的标识物。例如，餐厅中穿着白衬衣、戴着白帽子、系着白围裙的服务员传递给顾客的信号是"我能满足您的服务要求"。

4.5.3　工艺原则布置的设计方法

工艺原则布置的关键问题是设计好各工作部门的相对位置，使布置满足企业运营过程的要求和流程,使各部门的工作流畅通。对于制造业,按工艺原则布置进行设计设施布置的目标是追求运输成本最小或距离最短。对于某些服务业,如商场,与制造业设计设施布置的目标正好相反,其设施布置的目标是追求运输成本最长或距离最长。例如,宜家居等商场顾客一旦进入,必须要走完整个卖场才能走出来,目的是尽量让顾客行走长的距离,吸引顾客消费。

例如,企业管理部门一般按工艺原则布置,但具体地,在一栋楼中企业管理部门中的计划部、财务部等又应该如何布置?按工艺原则布置设施位置的方法既有定性的方法如相关图法,也有定量的方法如从至表法。

1. 相关图法

当只能定性地描述企业各个部门之间的活动的关系密切程度时,使用相关图法能较好地解决设施的布置问题。相关图法是由穆德提出的,是根据企业各个部门之间的活动关系密切程度布置其相互位置。

使用相关图法要遵循下面的步骤。

(1)将关系密切程度划分为 A、E、I、O、U、X 六个等级,其含义见表4-3。

表4-3　关系密切程度的分类表

代号	相邻要求	线代号
A	绝对必要	=======
E	特别重要	======
I	重要	====
O	一般	==
U	不太重要	
X	不必要	ᐱᐱᐱᐱ

(2)列出导致不同程度关系的原因,见表4-4。使用这两种资料,将待布置的部门一一确定出相互关系,根据相互关系重要程度,按重要等级高的部门相邻布置的原则,安排出最合理的布置方案。

表4-4　关系密切的原因

代号	关系密切原因	代号	关系密切原因
1	使用共同的原始记录	6	工作流程连续
2	共用人员	7	做类似的工作
3	共用场地	8	共用设备
4	人员接触频繁	9	其他
5	文件交换频繁		

例 4-4　假定现在有如图 4-6 所示的六个部门：办公室、更衣室、收发室、仓库、工具间和车间。需要将六个部门分配到如图 4-7 所示的六间办公地点。

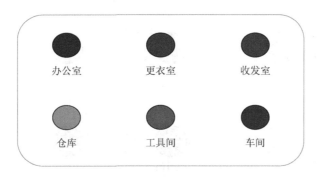

图 4-6　需要分配办公地点的六个部门

房间 1	房间 2	房间 3
房间 4	房间 5	房间 6

图 4-7　六间待分配的房间

首先分析上述六个部门之间的密切程度，形成如图 4-8 的关系图。

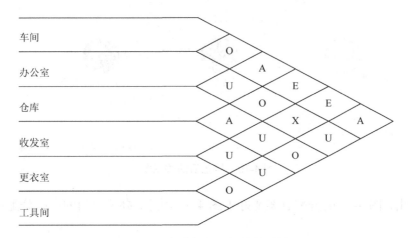

图 4-8　六个部门之间的关系图

然后，进行初始布置，假定办公室、更衣室、收发室、仓库、工具间和车间依次分配到房间 1 至房间 6。

用线代码画出它们之间的关系，如图 4-9 所示。

从图 4-9 可以看出，关系最密切的收发室与仓库以及车间之间距离太远，因此应该尽量将仓库、收发室和车间靠近。为此进行适当修正，得出如图 4-10 的关系图表达。

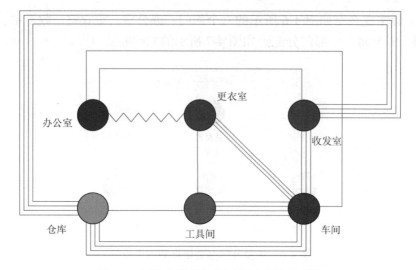

图 4-9　初始布置后的相互之间的关系表达

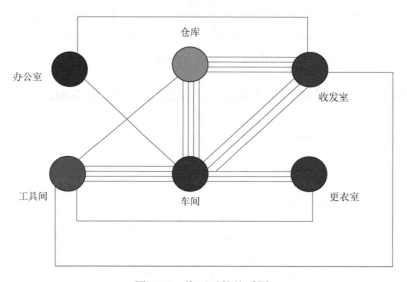

图 4-10　修正后的关系图

可以看出，图 4-10 的分配方案要好于图 4-9。因此，办公部门的房间分配可以按照该方案实施。

2. 从至表法

从至表是一种常用的生产和服务业的设施布置方法。利用从至表列出不同部门、机器或设施之间的相对位置，通过对角线元素为基准计算各工作地之间的相对距离，从而找出整个单位或生产单元物料总运量最小的布置方案。这种方法能够预测部门与部门之间的物料移动总量，它是一种定量的分析方法。其基本步骤如下。

（1）根据工艺路线，确定物料在部门之间的移动量。

（2）确定物料在工作地之间的移动距离和单位运输成本。

（3）制定布置的初始方案，根据物料在部门之间的移动距离和单位运输成本，计算物料移动的总成本。

（4）用实验法对初始方法进行修正，确定最满意的布置方案。

例 4-5　某公司的管理部门准备合理地安排企业的六个部门，假定六个部门待分配的房间如图 4-6，如何布置这六个部门，使部门间物料移动的成本最低。

首先，根据工艺路线，确定出物料在部门之间的移动量，具体如表 4-5 所示。

表 4-5　部门之间的物料移动量

部门	1	2	3	4	5	6
1		50	100	0	0	20
2			30	50	10	0
3				20	0	100
4					50	0
5						0
6						

其次，确定物料在房间之间的移动距离和单位运输成本。为简化计算，相邻房间之间的单位运输成本为移动距离，为 1，如图 4-11 所示。不相邻房间之间的成本等于它们之间相隔的距离，如房间 1 到房间 3 的距离为 2，房间 1 到房间 6 之间的距离为 3。

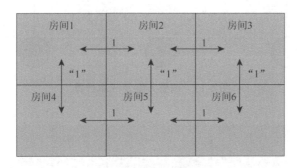

图 4-11　相邻房间之间的单位运输成本

然后，制定初始方案，假定房间 1 至房间 6 分别布置部门 1 至部门 6。这样，可以得出部门之间的运输成本（等于单位运输成本乘以物流量），如图 4-12 所示。

这样，初始方案的总成本为

$$C = 50{\times}1 + 100{\times}2 + 20 \times 3 + 30 \times 1 + 50 \times 2 + 10 \times 1 + 20 \times 3 + 100 \times 1 + 50 \times 1 = 660$$

在此基础上，进行调整，尽量将物流量流动多的部门相邻布置。将部门 1 和部门 2 交换位置。调整方案如图 4-13 所示。调整方案的总成本为

$$C = 50{\times}1 + 100{\times}1 + 20 \times 2 + 30 \times 2 + 50 \times 1 + 10 \times 2 + 20 \times 3 + 100 \times 1 + 50 \times 1 = 530$$

经试验比较，得出图 4-13 方案为最佳方案。其布置如图 4-14 所示。

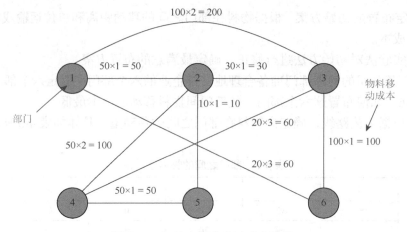

图 4-12　初始布置方案及成本计算

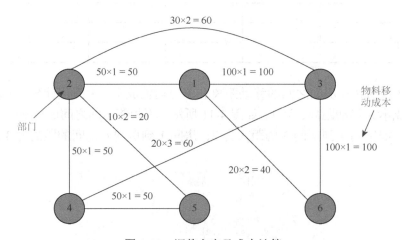

图 4-13　调整方案及成本计算

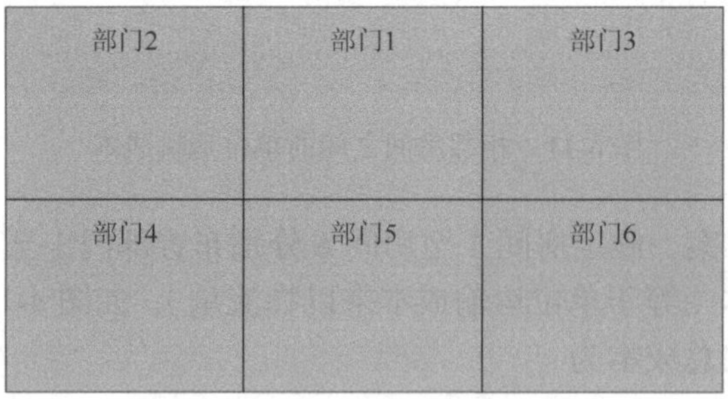

部门2	部门1	部门3
部门4	部门5	部门6

图 4-14　最终的布置方案

4.5.4　产品原则布置的设计：生产线平衡

制造企业经常需要将待完成的工作分配给不同的工作地,每个工作地由一个或两个工人操作。由于不同工作地的工作时间不同,因此,有的工作地常常要等待加工,而有的工作地却有大量待加工的物料堆积。为了提高生产线的效率，减少生产线上的闲置时间，增加设备利用率，降低人力资源的浪费，必须进行生产线平衡，决定如何将工作分配给不同的工作地。

生产线平衡需要以适当方式将生产线上若干相邻工序合并成一个大工序，该大工序在指定的工作地完成，使大工序的作业时间接近或等于生产线的节拍。具体步骤如下。

（1）明确要完成的具体任务。

（2）确定工序之间的先后次序。

（3）建立工序先后次序的网络表达。

（4）估计每个工序所需的时间。

（5）计算瓶颈时间、完成总任务的时间和生产节拍。

（6）计算生产节拍和工作地数目。

（7）分派任务到各个工作地。

（8）计算生产线的效率。

例 4-6　某装配线进行电风扇安装，要求每天生产 100 台。假定电风扇安装需要经过 A, B, …, H 道工序。其中每道工序的任务描述、任务完成时间以及前继工序如表 4-6 所示。需要进行电风扇装配线的平衡。

表 4-6　工序的任务参数

任务	时间/分钟	任务描述	前继任务
A	2	装支架	无
B	1	装开关	A
C	3.25	装电机架	无
D	1.2	固定电机	A, C
E	0.5	装扇叶	D
F	1	装安全罩	E
G	1	接电线	B
H	1.4	测试	F, G

解：（1）绘制工序网络图。根据表 4-6 描述的工序次序，绘制的工序网络图见图 4-15。

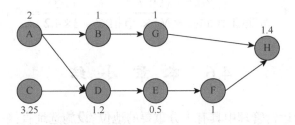

图 4-15　电风扇安装的工序网络图

（2）计算瓶颈时间、完成总任务的时间和生产节拍。

根据表 4-6 的工序完成时间，可以看出工序 C（装电机架）完成时间为 3.25 分钟，该工序时间最长，因此该道工序为瓶颈。

根据瓶颈时间，求出每天的最大产量。

$$每天最大产量 = \frac{每天可用生产时间}{瓶颈时间} = \frac{420\ 分钟}{3.25\ 分钟/台} = 129\ 台$$

根据每天的生产要求——100 台/天，求出生产节拍 C 如下。

$$生产节拍 C = \frac{每天的生产时间}{要求的每天产量} = \frac{420}{100} = 4.2\ (分钟/台)$$

根据表 4-6，完成一台电风扇安装的任务时间总和 T 为所有工序时间之和，即

$$任务时间总和 T = 2 + 1 + 3.25 + 1.2 + 0.5 + 1 + 1 + 1.4 = 11.35\ 分钟$$

根据任务时间总和 T 和生产节拍 C，可以求出工作地数量 N_t

$$工作地数量 N_t = \frac{任务时间总和 T}{节拍 C} = \frac{11.35}{4.2} = 2.702 \approx 3$$

（3）分派任务到各个工作地。由上述计算结果，工作地数量为 3 个。那么具体地，根据生产节拍为 4.2 分钟/台，各工序应该分配给哪个工作地呢？

对于工作地 1。根据工序次序，首先分配工序 A 在工作地 1，由于生产节拍 4.2 分钟，当完成工序 A 后，可用的时间为 4.2–2 = 2.2 分钟；接着根据工序网络图，由于工序 A 后的紧后工序为 B 和 D，而 D 的开工条件是工序 C 必须完成，因此，只能分派工序 B。当工序 B 也分配给工作地 1 后，工作地 1 的可用时间为 2.2–1 = 1.2 分钟。显然，还能将工序 G 分配给工作地 1。此时，工作地 1 的闲置时间为 4.2–2–1–1 = 0.2 分钟。这样，工作地 1 分配的工序为 A，B 和 G。

对于工作地 2。按照工序网络图，完成工序 G 之后，只能进行工序 C 或者工序 H 的分配。由于工序 H 的紧前工序 F 还没有完成，因此只能开始分配工序 C。当工序 C 分配给工作地 2 之后，工作地的可用时间为 4.2–3.25 = 0.95 分钟。由于工序 C 完工后只能进行工序 D 的工作。而工序 D 的完成时间为 1.2 分钟，显然不能分配给工作地 2。为此，工作地 2 分配的工序为 C。

对于工作地 3。根据上述的分配原理，工作地 3 分配的工序为 D、E、F 和 H。该工作地的闲置时间为 4.2–1.2–0.5–1–1.4 = 0.1 分钟。

（4）生产线的生产效率。生产线的生产效率计算如下：

$$效率 = \frac{任务时间总和 T}{实际工作站数量 N_t \times 节拍 C} = \frac{11.35}{3 \times 4.2} = 90.1\%$$

4.6　本章小结

设施选址在企业运营管理中具有十分重要的地位。设施选址直接关系到设施建设的投资和建设的速度，同时在很大程度上决定了所提供的产品和服务的成本，从而影响整个企

业的经济效益。错误的选址决策无论对制造型企业还是服务型企业都意味着高昂的代价，因为在错误时间、错误地点选址决策会进一步导致错误的能力规划或者错误的流程选择，从而给企业带来无法弥补的损失。

从范围看，选址决策一般遵循先选择国家再选地区然后再选地点的顺序。而在选择过程中，要明确企业选址的目标、分析选址决策所要考虑的影响因素、找出可供选择的选址方案以及选择合适的评价方法，评估几种选择并作出选址决策。

对于生产系统和服务系统，在设施选址方面考虑的因素会有很大的差异。一般地，生产系统的选址着眼于成本，服务设施的选址则着眼于销售收入。

在选址过程中，选择国家、地区和地点的影响因素存在很大差异。选择国家的影响因素一般包括备选国家的政府政策、文化传统与经济系统、市场位置、劳动力、基础设施和外汇汇率等，选择地区的影响因素一般包括企业长远规划、地区的吸引力、劳动力素质和成本、能源成本、当地政府的优惠政策、靠近顾客和供货商、土地和建筑费用、自然环境等。选择地点的影响因素包括可利用空间大小、地点成本、进出的运输条件、协作服务条件以及周边环境影响等。

影响设施选址的因素众多，关系也非常复杂，因此必须对拟定的选址方案进行综合评价分析。在常用的综合评价方法中，既有定性分析方法也有定量分析方法。一般最常用的是因素分析法、重心法和线性规划法。

选址之后，必须对设施进行布置。生产和服务设施布置类型有四种：工艺原则布置，产品原则布置，成组技术布置和固定布置。设施布置的考虑因素主要有环境条件、空间布置及其功能性以及徽牌、标志和装饰品等。

对于工艺原则的布置，关键问题是设计好各工作部门的相对位置，使布置满足企业运营过程的要求和流程，使各部门的工作流畅通。对于制造业，按工艺原则布置进行设计设施布置的目标是追求运输成本最小或距离最短。对于某些服务业，如商场，与制造业设计设施布置的目标正好相反，其设施布置的目标是追求运输成本最长或距离最长。具体地，按工艺原则布置设施位置的方法既有定性的方法如相关图法，也有定量的方法如从至表法。

对于产品原则的布置，需要进行生产线平衡，将待完成的工作分配给不同的工作地，提高生产线的效率，减少生产线上的闲置时间，增加设备利用率，降低人力资源的浪费。生产线平衡需要以适当方式将生产线上若干相邻工序合并成一个大工序，该大工序在指定的工作地完成，使大工序的作业时间接近或等于生产线的节拍。

<h1 style="text-align:center">习　题</h1>

1. 简述企业面临选址问题的情况。
2. 简述企业选址决策的步骤。
3. 举例说明企业在选址决策时，需要考虑哪些因素。
4. 举例说明制造业选址决策和服务业选址决策考虑的影响因素存在哪些差别。

5. 讨论设施布置的几种类型的特点。

6. 为什么要进行生产线平衡? 生产线平衡需要遵循哪些步骤?

7. 某公司考虑如表 4-7 的因素情况下, 通过评分, 得出各影响因素的评分, 关于选址决策的问题, 如何在 A、B、C 中进行选择。

表4-7　选址决策的因素评估表

因素	权重	位置选择		
每项总分100分		A	B	C
便利设施	0.15	80	70	60
停车场	0.20	72	76	92
显示区域	0.18	88	90	90
顾客交通	0.27	94	86	80
运营成本	0.10	98	90	82
临近设施	0.10	96	85	75

8. 一家公司五个部门共用一个资料室, 分别是营销部、人力资源部、销售部、会计部、研发部, 其坐标以及使用资料的人数如表 4-8 所示。问该资料室安排在何处为最优?

表4-8　部门坐标及使用人数

部门	坐标	人数
营销部	(5, 13)	31
人力资源部	(8, 18)	28
销售部	(0, 0)	19
会计部	(6, 3)	53
研发部	(10, 12)	32

9. 一个加工车间有六台设备, 已知其生产的零件品种及加工路线, 表 4-9 给出了零件在设备之间的每月移动次数, 表 4-10 给出了单位距离运输成本。假定待布置的厂房位置如图 4-16 所示, 请根据表 4-9 和表 4-10 所示数据确定该车间的最佳布置方案。

表4-9　设备间每月平均移动次数

设备	锯床	磨床	冲床	钻床	车床	插床
锯床		217	418	61	42	180
磨床	216		52	190	61	10
冲床	400	114		95	16	68
钻床	16	421	62		41	68
车床	126	71	100	315		50
插床	42	95	83	114	390	

表 4-10　单位距离运输成本（元）

设备	锯床	磨床	冲床	钻床	车床	插床
锯床		0.15	0.15	0.16	0.15	0.16
磨床	0.18		0.16	0.15	0.15	0.15
冲床	0.15	0.15		0.15	0.15	0.16
钻床	0.18	0.15	0.15		0.15	0.16
车床	0.15	0.17	0.16	0.20		0.15
插床	0.15	0.15	0.16	0.15	0.15	

房间 1	房间 2	房间 3
房间 4	房间 5	房间 6

图 4-16　待布置的厂房位置

10. 根据图 4-17 填写的各部门间活动关系表，并将 9 个部门安排在一个 3×3 的区域里面，要求部门 5 位于左下角位置上。

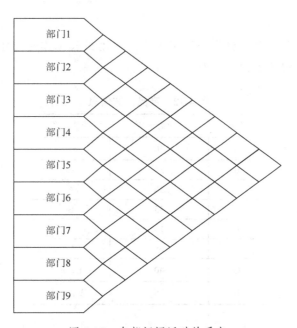

图 4-17　各部门间活动关系表

11. 一条装配线每天工作 8 小时，要求日产出量为 240 件。表 4-11 给出了产品的作业时间和先后顺序。

（1）画出流程图。

（2）工作站周期为多少？

（3）使用最长工作时间原则平衡装配线。

（4）装配线平衡的效率为多少？

表 4-11　产品工艺信息

作业	作业时间/秒	紧前工序
A	60	—
B	80	A
C	20	A
D	50	A
E	90	B，C
F	30	C，D
G	30	E，F
H	60	G

12. 一条装配线规定日产出量为 360 单位。这一装配线每天工作 450 分钟。表 4-12 给出了产品的作业时间和先后顺序。

（1）画出流程图。

（2）工作站周期为多少？

（3）使用后续作业数最多原则平衡装配线。使用最长工作时间作为第二原则。

（4）装配线平衡的效率为多少？

表 4-12　产品工艺信息

作业	作业时间/秒	紧前工序
A	30	—
B	35	A
C	30	A
D	35	B
E	15	C
F	65	C
G	40	E，F
H	25	D，G

13. 案例分析

作为世界 500 强，沃尔玛一直都是品质的保证。它旗下首席高端旗舰商店山姆会员店，也以主打高端优质产品而为大众所熟知。目前，沃尔玛山姆会员店已在世界各地开设超过 800 家分店。

山姆会员店始终秉承"优质优价在山姆"理念，提供近万种高品质的商品，其中进口商品占到 30% 以上。会员制超市可以用最快的速度将全球最优秀的货品流通到顾客身边，让那些对生活品质有较高要求的人，能够一次性轻松一站式满足需求。会员制超市的特别之处，使得其选址特别严苛。

第一，居民收入和消费力成为会员制超市落户的判断标尺。山姆会员店通过会员制，有效地锁定目标消费者为中产阶层，他们具有更高的收入和更强的消费力。因此，山姆会员店在落户时会考虑落户城市的人口数量和密度、年龄分布、文化水平、职业分布、人均可支配收入等多项指标，拥有约 50 万个能满足山姆"严苛"标准的潜在会员的城市才会是山姆会员店落户的选择。目前，山姆会员店在中国有 22 家门店，覆盖了北京、上海、深圳、广州等 18 个一二线城市。

第二，购物环境和体验。山姆会员店的门店购物面积较大，普遍在上万平方米，并且提供大型停车场等附加服务，在"停车难"的今天对会员购物体验提升明显。山姆会员店服务的消费者是高端消费群体，这部分人群更讲究购物环境和体验。同时，山姆会员店是仓储式卖场风格，仓库与卖场合二为一，货架上两层仓储，下层陈列拆包的商品，开阔的场地使得机械化作业得以在卖场中实现。因此，山姆会员店通常放弃拥堵的市区，选择开阔的近郊来满足多方面的要求。且独立建筑不与其他卖场共存，这样的选址是为了降低地价，节省成本，保证商品的低价，以及良好的购物环境，让会员享受更多的利益。

除了居民收入和消费力、购物环境和体验，山姆会员店的选址决策还会考虑哪些因素？

第 5 章

新产品开发

引导案例

现代汽车公司（Hyundai Motor Company）成立于 1967 年，是隶属于韩国首尔现代集团的一家汽车制造商。它通过参与产品竞争和提供互动式品牌体验，与顾客就创新和未来技术直接进行沟通，实现了可持续增长。在不到 50 年的时间里，现代汽车公司已成为全球第六大汽车集团，致力于成为一个在汽车及相关领域的终生合作伙伴，共创更加美好的未来。其目前的产品范围包括轿车、卡车、公共汽车、货车、特种车辆和发动机等。2015 年，它在全球售出了 486 万辆汽车。现代汽车在美国、中国、印度、捷克、土耳其、巴西和俄罗斯等国家建立了分公司，在世界各地拥有 11 万多名员工。

现代汽车十分重视研发，通过对技术和未来能力进行投资，努力将其转化为新产品、流程和服务，进而形成新的竞争优势。它在美国、德国、日本、韩国、中国和印度等地建立了研发中心，并一直致力于研发能够在顾客移动和连接方面实现高效率的发动机。

现代汽车不断投资研发，聚焦引领未来的三大核心技术——清洁移动、自由移动和互联移动。该公司不断改进其产品的本地化模式，并努力加强其在清洁技术方面的领先地位。2013 年，它开创了 ix35 燃料电池的开发，生产了世界上第一台量产的氢燃料电池汽车。2016 年，又推出了世界第一款配备了三种电气化动力总成的汽车 IONIQ，即包括常规混合动力、插电式混合动力和纯电动系统。

技术在不断发展，但与他人竞争的主要挑战仍然是如何构想和发现顾客隐藏的需求，并将其转化为创新的产品。开发满足顾客需求的产品是很重要的，但最重要的是如何在竞争对手之前做到这一点。"智能连接产品"可以说是在未来汽车市场要处于技术领先地位所需着力开发的。

在数字时代，智能连接产品将成为以产品为中心的公司的竞争优势来源。智能连接产品有三个核心元素：物理组件、智能组件和连接组件。智能组件增强了物理组件的功能和价值，而连接组件则增强了智能组件的功能和价值，并使其中一些组件能够存在于物理产品之外。

现在，更高的移动性和连接性能够让业界提供一种可以连接到其他产品的产品。这使顾客方便地与其他设备或其他顾客随时随地进行交互。通过与其他公司协作，互联产品可在自身产品系统与其他相关系统之间建立良好的连接。现代汽车正与世界著名信息技术和安全技术公司思科（Cisco）合作，旨在打造超互联智能汽车，号称拥有市场上最安全、最先进的自动驾驶系统。这次合作将为联网汽车提供一个实现汽车系统内部与外部道路基础设施、其他车辆、移动设备和云之间的双向通信的最佳平台。而且，智能连接产品也在不断发展。例如，通过将 CAN（控制器局域网络，controller area network）总线系统改为车内的以太网通信以及使用基于以太网的软件，可以实现集成数据控制，同时处理来自不同组件的大型数据集。

另外，现代汽车十分重视从开放式创新中更好地了解顾客的需求，并获取一些有助于新产品开发的想法。现代汽车已经开启了一个开放式创新中心，并计划一年内在北京和柏林设立其他开放式创新中心。除了韩国、美国的硅谷和以色列的特拉维夫，还将设立 5 个领先基地，以容纳初创企业的优秀创意。现代汽车集团于 2000 年在韩国建立了风险投资广场，2012 年在硅谷建立了风险投资公司，使企业从业者、初创企业、企业家、学者和研究人员能够在技术开发方面进行合作。例如，通过与美国著名的声音识别公司 SoundHound 共同开发，将无线电音频通知系统进行商业化，已应用于新车型 Veloster。现代汽车设立在以色列的开放创新中心将致力于包括人工智能和传感在内的未来移动技术开发。位于中国的开放创新中心将加强与 ICT（信息和通信技术，information and communications technology）行业参与者的合作。德国创新中心将设计与智慧城市相关的初创企业，而韩国创新中心将负责监督每个基地的战略，并积极控制和管理并购过程。从这些开放的创新中心，现代汽车希望创造突破性的产品来满足当今顾客的动态需求。

资料来源：Kartajaya H，Philip Kotler H，Hooi D H，2019. Product-Centric Perspective：Connectivity in Product Development. //Asian Competitors Marketing for Competitiveness in the Age of Digital Consumers，World Scientific Publishing Co. Pte. Ltd.

5.1　概　　述

5.1.1　新产品的概念与分类

新产品是指在产品特性、材料性能和技术性能等方面（或仅一方面）具有先进性或独创性的产品。所谓先进性，是指由于采用了新技术、新材料产生的先进性，或由原有技术和改进技术综合产生的先进性或独创性。

根据对产品的改进程度，可把新产品分为创新产品、换代新产品、改进新产品三类。

（1）创新产品。即采用新技术、新发明生产的具有新原理、新技术、新结构、新工艺和新材料等特征的新产品。成功推出创新产品可以使企业获得先入为主的优势。例如，美国摩托罗拉公司于 1973 年推出了第一部手机，日本东芝公司于 1985 年推出了第一台笔记本电脑。这些革命性的产品深刻地改变了人们的生活和工作方式。创新产品可使企业保持持续的竞争力。

（2）换代新产品。即在原来产品的基础上，基本原理不变，部分采用新技术、新结构、新材料、新元件制造，使产品功能、性能或经济指标有显著改进的新产品。例如，从普通电熨斗到自动调温电熨斗，再到无绳人工智能电熨斗；从第三代战机到三代半战机，再到第四代、第五代战机。

（3）改进新产品。改进新产品，即改进原有产品的性能、功能，提高质量，增加规格型号，改变款式、花色而制造出来的新产品。推出改进新产品需要投入的资源少。改进新产品是对现有产品的补充和延伸，通过不断地改进和延伸现有产品线，企业可在短期内保持市场份额。

5.1.2　新产品开发的必要性

1. 科技发展和社会需求变化的必然要求

随着社会进步，科学技术的长足发展，可支配收入及自由时间的增多，价值观的改变，人们对产品或服务的需求日益呈现出多样化，需求结构普遍向高层次发展，这对产品开发提出了更高的要求。我国实施创新驱动发展的战略，新产品开发也有助于实现我国产业升级、发展方式转型，加快实现"中国制造向中国创造转变、中国速度向中国质量转变、中国产品向中国品牌转变"这"三个转变"的要求，支持引领经济"中高速"增长和迈向"中高端"水平"两个中高"转换攀升，为提升创新设计和促进中国创造做出积极贡献。

2. 企业生存和发展的基本要求

产品是企业赖以生存和发展的物质基础，在日益激烈的市场竞争中，企业之间的竞争很大程度上就表现为产品之间的竞争，同时产品之间的竞争又促进了新产品的开发。新产品开发，是指新产品构思、研制、生产和销售活动的全过程。对于企业而言，进行新产品开发和服务设计也是企业生存与发展的基本需要，其必要性主要体现在以下几个方面。

（1）企业保持长期竞争优势的需要。对现代企业来说，加强新产品的研究与开发已经是一项经常性的工作。因为在当今市场需求迅速变化、技术进步日新月异的环境下，新产品的研究与开发能力以及相应的生产技术是企业在竞争中获胜的根本保证。产品/服务设计也是决定成本大小、质量好坏、产品上市时间快慢、柔性大小和顾客满意程度的重要因素，其良好的组织将更能实现它的目标。否则，企业有可能被竞争对手所超越。例如，丹麦玩具公司乐高因轻视创新而被不少游戏生产商超越，使自己在玩具行业的地位已经受到严重威胁，只能被迫将自己的产品和品牌授权给其他电子游戏生产商。

（2）开发企业新的生长点、扩大市场份额的需要。在激烈的市场竞争中，那些能够不断地开发出新产品/服务并快速推向市场的企业，将凭借先入为主的优势抢占更多的市场份额。企业的新产品在销售中的占比越高，越有可能成为领导者，如图5-1所示。

（3）可持续发展的要求。随着维持生态平衡和环境保护的呼声越来越高，各国政府将环保问题纳入发展战略，相继制定出各种各样的政策法规，以约束本国及外国企业的经营行为。这对企业提出了更高的要求，要求企业系统考虑产品开发、设计、制造、销售乃至回收对环境的影响，满足环境友好性要求，使企业经济效益和社会效益得到协调。

3. 产品生命周期规律的必然反映

产品像生物体一样，有其存在的生命周期，即从研制成功投入市场直至被淘汰退出市场的"生命"历程。一般来说，产品的生命周期包括投入期、成长期、成熟期和衰退期几

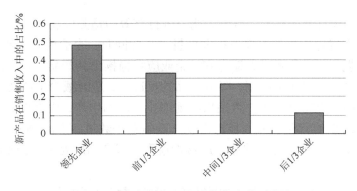

图 5-1　近五年新产品在销售中占的百分比

个阶段，如图 5-2 所示。向前延伸还可以考虑孕育期。有时，人们还在成熟期与衰退期之间加上饱和期。在不同阶段，顾客对产品的需求是不一样的。在投入期，顾客对产品不太了解，产品需求通常很低。随着设计的改进，产品更加可靠，更加成熟，成本逐渐降低，顾客对产品和服务的了解不断加深，产品需求逐渐增加，产品经历成长期，并达到成熟期。在成熟期，设计很少变化，需求停止增长，市场最终达到饱和。随后，需求开始呈下降趋势，产品进入衰退期。

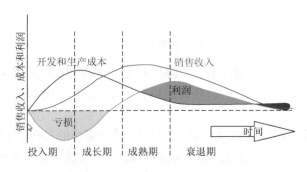

图 5-2　产品生命周期曲线

从图 5-2 可以看出，在产品的研发期间和产品投入期初期是亏损的，然后利润随着销售收入的增加而增加，接下来利润会下降，直到达到零利润。当然，产品经历生命周期的特定阶段所花的时间存在很大差别：有些产品经历各阶段的时间很短，有些则要花更长的时间。时间的长短与产品的基本需求和技术变化的比例有关。有些玩具、小说及流行产品的生命周期不超过一年，然而其他更有用的产品，如衣服清洗和烘干机，可能会持续多年，直到出现技术变化。但是，任何产品都不可能永远保持旺盛的生命力，而且总的发展趋势是产品生命周期越来越短，产品的更新换代速度越来越快。这就要求企业要有很强的产品研发能力，以不断地改进产品，促进产品需求的增长，延长产品的生命周期，乃至更快地开发出更新换代的产品，从而能在产品生命周期中获得更大的收益。

在投入期，企业需要对产品进行进一步精细的调整，持续开展产品研发，完善过程变更和优化，并注重供应商开发。同时做好市场定位，加强广告宣传和产品推介。当产品处于成长期时，产品设计开始稳定，需要对能力进行有效的预测以满足不断增长的需求，必要时增加能力，在确保质量的前提下扩大批量。与此同时，企业要着手研制开发新产品。当产品处于成熟期时，竞争者已普遍存在，企业应积极推出新产品。对于已有产品，需要大批量创新地生产，改善成本控制，降低产品的可选性，适时减少生产线。当产品处于衰退期时，除非产品具有特殊贡献，否则果断地终止产品的生产，代之以新产品。表 5-1 总结了产品在四个时期的营业收入、目标市场、竞争对手数量、产品/服务的定制化程度、可能的订单赢得要素和运营管理重点。运营管理重点因产品所处阶段的不同而不同。

表 5-1　产品生命周期各阶段产品的特性及管理重点

比较项目	投入期	成长期	成熟期	衰退期
营业收入	低	快速增长	缓慢增长	下降
目标市场	"前卫"者	一般顾客	普通顾客	保守者
竞争对手数量	极少	开始增加	相对稳定	开始减少
定制化程度	很高	标准化	主流产品	标准件/日用品
订单赢得要素	产品新颖	配套服务	价格低廉	无
管理重点	市场定位 产品推介	确保质量 扩大批量	降低成本 更新换代	终止生产 推陈出新

5.1.3　新产品开发的压力与动力模式

如前所述，产品是有生命周期的，新陈代谢是一种规律，企业必须改进老产品，开发新产品才能赢得市场。目前，新产品开发面临着费用高、成功率低、风险大、回报下降等压力。

新产品开发最终获得成功的过程是一个经历层层筛查的过程，它被人们形象地比作"漏斗"。在此过程中，不仅存在产品概念的浪费，还带来大量研发资源的浪费。根据 Copper 和 Schmidt（1991）的调查，只有 1/7 的新概念产品成功实现了商业化。而且，从资源的角度上看，46%的企业资源花费在废弃的或失败的项目上，如图 5-3 所示。

其他一些相关的研究也发现新产品开发的成功情况并不理想。艾尔巴拉（Albala）在总结以往研究的基础上，指出新产品开发的死亡率为98.2%，在初期的项目中只有2%可以进入市场，其他的都半途而废。通过对美国和欧洲的文献中报道的新产品开发失败的事例进行研究，其结果是：大约 25%的工业新产品与开发者的愿望相去甚远，同时 30%～35%的消费品也遭到了同样的命运。

新产品是利益与风险的共同体。由于存在市场、技术和环境等许多不确定性因素的影响，新产品开发是一项具有巨大风险的活动。企业对内外环境不确定因素的影响估计不足或无法适应，或对开发过程难以有效控制都可能造成失败。其中，技术风险主要源于技术本身不成熟、技术效果的不确定性、技术寿命的不确定性和工艺创新滞后导致成本劣势等方面。市场风险则主要源于顾客需求的不确定性、市场接受时间的不确定性、模仿及类似功能产品的存在以及难以预测新产品的扩张速度。当然，开发新产品还会面临管理、资金、

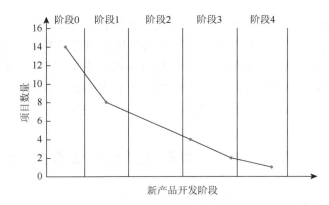

	阶段					总数
	概念	计划	开发	部署	生命周期	
项目数量	14	8	4	2	1	
阶段努力 （X时间/单位努力）	X	X	4X	2X	2X	10X
总的项目承诺	14X	8X	16X	4X	2X	44X
因项目取消失 去的研发资源	−6X	−4X	−8X	−2X	X	−20X
20X/44X＝因为项目消耗导致了46%的研发资源损耗						

图 5-3　产品开发的成功曲线

政治、法律和政策等风险。由于每一种新产品内在的失败风险情况是不同的，所以报酬也不相同。决定是否要着手进行一项新产品计划必须在投资、风险和报酬之间做出权衡。

新产品开发的动力模式可分为技术导向型和市场导向型。

（1）技术导向型：即从最初的科学探索出发开发新产品，以供给的变化带动需求的产生和变化。风靡全球的纳米、微纳米材料是典型的技术导向型产品，它以"科研—生产—营销"的模式出现，现在正广泛应用于军事装备、家电和计量仪器等领域。自 19 世纪以来，前所未有的产品一个接一个地创造出来，从汽车、飞机、大炮到电影、电视、计算机、移动电话。技术导向型产品构成了众多企业的生产内容，每一种新产品都带起一串企业，甚至构成一个行业，创造大规模的市场需求，引发激烈的市场竞争。美国的英特尔公司、杜邦公司、宝洁公司、日本索尼公司都是成功的技术创新者。

（2）市场导向型：是按照所谓的需求理论方式，从市场需求出发进行新产品开发。即通过市场调查来了解市场需要什么样的新产品，然后对其作为商品在生产技术、价格、性能等方面的特性进行研究，进而再通过该新产品商品化后的销售预测来决定是否开发。市场导向型产品是以"市场—研究开发—生产—市场"的模式出现的。当今迅速发展的智能手机、电饭煲、空调等就是典型的市场导向型产品。

在服务业，同样存在技术导向型和需求牵引型两种设计模式。例如，外卖服务、医院网上门诊等就是典型的需求牵引型服务；而银行等金融服务业推出的 24 小时柜员机服务、信用卡业务，出版界推出的电子读物、电子新闻、电子商城等，则是典型的技术导向型服务。

当然，也有其他一些开发模式普遍存在，如平台衍生型、工艺集中型以及速成式等。

但归根结底，新产品开发成功首先必须满足技术与市场匹配的原则。新产品诞生的一个基本条件是特定的技术（科学、方法、思维过程、设备等）以一种特定的方式被利用，即它对人类的需求产生了新满足，或更高的层次上实现了这种满足。因此，了解和确定人们的需求，并将这种需求用技术实现是新产品开发的关键。

5.2　新产品开发的流程与组织

5.2.1　新产品开发的一般流程

由于企业的性质、产品类型的复杂程度、技术应用的熟练程度以及科研设计水平等的差别，新产品开发方式千差万别，也导致开发新产品的程序有所不同。一般说来，在新产品开发方式中，大部分新产品可能只是在原来产品基础上的改进，只有极少数是真正创新的新产品。但是，创新的新产品，即经过自主开发方式得到的新产品，仍是企业开发的最高层次，这个过程也是最为系统与复杂的。一般来讲，一个完整的产品开发过程一般包括四个基本步骤：概念开发、产品设计、工艺过程设计和市场导入，如图5-4所示。

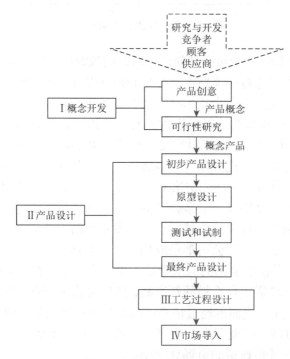

图5-4　产品开发的过程

1. 概念开发

概念开发的主要任务是识别顾客需求，产生并评估一个或一系列"概念产品"。一般由产品创意与可行性研究两个阶段组成。新产品始于创意，创意是新产品开发的基础。创意来源于设想，设想在于创新。通常，新产品创意是在市场调查研究的基础上，以市场需求为出发点，并考虑企业本身的条件形成的。当技术进步诱生新产品创意时，企业对市场的敏感是十分重要的。创意是一个创造性的过程，也是一个学习性的过程，可来自不同的渠道：企业的研究与开发部门的创新与变革、市场营销部门的市场调研、顾客的抱怨或要求、生产运作人员的建议、销售代理以及供应商甚至竞争者的行为等。

经过筛选后的新产品创意，还要进一步形成比较完整的产品概念，也就是把新产品的创意具体化，用文字、图像或制作模型等技术形式完成新产品的具体方案，说明产品的作用、功能、特点和使用方法。同时，在这个阶段还要从金融、财务的角度上研究新产品的开发，需要在目前和将来的一个时期对一个新产品潜在的销售收入进行预测。随着市场计划的制订，成本、价格也被估算出来。另外，还要对不同方案的产品所需资源进行分析与评估。当然，可邀请一定数量的顾客进行评价，听取顾客的意见，了解新产品的概念受顾客欢迎的程度，从而形成产品的开发方案，并进一步完成新产品开发可行性研究。对新产品概念的可行性研究主要从企业的市场条件、财务条件和生产运作条件等方面来评价其经济性、适用性和市场竞争能力。

（1）市场条件：包括上市能力、预期的销售增长可能、对现有产品的影响、产品的竞争状况以及竞争力等。

（2）财务条件：包括投资需求、投资回报率（return on investment，ROI）、对企业总获利能力的贡献率以及预计的现金流等。

（3）生产运作条件：包括产品开发时间、质量、技术的可行性、组织生产或交付产品的能力、现有设施与管理的经验效应、对相关规章与法律问题乃至伦理道德问题的考虑程度等。

2. 产品设计

产品概念开发的结果仅仅是勾勒了一个产品的骨架，下一步是要进入初步产品设计阶段，必须对概念产品进行全面的定义，初步确定产品的性能指标、总体结构和布局，并确定产品设计的基本原则。为了适应动态变化的竞争环境，设计出具有市场竞争力的产品，企业应遵循一些产品设计的基本原则。例如，设计出顾客需要的产品/服务，强调顾客满意度；设计出可制造性强的产品，强调快速响应；设计出可靠性强的产品/服务，强调产品责任；设计出绿色产品，强调商业道德等。

经企业主管部门审核、认可了初步设计之后，就可以开始产品的定型设计了。对其中关键技术要进行原型设计、测试和试制。据统计，目前在 100 项新产品构思中只有 6 项进入样品原型设计，因此，为了评估和检验新产品的市场业绩与技术性能，以进一步确认产品构思的市场价值与竞争力，原型设计也是一个重要的筛选环节。

借助计算机技术与互联网，人们可以在虚拟环境下对产品与服务进行原型设计、测试。虚拟设计具有两个重要特征，即交互和实时性，能使设计者呈主动状态，设计者能身临其境，而且图形真实感强，有远、近、纵、深的感觉，并可实现产品全生命周期的管理，多产品和新旧产品同时开发与资源共享。虚拟设计通过在计算机中生成的虚拟原型进行多方案对比，从中选出最佳方案；还可进行虚拟装配，以检查各零部件尺寸以及可装配性，即时修改错误。这样，通过虚拟原型进行虚拟试验，就不用再去做更多的实物试验，从而既节省了时间又节约了费用。过去，汽车制造行业经常采用黏土原型设计新汽车。而现在，虚拟现实技术在汽车产品设计中大显身手。例如，设计人员可在戴姆勒-克莱斯勒公司耗资巨大的梅赛德斯汽车设计中心提供的"虚拟现实中心"的虚拟环境中进行工作，车身设计师可以在这里检查车体的线条和轮廓，检测车身表面的光洁度，分析汽车的空气动力学性能等。开发一种新车型的时间从 1 年以上缩短到两个月左右，不但抓住了宝贵的市场先机，而且可以使开发成本甚至降到原来的十分之一。

最终的产品设计应该能够充分利用有限元分析、优化设计和计算机绘图等一系列逐步细化的过程，确定产品的子系统、组件、部件、零件及其各项设计参数，并做出产品的全套工作图纸和说明书。

3. 工艺过程设计

产品设计解决的是"What"的问题，即顾客需要什么样的产品/服务；工艺过程设计解决的是"How"的问题，即如何生产出顾客需要的产品以及如何提供顾客需要的服务。它是产品设计过程和制造过程之间的桥梁，把产品的结构数据转换为面向制造的指令性数据。工艺过程设计的结果，一方面反馈给产品设计师用以改进产品设计，另一方面作为生产实施的依据。工艺过程设计的主要任务是确定产品的制造工艺及其相应的后勤支持过程，具体而言是指按产品设计要求，安排或规划由原材料加工产品所需要的一系列加工步骤和设备、工装需求的过程。也就是说，有关产品或服务的思路不能是凭空的，必须以组织的生产能力为基本出发点。设计者进行设计时要清楚了解生产能力，如设备、技能、材料类型、计划、技术和特殊能力等，以便选择适合生产能力的设计。当市场机遇与生产能力不符时，管理者就必须考虑扩大或改变生产能力的可能性，进而充分利用这些机遇。

工艺过程设计的难度大，是技术系统中的瓶颈环节。工艺过程涉及的范围广，用到的数据和信息量相当庞大，又与生产现场的个人经验水平密切相关。工艺过程设计的程序如下。

（1）产品图纸的工艺分析和审查。产品图纸的工艺分析和审查，是保证产品结构工艺性的重要措施。产品图纸的工艺分析和审查的主要内容有：产品结构是否与生产类型相适应，是否充分地利用了已有的工艺标准；零件的形状尺寸和配合是否合适，所选用的材料是否适宜，以及在企业现有设备、技术力量等条件下的加工可能性和方便程度。

（2）拟定工艺方案。拟定工艺方案是工艺计划的总纲。在工艺方案中要明确产品制造过程中会存在哪些主要问题，关键件用什么方法加工、工艺路线怎样安排，工艺装备的原则和系数如何确定等重大原则问题。具体来说，工艺方案的内容一般包括：确定产品所采取的工艺原则，规定生产时应达到的质量要求、材料利用率、设备利用率、劳动量和制造成本等技术经济指标，列出产品的各类加工关键件，确定工艺路线，进行工艺方案的经济效果分析。

（3）编制工艺规程。工艺规程是最主要的工艺文件，它是安排生产作业计划、生产调度、质量控制、原材料供应、工具供应、劳动组织的基础数据，是具体指导工人进行加工制造操作的文件。编制工艺规程包括：产品及零部件制造方法顺序的确定，设备的选择，切削规范的选择，工艺装备的确定，设备调整方法的选择，产品装配与零件加工的技术条件的确定等。

（4）工艺装备的设计与制造。为实现工艺过程所需要的工具、夹具、卡具、量具、模具等，总称为工艺装备。工艺装备的设计与制造对贯彻工艺规程、保证加工质量和提高生产效率具有重要作用。

至此，产品设计过程实际上完成了从顾客域到功能域、物理域和制造域的转换。

4. 市场导入

市场导入过程中可先进行市场试销，即样品经过鉴定以后，企业可进行小批量试生产，在所选择的有代表性的目标市场做检验性试销。试销不但能增进企业对新产品销售潜力的了解，而且有助于企业挑选与改进市场营销方案，能够启发或指明改进市场营销策略的方向。紧接着，进入正式投产阶段。新产品经过试销以后，根据来自市场的意见对产品修改定型，然后正式投入批量生产。一个产品批量规模的大小主要取决于产品自身和市场行为，在新产品商品化的过程中，市场是新产品开发的落脚点，也是新产品开发是否成功的关键步骤。所以，此时应能够正确选择投放市场的时间，正确选择目标市场，并制定正确的营销组合策略。市场导入时一定注意产品本身要做到万无一失。因为在产品的导入阶段，消费者是最挑剔的，所以一定要保证产品的质量，同时要做好相应的服务措施。产品的市场导入时，营销方案的合理设计对产品市场导入的成功也会起到重要的作用。

新产品开发过程中的每一步不是单纯的线性，并不意味着后一步必须等前一步完成后才能开始。由于在产品开发过程中，研发部门（开发技术与设计产品）、制造部门、运作部门（包括供应商的选择与制造流程的设计）和市场部门（识别目标市场并预测产品需求）关系十分紧密且起着非常重要的作用，同时，财务、会计和信息系统部门等也对新产品开发流程起着重要的支持作用。所以，在这个过程的每一步都要根据环境状态的变化而不断地修正产品开发的规划，以使经过这个过程而开发出的产品能够适应动态的市场。

对于服务的创新与开发过程，其思路与新产品的开发也趋同。当然，这主要是因为许多服务导向的公司缺乏适当的结构和过程，以至于需要利用产品开发的过程。它们在服务开发的过程主要依赖正式的评估委员会、新服务项目团队和预定义的审查点，并经过一些阶段性的评审过程。Scheuing 和 Johnson 在 1989 年提出了服务创新的规范模型，如表 5-2 所示。

表 5-2　服务创新的规范模型

	设立新服务的目标和战略
1. 方向	生成创意
	创意筛选
2. 设计	概念开发
	概念测试
	商业分析
	项目授权

2. 设计	服务设计和测试
	过程和系统设计、测试
	营销项目设计和测试
	个性化训练
3. 测试	服务测试和试点运行
	测试市场
4. 引入	全面启动
	上线后评审

与产品开发类似，在创意产生和筛选之前需要制定一个宏大的战略目标。同时，在进行开发并通过一系列的活动进行检验和成功的部署之前，再对最好的创意进行详细的分析。但是，在具体实施这些模型的阶段，服务与产品在感知性、顾客联系、异质性和易逝性方面存在一些区别。

（1）服务产品一般是不可感知的，没有可以触摸到的组件。因此，需要仔细地计划这类产品的设计和传递机制，并且采用创造性的方法有效地指导关于这个领域的市场研究。

（2）确定恰当的顾客联系程度。这里需要考虑时机、亲密程度和信息的交换，因此可能需要重新训练员工，以提供不同种类的新服务。另外，新的服务模式只能在顾客身上进行测试，而不能在实验室中测试，所以进行测试的方法也是至关重要的。

（3）在异质性方面，需要考虑到提供给顾客的服务的从属性、一致性或定制可以成为一种有效的目标。不同的顾客细分可以要求改变服务和增值服务。识别主要的细分市场和驱动因素是十分重要的。

（4）因为服务不可以储存，所以提供服务的地点和服务的及时性就至关重要。服务的生产和消费本质上仍然是同时进行的，所以判别准确的市场容量和市场需求点是十分重要的。

值得注意的是，通过服务本身（获得的核心服务）和增值服务（根据顾客关系和亲密度提供服务）可以获得相同的竞争力。竞争者经常可以很轻松地抄袭新的服务产品，以及提高引入新服务的速度，而这可能导致市场的过度供应。因此，企业应该谨慎以确保增值服务明确地包含在服务开发过程中，这样就可以最大限度地降低创新被快速复制的风险。这也有助于解决那些很难通过专利进行保护的问题。

随着服务和产品开发者更多地尝试利用最佳的实践来获得竞争优势，服务和产品开发的区别也将会越来越少。当服务定义、部署和执行相一致时，服务创新和开发就会更加有效。这个降低易变性的尝试在概念上与产品平台的方法相似。另外，它们都需要通过一系列的活动来不断地定义、提炼和提升产品/服务创新。而且，软件的快速应用程序开发方法在多年来已达到了这一目标。

由于新产品开发过程的复杂性、企业组织结构的变化及新产品开发环境的不确定性，新产品开发模式也在不断优化。但是，随着产品开发技术的高尖端性、市场需求的复杂多变、产品的市场生命周期越来越短等，新产品的市场占有率不理想，或者有的因顾客对产品的需求迅速变化导致新产品失败，这些可能是上述一般模式无法解决的问题。因此，有必要先从组织模式来分析新产品开发的流程。

5.2.2　新产品开发的组织方法

1. 串行工程

如前所述，一般的产品开发过程是先构思出产品概念，然后由产品设计部门人员完成产品的精确定义，再提交制造部门人员制订产品工艺过程计划，由质检部门人员确定相应的质量保证计划，最后由市场部门人员导入市场。其各阶段是由企业内不同职能部门的不同人员依次进行的，因而通常称为串行工程。

正如图 5-5 的幽默画所展现的那样，串行的产品开发过程存在许多弊端。它说明决定顾客的需求必须有足够的信息，而设计部门、生产部门和营销部门之间应进行交流并取得一致意见。而串行工程首要的问题是以部门为基础的组织机构严重地妨碍了产品开发的速度和质量。

图 5-5　信息闭塞所造成的不同设计观点

归纳起来，串行的产品开发过程存在的主要问题如下。

（1）各下游开发部门所具有的知识难以加入早期设计，产品设计人员在设计过程难以考虑顾客的需求、制造工程、质量控制等约束因素，易造成设计和制造的脱节。越是设计的早期阶段，降低费用的机会越大；而发现问题的时间越晚，修改费用越大。费用随时间成指数增加。

（2）各部门对其他部门的需求和能力缺乏理解，目标和评价标准的差异与矛盾降低了产品整体开发过程的效率。

企业在实际工作中常采用门径管理的模型来实现结构化的产品开发过程。门径设置了五个或更多的关卡，将开发活动划分为不同的阶段，从而组织成一个活动的线性序列。不过，考虑到串行开发中存在的上述问题，相同的活动可以通过并行方式进行结构化和组织，即每个阶段包括许多规定的跨职能、并行的活动。

2. 逆向工程

与正向设计过程不同，逆向工程（reverse engineering，RE）是一个从有到无的过程。逆向工程也称反求工程或反向工程，是根据已存在的产品或零件原型构造产品或零件的工程设计模型，并在此基础上对已有的产品进行剖析、理解和改进，即对已有设计的再设计。简单地说，也就是根据已经存在的产品模型，反向推出产品设计数据（包括设计图纸或数字模型）的过程。在积极遵守知识产权保护法规的前提下，合法地反向设计他人的产品，既可以降低产品创新风险，又可以减少研究开发费用，缩短产品开发周期。例如，在20世纪六七十年代，日本就大量引进了美国和西欧的先进技术，通过反向工程，成功地开发出比原产品质量更好、功能更强、价格更便宜的产品，大大拓展了日本产品的国际市场。逆向工程应用领域相当广泛，有模具制造业、玩具业、游戏业、电子业、鞋业、高尔夫球业、艺术业、医学工程及产品造型设计等方面。

3. 并行工程

为减少产品的开发时间和成本、保证产品质量、降低产品成本、提高产品竞争力，必须采用改进新产品开发过程的组织模式，消除职能部门之间的隔阂，优化企业的资源配置。因此，并行工程（concurrent engineering，CE）的概念被提了出来。

根据 Winner 等（1988）对并行工程的定义，并行工程是对产品及其相关过程，包括制造过程和支持过程，进行并行、一体化设计的一种系统化方法。这种方法力图使产品开发者从开始就考虑到产品全生命周期从概念形成到产品报废的所有因素，包括质量、成本、进度和用户需求，以减少产品早期设计阶段的盲目性，尽可能早地避免因产品设计阶段不合理因素对产品生命周期后续阶段的影响，缩短研制周期。

并行工程的主要思想包括如下一些内容。

（1）设计的同时考虑产品生命周期的所有因素（用户需求、可靠性、可制造性、成本、环保性、可维护性等），作为设计结果，产生产品设计规格和相应的制造工艺与生产准备文件。

（2）产品设计过程中各活动并行交叉进行。由于各部门的工作同步进行，各种相关的生产制造问题和用户的不满意问题，在项目研发准备阶段便能得到及时沟通和解决。

（3）不同领域技术人员的全面参与和协同工作，实现产品生命周期中所有因素在设计阶段的集成，实现技术、资源、过程在设计中的集成。

（4）高效率的组织结构。产品的开发过程是涉及所有职能部门的活动。通过建立跨职能产品开发小组，能够打破部门间的壁垒，降低产品开发过程中各职能部门之间的协调难度。

企业若想充分发挥并行工程的优势，提高产品开发过程的效率和柔性，必须进行过程变革与组织变革。过程变革是指将传统的并行过程重构为并行过程，使得产品开发者在一开始设计时就综合考虑产品生命周期的所有因素。组织变革是指打破职能部门制的组织结构，建立跨部门、跨专业的高效的开发团队，使得与产品生命周期有关的不同领域的相关人员全面参与和协同工作，实现生命周期中所有因素在设计阶段的集成。

当然，这种开发方式仍存在许多难点。例如，设计和制造之间长期存在的界限很难马上克服，单纯将一群人召集在一起，以为他们能够高效合作的想法是不切实际的。另外，要使该流程发挥作用，必须有充分的沟通和灵活性，而这点却很难达到。

并行的工作模式还需要一些技术上的支持，如虚拟设计、产品数据管理（product data management，PDM）、三化技术（产品系列化、零部件标准化、通用化）、成组技术和减少变化方案（variety reduction program，VRP）等。同时，在产品设计的不同阶段采取不同的措施，如表 5-3 所示。

表 5-3　并行工程中在产品设计不同阶段采取不同的措施

阶段	需求阶段	设计阶段	制造阶段	营销阶段	使用阶段	终止阶段
采取的措施	顾客参与质量功能展开	CAD/CAPP VRP、GT	DFM、DFA 等	价值工程（CE）	工业工程（IE）	绿色制造

这样，并行开发团队可以通过支持并行工作甚至异地工作的计算机网络系统，实时地相互沟通信息、进行专家咨询、讨论设计方案、审查设计结果等。例如，美国波音飞机制造公司为研制波音 777 型喷气客机，投资 40 多亿美元，采用庞大的计算机网络来支持并行设计和网络制造：从 1990 年 10 月开始设计到 1994 年 6 月试制成功仅花了 3 年 8 个月；试飞一次就成功，立即投入运作。在实物总装后，用激光测量偏差，飞机全长 63.7m，从机舱前端到后端 50m，最大偏差仅为 0.9mm。

考虑到现在市场的竞争已不是企业与企业之间的竞争，而是供应链与供应链之间的竞争，人们在产品设计阶段也对供应链设计给予了更多关注。因此，传统的并行工程也不断发展，从大多考虑产品设计与制造流程设计两个维度向同时协调产品设计、制造流程设计与供应链设计三个维度发展。因此，这种并行工程的思想也称为三维并行工程。与二维并行工程相比，三维并行工程强调在产品设计中考虑供应链战略设计，融入思考以下问题：什么是供应链的最关键因素、什么是主导供应链的关键环节、谁是供应链中的关键合作伙伴等。三维并行工程的供应链设计决策主要包括自制与外购决策、合作伙伴选择决策、确定与供应链其他主体的关系。三维并行工程的思想和下面介绍的一种组织模式协同产品商务有着异曲同工的作用。

4. 协同产品商务

随着经济一体化与全球化市场的发展，企业为了适应新经济竞争环境、增强国际竞争力，越来越趋向于采取全球化、外包和协作等策略，通过全球资源的优化配置来开发推出最具有竞争力的产品，应用互联网技术的发展，在并行工程的基础上建立跨企业的产品开发网络，寻求有效的开发合作伙伴，协同创造产品竞争优势。因此，美国咨询公司 Aberdeen Group 于 1999 年 10 月提出了协同产品商务（collaborative product commerce，CPC）的概念。根据其定义，协同产品商务是一类新的软件和服务，它使用互联网技术把产品设计、分析、外包（包括制造和采购）、销售、市场、现场服务和顾客连成一个全球的知识网络，使得在产品商业化过程中承担不同角色、使用不同工具、在地理上或供应网络上分布的个人能够协作完成产品的开发、制造以及产品全生命周期的管理。从管理上说，协同产品商务是一组经济实体（制造商、供应商、合作伙伴、顾客）的动态联盟，共同开拓市场机会并创造价值的活动的总称。当协同产品商务成为产品实现核心竞争力的基础时，它就会产生价值，并提高企业建立在共同数据和技术基础上的四种能力，即产品生命周期管理、产品组合和知识产权管理、协同管理、创新管理。实现协同产品商务会带来以下好处。

（1）协同产品商务可以通过敏捷的协作产品创新捕捉市场机会，扩大市场规模。

（2）协同产品创新能取得更为持久的竞争优势。

（3）协同产品商务能带来更快的上市时间、更大的市场份额和更高的利润率。

从产品开发发展的过程来看，协同产品商务经历了产品数据管理、产品全生命周期管理（product life-cycle management，PLM）和协同产品商务三个阶段，如表 5-4 所示。

表 5-4　协同产品商务的发展

发展阶段	20 世纪 80 年代	20 世纪 90 年代	21 世纪
竞争焦点	利润	市场份额	市场规模
产品研发策略	低成本	上市时间	产品创新
产品研发流程	串行设计流程	并行工程	企业间协作
产品研发组织	部门制	跨部门团队	跨企业团队
产品研发平台	CAD/CAE/CAM 等信息集成，产品数据管理	企业范围的产品研发平台，产品全生命周期管理	跨企业的产品研发平台，协同产品商务

协同产品商务的基本架构可表示为如图 5-6 所示的三层架构。

（1）基于角色的 Web 访问。这一层为协同各方提供方便、安全、无障碍的信息访问门户。具体功能包括信息的浏览、搜索、订阅等。

（2）协同产品商务的应用逻辑（产品应用财富）。这一层体现了人、活动和信息交互的逻辑。具体功能包括协作流程管理、信息的共享和重用、同已有系统的集成等。

（3）协同产品商务的 Web 数据存储（产品信息财富）。这一层的主要作用是把产品数据变成企业的知识财富。具体功能包括信息的捕获、存储、整理、丰富、结构化和摘要。

图 5-6　协同产品商务的三层基本架构

协同产品商务包含以下核心理念。

（1）价值链的整体优化。协同产品商务从产品创新、上市时间、总成本的角度追求整体经营效果，而不是片面地追求如采购、生产和分销等功能的局部优化。

（2）以敏捷的产品创新为目的。迅速捕获市场需求，并且进行敏捷的协作产品创新，是扩大市场机会、获取高利润的关键。

（3）以协作为基础。协同产品商务的每个经济实体发挥自己最擅长的方面，实现强强联合，以获得更低的成本、更快的上市时间和更好地满足顾客需求。顾客参与到产品设计过程，可以保证最终的产品是顾客确实需要的。

（4）以产品设计为中心进行信息的聚焦和辐射。产品设计是需求、制造、采购、维护等信息聚集的焦点，也是产品信息向价值链其他各环节辐射的起源。只有实现产品信息的实时、可视化共享，才能保证协作的有效性。

企业要实现协同产品商务，必须练好内功和外功。内功就是要建立满足协同产品商务需要的协同产品研发管理体系，包括面向敏捷协同产品创新的产品战略、组织、绩效、流程等各方面。外功就是要加强与外部的联系和合作，从而形成敏捷协同的产品研发网络。虽然协同产品商务带来的效益是明显的，但是协同产品商务无论在技术上还是操作上都难以实现，且出错的风险也相当高。要使协同产品商务成功实施，需要注意以下关键要素。

（1）将要做的事进行优先排序和模块化，只选择那些和愿景一致的领域。整个协同产品商务系统庞大而复杂，因此要分阶段实施，同时要对总体构思和最终目标有明确的概念。

（2）要明确需要什么样的效益。例如，在竞争之前削减人力、降低成本，或者可能不会让产品上市来创造价值。那么，这是成本、上市速度，还是产量的问题呢？是知识产权的影响还是创新问题呢？因此，要建立设计目标，以及实现这些目标的流程和功能。

（3）浪费时间的事情也是在浪费成本。为了削减时间和成本，要重新进行设计。重新设计，则可能会降低性能，最终增加时间。

（4）并行组织。没有一个涵盖多部门人员组成和职责的明晰的组织概念，数据和工作流都是没用的。

（5）组织顾客参与，就像组织协同实施一样。

（6）组织的变革一直被视为企业创新成功或失败的关键，协同产品商务也无二样。需要克服运营和设计之间，以及两者与市场间的障碍。

（7）没有必要采用统一的机制，因为这要求海量的数据转换和中央控制。要确保设计一个数据管理和升级流程，从而使不同的数据保持一致和最新的状态。

5. 开放式创新

21 世纪早期，大部分公司面临着快速响应市场和满足顾客独特的定制化产品的双重挑战，这又给新产品开发管理增加了更多的复杂性。从组织上看，更快速的开发和更高的效率需要更紧密的内部连接和调用更多资源的能力。然而，一个单独的公司拥有所有必要的能力和业务来提供顾客所要求的独特解决方案是不大可能的。除了这个挑战,公司还意识到,有必要进行增量开发(线性延伸、下一代产品等),而突破创新的地方,通常也是改变游戏规则的机会出现的地方。为了成功,公司需要更多地向外部看,并且去挑战自己公司的研发模式和方法。

由此产生了开放式创新的模式。开放式创新的定义为"利用他人的能力和专业知识来提供差异化和有意义的创新"。该理念认为,如劳动力流动和风险资金等问题已经侵蚀了公司实验室的研发能力并抑制了它们的知识存续能力,而显著的创新经常会发生在小型公司或者全球创新集群中。另外,一种新型的独立研究实验室已经成为研发的新源泉,并使得创新想法有着日益活跃和分布式的市场。

起初,这个模式是以一个由松散和紧密的伙伴关系为基础形成的网络。关系伙伴可涵盖整个价值链,从原材料的供应商到最终消费者,甚至包括竞争者。在这个网络里,关系伙伴心甘情愿地参与到开发过程中。这样,企业不再仅仅满足于管理一个成功开发的内部流程,还要同时管理一组外部接口活动和流程。因此,更多企业开始关注并行和集成(跨职能)开发流程的使用,该流程能通过关键的利益相关者(包括供应商、产品开发中的尖端用户)激励早期参与者。

开放式创新既不是一种外部资源创新,也不依靠某一个重要的竞争优势。其关键在于实现内部研发(具备核心竞争力,或利用外部研发的成本很大)和识别、收获一些新开创的企业、发明家、企业家和其他公司开发的出色想法之间的平衡。需要组织能够在发展生命周期的各个阶段提供能促使公司转向内包的技术、产品甚至业务。这还需要企业具备能够从内部发现被低估的思想和技术的能力,并把它们交给外部各方以捕捉到它们的价值。

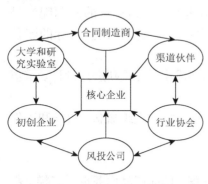

图 5-7　开放式创新的组织

开放式创新已从技术探察的模式发展成为一种创新生态系统(或机会网络)的模式。这是由一系列的节点(小型初创企业、经纪商、发明家等)组成的,共同利益、信任和开放的沟通将这些节点组合在一起,如图 5-7 所示。

采用开放式创新模式并不容易,需要克服一些障碍。首先,组织需要通过对市场上成功创意补偿方案的改进以打破任何"非我发明"的文化,并通过引进创意的提交和管理系统来支持该文化。其次,企业需要花费很大的精力去关注如何最好地管理合作伙伴,同时确保有效地共享知识产权。最后,企业还需要关注顾客是如何参与到创新网络的,特别是在从被动向主动模式发展以预测和满足顾客需求的过程中。

采用开放式创新的收获是巨大的。成功引入开放式创新能利用他人的研发,从而使得组织不仅能关注内部资源,还能扩展范围并获取新的创意和技术。因此,该创新模式对组织自身的内部研发能力有深远影响。另外,通过销售或授权未使用的知识产权可以提升内部研发回报率并最终带来更多好处。

5.3　新产品开发方法与技术

5.3.1　发明问题解决理论

TRIZ 是俄文发明问题解决理论（theory of inventive problem solving）的词头，是苏联的 Altshuller 及其领导的一批研究人员，自 1946 年开始，花费 1500 人·年的时间，在分析研究世界各国 250 万件专利的基础上所提出的理论。20 世纪 80 年代中期，该理论对其他国家保密，但后来随着一批科学家移居美国等西方国家，逐渐引入世界产品开发领域，并对该领域产生了重要的影响。该理论认为发明问题的基本原理是客观存在的，这些原理不仅能被确认，也能被整理而形成一种理论，掌握该理论的人不仅能提高发明的成功率、缩短发明的周期，也使发明问题具有可预见性。

发明问题解决理论的核心是技术系统进化理论。这一理论提出：技术系统一直处于进化之中；解决冲突是其进化的推动力，进化速度随技术系统一般冲突的解决而降低，使其产生突变的唯一方法是解决阻碍其进化的深层次冲突。以键盘的设计为例，不难体会其中进化理论的思想。作为计算机外围设备的重要组成之一，目前常见的键盘是一个刚性整体，体积也比较大，不方便携带。现在也有一些改进型的可折叠键盘、虚拟激光键盘等新颖设计，甚至出现了采用触摸屏、手写笔等产品作为输入设备代替键盘。如果将键盘核心技术的这种演变过程抽象出来，会发现它是按照从刚性，到铰链式，到完全柔性，到气体、液体，一直到场的发展路线。其实很多产品的发展也是沿着这条路线不断进化的。如轴承，它从开始的单排球轴承，到多排球轴承，到微球轴承，到气体、液体支撑轴承，到磁悬浮轴承等。又如切割技术，从原始的锯条，到砂轮片，再到高压水射流、激光切割等。它们在本质上基本都是沿着和键盘同样的演变路线不断发展的。

解决问题的发明是分等级的，按照产生发明所需要的反复尝试的次数把发明分为五个等级。五级发明一般都是基于新的科学发现，其等级最高；一级发明最低，只是对产品的一般改进。在技术发展的不同阶段产生的发明级别是不同的。

Altshuller 依据世界上著名的发明，研究了消除冲突的方法，提出了消除冲突的发明原理，建立了消除冲突的基于知识的逻辑方法，这些方法包括发明原理（inventive principles）、发明问题解决算法（algorithm for inventive problem solving，ARIZ）及标准解（TRIZ standard techniques）。

在利用 TRIZ 解决问题的过程中，设计者首先将待设计产品的特定问题表达成为 TRIZ 的一般问题，然后利用 TRIZ 中的工具，如发明原理、标准解等，求出该 TRIZ 问题的普适解或称模拟解；最后设计者再把该解转化为领域解或特解。

TRIZ 认为技术创新产生于技术的概念设计阶段，即必须在概念设计阶段产生新的原理解。TRIZ 已建立了一系列的普适性工具帮助设计者尽快获得满意的领域解，不仅在苏联得到广泛应用，在美国的很多企业特别是大企业，如波音、通用、克莱斯勒、摩托罗拉等的新产品开发中也得到了应用，创造了可观的经济效益。应用 TRIZ 中一些工具和方法的流程图如图 5-8 所示。

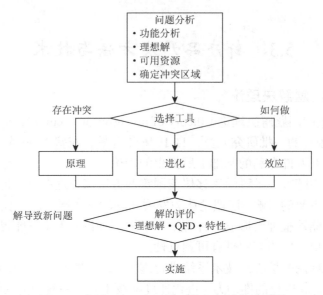

图 5-8　应用 TRIZ 中一些工具和方法的流程图

5.3.2　产品质量功能展开

产品质量功能展开（quality function deployment，QFD）于 20 世纪 70 年代初起源于日本，由日本东京技术学院的 Shigeru Mizuno 提出。进入 80 年代以后逐步得到欧美各发达国家的重视和广泛应用。QFD 是将顾客呼声融入产品或服务开发流程的一种结构性方法。它的目的是确保整个流程的每个方面都考虑顾客的要求。倾听和理解顾客的要求是QFD 的核心特征。顾客的要求经常以一种普遍陈述的形式出现，如草坪平整机的切割高度应容易调整。一旦了解到顾客的要求，这些要求必须转化为与产品或服务有关的技术指标。例如，改变草坪平整机高度的陈述可以联系到实现该职能的机械、地点、使用说明、控制机械的弹簧牢固程度或所需要采用的材料。从制造目的上说，这些指标就必须联系到材料、尺寸及生产中所用的机器。

由于强调从产品设计的初期就同时考虑质量保证与改进的要求及其实施措施，QFD被认为是先进生产模式及并行工程环境下质量保证与改进的最热门研究领域及 CE（concurrent engineering）环境下面向质量设计（design for quality，DFQ）的最有力工具，对企业提高产品质量、缩短开发周期、降低生产成本和增加顾客的满意程度有极大的帮助。丰田公司于 20 世纪 70 年代采用了 QFD 以后，取得了巨大的经济效益，其新产品开发成本下降了 61%，开发周期缩短了 1/3，产品质量也得到了相应的改进。世界上著名的公司如福特公司、通用汽车公司、克莱斯勒公司、惠普公司、麦道公司、施乐公司、电报电话公司、国际数字设备公司及加拿大的通用汽车公司等也都相继采用了 QFD。从 QFD的产生到现在，其应用已涉及汽车、家用电器、服装、集成电路、建筑设备、农业机械、船舶、自动购货系统、软件开发、教育、医疗等各个领域。

QFD 的结构是以一系列矩阵为基础的。主体矩阵联系顾客的要求（是什么）和对应的技术要求（如何解决），如图 5-9 所示。基本矩阵通常要增加附加特征以拓宽分析范围。

典型的附加特征包括重要性衡量和竞争性评估。人们通常给技术要求建立一个相关的矩阵，这个矩阵能揭示有冲突的技术要求。加上这些附加特征，矩阵系列就有了图 5-10 所示的形式。由于它的外形像座房子，故而经常被称为质量屋。在实际应用中，视具体要求的不同，质量屋结构可能会略有不同。例如，有时可能不设置屋顶；有时会对竞争性评估和重要性衡量的组成项目有所增删等。通过构造一个质量屋矩阵，QFD 交叉职能团队能够利用顾客反馈信息来进行工程、营销和设计的决策。矩阵帮助团队将顾客要求转换为具体操作或技术目标。这一过程鼓励各部门之间紧密合作，并且使各部门的目标和意见得到充分理解，帮助团队致力于生产满足顾客需求的产品。

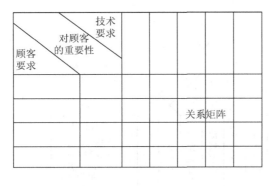

图 5-9　QFD 主体矩阵

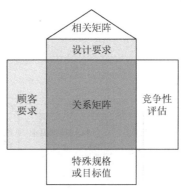

图 5-10　质量屋

一个完整的质量屋包括六个部分。

（1）顾客需求及其权重，即质量屋的"什么"。

（2）技术需求（最终产品特性），即质量屋的"如何"。

（3）关系矩阵，即顾客需求和技术需求之间的相关程度关系矩阵。

（4）竞争分析，站在顾客的角度，对本企业的产品和市场上其他竞争者的产品在满足顾客需求方面进行评估。

（5）技术需求相关关系矩阵，质量屋的屋顶。

（6）技术评估，对技术需求进行竞争性评估，确定技术需求的重要度和目标值等。

下面以纸张的 QFD 为例说明如何构造质量屋，如图 5-11 所示。

首先，在图的左边列出顾客的要求，靠近顶部垂直列出各项技术要求。

其次，表的中央表现了技术要求和顾客要求之间的重要关系及关系的重要度。带点的圆圈表示强正相关关系，即它暗指能满足顾客要求的最重要的技术要求。每个顾客要求旁边列出了"对顾客的重要度"的数字（3 代表最重要）。设计者决定在哪处做最大努力时，将考虑重要度的分值和相关性的强度。

再次，考虑在质量屋顶的相关矩阵。要特别注意在"纸张厚度"和"卷曲度"之间的强负相关关系。设计者不得不寻找方法克服它或做出替代决策。

然后，在图的右边是将供应商与两个主要竞争对手（A 和 B）在顾客要求上的表现相比较的竞争性评估。例如，供应商（X）在第一项顾客要求中表现最差而在第三项顾客要求中表现最好。斜线连接 X 的表现。理想的情况是通过设计能够让 X 在各项中都达到最高。

最后，图 5-11 的底部是重要度衡量、目标值及技术评估。技术评估的方式与竞争性评估类似（注意 X 各项之间的连线）。目标值典型地包括各项技术规格，即解决"多少"的问题。重要度加权值是分配到各关系中的分值的加总，如纸张宽度的重要度加权值为 3，它是产品对顾客的重要度为 3 且与该质量特性的联系度为 1 的最终体现。重要度加权值和目标评估值帮助使设计者重点放在想要得到的结果上。在这个例子中，第一项技术要求得到的重要度加权值最低，而在紧接着的四项技术要求都得到相对较高的重要度加权值，应予以重视。

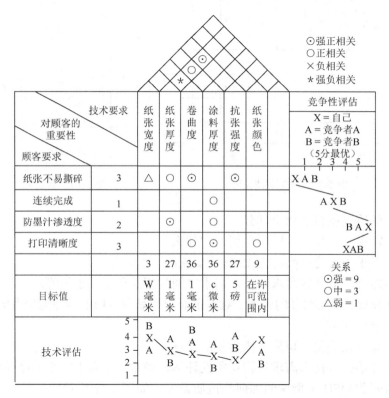

图 5-11　纸张的质量屋

5.3.3　计算机辅助设计、工艺设计和制造

计算机技术在产品设计中的应用日益频繁，计算机辅助设计、工艺设计和制造（computer aided design/computer aided process planning/computer aided manufacturing，CAD/CAPP/CAM）就是其中的代表。

CAD 是指利用计算机作为工具、帮助人们进行设计的一切适用技术的总和。CAD 一般包括两项内容：带有创造性的设计，如方案的构思、工作原理的拟定等；非创造性的工作，如绘图、设计计算等。带有创造性的设计要求发挥人的创造性思维能力、创造出以前不存在的设计方案,这项工作一般由人来完成,非创造性的工作完全可借助计算机来完成。

CAPP 是指工艺设计人员利用计算机完成零件工艺规划设计的过程。它接受来自 CAD 系统的零件信息,包括几何信息和工艺信息,运用工艺设计知识,设计合理的加工路线,选择优化的加工参数和加工设备。

CAM 的核心是计算机数值控制(简称数控),它是将计算机应用于制造生产的过程或系统。制造企业利用数控机床或加工中心等先进设备进行加工,由 CAD 系统向 CAM 系统提供零件信息,CAPP 系统向 CAM 系统提供加工工艺信息和工艺参数,CAM 系统可根据工艺流程和几何尺寸、工艺精度等要求,自动产生零件程序,进而产生刀位文件,最终生成 NC 加工程序。

这些计算机辅助技术的应用使得产品设计的手段发生了巨大的变化。它们提高了设计效率,缩短了产品设计周期,采用 CAD 便于建立产品数据库,消除重复设计,减少设计工作量。还可将产品设计和产品制造直接连在一起,实现 CAD/CAPP 的集成。借助计算机辅助技术,增大了产品获得最佳性能和设计一次成功的可能性。CAD/CAPP 系统发展迅速,主要特点如下。

(1)CAD/CAM 系统性能不断提高。CAD/CAM 系统已从简单的绘图工具发展成为更高一级的建模和集成系统,可实现曲面、实体建模,特征建模,参数化设计,约束管理及相关性设计等多种功能。

(2)参数化、变量化设计技术发展到实用化阶段。参数化 CAD 系统的关键技术,如约束定义与求解等问题的研究取得了很大的进展。

(3)特征建模技术使 CAD/CAM 集成进一步发展,解决了传统 CAD 只面向几何形状的问题,已成为实现 CAD/CAM 集成的主要手段之一,有关特征分析、归纳、描述等特征模型方面的研究也取得了长足的进步,特征建模系统达到原型化阶段。

20 世纪 80 年代,在 CAPP 的研究开发中开始探索人工智能、专家系统技术。集成化、智能化的综合 CAPP 系统已成为发展的趋势,它将兼有创新和继承修改综合功能,具有更大的灵活性和适应性,能够进行闭环反馈和动态设计,并成为基于知识的智能系统。

5.3.4　DFX 技术

DFX(design for X)是为产品生命周期内某一环节或某一要素而设计的,其中 X 代表产品生命周期的某一个环节或要素,如制造、测试、使用、维修、回收、报废等,也可以代表决定产品竞争力的某一要素,如质量、成本等。最常用的 DFX 有:可采购性设计(design for procurement,DFP)、可制造性设计(design for manufacturability,DFM)、可测试性设计(design for test,DFT)、可诊断分析性设计(design for diagnosibility,DFD)、可装配性设计(design for assembly,DFA)、可拆卸性设计(design for disassembly,DAD)、可服务性设计(design for serviceability,DFS)、面向质量的设计(design for quality,DFQ)、面向可靠性的设计(design for reliability,DFR)、面向成本的设计(design for cost,DFC)、面向环境的设计(design for environment,DFE)。

DFX 旨在提倡在产品的前期设计中考虑包括可制造性、可装配性等相关问题,因此 DFX 是基于并行设计的思想,在产品的概念设计和详细设计阶段就综合考虑到制造过程中的工艺要求、测试要求和组装的合理性，同时还要考虑到维修要求、售后服务要求和可靠性要求等，通过设计手段保证产品满足成本、性能和质量的要求。

最初，首先被提出的是可制造性设计。可制造性设计主要研究产品本身的物理设计与制造系统各部分之间的相互关系，并把它用于产品设计，以便将整个制造系统融合在一起进行总体优化。其主要思想是在产品设计时不但要考虑功能和性能要求，而且要同时考虑制造的可能性、高效性和经济性，即产品的可制造性（或工艺性）。可制造性设计的目标是在保证功能和性能的前提下使制造成本最低。在这种设计与工艺同步考虑的情况下，很多隐含的工艺问题能够及早暴露出来，避免了很多设计返工；而且通过对不同的设计方案根据可制造性进行评估取舍，根据加工费用进行优化，能显著地降低成本，增强产品的竞争力。

把一个功能性的产品设计转化为可制造的产品，产品设计师必须考虑许多方面。他们可以选择不同的方法和不同的材料。金属材料可以选择铁或铁化物（钢）、铝、紫铜、黄铜、镁、锌、锡、镍、钛或其他金属；非金属包括塑料、木材、皮革、橡胶、碳化物、陶瓷、玻璃、石膏、混凝土等；并且，这些材料都能用多种方法如锻造、切割和成型。在许多机械加工过程中，可以选择冲压、印花、滚转、研磨、浇铸、注塑等。

可制造性设计还要求把不可拆分的零部件数降到最低，进而简化产品。在电子行业中，制造上通过组合不同电子元件中的电路来形成更大的集成电路。这样不仅集成电路的速度得以提高，还减少了体积，提高了可靠性。如果电子电路由几个独立的电子元件组成，减少可能的连接就可以提高电路的可靠性。为保证产品的制造和装配过程中的可制造性，此原则也适用。例如，对于一个简单的托架，可以把 5 个零件减少到只有 1 个零件，如图 5-12 所示。

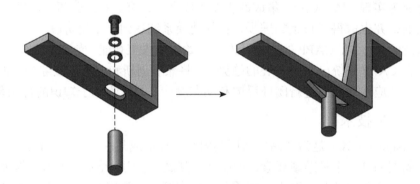

图 5-12　改变设计以减少托架上的零件数

另一个现在十分重视的领域是 DFE，即面向环境的设计或环境友好性的设计。国际环保组织的一些标准，如 ISO14000，已成为一些国家和企业开展经济活动所必须具备的条件，也将成为申请国外援助、商业贷款和降低保险费率的资格标准。环保标签（如德国的绿点计划）给一些环境友好型产品提供了通行证。许多国家推行了生产者延伸责任（extended producer responsibility，EPR）制度，引入生产者对产品的责任应该一直延续到产品使用寿命结束之后的理念。这些法律、规定以及激励措施使企业意识到开展面向环境的设计已势在必行。

面向环境的设计就是在设计产品时，在保证产品的性能、质量的前提下，考虑产品在其整个生命周期中对资源和环境的影响，使产品对环境的总体影响减到最低。它包括利用回收的材料设计产品，使用可回收的原材料和部件，设计易于维修的产品以及尽量减少不必要的包装以及在生产、使用和最后的废弃处理过程中尽量节省材料与能源。

可回收以及零浪费是面向环境设计的重要方面，它体现的可持续性设计思想虽然目标很高且很难完全实现，但是越来越多的企业发现，通过绿色设计，企业增加了利润，同时保护了环境并取悦了消费者。

绿色设计体现了循环经济中企业内部小循环的 3R 原则，即减量化（reduce）、再利用（reuse）、再循环（recycle）。减量化是指通过消耗最少的物料和能源来生产产品，再利用是指使废旧产品的某些配件或成分能够得到最大限度的利用，再循环是指把本企业的废弃物资源化。绿色设计的基本要求包括以下几点。

（1）优良的环境友好性。要求产品在生产、使用、废弃、回收、处置的各个环节都对环境无害或危害最小化。

（2）最大限度地减少资源消耗。尽量减少材料使用量和种类，使产品在其生命周期的各个阶段所消耗的能源最少。

（3）排放最小。通过各种技术或方法减少制造、使用过程中废弃物的排放量。

（4）最大化可回收利用。在材料的选择、产品结构、零件的可共用性等方面提高产品的回收利用率。

不少公司的面向环境的设计工作卓有成效，其涉及的方面包括绿色设计材料的选择与管理、产品的可拆卸性与可回收性设计、绿色产品成本分析以及绿色产品设计数据库与知识库管理等。惠普和施乐公司将产品设计为可拆解的，惠普每年可以拆解再利用 12 000 吨废弃设备而浪费不到 1%，施乐回收复印机零部件的项目每年给公司节省 2 亿多美元。戴尔公司则从顾客手里回收所有品牌设备进行二次销售，重新利用或者用环境友好的方法进行废弃处理。此外，参加以旧换新活动，或将旧的不想要的计算机拍卖掉或捐给慈善机构都将获得戴尔公司的折扣优惠券。沃尔玛通过与供应商合作，减少了 16 种玩具的外包装，每年节省 230 个集装箱、256 桶汽油和 1300 棵树。美国迈登迷公司（Malden Mills）发明的摇粒绒是用回收的苏打瓶子制成的。

5.3.5　其他相关技术

1. 稳健设计

产品质量是企业赢得用户的一个最关键因素。任一种产品的总体质量一般可分为用户质量（外部质量）和技术质量（内部质量）。用户质量是指用户所能感受到、见到、触到或听到的体现产品好坏的一些质量特性，技术质量是指产品在优良的设计和制造质量下达到理想功能的稳健性。进入 20 世纪 90 年代，人们认识到产品的质量首先是设计出来的，并把产品的质量由以往依赖被动的和防御性的产品检验与生产过程控制来保证发展到主动的从产品质量设计入手，从根本上确立产品的优良品质。稳健设计就是一种有效地保证产品高质量的工程方法。

稳健设计的基本问题就是如何利用干扰因素与产品质量间的非线性效应，通过调整设计变量及控制其容差，使产品或系统的功能函数具有较好的稳定性（不灵敏性），即具有较强的抗各种噪声的能力。换言之，若做出的设计能使在各种因素的干扰下保证产品质量的稳定性，或者用廉价的零部件能组装出性能稳定与可靠的质量上乘产品，则认为该产品的设计是稳健的。例如，一双好的皮靴显然不是用于在泥浆和雪堆中跋涉的，一双沉重的橡胶长靴恰好是适用于泥浆或雪堆的，因此，橡胶靴就比皮靴多具备稳健设计。一种产品/服务的稳健性越好，由于使用环境的变化发生故障的可能性就越低。因此，设计者在产品或服务中引入的稳健性越多，它的耐久性就越好，从而顾客的满意水平就越高。

目前，用于提高和改进产品质量的有关工程方法统称为稳健设计。20 世纪 70 年代末 80 年代初由日本学者田口光一所创立的三次设计法（或损失模型法）是稳健设计的典型代表。该方法把产品或工艺过程的设计分为系统设计、参数设计和容差设计三个阶段来完成。在系统设计即方案设计完成后，探求参数的最佳搭配，按经验给出关键参数容差的几个水平值，然后用正交表编排实验方案，由误差因素模拟各类噪声的影响，以质量损失函数或信噪比大小来度量产品质量特性的稳定性。

田口方法的核心特征是参数设计。它需要为产品和流程都设定特殊规格，从而带来制造差异性、产品变异性及使用条件等方面的稳健设计。田口方法修正了传统实验设计的统计方法。假设一个公司在它将要生产的新产品中需要使用 12 种化学材料。这些材料的供应商有两家，但这两家供应商的侧重点有点不同。古典的实验设计方法需要进行 $2^{12} = 4096$ 次测验以确定哪种化学材料组合是最优的。而田口方法只要测试各种可能组合中的一部分，依靠专家来确认最有可能影响产品重要特性的变量，这种组合的数量将急剧降低。在数量减少后的组合模型中所确认的最好模型可能是近似最优的组合，但并非最优。这种方法的优点是只需用相关的很少的实验，就能很快在产品和流程设计中取得主要进展。

近些年来，随着计算机技术、优化和 CAD 技术的发展，传统的稳健设计方法中也注入了许多新的内容，逐渐形成近代的稳健设计方法，并在学术界和工程界引起了重视与兴趣。

2. 价值分析或价值工程

考虑顾客需求的另一个途径是在设计产品时分析最终产品的"价值"，而在产品设计中考虑价值是重要的。价值分析或价值工程（value analysis/value engineering，VA/VE）的目的是简化产品的生产过程。它的目标是以更低的成本获得同样甚至更好的性能，同时顾客需要的所有功能保持不变。价值分析或价值工程通过发现并去除不必要的成本来实现这一目标。采购部门通常将价值分析作为降低成本的途径。在生产之前，价值工程被看作降低成本的方法。然而实际上，对于一个既定的产品，在价值分析或价值工程间存在一个循环。因为新材料、新工艺等情况，对已经进行过价值工程的产品需要再次应用价值分析技术。

价值工程的工作程序可以分以下四个阶段。

（1）信息阶段（information phase）。这一阶段的工作包括确定价值工程的应用对象和需要解决的问题，评估价值工程研究的可行性，收集相关信息，组建项目团队，配置所需资源。

（2）构思阶段（speculative phase）。这一阶段的目的是寻找在满足质量、功能要求的前提下降低成本的途径。通过功能分析系统技术（function analysis systems technique，FAST）进行功能分析，在一张图表上展现出建设功能、系统功能或构件功能之间的逻辑关系。在制作完成 FAST 图之后，价值工程团队充分发挥集体智慧，利用头脑风暴法等，提出各种有助于提高价值的方案。这一过程不可或缺，它是提出最佳解决方案的前提和基础。

（3）分析阶段（analytical phase）。这一阶段的主要工作是通过成本分析与比较，对前期产生的各方案进行选优。此后，再应用寿命周期成本对最终方案进行最低成本分析。

（4）提案阶段（proposal phase）。向相关单位递交价值工程项目的研究结果，获得委托方的认可，并阐明提案执行各有关方面（项目设计者、执行者及管理者等）的责任、义务以及合作关系，以推动提案的后续贯彻执行。

采用价值工程可以提高质量/提升绩效，减少总寿命周期成本，使生产、设计过程的浪费下降到最低水平，简化功能并提高功能的可靠性，辨识生产过程中的隐患，并找出解决办法。当然，要成功实施价值工程，离不开团队工作与创造性理念。

3. 3D 打印

3D 打印属于一类称为增材制造的技术，自 20 世纪 80 年代出现以来，引起了包括服装、生物医药、大型工程、电子、食物、武器及军工产品等各个领域的广泛关注。该技术采用叠层堆积而不是通过模塑或消减技术（如机械加工）来制造物品。3D 打印能使用各种材料，如塑料、金属、陶瓷、玻璃、纸张甚至活细胞来创造物体，这些材料可以是粉末、细丝、液体或片材的形态。3D 打印相比传统的制造方法有几个优势。3D 打印可以使设计师计算机文件里的一个想法直接变为一件产品，可能跳过许多传统的制造步骤，包括个别零部件采购、使用模具零件制作零部件、加工块状材料雕刻零件以及焊接金属零件和装配等。对于一些特殊物体，如具有复杂内部结构的、需要增加强度、减重或者增强功能的，很难或者不可能使用传统技术来制造的物体，利用 3D 打印就可以实现。例如，在金属制造领域，3D 打印可以制造出具有内部蜂巢结构的物体，而生物打印可以制造具有内部血管网络的器官。当然，3D 打印受当前不同打印技术的发展而有局限，包括相对缓慢的制造速度、物体尺寸受限、物体的细节或分辨率受限、材料成本很高以及在某些情况下物体的强度也有局限等。尽管如此，近几年 3D 打印快速发展，且已经减少了这些局限性。

随着 3D 打印技术的不断成熟和发展，它有望解决许多重要需求。在竞争激烈的消费品市场，3D 打印能满足不断上涨的质量设计和个性化预期，制造更合适的鞋或头盔等物品。3D 打印也有望解决传统的制造流程和供应链所带来的浪费与环境影响等问题。通过打印的产品直接制造方式可减少零部件生产、运输、组装与分配所需的步骤，并且与消减的制造方式相比可减少材料的浪费。在医学方面，利用患者自身的细胞打印身体部件的能力可以提高移植成功率和防止患者在等待供体器官时的死亡。

3D 打印对产品的设计、建造、分配和销售具有颠覆性的影响，但其对比较大范围的物品产生影响还需要数年。尽管如此，快速提高的技术和 3D 打印物品交付渠道的多样性（如使用本地打印店）可能最终导致大量 3D 打印产品的产生。2012 年，Shapeways 公司已经有超过 8000 家在线商店并发运了 100 万个打印部件。同时允许顾客上传 3D 设计并在荷兰、比利时等当地的 Staples 门店拿到成品。到 2025 年，在成本降低（与通过零售商出售的物品相比）和获得定制化价值的前提下，用户使用 3D 打印每年可望产生 1000 亿～3000 亿美元的经济影响。

在新产品开发中采用 3D 技术需要充分考虑复杂性和定制性的关系以及政策调控的问题。根据兰德公司 2018 年的报告，任何给定的产品（广义范围上）是否会转型为增材制造生产，很大程度上取决于该产品的两个基本特性，即复杂性和定制性。图 5-13 阐述了复杂性和定制性这两个基本特性的概念关系，并举了一些产品的例子。其中，虚线表示目前工艺水平决定的增材制造技术前沿，虚线右侧代表易受（或已受）增材制造技术影响的产业或产品，而虚线左侧代表传统减材制造的领域。实践中，虽然我们不能明确此虚线的准确位置，但是，从理论上，此图可以帮助我们想象这一技术在不同领域的未来发展轨迹。而且，随着技术前沿本身的不断进步，产品或整个行业也将在图中的不同位置变换。另外，实线形成了第二技术前沿，代表一些拟定法规的潜在影响力。假如决策者担心在不加监管情况下，用家用打印机即可复制军用无人机。对于零售打印机的尺寸和精密程度有了新的规定，决策者可以将技术前沿转换至右边。

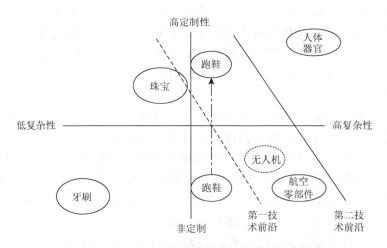

图 5-13　应用 3D 打印增材技术的概念关系及典型产品

5.4　新产品开发绩效评估

不断地将新产品投放市场，对企业竞争能力的提高是非常重要的。为了获得成功，企业必须对不断变化的顾客需求和竞争对手的行动做出反应。把握机遇、加快发展力度以及为市场提供新产品和新工艺的能力是至关重要的。由于新产品和新工艺的数量增加，产品生命周期缩短，企业必须加快生产、设计和开发活动，开发出比以往更多的项目，同时大幅削减每个项目的成本。

为此，必须对企业产品和服务设计的绩效进行测量与控制，争取得到最大的效益。根据企业在市场上的竞争要素，通常用表 5-5 所列出的内容作为度量新产品开发绩效的主要评价指标。

表 5-5　新产品开发绩效的主要指标

绩效指标	评价标准	对竞争力的影响
上市时间	新产品导入的频率 从开始构思到产品推向市场的时间 项目开发数量和完成数量 实际效果和计划效果的差异 新产品的销售份额	对顾客和竞争者反应的敏感程度 设计的质量——贴近市场的程度 项目的频率——模型的寿命
生产率	每个项目的研发周期 每个项目的材料及工具费用 实际与计划的差异	项目数量——新产品设计与开发的频率 项目的频率——开发的经济性
质量	使用中的适应性——可靠性 设计质量——绩效和顾客满意度 生产质量——工厂和车间的反馈	信誉——顾客忠诚度 对顾客的吸引力——市场占有率 利润率

5.5　本 章 小 结

新产品是指在产品特性、材料性能和技术性能等方面（或仅一方面）具有先进性或独创性的产品。根据对产品的改进程度，新产品可分为创新产品、换代新产品、改进新产品三类。新产品开发是科技发展和社会需求变化的必然要求，也顺应了产品生命周期规律，是企业生存和发展的基本要求。然而，新产品开发面临着费用高、成功率低、风险大、回报下降等压力，是利益与风险的共同体。新产品开发的动力模式可分为技术导向型和市场导向型等多种不同模式，要使新产品开发成功首先必须满足技术与市场匹配的原则。了解和确定人们的需求，并将这种需求用技术实现是新产品开发的关键。

一般来讲，一个完整的产品开发过程一般包括四个基本步骤：概念开发、产品设计、工艺过程设计和市场导入。新产品开发的组织模式包括串行工程、逆向工程、并行工程、协同产品商务、开放式创新等。

新产品开发的方法有发明问题解决理论（TRIZ）、产品质量功能展开（QFD）、稳健设计、计算机辅助设计/工艺设计和制造、DFX 技术、价值分析或价值工程、3D 打印等。新产品开发绩效可从上市时间、生产率和质量等维度的多项指标展开评价。

习　　题

1. 什么是新产品？新产品开发的四个主要阶段是什么？
2. 讨论产品开发企业战略中的重要地位。

3. 产品生命周期包括哪些?

4. 什么是并行工程? 为什么说它对成功的产品开发相当重要? 并行工程的实现技术有哪些?

5. 请列举一些 DFX 技术, 并简述并行工程与 DFX 的区别。

6. 讨论面向顾客设计思想的重要性。

7. 寻找一个需要提高质量的例子, 采用 QFD 方法进行质量功能展开。选择一个产品, 列出其在设计、制造中需考虑的问题。产品可以是音响、电话、桌子等物品。要考虑设计的功能和美学因素, 以及有关可制造性的重要因素。

8. 新产品开发绩效评估指标有哪些?

第三部分

运营系统运行

第6章

需 求 预 测

引导案例

预测为迪士尼赢得竞争优势

谈到世界上最受尊敬的全球品牌，迪士尼主题乐园及度假区当仁不让是其中的领导者。虽然这个魔幻世界的主人是一只米老鼠，但迪士尼的首席执行官罗伯特·伊格（Robert Iger）却要每天管理着这个娱乐巨人。目前，除了美国本土，迪士尼公司还有日本东京迪士尼乐园（1983 年建成）、法国巴黎迪士尼乐园（1992 年建成）、中国香港迪士尼乐园（2005 年建成）和中国上海迪士尼乐园（2016 年建成）。但是位于佛罗里达州奥兰多的迪士尼世界度假区和位于加利福尼亚州安纳海姆的迪士尼乐园度假区仍是这家资产达到 430 亿美元企业的主要利润来源。

迪士尼公司的利润取决于迪士尼接待的游客人数和这些游客在迪士尼消费的金额。每天伊格收到的奥兰多附近的四个主题公园的日报表中只包括两个数据：前一天几个主题公园魔幻世界王国（Magic Kingdom）、未来世界（Epcot）、动物主题公园（Disney's Animal Kingdom）、迪士尼-米高梅影城（Disney-MGM Studio）、Blizzard Beach 和 Typhoon Lagoon 水上乐园的预测游客人数和实际游客人数。伊格非常认真地进行着预测，他希望每天的预测误差接近于零。

迪士尼世界度假区的预测团队不仅为总裁伊格提供每天游客人数的预测，还利用判断模型、经济计量模型、移动平均模型和回归分析为员工管理、维修、运营、金融和园区调度管理部门提供日、周、月、年、5 年期预测。

由于迪士尼世界度假区 20%的游客是外国游客，因此在经济学模型中应该考虑相关变量，如国内生产总值、交叉汇率和美国迪士尼的来园游客人数等。他们每年委派 35 名分析师和 70 名现场工作人员对 100 万人进行调查以了解顾客未来的旅游计划以及游客在园区的体验。其调查对象包括在园区游玩的游客、在园区内 20 家旅馆住宿的客人、员工、旅游业专业人士。这些信息不仅可以帮助预测游客的人数，还有助于了解游客在园区的行为（例如，对某一游乐项目来说游客愿意排队等候的时间和准备乘坐的人数）。月预测模型中则需要考虑航空票价、美联储（Federal Reserve）主席的发言和华尔街的经济走势等因素。迪士尼公司甚至会对美国国内和国外的 3000 个学区进行跟踪调查，了解相关的假期日程安排。正是利用这种方法，迪士尼乐园 5 年内游客人数预测的平均误差仅 5%。

来园游客预测是进行许多管理决策所需的基本信息。例如，一般情况下，在早上 9 点迪士尼乐园的来客数才会明显增加。但可能在有些时候，在早上 8 点开园时就需要增加游客的接待能力，如开放更多的表演或搭乘类游玩项目、增加食品/饮料销售车（每年可以销售 900 万个汉堡包和 5000 万杯可乐）、雇用更多的剧组人员。园区各处的剧组人员每隔 15 分钟就重新安排一次。迪士尼公司还通过"Fast Pass"预订系统限制来园游客人数、举办更多的街头花车巡游以缓解搭乘项目的压力等方式对游客的需求进行管理。

在迪士尼，预测是企业成功和赢得竞争优势的关键驱动因素。

资料来源：诺曼·盖泽，格雷格·富兰泽尔，2005. 运营管理. 9 版. 刘庆林，等，译. 北京：人民邮电出版社.

6.1　需求预测概述

6.1.1　需求预测及其分类

预测（forecast，predict，prophesy）是对未来可能发生的情况的预计与推测。需求预测不仅给企业提供了其产品或服务在未来一段时间的需求期望水平，而且为企业的计划与控制决策提供依据。周密的预测，也可能与未来事实不完全相符，甚至相差很远。然而，对每一个商业组织和每一个重要的管理决策来说，需求预测都是至关重要的。预测是实施长期计划的基础。在财务和会计等功能性领域中，预测为制订预算计划和成本控制提供了基础。营销部门依靠销售预测来制订新产品计划、销售网点的布设、销售人员的补充等关键决策，利用需求预测分析来发现消费者的行为模式、评估市场营销投资策略的有效性以及优化财务业绩。生产与运营人员使用预测来制定周期性决策，包括工艺选择、生产负荷计划以及设备布置，也包括关于产品计划、调度和库存等方面的连续性决策活动。一些全球快速消费品公司，如雀巢、陶氏、思科和宝洁，通过提升需求预测能力将需求预测准确度提高到两位数以上，实现了安全库存、现有库存天数、存储成本和运输成本等的全面降低，积极地改善了顾客服务质量。京东、美团等公司的精准需求预测也成为其实现高效的路线规划的关键因素。因此，我们应当在合理的限度内，努力寻找并运用可能的最佳预测方法。

预测按不同的目标和特征可以分为不同的类型，下面是常用的几种分类方法。

1. 按预测时间的长短分类

按时间的长短，预测可分为长期预测、中期预测和短期预测。

（1）长期预测是对 5 年或 5 年以上的需求前景的预测。它一般是利用市场调研、技术预测、经济预测、人口统计等方法，加上综合判断来完成的，其结果大多是定性的描述。长期预测是企业长期发展规划、产品研究开发计划、投资计划、生产能力扩充计划的依据。

（2）中期预测是对一个季度以上、2 年以下需求前景的预测。它可以通过集体讨论、时间序列法、回归法、经济指数相关法等结合判断而做出。它是制订年度生产计划、季度生产计划、销售计划、生产与库存预算、投资和现金预算的依据。

（3）短期预测是以日周旬月为单位对一个季度以下的需求前景的预测。短期预测可以利用趋势外推、指数平滑等方法与判断的有机结合来进行。它是调整生产能力、采购、安排生产作业计划等具体生产经营活动的依据。

一般说来,短期预测可以补偿随机波动并对短期变化(如顾客对新产品的响应)进行调整。中期预测模型适用于受季节性因素影响的情况。长期预测模型用于摸索总体趋势走向,在识别主要拐点时特别有用。

2. 按基本方法分类

按基本方法,预测可分为定性(qualitative)预测、定量(quantitative)预测和模拟模型等。

(1)定性预测是综合运用决策者直觉、情感、个人经验、价值体系等因素进行预测,因其依据是来源不同的各种主观意见,故又称主观预测法。定性预测是基于估计与评价的,简单明了,不需要数学公式。它包括销售人员意见汇集法(或基层预测法)、市场调研法、部门主管集体讨论法(或小组共识法)、德尔菲法和历史类比法等。

(2)定量预测利用基于历史数据和关联变量的多种数学模型来预测需求,常用的模型包括时间序列(time series)模型和因果模型等。

①时间序列模型是基于这样一种理念:与过去需求相关的历史数据可用于预测未来的需求。也就是说,它假设未来情形是过去情形的函数,通过分析过去一段时间发生的事件,利用历史数据来进行预测。时间序列方法依赖对被预测的商品以往历史销售模式(如趋势、季节性和/或周期性)进行识别,并假设这些模式还会持续到未来。例如,要预测割草机的销售量,就利用过去割草机的销售数据来进行预测。时间序列模型是需求预测中十分重要的一种方法,将在后面进一步展开阐述。

②因果模型假定需求与某些内在因素或周围环境的外部因素有关,它试图弄清预测对象的基础和环境系统情况,考虑可能对预测将产生影响的多种变量或因素。例如,销售量可能会受到广告、质量和竞争对手的影响,它们之间存在因果关系。常用的方法包括回归分析、投入/产出模型、先行指标模型以及计量经济模型。回归分析通常需要确定出几个与预测相关的变量,并建立回归方程来进行预测。例如,个人计算机的销售量可能会与广告预算、产品价格、竞争者产品的价格、促销策略,甚至国家经济和失业率相关。在这种情况下,个人计算机的销售量可称为因变量,其他变量为自变量,回归分析需要建立两者之间的最佳因果关系。投入/产出模型是综合分析经济活动中投入与产出之间数量依存关系的一种经济数学模型。它关注每一家企业对其他企业及政府的销售情况,给出由于一家企业的采购变化导致的另一相关企业预测销量的变化情况。先行指标模型需要统计那些与所预测的序列呈同向变动,但其变动发生在所预测的序列变动之前的统计数据。例如,汽油价格的上涨预示着未来大型轿车销量的下降。计量经济模型则试图用一组相互联系的方程来描述经济中的某些因素。

(3)模拟模型允许预测人员对预测的条件做出多种假设。例如,我们可以分析不断变化的价格、促销、营销事件、广告和产品组合对需求提升和盈利能力的影响,进而制订出未来最佳需求策略。

预测是预计未来事件的艺术和科学,没有哪个方法是最好的。在某个企业的一系列特定条件下适用的方法可能在另一个企业或者甚至在同家企业的不同部门中根本不适用。此外，从预测中所能期望得到的内容也是非常有限的，预测几乎不可能做到完美。至于企业要选用哪一种预测方法，需要综合考虑以下几方面内容。

（1）预测的时间跨度。适合的预测方法选择受所预测生产资源的性质影响。工人、现金、库存和设备计划是短期性的，能用移动平均或者指数平滑等模型进行预测。例如，工厂生产能力和资本储备等长期生产资源需求需要用回归法、部门主管集体讨论法、市场调研或者其他更适合的方法进行评估。

（2）产品和服务的性质。根据产品和服务性质的不同，管理者对不同的产品应运用不同的预测方法。影响预测方法选择的因素有：产品是大批量生产的还是高成本生产的；产品是制造业产品还是服务业产品；产品受季节性影响还是在成长或者在衰退；产品处于生命周期的哪一个阶段等。

（3）模型的响应性和抗干扰性要求。响应性是人们所期望的预测模型对实际需求数据变化的反应程度。它必须根据设定的数据的抗干扰或者意外变化的能力来进行调节。每一个预测模型的响应和抗干扰能力都是不一样的。模型的选择必须适合具体的预测情况。

（4）相关数据的获取。在选择预测方法时，数据的可获得性和相关性是很重要的因素。例如，如果顾客的态度和偏好在预测中是相关因素，同时顾客的态度和偏好又能通过比较经济的方式得到，那么进行需求估计时，对顾客进行调查就是很适合的方法。另外，如果要预测新产品的销售额，那么调查顾客就不可行，可以使用历史类比、市场调查法、部门主管集体讨论法或者其他方法。

（5）预测精确度和成本的要求。在选择预测方法时，成本和精确度往往是交替考虑的。换句话说，一般成本高精确度就高。高精确度的方法要使用更多的数据，而数据通常很难得到，这样，模型的设计、完善和运作就更昂贵。有些统计模型，如历史类比法和部门主管集体讨论法等，成本较低或者较为适中。而德尔菲法和市场调研法的成本高，而且花费时间长。每一个企业都必须权衡成本和精确度的利弊以适合自身情况。

（6）合格的预测人员。不同的预测方法对预测人员的要求也有所差异，因此，在选择预测方法时也要考虑预测人员的个人背景。

（7）其他要考虑的因素包括历史数据的可获得性、有无计算机可供使用、决策者会不会使用所选的预测方法、需要收集和分析的数据、必要的准备时间以及有没有使用某种预测方法的经验等。

当就某一给定情况选择一种预测方法时，管理者或分析人员必须充分考虑经济因素、产品趋势、成长状况、竞争环境等多种可能变量的影响，并由此对预测结果加以调整。

6.1.2　需求的构成

大多数情况下，对产品或服务的需求可以分解为几个组成部分：一段时期内平均需求、趋势成分、季节性需求、周期性需求和随机偏差。图 6-1 显示了四年间的需求变化情况，并画出了在需求变化趋势、季节性需求、周期性需求等因素以及平滑的需求曲线附近的随机干扰（或误差）。

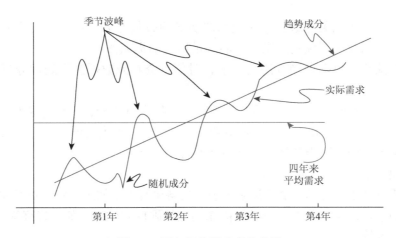

图 6-1 四年间的需求变化曲线

趋势成分是数据随着时间的变化表现出的一种趋向（由于人口、技术等）。它按某种规则稳步地上升或下降，或停留在某一水平。季节性需求在一年里按通常的频率围绕趋势作上下有规则的波动（由于天气、顾客等）。周期性需求在较长的时间里（一年以上）围绕趋势作有规则的上下波动。周期性因素是很难确定的，因为周期的时间跨度可能未知，或者引起周期性的原因可能没考虑到，对需求的周期性影响可能来自政治大选、战争、经济条件或社会压力等。因此，这种波动也常称作经济周期。随机偏差是由很多不可控因素引起的、没有规则的波动。从统计学角度来讲，当需求的所有已知成因（平均值、趋势、季节性因素和周期性因素）都从总需求中扣除后，剩下的就是需求的不可解释的部分。如果人们无法确定这些剩余部分的成因，就假定其为纯随机原因。这些无法解释的部分通常称为预测中的误差或白噪声。

例如，某制造业公司主要生产面向天然气或石油运输管道的防腐蚀胶带，而且胶带种类繁多。市场对不同胶带的需求取决于许多因素，其中季节性和趋势性等因素十分明显。由于管道的常规检修与维护往往在天气暖和时开展，所以胶带的市场需求会出现季节性高峰。另外，由于在过去几年总体经济在增长，商品的需求也在增长。而且，只要零售价格出现变动（公司可能会提前宣布），顾客很可能会选择提前囤货，因此需求可能会突然增长。如果能准确预测胶带的月度、季度和年度的需求量，无疑有利于公司根据有限的生产资源和财务预算为每条胶带生产线做出合适的计划。

6.1.3 需求预测的步骤

需求预测的一般步骤如下。

（1）明确预测目的。预测的目的是什么？何时进行预测？预测的对象如何？通过明确预测目的，可以确定所需信息资料的详尽程度、必要资源（人力、时间、成本）的数量以及预测的精确度。

（2）确定时间跨度。必须确定预测时间跨度；同时应清楚，当时间跨度增大时，预测的精确度降低。

（3）选择预测方法。根据预测目的和可获得的信息资料选择恰当的预测方法。

（4）收集并分析相关的数据。在预测之前必须收集并分析数据，明确所有的假设前提。在做出预测以及应用预测结果时应能满足这些前提条件。

（5）进行预测。根据预测方法的要求，对信息资料或数据进行处理分析，获得预测结果。

（6）对预测过程进行监控。必须对预测的全过程进行监控，以便确定预测是否像预期的那样进行。如果偏离了预期，要重新检查所用的方法、提出的前提条件以及数据的合理性。如认为必要，做出适当的调整后再进行预测。

（7）将预测结果付诸实际应用。

这些步骤总结了从开始、设计到应用预测的各个环节。如果是定期进行预测，数据应定期收集。如果是做实时预测，还必须依靠相应的硬件和软件，如零售终端的 POS 系统和数据挖掘技术等。

6.2　预测中的定性方法

6.2.1　销售人员意见汇集法

销售人员意见汇集法是通过定期对企业销售力量中成员的未来需求做出的估计进行汇编而得出预测结果。销售人员是企业分层结构中处于最底层末梢的、直接处理所要预测的对象的基层人员，他们掌握了关于未来需求的最有效信息。因此，该方法具有以下一些好处。

（1）销售人员最可能知晓在最近一段时间顾客将会购买哪种产品或服务，以及购买的数量。

（2）销售范围通常是根据行政区划或区域来划分的。按照这种方式进行分解的信息对于实现库存管理、分销以及销售人员力量分配等目的非常有用。

（3）销售人员的预测可以很容易地整合在一起，形成地区性的或者国家性的销售预测。

（4）取样较多，预测结构较具稳定性。

（5）销售人员的意见受到重视，增加了其销售信心。

但是，这种方法也有一些缺点。

（1）销售人员个人的偏见和局限可能会影响预测。一些人生性乐观，而另一些人却更加谨慎，其预测结果自然存在差异。另外，由于工作岗位所限，销售人员对经济发展和市场变化全局了解不够，所提供的判断预测结果也具有一定的局限性。

（2）销售人员并非总能发现消费者"想要"（一系列愿望）和真正"需要"（必须购买）之间的差别。

（3）如果企业用个人销售量作为绩效评价指标，销售人员就倾向于低估需求预测，这样当他们超额完成自己的预测值时，绩效就会显得相当不错；或者他们可能只在完成要求的最低销售额之前努力工作，但绩效看起来也不差。

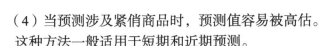

（4）当预测涉及紧俏商品时，预测值容易被高估。

这种方法一般适用于短期和近期预测。

6.2.2　部门主管集体讨论法

对新的产品或服务进行预测的时候，销售人员可能就无法做出准确的需求估计了。部门主管集体讨论法通过把一个或多个管理者的观点、经验和技术知识进行总结，可以得出一个预测结果。该方法可用于考虑一些新的销售促销或者意外的国际事件之类的例外情况，从而对已有的销售预测进行调整，还可用于技术预测。

该方法简单易行，可快速获得预测结果，而且汇集了各主管的经验和判断，不需要准备和统计历史资料。

不过，该方法有一些缺点。由于占用了管理者的宝贵时间，代价很高。尽管可能在某些情况下可以得到保证，但有时却变得失控，与会人员间容易相互影响。另外，如果管理者被允许不经过全体的同意就能对预测进行修正，这样得出的预测结果是没有用的。而且，因为预测是集体讨论的结果，故无人对其正确性负责。

有效使用部门主管集体讨论法的关键是确保预测反映的不是一系列的各自独立的调整，而应该是由管理者一致同意的唯一一个预测结果。

6.2.3　市场调研法

市场调研是通过收集数据进行调查来提出假说并进行检验，进而确定顾客对产品或服务的兴趣的一种系统性方法。进行市场调研包括以下内容。

（1）设计问卷从被调查者那里获得所需的经济和人口信息，并且询问被访者是否对产品或服务感兴趣。

（2）决定如何实施这项调查，是采用电话调查、邮寄调查还是采用人员访问调查。

（3）选择一个具有代表性的家庭样本，该样本通过在目标产品或服务的市场范围内随机抽取获得。

（4）用判断和统计工具对信息进行分析以了解被调查者的反应，确定它们的满足程度，考虑问卷中不包含的经济或竞争性因素，以及分析该调查是否代表了潜在市场的随机样本。

市场调研法可以用于短期、中期以及长期的需求预测。短期预测准确度非常高，中期预测也不错，长期预测的准确度还可以。预测来自顾客期望，该方法能较好地反映市场需求情况，也有利于改进产品，有针对性地开展促销活动，特别适用于对新产品或缺乏销售记录的情况。虽然市场调研法可以得到重要的信息，但它的一个缺点就是结果中一般包含大量的限制条件和障碍。另外，该方法很难获得顾客的通力合作，如果通过邮寄问卷进行调查，得到答复的比率非常低（30%就已经很高了）。而且，调查的结果可能并没有反映市场的看法，顾客所说不一定符合顾客最终实际所做，这是因为顾客的期望值不断变化。加之顾客的参考点通常十分有限，因而这种调查可能只会产生模仿性而不是创新性的理念。

6.2.4　德尔菲法

德尔菲法（Delphi method）是一种让一组专家在匿名的情况下达成对问题的共识的过程。在没有历史数据帮助形成统计模型或企业内部相关的经验而进行推断性预测时，这种预测方法就能派上用场。该方法的本质是利用专家的知识、经验、智慧等带有很大模糊性的无法量化的信息，通过通信的方式进行信息交换，逐步地取得一致的意见，达到预测的目的。该方法包括领导小组挑选专家和制定调查表、迭代函询调查和形成最终预测意见三个阶段。在运用德尔菲法时，应遵循匿名性、反馈性、收敛性三个原则。这样，一方面可以避免专家会议的弊端，另一方面又保证了能够获得一致的预测结果。

德尔菲法不仅可以用于生成产品需求长期预测和新产品销售预测，还可以用于技术预测。德尔菲法可以用于获得一组专家的一致意见，这些专家都致力于追踪先进的科技、社会的变化、政府的法律法规以及竞争环境。讨论的结果可以为企业的研发人员指明方向。

6.3　预测中的定量方法

6.3.1　时间序列预测

时间序列是按一定的时间间隔，把某种变量的数值依发生的先后顺序排列起来的序列。时间序列预测依赖对所预测事物过去需求历史的模式识别，并假定该模式将在未来持续。

在时序分析中，对于会潜在影响目标需求变量的其他属性，我们并不关注，当然这也许是因为不能获得这些数据。这种情况下，需求本身既是自变量又是因变量，这类时序分析通常称作基于数据的预测方法。移动平均法、平滑法等都属于这类时序预测方法。使用平滑（或平均）方法可以用来剔除随机性，将需求模式外推到未来，并最终用于需求预测。

另一类时序预测方法是基于模型的预测方法。这种方法与一般的预测模型类似，存在自变量和因变量之分，即时间变成了自变量。此时，时序模型需要利用过去需求随时间变化的关系来预测未来需求。最简单的例子就是线性回归：

$$y(t) = a + bt \tag{6-1}$$

其中，$y(t)$ 为目标变量在时刻 t 的值。使用数据训练集就能够估计出相关系数 a 和 b 的取值，进而实现预测目标变量值。基于模型的时序分析在进行 $y(t)$ 函数形式的选择时会比较复杂。常用的函数有指数函数、多项式函数、幂函数等，Excel 软件中也有趋势线功能，可使用不同函数来完成。不过，由于自变量的不同，基于模型的时序预测与基于函数拟合的预测模型有着本质区别。

另外，以自回归为核心理念的时序分析，是一种更为复杂的基于模型的预测方法。所谓自回归是相邻时段之内的数据可能存在一定的相关性。最常见的一种分析方法称为自回归综合移动平均法（autoregressive integrated moving average，ARIMA），这将在后面介绍。

时序分析的广义概念属于描述性建模，当用于预测性建模时，称作时间序列预测。它们都依赖时序分解（decomposition）的方法，即数据被分解为趋势成分、季节成分、周期成分和随机成分。其中可预测的部分称为系统性成分，而随机成分是不可解释性误差，称作非系统性成分。实际上，识别趋势（即使不进行数学分析也很容易画出散点图并找出运动方向）和季节性因素（通过历年相同时期的比较）相对容易，但要确定周期（也许几个月，也许几年）、自相关和随机因素却相当困难。

采用时间序列方法，首先需要确定数据序列或数据集。数据集可来自销售点（point-of-sale，POS）数据、联合扫描数据、顾客订单历史、历史货运数据等，应该最能准确反映真实需求。数据量也非常重要，在理想情况下，最好选择 3～5 年的需求历史才能够确定数据集是否具有季节相关性。然后，将需求时间序列分为两个独立的数据集：样本内数据集和样本外数据集，以便对所运用的预测方法进行评估。接着，根据数据、预测目的、组织环境、建模者期望以及市场、产品、目标和约束条件等选择预测方法生成预测，并将预测值与样本外数据集进行对比，评估结果，判定模型预测性能。一旦已经选定预测方法，将样本外数据时间段添加到样本内时间段中，并重新对全部需求历史或完整时间序列拟合预测模型，对未来的时期生成预测。

1. 基于数据的时序分析

为了更好地理解不同的时序分析方法，首先介绍一些基本的术语概念。以下是一些重要的统计量。

时间间隔：$t = 1, 2, \cdots, n$。间隔可以是秒、天、周、月、年，视具体问题而定。

时间序列数据：$t = y_1, y_2, \cdots, y_n$。

预测值：F_{n+h}。表示在 n 之后第 h 个时间间隔的预测值。通常 $h = 1$，即表示在紧接着一个间隔之后的下一个时间间隔。当然 h 可以设置为大于 1 的值。h 又称作时间跨度（horizon）。

预测误差：时刻为 t 时，$e_t = y_t - F_t$。

1）朴素预测法

假定下一期的需求与最近一期的需求相同，即

$$F_{t+1} = y_t \qquad (6\text{-}2)$$

这种方法是一种在实际中常用到的简单预测方法，其效益费用比相当高。

2）移动平均法（moving average，MA）

移动平均法是一种用于预测下一时期需求的短期时序预测模型，用一组最近的实际数据值来进行预测。该方法假设市场需求在一段时期内保持相对稳定，包括简单移动平均法（simple moving average，SMA）和加权移动平均法（weighted moving average，WMA）。

简单移动平均法公式如下：

$$F_{t+1} = \sum_{i=t+1-n}^{t} y_i / n$$
$$= (y_{t+1-n} + y_{(t+1-n)+1} + y_{(t+1-n)+2} + \cdots + y_t) / n \qquad (6\text{-}3)$$

简单移动平均法对数据不分远近，同样对待。简单移动平均法预测值与所选的时段长 n 有关。n 越大，对干扰的敏感性越低，预测的稳定性越好，但是响应性则越差，即对实际需求数据变化的反应程度越差。

有时最近的趋势反映了需求的趋势，此时用加权移动平均法更合适。当存在可察觉的趋势时，可以用权重来强调最近数据。加权移动平均法公式如下：

$$F_{t+1} = \sum_{i=t+1-n}^{t} \alpha_{i-t+n} y_i / n$$
$$= (\alpha_1 y_{t+1-n} + \alpha_2 y_{(t+1-n)+1} + \alpha_3 y_{(t+1-n)+2} + \cdots + \alpha_n y_t) / n \tag{6-4}$$

其中，$\alpha_1 + \alpha_2 + \cdots + \alpha_n = n$。

在这种情况下，若对最近的数据赋予较大的权重，则预测数据与实际数据的差别较简单移动平均法要小。加权移动平均法更能反映近期的变化，因为更接近当前的数据可以被赋予更大的权重。近期数据的权重越大，则预测的响应性就越好，但稳定性越差；反之则预测的稳定性越好，但响应性越差。不过，权重的选择带有一定主观性，没有权重选择的既定公式。

移动平均法在为使预测保持稳定而平衡需求的突然波动方面是有效的，但也存在一些问题。加大 n 值会使平滑波动效果（稳定性）更好，但会使预测值对数据实际变动（响应性）更不敏感。另外，由于移动平均值使预测值总是停留在过去的水平上而无法预计会导致将来更高或更低水平的波动，因此并不能总是很好地反映出需求的趋势。而且，移动平均法需要一定数量的历史数据。

例 6-1　某公司产品的逐月销售量记录如表 6-1 所示。取 $n = 3$，试用简单移动平均法和加权移动平均法进行预测。已知 12 月的实际销量为 2900 台，试对这两种方法进行比较。

表 6-1　某公司产品的逐月销量　（单位：百台）

月份	1	2	3	4	5	6	7	8	9	10	11
实际销量	20	21	23	24	25	27	26	25	26	28	27

解：根据式（6-3），先用简单移动平均法对 4 月份的销量进行预测。当 $n = 3$ 时，

$$F_4 = \sum_{i=1}^{3} y_i / 3 = (20 + 21 + 23) / 3 = 21.33$$

其余各月的销量依次计算列入表 6-2 中。

根据式（6-4），用加权移动平均法先对 4 月份的销量进行预测。

若分别取 $\alpha_1 = 0.5, \alpha_2 = 1, \alpha_3 = 1.5$，则

$$F_4 = (\alpha_1 y_1 + \alpha_2 y_2 + \alpha_3 y_3) / 3 = (0.5 \times 20 + 1 \times 21 + 1.5 \times 23) / 3 = 21.83$$

其余各月的销量依次计算，列入表 6-2 中。

表 6-2　某公司产品的逐月销量及其预测销量　（单位：百台）

月份 t	1	2	3	4	5	6	7	8	9	10	11	12
y_t	20	21	23	24	25	27	26	25	26	28	27	29
F_t（SMA）	—	—	—	21.33	22.67	24.00	25.33	26.00	26.00	25.67	26.33	27.00
F_t（WMA）	—	—	—	21.83	23.17	24.33	25.83	26.17	25.67	25.67	26.83	27.17

根据上述结果，可对简单移动平均和加权移动平均的预测结果进行比较，如图 6-2 所示。由图可见，在选取合适权重的条件下，加权移动平均的预测结果比简单移动平均的滞后性要小，即响应性要好。如图 6-2 所示。

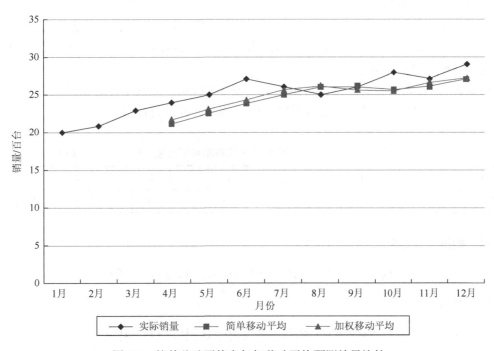

图 6-2　简单移动平均和加权移动平均预测结果比较

3）简单指数平滑法（simple exponential smoothing）

不难发现，上述方法只利用了需求的实际值，而没用到过往的预测值。为了使预测模型能够更好地"学习"数据，指数平滑法被提了出来。

简单指数平滑法（或一次指数平滑法）是另一种形式（比较复杂）的加权移动平均法，但是它应用起来仍然比较简单。它只需运用较少的历史数据。基本的指数平滑法的预测公式为

$$\begin{aligned} F_{t+1} &= \alpha y_t + (1-\alpha)F_t \\ &= F_t + \alpha(y_t - F_t) \end{aligned} \tag{6-5}$$

其中，α 为平滑系数（$0 \leqslant \alpha \leqslant 1$）。

这种模型中，下一期的预测实际上是对上一期预测值的修正，即上一期的预测值被上一期的预测误差 $y_t - F_t$ 所修正，从而在一定程度上实现了"学习"。

根据式（6-5）进一步可得

$$\begin{aligned} F_{t+1} &= \alpha y_t + (1-\alpha)F_t \\ &= \alpha y_t + \alpha(1-\alpha)y_{t-1} + \alpha(1-\alpha)^2 y_{t-2} + \cdots + \alpha(1-\alpha)^{t-1} y_1 + (1-\alpha)^t F_1 \end{aligned} \tag{6-6}$$

可见，第 $t+1$ 期的预测值等于前 t 期实测值以及第 1 期预测值的指数形式的加权和；

且随着实测值年龄的增大，其权重以指数形式递减。据此不难发现，相较于加权移动平均法只考虑最近的 n 个实际数据，指数平滑法实际上可以考虑所有的历史数据，只不过近期实际数据的权重大，而远期实际数据的权重小。

讨论以下两种极端情况。

（1）$\alpha = 0$ 时，$F_{t+1} = F_1 = y_1$。即对近期的数据都加上 0 权重，只考虑最历史的数据。

（2）$\alpha = 1$ 时，$F_{t+1} = \alpha y_t = y_t$。即对所有历史数据都加上权重 0，只考虑最近期的数据。这种特例也称为朴素法。

例 6-2　某公司产品的逐月销售量记录如表 6-3 所示。假设 1 月的预测值为 11，分别取 $\alpha = 0.4$ 和 $\alpha = 0.7$，试用一次指数平滑法进行预测，并进行比较。

表 6-3　某公司产品的逐月销售量记录　　　（单位：百台）

月份	1	2	3	4	5	6	7	8	9	10	11	12
实际销量	10	12	13	16	19	23	26	30	28	18	16	14

解： 根据式（6-5），当 $\alpha = 0.4$ 时，

$$F_2 = \alpha y_1 + (1-\alpha)F_1 = 0.4 \times 10 + (1-0.4) \times 11 = 10.6$$

当 $\alpha = 0.7$ 时，

$$F_2 = \alpha y_1 + (1-\alpha)F_1 = 0.7 \times 10 + (1-0.7) \times 11 = 10.3$$

以此类推，可分别计算出各期的预测值，列入表 6-4 中。

表 6-4　某公司产品的逐月销售量记录及预测值　　　（单位：百台）

月份	实际销量	预测销量（$\alpha = 0.4$）	预测销量（$\alpha = 0.7$）
1	10.00	11.00	11.00
2	12.00	10.60	10.30
3	13.00	11.16	11.49
4	16.00	11.90	12.55
5	19.00	13.54	14.97
6	23.00	15.72	17.79
7	26.00	18.63	21.44
8	30.00	21.58	24.63
9	28.00	24.95	28.39
10	18.00	26.17	28.12
11	16.00	22.90	21.04
12	14.00	20.14	17.51

$\alpha = 0.4$ 和 $\alpha = 0.7$ 时的预测值比较如图 6-3 所示。

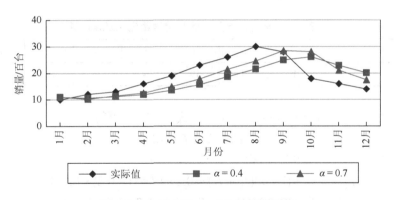

图 6-3 $\alpha = 0.4$ 和 $\alpha = 0.7$ 时的预测值

可见，用简单指数平滑法进行预测时，预测值可以描述实际值的变化形态与趋势，但预测值总是滞后于实际值：当实际值呈上升趋势时，预测值总是低于实际值；当实际值呈下降趋势时，预测值总是高于实际值。

平滑系数的大小对预测的影响不同，预测值依赖平滑系数 α 的选择。当出现趋势时，取较大的 α 得到的预测值与实际值比较接近（即预测精度较高）。一般而言，α 较大则响应性较好，α 较小则预测稳定性较好。

简单指数平滑法是许多基于数据的时序预测方法的雏形。上述模型中只有一个参数 α，非常便于时序数据的平滑，推测新数据时非常快捷。不过，这种方法甚至无法做到提前一步进行预测。也就是说，预测第 $n+1$ 个数据时第 n 步数据是必备的。另外，前述的几种预测方法也都假定 $F_{n+h} = F_{n+1}$，也不能实现提前多步的预测，即预测第 $n+h$ 个需求。要实现跨度更远的预测，即 $h \gg 1$，就需要考虑趋势成分以及季节性成分，那么指数平滑法也需更加复杂。为此，后面将会介绍更加高级的指数平滑法。

4）Holt 双参数指数平滑法

如前所述，在有趋势的情况下，用简单指数平滑法预测会出现滞后现象。面对有上升或下降趋势的需求序列时，可采用 Holt 双参数指数平滑法进行预测以获得更好的预测结果。

当时序存在趋势时，需要估计时序的平均增长率，这也是引入另一个参数 β 的目的。Holt 双参数指数平滑法包括两部分：一是时序的平均值（或称作水平线），记作时序水平 L_t；二是趋势，记作 T_t。具体公式如下：

$$F_{t+1} = L_t + T_t \qquad\qquad (6\text{-}7)$$

其中

$$L_t = \alpha y_t + (1-\alpha)(L_{t-1} + T_{t-1}) \qquad\qquad (6\text{-}8)$$

$$T_t = \beta(L_t - L_{t-1}) + (1-\beta)T_{t-1} \qquad\qquad (6\text{-}9)$$

例 6-3 某公司产品的逐月销售量记录如表 6-5 所示。分别取 $\alpha = 0.2$ 和 $\beta = 0.4$，试用 Holt 双参数指数平滑法对 9 月的销售量进行预测。

表 6-5　某公司产品的逐月销售量记录及预测值　　（单位：百台）

月份	1	2	3	4	5	6	7	8	9
实际销量	12	17	20	19	24	26	31	32	36

解： 根据题意，不妨令 $L_1 = 12, T_1 = 0$。由式（6-7），可得

$$F_2 = L_1 + T_1 = 12$$

根据式（6-8）～式（6-9），可得

$$L_2 = \alpha y_2 + (1-\alpha)(L_1 + T_1) = 0.2 \times 17 + (1-0.2) \times 12 = 13$$

$$T_2 = \beta(L_2 - L_1) + (1-\beta)T_1 = 0.4 \times (13-12) + 0 = 0.4$$

$$F_3 = L_2 + T_2 = 13 + 0.4 = 13.4$$

以此类推，可分别计算出各期的预测值，写入表 6-6 中。

表 6-6　某公司产品的逐月销售量记录及预测值

月份	实际需求	时序平均值 L_t	趋势 T_t	双参数预测值 F_t	简单指数平滑预测值 SF_t
1	12	12.00	0.00	—	—
2	17	13.00	0.40	12.00	12.00
3	20	14.72	0.93	13.40	13.00
4	19	16.32	1.20	15.65	14.00
5	24	18.81	1.71	17.51	15.32
6	26	21.62	2.15	20.53	17.06
7	31	25.22	2.73	23.77	18.84
8	32	28.76	3.05	27.95	21.28
9	36	32.65	3.39	31.82	23.42

　　将 Holt 双参数指数平滑法与简单指数平滑法得到的预测值与实际需求值进行比较，不难发现，当调整稳定后 Holt 双参数指数平滑预测的结果比简单指数平滑预测的结果在有趋势存在的情况下，与实际值更为接近，且滞后要小，如图 6-4 所示。

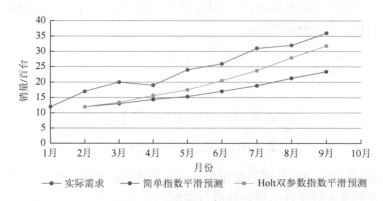

图 6-4　Holt 双参数与简单指数平滑预测值与实际需求值的比较

双参数指数平滑预测的结果与α和β的取值有关。α影响双参数预测的基数，β影响预测值的上升或下降的速度。α和β越大，则预测的响应性越好；反之则稳定性越好。实际上，趋势平滑系数β的取值与α类似，更大的β取值表明更强调趋势的最近变化；小的β取值则给予最近的趋势变动更小的权重，从而倾向于将当前的趋势平滑掉。

5）Holt-Winters 三参数指数平滑法

如果时序数据不仅存在趋势，还存在季节成分，那么可以添加第三个参数γ。该方法是由 Winters 对 Holt 方法进行的扩展，故称 Holt-Winters 方法。实际上，有两种不同的Winters 方法，因取决于是以乘法还是加法形式对季节性进行建模而不同。

用乘法形式和加法形式表示的基本 Winters 公式如表 6-7 所示。

表 6-7　乘法形式和加法形式的基本 Winters 公式

时序	乘法形式	加法形式
水平成分	$L_t = \alpha \dfrac{y_t}{S_{t-s}} + (1-\alpha)(L_{t-1} + T_{t-1})$	$L_t = \alpha(y_t - S_{t-s}) + (1-\alpha)(L_{t-1} + T_{t-1})$
趋势成分	$T_t = \beta(L_t - L_{t-1}) + (1-\beta)T_{t-1}$	$T_t = \beta(L_t - L_{t-1}) + (1-\beta)T_{t-1}$
季节成分	$S_t = \gamma \dfrac{y_t}{L_t} + (1-\gamma)S_{t-s}$	$S_t = \gamma(y_t - L_t) + (1-\gamma)S_{t-s}$
预测值	$F = (L_t + mT_t)S_{t-s+m}$	$F = L_t + mT_t + S_{t-s+m}$

表中L_t和T_t的含义与 Holt 方法相同，S_t为季节性指数，s为季节性长度（如一年内的周数或者月数）；F为之后m时期的预测值。α、β和γ各参数可以通过误差指标最小化来进行优化，预测误差衡量指标将在后面具体介绍。

当一个产品的实际历史需求的季节性以可观察的季节性变动振幅增长时，说明该季节模式是乘法式。加法季节性调整是乘法季节性调整的一种替代方法，其时序的季节性变动基本保持不变，并独立于时间序列的当前平均水平。与乘法形式相比，加法形式的区别是在公式中采用加上或减掉季节成分，而不是相乘和占比。虽然在大多数需求预测解决方案中，相加方法并不常用或作为首选，只有在乘法不起效的情况下才起作用。当然，具有天然乘法季节性模式的时序可以通过对原始历史数据运用对数转换，变成加法季节性模式。大多数统计预测解决方案对 Holt-Winters 指数平滑法为需求分析人员提供了加法和乘法两种季节性调整方法的选择。

6）自适应滤波法

值得注意的是，上述几种方法都难以找到平滑系数或权重。这里介绍一种试图寻找一组"最佳"平滑权重的方法，即先用一组给定的权重来计算下一个预测值，然后计算预测误差，根据预测误差来调整权重以不断减少误差。由于调整权重的过程与通信工程中的过滤噪声的过程极为接近，故称为自适应滤波法。该方法为平滑权重的寻优提供了一种思路。

自适应滤波法的基本预测公式为

$$\hat{y}_{t+1} = w_1 y_t + w_2 y_{t-1} + \cdots + w_N y_{t-N+1} = \sum_{i=1}^{N} w_i y_{t-i+1} \tag{6-10}$$

其中，$\hat{y}_t$ 为第 $t+1$ 期的预测值；w_i 为第 $t-i+1$ 期的观测值权重；y_{t-i+1} 为第 $t-i+1$ 期的观测值；N 为权重的个数。

其调整权重的公式为

$$w_i' = w_i + 2k e_{t+1} y_{t-i+1} \tag{6-11}$$

其中，$i = 1, 2, \cdots, N$；$t = N, N+1, \cdots, n$；n 为序列数据的个数；w_i 为调整前的第 i 个权重；w_i' 为调整后的第 i 个权重；k 为学习常数；e_{t+1} 为第 $t+1$ 期的预测误差。

式（6-11）表明：调整后的权重等于旧权重加上误差调整项，调整项包括预测误差、原观测值和学习常数等三个因素。学习常数的大小决定权重调整的速度。

例 6-4　设有一个时间序列包括 10 个观测值，如表 6-8 所示。使用自适应滤波法，以两个权重来求第 11 期的预测值。

表 6-8　一个时间序列

时期	1	2	3	4	5	6	7	8	9	10
观测值	0.1	0.2	0.3	0.4	0.5	0.6	0.7	0.8	0.9	1.0

解：取 $N = 2$，取初始权重 $w_1 = w_2 = 0.5$，并设 $k = 0.9$，t 的取值从 $N = 2$ 开始。根据式（6-10）有

$$\hat{y}_3 = w_1 y_2 + w_2 y_1 = 0.5 \times 0.2 + 0.5 \times 0.1 = 0.15$$

则预测误差

$$e_3 = y_3 - \hat{y}_3 = 0.3 - 0.15 = 0.15$$

然后，据式（6-11）调整权重为

$$w_1' = w_1 + 2k e_3 y_2 = 0.5 + 2 \times 0.9 \times 0.15 \times 0.2 = 0.554$$

$$w_2' = w_2 + 2k e_3 y_1 = 0.5 + 2 \times 0.9 \times 0.15 \times 0.1 = 0.527$$

到此，即完成了一次权重调整。接下来，根据新权重计算下一期的预测值。例如，第 4 期的预测值为

$$\hat{y}_4 = w_1' y_3 + w_2' y_2 = 0.554 \times 0.3 + 0.527 \times 0.2 = 0.2716$$

此过程反复进行直到 $t = 10$，并计算第一轮总预测误差。

然后，取第一轮的最后权重作为新的起始权重，重复上述过程。如果第二轮总预测误差小于第一轮，则继续，否则停止。经过权重调整，第 11 期的最终预测结果为

$$\hat{y}_{11} = w_1' y_{10} + w_2' y_9 = 2 \times 1.0 + (-1) \times 0.9 = 1.1$$

这种方法计算量比较大，通常需要使用计算机才易于处理。一般说来，N 取为时间序列的变动周期值。当时序呈现季节性变动时，权重个数 N 取为季节性长度值。如果时序无明显的周期变动，则可用自相关系数来确定。学习常数 k 和初始权重一般可定为 $1/N$。

自适应滤波法有两个明显的优点：一是技术比较简单，可根据预测意图来选取权重个数和学习常数，以控制预测；二是它使用了全部历史数据来寻求最佳权重，能不断改进预测。

2. 基于模型的预测方法

基于数据的方法具有仅能提前一步预测的局限性。而基于模型的时序预测方法能够克服这个问题。如前所述，在基于模型的方法里，时间本身作为自变量，时序数据则作为因变量。如果时序数据中隐约存在着某种全局性变化模式，则最好使用基于模型的时序预测方法。只要该全局性变化模式未来仍将存在，此类方法就能训练模型，其参数就能捕捉到该模式，从而实现在任意时刻预测。当然，有的时序预测数据的模式并非全局的，而是局部的，那么基于模型的预测方法则需要提前明确该模式改变的时刻与方式，这样就会变得非常麻烦。这种情况反而更加适合使用基于数据的预测方法，因为它对未来的预测会高度依赖最近发生的真实数据。

1）线性回归

线性回归是一种最简单的基于模型的时序预测方法。线性回归普遍用于长期预测，它对主要事件和综合计划的长期预测很有用。例如，它对于预测产品簇的需求情况非常有用。即使同一簇产品的单个产品在一段时间内的需求量变化较大，整个产品簇的需求量却相当平稳。但是，如果仔细选择了历史数据中的数字，而且这系列数据只涉及了未来较短的时间，那么线性回归也可以用于短期预测。

线性回归是变量呈直线关系的一种特殊的回归形式。在进行线性回归分析前，首先应做出数据散点图，观察数据是否呈线性或至少部分呈线性。线性回归虽能很好地把握数据的长期趋势，但具体拟合效果不一定理想。例如，采用 Excel 软件提供的回归功能绘制一个时序的线性拟合直线，如图 6-5 所示，但是通过可决系数 R^2 发现其拟合效果不尽理想。

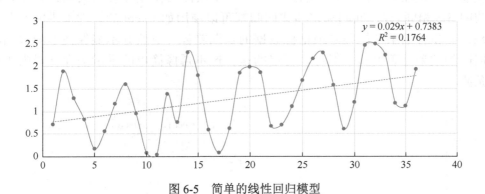

图 6-5　简单的线性回归模型

简单线性回归方程为 $\hat{y} = a + bx$，其中 $\hat{y}$ 为需要求解的因变量，a 为 y 轴截距，b 为斜率，x 是自变量。这里介绍用最小二乘法来进行简单线性回归分析。最小二乘法的思路是使计算值和实际值偏差的平方和最小，即使偏导为零，得到回归直线的参数值。参数 a 和 b 的计算公式为

$$b = \frac{n\sum xy - \sum x \sum y}{n\sum x^2 - \left(\sum y\right)^2} = \frac{\sum xy - n\overline{xy}}{\sum x^2 - n\overline{x}^2} \tag{6-12}$$

$$a = \frac{\sum y - b \sum x}{n} = \bar{y} - b\bar{x} \qquad (6\text{-}13)$$

偏差的衡量指标有很多，如相关系数 r、可决系数 R^2 和标准差 s_{yx}。其中：

$$r = \frac{n\sum xy - \sum xy}{\sqrt{\left[n\sum x^2 - \left(\sum x \right)^2 \right]\left[n\sum y^2 - \left(\sum y \right)^2 \right]}} \qquad (6\text{-}14)$$

$$R^2 = 1 - \frac{\sum (y_i - \hat{y})^2}{\sum (y_i - \bar{y})^2} \qquad (6\text{-}15)$$

$$s_{yx} = \sqrt{\frac{\sum (y - \hat{y})^2}{n - 2}} \qquad (6\text{-}16)$$

r 表示自变量与因变量之间的因果程度，$0 \leqslant |r| \leqslant 1$，$r$ 越接近 1，相关性越强。R^2 反映了在总变差中由模型作出了解释的部分所占的比重，$0 \leqslant R^2 \leqslant 1$。$R^2$ 越大，说明在离差平方和中随机误差的影响（残差平方和）越小，因而回归效果越显著。s_{yx} 则表示回归预测值的精确程度。s_{yx} 越小，表示预测值与回归直线的距离越近。

2）多项式回归

为改善拟合效果，多项式回归模型稍微复杂一些，其自变量的级数可以更高，如取二次项、三次项等。图 6-6 显示的是一个三次项回归模型拟合的结果，其原始需求数据与图 6-5 相同。线性回归和多项式回归都可以使用如 Excel 的软件提供的回归功能来实现，其拟合结果都能很好地把握数据的长期趋势。虽然并不能保证多项式回归比线性回归的效果显著提高，但可以肯定的是，这不再像简单的平滑法那样局限于提前一步预测。

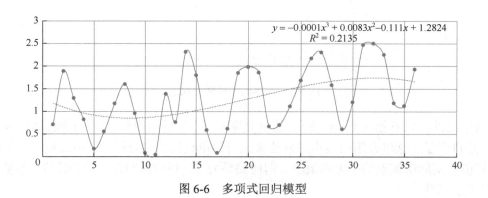

图 6-6　多项式回归模型

3）考虑季节性的线性回归模型

对于存在季节性变动的时序，线性回归模型同样能取得很好的拟合效果。我们可以利用线性回归将趋势外推并用季节因子加以调整。一般步骤是先将时间序列分解为各组成分量，即找出季节性成分后去除需求的季节性因素，进而利用线性回归找出趋势成分；然后预测每个成分的未来值，并将趋势成分投影到未来，再把季节成分作用到趋势成分中。由于季节波动存在相等的、放大的等不同形式，且季节成分作用在时序的方式包括乘法和加法等不同情形，所以不同的问题会采用不同的模型。为说明问题，下面以具有相等季节因子的相乘式季节变动时序为例，利用考虑季节性的线性回归模型进行预测。

　　例 6-5　已知某公司三年的实际季度需求如表 6-9 所示，试考虑其中的季节因素，利用最小二乘回归模型求出其趋势直线，并用于下年度的预测。

表 6-9　某公司三年的实际季度需求

时期	1	2	3	4	5	6	7	8	9	10	11	12
季度	I	II	III	IV	I	II	III	IV	I	II	III	IV
实际需求	600	1550	1500	1500	2400	3100	2600	2900	3800	4500	4000	4900

　　解：首先根据表 6-9 的数据确定季节因子。计算每年相同季度（春、夏、秋、冬）的实际需求平均值列入第 4 列，然后分别除以该时序三年内的平均值 $\bar{y}_T$，进而得到季节因子分别列入第 5 列。接着，将第 3 列/第 5 列的结果列入第 6 列，得到去除季节因素影响的需求 y_T（表 6-10），并据此利用回归模型算出趋势直线，如图 6-7 所示。

表 6-10　去除季节因子后的需求

时期 x	季度	实际需求 y	每年相同季度的平均值	季节因子	去除季节因素影响的需求 y_T
1	I	600	2266.67	0.82	732
2	II	1550	3050	1.10	1409
3	III	1500	2700	0.97	1546
4	IV	1500	3100	1.12	1339
5	I	2400		0.82	2927
6	II	3100		1.10	2818
7	III	2600		0.97	2680
8	IV	2900		1.12	2589
9	I	3800		0.82	4634
10	II	4500		1.10	4091
11	III	4000		0.97	4124
12	IV	4900		1.12	4375

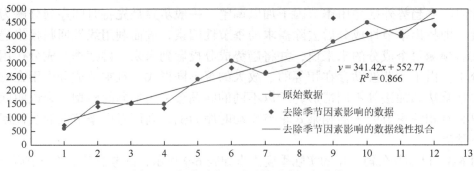

图 6-7 去除季节因子后的需求回归直线

$$\bar{x} = \frac{\sum x}{n} = \frac{78}{12} = 6.5$$

$$\bar{y}_T = \frac{\sum y_T}{n} = \frac{33\,264}{12} = 2\,772$$

$$b = \frac{\sum xy_T - n\bar{x}\bar{y}_T}{\sum x^2 - n\bar{x}^2} = \frac{265\,039 - 12 \times 6.5 \times 2772}{650 - 12 \times 6.5^2} = 341.42$$

$$a = \bar{y}_T - b\bar{x} = 2772 - 341.42 \times 6.5 = 552.77$$

则回归直线为

$$y_T = 552.77 + 341.42x$$

最后，可以将回归直线外推到所要预测的区间，并用季节因子修正，得到预测销售量。未来一年各季度对应的时期 x 值分别为 13，14，15，16，预测销售量分别为

第一季度：$(552.77 + 341.42 \times 13) \times 0.82 = 4093$

第二季度：$(552.77 + 341.42 \times 14) \times 1.10 = 5866$

第三季度：$(552.77 + 341.42 \times 15) \times 0.97 = 5504$

第四季度：$(552.77 + 341.42 \times 16) \times 1.12 = 6737$

3. 自回归综合移动平均模型

自回归综合移动平均（autoregressive integrated moving average，ARIMA）模型于 20 世纪初期首次提出并于 60 年代开始兴起，但直到 Box 和 Jenkins 提出了一个综合性的方法用来整合所需理解和使用 ARIMA 模型的各种有关信息后才于 70 年代初期真正开始流行。Box 和 Jenkins 通过对从一系列备选模型中选出最好 ARIMA 模型的全部过程进行整合，形成了一整套流程，将其理论和方法论规范化，因此，ARIMA 模型也常称为 Box-Jenkins 模型。虽然理论推导非常复杂，但是 ARIMA 模型的应用并不困难，尤其是随着预测软件包对 Box-Jenkins 程序的自动化不断发展之后其应用更为方便。

运用 ARIMA 模型依赖两项基本工作：数据序列的分析以及对于数据序列拟合最好的预测模型（从几个备选模型中）的选择。

根据需求的真实历史数据时序图形，可以通过统计工具利用自相关系数 r_k 对时间序列滞后 k 时期不同数值之间的相互关系进行描述。下面以表 6-11 中 2018 年 1 月到 2019 年 6 月的需求时序为例解释自相关现象。第 2 列列出了真实数据，第 3 列和第 4 列分别抽取了 2018 年 7～12 月和 2019 年 1～6 月的时序数据，称为滞后序列。不难发现，每 6 个月的数据之间存在着某种关系，且每一行的数据表现尤为明显。例如，2018 年 5 月、2018 年 11 月和 2019 年 5 月的数据都跌落到 0 以下。自相关及其相关统计工具的使用目的在于让时间序列更稳定，一旦模型稳定，就可以用基于真实历史需求数据的滞后性，从一系列候选模型中确定最合适的模型。通过自相关确定那些滞后的历史需求数值，然后从初始需求历史数据中真正生成解释变量以便对未来需求进行最佳预测。

表 6-11　自回归示意

月份	实际值	Lag 6-1	Lag 6-2
2018 年 1 月	0.709	1.169	0.761
2018 年 2 月	1.886	1.604	2.312
2018 年 3 月	1.293	0.949	1.795
2018 年 4 月	0.822	0.08	0.586
2018 年 5 月	−0.173	−0.04	−0.077
2018 年 6 月	0.552	1.381	0.613
2018 年 7 月	1.169		
2018 年 8 月	1.604		
2018 年 9 月	0.949		
2018 年 10 月	0.08		
2018 年 11 月	−0.04		
2018 年 12 月	1.381		
2019 年 1 月	0.761		
2019 年 2 月	2.312		
2019 年 3 月	1.795		
2019 年 4 月	0.586		
2019 年 5 月	−0.077		
2019 年 6 月	0.613		

　　自回归模型本质上还是回归模型，只不过拟合因变量（即原始时序数值 y）时使用滞后序列作为预测子。除此以外，还把预测误差作为另一组滞后序列，并且也用作预测子。通过将它们进行适当的合并和处理，可以把原始时序数据转化为待预测的目标变量，以便后续使用任意一种学习模型或算法来预测该目标变量，从而完成时序预测。

　　用 Box-Jenkins 方法对时序建模包括三大步骤：确定初始探索性模型、估算并判断模型各参数系数，以及创建预测。如果后两个步骤不能满足预期，则重复以上过程，选择一个新的模型并再作检验。

6.3.2 因果模型

因果模型的基本前提是某一特定产品的未来需求与一些其他变量的变化紧密关联（或者存在相关）。例如，需求变化可能与价格、广告、促销、产品设计、信用政策、产品质量、销售计划及经济及其他相关因素的变动有关，因此，一旦这些关系的特征可量化，那么就可以用其来预测需求。不仅如此，还可通过因果因素相关参数估计或弹性测算，可对随着关系变量变化而变化的需求进行预测，因此具备利用 what-if 分析塑造需求的能力。通过改变价格，如从 16.8 元变成 18.8 元，将可以判断价格对特定品牌或产品产生的需求影响。

因果模型通常使用复杂技术来理解变量网络之间关系的强调和各个变量之间的相互影响。这些复杂的网络包含了许多变量及其关系，每个变量及其关系都有自己的假设和限制。如何建立这样复杂的模型，评估各因素的重要性以及如何理解网络中复杂的内部关系不在本书做深入讨论。管理者可以采用多种方法来处理更加复杂的模型，还可以把数据反馈回模型以进一步改善模型。

回归方法是常用的一种解释性方法，能对两个或两个以上变量之间的因果关系进行定量研究。我们可以对感兴趣的潜在变量采集相应数据，并利用回归来定量测评解释变量对于因变量（即目标变量）的影响或改变程度。其优势包括能够对趋势/周期、季节性以及其他对需求造成影响的因素进行解释；能够构建滞后性效果；能够涵盖干预变量（利用哑变量）；能够对需求信号进行感知；能够通过 what if 分析塑造未来需求；对于短中长期需求，预测总体上更准确。过去几十年间，回归模型对于理解销售和营销方案如何影响消费者行为的商业应用方面变得越来越普及。现在，因为数据采集、存储及处理等技术的迅猛发展，回归模型能十分便捷地应用于对跨产品组合的成千上万数据序列进行消费者需求预测。

在简单回归中，只有一个自变量。在多元回归中有一个以上的自变量。如果历史数据是时间序列的，自变量就是时期，销售预测中的因变量就是销售额，这在前面已有介绍。而用于因果模型的回归模型中自变量范围更广，它所提供的洞察几乎可以运用于任何商业环境中。大多数分析软件包能够自动生成方差分析（analysis of variance，ANOVA）数据表，这些数据表可以帮助确定哪些变量可以纳入模型以解释大多数因变量的变化情况。

6.3.3 预测性能测算与监控

预测性能测算有两个不同的目的：①测算对实际发生的情况或结果预测得有多好；②对不同的模型进行对比，以确定哪个更能对一个产品的需求历史数据进行拟合或建模，并能对未来结果进行最好的预测。用于计算预测误差的很多方法都是可以用于测算模型的性能和预测准确度的，重要的是要明确我们试图测算的是预测准确度及其相关原因。这里，准确度是指与实际结果相比较的对未来预测的准确度。其主要目的不仅是测算我们对于实际发生事情所预测的准确程度，也包括对于结果为何会发生的理解。只有通过对深入预测过程的设计、规范和假设等进行记录，才能掌握正在试图预测事物相关的真实动态。预测性能评价应该是一个学习过程，而不是一个评估性能的静态工具。当然，如果不进行测算，是无法提高预测准确度的。在建立准确度提升目标之前，必须通过对当前预测性能的测算来建立相关基准。

误差总是存在的，预测也不例外。预测误差是指预测值与实际值之间的差异，即 $A_i - F_i$。误差有正负之分，当预测值大于实际值时，误差为正；反之为负。预测模型最好是无偏模型，即应用该模型时，正、负误差出现的概率大致相等。另外，人们熟悉的指标还有平均误差和误差百分率（percentage error，PE）等。

一些公司每个季度都会测算一次预测准确度，但很多公司并没把预测性能的测算作为每周或每月需求预测过程的一部分。那些只在总体层面测算预测准确度的公司，很少关注SKU 的细节或总体里面的内部构成。很多公司几乎不知道构成产品组合的底层产品和细节SKU 的预测存在极高误差（或极低预测准确度）。这主要是由于如果不根据绝对值来测算预测误差，而是将这些误差值汇总到总体层面上，通过加减来抵消误差，会使准确度看起来比底层细节更好。例如，在表 6-12 中，整个产品簇的预测实现率高达 98.1%，平均绝对百分误差也只有 4.7%，而其细节 SKU 的平均绝对百分误差（41.3%）却相对高出不少。

测算预测准确度的方法有很多，常用预测误差衡量指标包括平均绝对偏差（mean absolute deviation，MAD）、平均平方误差（mean square error，MSE）、平均预测误差（mean forecast error，MFE）、平均绝对误差百分比（mean absolute percentage error，MAPE）和加权绝对百分误差（weighted absolute percentage error，WAPE）等。它们是评价预测准确度和预测模型优劣的重要指标，也是判断预测模型能否继续使用的重要标准。

1）平均绝对偏差（MAD）

平均绝对偏差指整个预测范围内每一次预测值与实际值的绝对偏差的平均值，即

$$\text{MAD} = \frac{\sum_{i=1}^{n} |A_i - F_i|}{n} \tag{6-17}$$

其中，A_i 为第 i 期或第 i 项 SKU 的实际值；F_i 为第 i 期或第 i 项 SKU 的预测值；n 为期数或 SKU 项数。

MAD 能较好地反映预测的精度，但不能衡量无偏性。

当预测误差呈正态分布时，平均绝对偏差与标准偏差的关系为：1 倍标准偏差 $= \frac{\sqrt{\pi}}{2}$ MAD，或大约为 MAD 的 1.25 倍。

在通常的统计行为中，如果控制限设为正负 3.75 个单位的标准差（或 ± 3.75 MAD），则 99.7%的点将落在控制限之内，如图 6-8 所示。

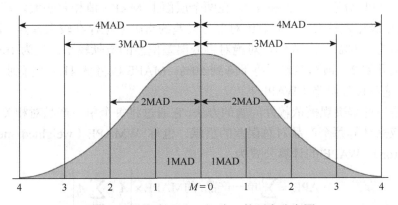

图 6-8　均值为 0、MAD 为 1 的正态分布图

2）平均平方误差（MSE）

MSE 指对误差的平方和取平均值，即

$$\mathrm{MSE} = \frac{\sum\limits_{i=1}^{n}(A_i - F_i)^2}{n} \tag{6-18}$$

MSE 与 MAD 类似，能较好地反映预测精度，但不能衡量无偏性。

3）平均预测误差（MFE）

MFE 指预测误差和的平均值，即

$$\mathrm{MFE} = \frac{\sum\limits_{i=1}^{n}(A_i - F_i)}{n} \tag{6-19}$$

其中，分子称为"预测误差滚动和"（RSFE）。显然，如果预测模型是无偏的，则 RSFE 应接近于 0，亦即 MFE 应接近于 0。

MFE 能够很好地衡量无偏性，但不能反映预测值偏离实际值的程度。

4）平均绝对误差百分比（MAPE）

$$\mathrm{MAPE} = \left(\frac{100}{n}\right)\sum\limits_{i=1}^{n}\left|\frac{A_i - F_i}{A_i}\right| \tag{6-20}$$

但是，这个指标存在一些问题。首先，如果除数 A_i 为 0，MAPE 就没法计算；而当 A_i 接近零时，它的值会被放大成一个巨大的值，这样，当它与其他值做平均时，会使误差被放大以致扭曲。这种情况既可发生于一个随时间变化的单一时间序列，也可能发生于同一时间段的所有产品系列中。其次，它对绝对百分误差所赋权重相等，这会造成规模依赖。这意味着当其对同一 SKU 不同时期误差进行测算时影响不大，但当其对同一时期不同规模 SKU 进行测算时就存在问题。换言之，由于实际值可能存在数量级上的差别，所以相同的误差对最后的结果产生的影响存在数量级上的差别，这在某些实际应用场景下是存在问题的。例如，一件卖了 10 件的商品预测值在 5～15 和卖了 5000 件的商品预测在 4995～5005 的贡献的 $A_i - F_i$ 是一样的，但是百分比会差很多，显然两个预测的准确度差异巨大。

以某大型零售商的产品店销情况为例，如表 6-12 所示，可以计算出按 SKU 和产品簇计算所得的 MAPE 分别为 41.3 和 4.7，在两个层面上 MAPE 值相差颇大。其中主要原因是各 SKU 的量级相差较大，它们对绝对百分误差的贡献率也存在较大差异。例如，P8 的绝对百分误差为 200%，而 P6 销量对绝对百分误差偏差的贡献较小，仅为 10%。如果 P8 的销量从 1 上升到 2，预测误差则将下降到 50%，MAPE 也将从 41.3 下降到 26.3。

5）加权绝对百分误差（WAPE）

WAPE 是一种解决规模依赖性问题的方法，它通过将每个单一产品对相关产品总体的影响进行加权来计算每个产品对总误差的贡献，也称 WMAPE（weighted mean absolute percentage error）。WAPE 的计算公式为

$$\mathrm{WAPE} = \sum\limits_{i=1}^{n}\text{单一产品}i\text{的MAPE} \times \left|A_i \Big/ \sum\limits_{i=1}^{n}A_i\right| \tag{6-21}$$

在某一预测时点，WAPE 也可转化为

$$\mathrm{WAPE} = \sum_{i=1}^{n} (|A_i - F_i|) \div \left(\sum_{i=1}^{n} A_i \right) \times 100 \qquad (6\text{-}22)$$

同样以表 6-12 所示的某大型零售商的产品店销情况为例，通过加权处理，WAPE 为 20.2%，不足 MAPE 的一半。如果将 P8 实际值通过努力达到 2，其 WAPE 下降为 19.7，计算过程类似，这里不再赘述。这说明 WAPE 对规模依赖问题并不敏感，因此，该指标在企业实践中非常有用。

表 6-12　某大型零售商不同库存量的产品店销情况

SKU（1）	销量（1）	累计销量（2）	预测值（3）	预测实现率（4）	误差（5）	绝对误差（6）	绝对百分误差（7）	累积绝对误差（8）	加权绝对百分误差（9）
i	A_i	$\sum A_i$	F_i	$\dfrac{A_i}{F_i} \times 100$	$A_i - F_i$	$|A_i - F_i|$	$\dfrac{列(6)}{列(1)} \times 100$	$\sum |A_i - F_i|$	$\dfrac{列(8)}{列(2)} \times 100$
P1	10	10	10	100	0	0	0.0	0	0.0
P2	9	19	10	90	−1	1	11.1	1	5.3
P3	20	39	18	111.1	2	2	10.0	3	7.7
P4	40	79	35	114.3	5	5	12.5	8	10.1
P5	30	109	40	75	−10	10	33.3	18	16.5
P6	100	209	90	111.1	10	10	10.0	28	13.4
P7	10	219	13	76.9	−3	3	30.0	31	14.2
P8	1	220	3	33.3	−2	2	200.0	33	15.0
P9	13	233	7	185.7	6	6	46.2	39	16.7
P10	20	253	32	62.5	−12	12	60.0	51	20.2
产品簇	253		258	98.1	−12	12	4.7		
合计（SKU）	253		258		−5	51	413.1		
MAPE							41.3		
WAPE									20.2

由上可见，任何一种指标都很难全面地评价一个预测模型，在实际应用中常将它们结合起来使用。

在实际中，我们需要通过预测监控来检验过去起作用的预测模型是否仍然有效。检验预测模型是否有效的一种简单方法是将最近的实际值与预测值进行比较，看偏差是否在可接受的范围内；另一种方法是应用跟踪信号（tracking signal，TS）。

跟踪信号是指预测误差滚动和与平均绝对偏差的比值，即

$$\mathrm{TS} = \frac{\mathrm{RSFE}}{\mathrm{MAD}} = \frac{\displaystyle\sum_{t=1}^{n} (A_t - F_t)}{\mathrm{MAD}} \qquad (6\text{-}23)$$

计算出跟踪信号后，就需要把它与预先设定的控制界线相比较。如果跟踪信号超过了上限或下限，就说明预测方法存在问题，需要重新对预测需求的方法进行评估，图6-9举出了跟踪信号超出允许界限的例子。

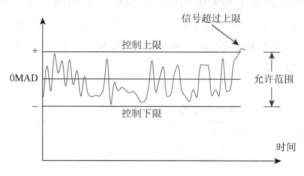

图6-9　跟踪信号示意图

只有当 TS 在一定范围内时才表示该预测模型仍然有效。跟踪信号的控制界限需要反复尝试以找到合适的值，控制界限不能太窄使所有小的预测误差都超出控制；也不能太宽，而忽视了大量不良的预测值。库存控制专家 Plossl 和 Wight 建议大批量存货采用 ± 4MAD，对小批量存货采用 ± 8MAD。考虑到一个 MAD 近似于 0.8 个标准差，也有预测专家给出了较严的控制界限，认为要达到监控良好的预测，其 89%的误差应该落在 ± 2MAD 范围内，98%的误差应该落在 ± 3MAD 范围内，99.9%的误差应该落在 ± 4MAD 范围内。

6.4　预测的性能表现

预测在企业管理决策中广泛存在，然而预测的表现一直是管理者致力于努力提升的议题。霍格斯（Hogarth）和马克利达基斯（Makridakis）指出利用判断和复杂的数学方法进行预测的效果并不显著，但是他们建议在特定环境下特定的预测模型的表现会更好。例如，在短期预测中，大多数经济和自然现象中存在着惯性，因此，任何变量现在的状态在短期内（三个月或更短的时间）都是有预测价值的。相当简单的时间序列等方法常常可以得出精确的短期预测结果，甚至可以比经济预测中所使用的理论上更加高级和复杂方法的表现还要好。美国硬件供应公司（American Hardware Supply）的伯纳德·史密斯提出的聚焦预测为其公司提供了高质量的预测，该方法的成功同样基于以下两项原则：并非总是越复杂、越昂贵的预测方法的预测效果越好；没有迹象表明有哪种预测技术应该应用于各种产品与服务的预测。

由于预测和事件之间的关系存在着时间失效，长期预测方法的有效性很难判断，但是，客观的因果模型方法似乎能经得起检验。根据阿姆斯特朗（Armstrong）和格罗曼（Grohman）的比较研究，计量经济方法比专家预测法、时序分析法等能得出更加精确的结果。随着时间的推移，客观的因果关系方法的优势越来越明显。

6.5 本章小结

预测是对未来可能发生的情况的预计与推测，既是一门科学，也是一门艺术，没有完美的预测。按时间的长短，预测可分为长期预测、中期预测和短期预测。按基本方法，预测可分为定性（qualitative）预测、定量（quantitative）预测和模拟模型等。定性方法包括销售人员意见汇集法、部门主管集体讨论法、市场调研法、德尔菲法等。定量预测常用的模型包括时间序列模型和因果模型等。

对产品或服务的需求可以分解为五个组成部分：一段时期内平均需求、趋势成分、季节性需求、周期性需求和随机偏差。

需求预测的一般步骤包括明确预测目的、确定时间跨度、选择预测方法、收集并分析相关的数据、进行预测、对预测过程进行监控以及将预测结果付诸实际应用。

时间序列是按一定的时间间隔，把某种变量的数值依发生的先后顺序排列起来的序列，它是一种以时间为独立变量，利用过去需求随时间变化的关系来预测未来的需求的一种方法。时间序列分析包括基于数据的预测和基于模型的预测等方法。基于数据的预测包括朴素预测法、移动平均、简单指数平滑、Holt双参数指数平滑、Holt-Winters三参数指数平滑和自适应滤波等方法。基于模型的预测包括线性回归、考虑季节性的线性回归和自回归综合移动平均等方法。

常用预测误差衡量指标包括平均绝对偏差、平均平方误差、平均预测误差、平均绝对百分误差和加权绝对百分误差等。检验预测模型是否有效的一种简单方法是将最近的实际值与预测值进行比较，看偏差是否在可接受的范围内；另一种方法是应用跟踪信号。

习　　题

1. 什么是预测？
2. 说出并描述如今企业中运用的三种定性预测方法。哪一种定性预测方法适用于新产品？
3. 描述线性回归分析的主要步骤。
4. 线性回归分析基于自变量的定义和这些变量历史数据的收集。说出预测以下因变量的一些自变量：（1）医院服务需求量；（2）进入商学院的学生数；（3）当地汉堡快餐销售额；（4）县治安部门的服务。
5. 说出需求构成的组成部分。
6. 移动平均法和指数平均法最大的优点是什么？缺点呢？
7. 什么是平均绝对偏差？怎样计算？用途是什么？
8. 什么是跟踪信号？怎样计算？用途是什么？
9. 针对以下情况你会选择哪种预测模型？（1）浴衣的需求；（2）新房屋的需求；（3）电力使用情况；（4）新工厂扩建计划。

10. 举出几种你可能用以管理对某企业产品的需求的简单规则（如限制手中的存货）。超市、航空公司、医院、银行以及谷物食品生产商等各自采取何种策略以影响需求？

11. 试举出几个有相乘式季节趋势关系的例子。

12. 聚焦预测的主要思想是什么？

13. 某公司收集了某年 4 月份到次年 3 月份的相关数据，如表 6-13 所示。

（1）请采用回归分析进行需求预测，并讨论价格与广告哪个对销售量的影响更大？为什么？

（2）如果单价为 300 美元，花费到广告（每千件）的金额是 900 美元。请根据回归的结果给出年度的某产品销售额。

表 6-13　不同售价和广告投入下某产品的销售量

月份	销售量/千件	售价/美元	广告投入/美元
4	400	280	600
5	700	215	835
6	900	211	1100
7	1300	210	1400
8	1150	215	1200
9	1200	200	1300
10	900	225	900
11	1100	207	1100
12	980	220	700
1	1234	211	900
2	925	227	700
3	800	245	690

14. 某公司空调销售量在过去的 5 年中稳步增长，见表 6-14。2016 年预测 2017 年销售量将达 410 台，实际销售量为 450 台。用 $\alpha = 0.3$ 的指数平滑法做 2022～2026 年的预测。如果 $\beta = 0.2$，结果又如何？

表 6-14　某公司 5 年中的空调销售量

年份	销量/台
2017	450
2018	495
2019	518
2020	563
2021	584

15. 一个特定的模型用于预测某产品的需求情况。预测值和实际需求如表 6-15 所示，试用 MAD、MAPE 和跟踪信号对预测模型进行评价。

表 6-15　某产品的需求预测值和实际值

月份	实际需求	预测需求
10	700	660
11	760	840
12	780	750
1	790	835
2	850	910
3	950	890

16. 2020 年 6 月，YT 零售点的产品销售及预测情况如表 6-16 所示，请计算采用该预测的 MAPE、WAPE 和跟踪信号。

表 6-16　某零售点的产品销售及预测情况

SKU	P1	P2	P3	P4	P5	P6	P7	P8	P9	P10
实际值	100.0	90.0	8.0	1000.0	2.0	90.0	10.0	11.0	50.0	76.0
预测值	90.0	100.0	10.0	970.0	3.0	80.0	13.0	10.0	50.0	80.0

17. 案例分析

每年，像美泰这样的玩具制造商都必须做出一系列重要的决策，这些决策将决定他们公司的经济表现。圣诞节前几个月，他们就必须决策哪些玩具热销，哪些不热销。玩具零售商也必须做出正确的决策，否则他们将不得不面对不满意的顾客，并被滞销商品所困扰。谁能预料到一个穿着睡衣的名叫"唱歌和打鼾的恩尼"（Sing & Snore Ernie）的娃娃会成为热门单品呢？父母竟然愿意花 400 美元买这个只值 30 美元的娃娃？

造成这一问题的根本原因是生产和配送周期过长。玩具制造商必须在年中提高产量，以确保他们有足够数量的畅销玩具。一个更重要的根本原因是，成年人真的无法预测孩子想要什么，父母看重的东西与他们的小宝贝的需求真的没有多大关系。

虽然没有人知道确切的答案，但数字研究公司的迈克·多梅因（Mike Domaine）有一套似乎行之有效的需求预测程序。今年，这家位于肯纳伯缅因州的公司预测，唱歌和打鼾的恩尼将会成为赢家。多梅因是如何知道的？部分原因是一个名叫凯特琳·吉琳（Caitlyn Gearin）的三岁孩子向他吐露，她"喜欢把恩尼抱到床上"。

这不是一次偶然的谈话。多梅因的市场研究公司采用了两阶段的流程。每年，玩具制造商提交他们的新产品供最终消费者评价。在第一阶段，从育儿中心挑选出 100 个特定的孩子来评估新玩具。孩子被分成小组，每个小组都有喜欢动作玩偶、棋类游戏、建筑玩具、布娃娃和工艺品的孩子。6 月，孩子聚在一起给每个类别中最受欢迎的三个选择打分。到 6 月底，研究小组已将 380 件候选玩具减至 63 件入围玩具，即 21 个类别中每个类别的前三名。在第二阶段，进入决赛的玩具将被运送到全国各地的幼儿园，在那里，经过专门训练的老师会观察孩子是如何"喜欢上这些玩具的"。今年，550 名儿童进行了无记名投票，选出了他们最喜欢的玩具。经过 3.2 万小时的研究，恩尼最终获得了此奖项。《家庭乐趣》杂志随后将这些结果作为年度玩具奖的基础，该奖项相当于玩具行业的奥斯卡奖。

资料来源：Joseph Pereira. To These Youngsters，Trying out the Toys is Hardly Kids' Play. Wall Street Journal，12/17/97（1）.

请谈谈该案例采用了什么方法进行需求预测，这种预测方法有什么显著的优点？

第 7 章

综合生产计划

引导案例

Master 公司是一家制造商, 主要产品是割草机和除雪机, 尽管割草机和除雪机都有不同规格的产品, 但由于各种产品的相似度高, 因此都在同一厂房生产。该公司的员工都具有多种技能, 可以轮换工作, 公司根据经验测定: 制造一部割草机需要 1.8 人工小时, 制造一部除雪机则需要 2.5 人工小时, 两种产品的市场需求几乎是相反的。

本年度已近尾声, 该公司准备制订下一年度的综合生产计划, 此计划以两个月为一期, 1 月与 2 月为第一期, 其余类推。公司目前有 350 名员工, 每名员工每期可用的工作时间为 300 小时, 平均薪资约为 6000 美元, 加班的薪资为每小时 28 美元, 但公司规定每名员工每期加班时数不得超过 60 小时。员工每期的自动离职率约为 2%, 根据法律与劳资合约规定, 员工被解雇时应领取相当于两个月薪资的遣散费 (6000 美元), 而雇用新员工需付出广告费、面试费、培训费等成本, 每人约 2000 美元。另外, 新进员工在第 1 期的平均生产效率是熟练员工的一半, 因此可以假设新进员工有效的工作小时数只有熟练员工的一半。

Master 公司预估在本年度结束时, 库存将有 4500 台除雪机与 500 台割草机, 割草机每期的库存成本大约是 8 美元, 除雪机每期的库存成本大约是 10 美元。下一年度割草机的制造成本估计为 95 美元, 除雪机的制造成本估计为 110 美元, 割草机的预定出货价格为 210 美元, 除雪机的预定出货价格则为 250 美元, 市场营销部门根据此价格与过去的销售量估计下一年度各期的需求量如表 7-1 和图 7-1 所示。

表 7-1 下一年度各期的预测需求量

期别	割草机/台	除雪机/台
1	12 000	16 000
2	85 000	4 000
3	80 000	0
4	32 000	5 000
5	8 000	35 000
6	3 000	45 000

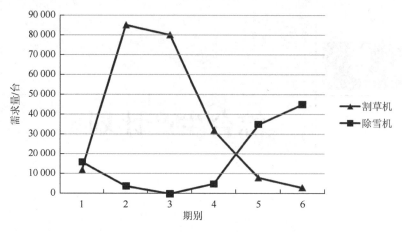

图 7-1 下一年度各期的预测需求量

Master 公司向来采取保守的人事策略，要求在需求量增加时尽量先采用加班策略，然后才考虑增聘员工，而且尽量不解雇员工。生产主管 Henry 必须根据这个策略规划出下年度的综合生产计划。

你认为生产主管 Henry 在制订综合生产计划时可以采用哪几种策略？

7.1 生产计划与综合生产计划

生产计划是生产运营活动的核心。按时间的长短，生产计划可划分为长期计划、中期计划和短期计划，如图 7-2 所示。长期计划周期大于 1 年，中期计划周期一般为 6~12 个月，短期计划周期则为 1 天到 6 个月。一般地，组织中的高层管理者负责长期计划，中层管理者负责中期计划，基层管理者负责短期计划。

不同的计划层次的计划内容也存在很大差异。长期计划主要考虑产品或服务的选择、工艺流程的选择以及生产系统的长期能力问题；中期计划是长期计划和短期计划之间的纽带，要将预测的产品需求转化为企业的产品产出任务计划，计划的焦点是如何有效地利用资源能力，最大限度地满足市场需求并取得最佳经济效益。在中期计划中，制造型企业和服务型企业存在很大的差异。对于制造型企业，中期计划主要包括综合生产计划、主生产计划和物料需求计划；对于服务型企业，综合生产计划是其核心。尽管无论是制造型企业还是服务型企业均有综合生产计划，但两者还是存在一定的区别：制造型企业可以利用库存增加与减少来调整生产，而服务型企业则不能。至于短期计划，制造型企业和服务型企业也各不相同。对于制造型企业，短期计划的核心是车间生产作业；对于服务型企业，短期计划的核心是周劳动力与顾客计划以及日劳动力与顾客计划。

从以上分析可以看出，综合生产计划是联系长期与短期计划的桥梁。综合生产计划关注的对象是一组类似的产品。例如，电视机厂的计划人员为了编制综合生产计划，不会关心电视机的具体型号——是 27 英寸电视机、29 英寸电视机还是 34 英寸电视机，他们关注的是将所有型号产品混在一起的某一种单一产品。同样地，麦当劳和肯德基快餐店并不关心需求是如何细分到自己所提供的各种快餐类型，他们只关注全面的需求状况和他们想要提供的全面生产能力。

既然综合生产计划中产品类型不能真实地反映实际的产品类型，那为什么要制订综合生产计划呢？原因在于：其一，执行计划需要时间，如果计划要求扩大生产设施规模或聘用（以及培训）新工人，就需要花费时间。其二，对于综合生产计划，具有一定的战略性特征，时间跨度较长，因此对个别产品类型需求的时间和数量进行任何精度的预测都不可能。并且，如果哪一个组织想要"锁定"在个别产品类型上，将会失去适应市场变化的灵活性。

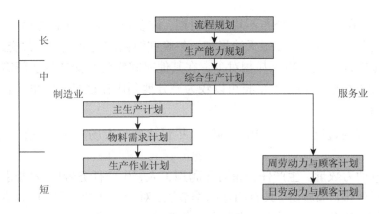

图 7-2　企业的生产计划系统

7.2　综合生产计划策略

产品的市场需求不断起伏和波动，而企业的生产能力又是相对稳定的，要解决这个矛盾，需要制订有效的综合生产计划，使得需求和生产能力达到平衡，并使整个计划期间成本最小。为此，综合计划可以从供给和需求两方面着手。如果总的供给和需求是平衡的，应该减少需求波动并改变产能使之适应需求波动；如果总的供给和需求是不平衡的，应该限制需求或者刺激需求，并增加供给或减少供给。

1. 需求方面

（1）定价。通过差别定价，提高高峰期的产品价格，降低非高峰期的产品价格，一方面可以使高峰需求转移到低峰需求，另一方面也可以增加顾客在低峰时的潜在需求。例如，酒店为了提高周末旅客的入住率，提供低价的周末特殊客房；影剧院周末票价高，平时票价低；航空公司为了提高夜间的载客率，提供低价的夜间飞行服务；电信公司的上班时间电话费率高，夜间、周末和节假日电话费率低；上海地铁实施的不同时段不同票价，期望缓解上下班高峰时乘车拥挤的状况。虽然机会成本的形式代表特定期间内的生产能力不足以满足需求带来的利润损失，但从某种程度上来说，定价选项是有效的，需求被转移了，使得它与生产能力更加接近。这种通过差别定价转移需求的方法多用于服务业，对需求价格弹性大的产品和服务最为有效。

（2）促销。广告和其他形式的促销，如展览和直接营销等，有时会对需求的改变产生非常有效的影响，因此也就会使需求和生产能力更为一致。与定价策略不同，这种方法对需求的控制能力较弱，同时还要冒促销可能恶化原本打算改善的市场条件的风险。如果在错误的时间增加需求，将会进一步带来生产能力的压力。

（3）推迟交货。由于服务能力受限，无论采用什么策略，都会有一些顾客的要求得不到及时满足，这就出现推迟交货的情况。通过待发货订单，组织能够把需求转移到其他时期。也就是说，订单在某一时期取得，并许诺将在以后的某个时期交货。但这种策略能否成功应用取决于顾客等待产品的意愿程度，推迟交货存在丧失销售机会和失去顾客的风险。

（4）新需求。在一些需求分布不均匀的时期，许多企业都面临着必须要为高峰需求提供产品或服务的问题。例如，在每天清晨和下午晚些时候的高峰期，公共交通需求都比平时高，而在其他时间，此类需求却相对少。在其他时间为公共交通创造新需求（如学校、俱乐部、老年人团体的短途线路），将可以较为充分地利用在这段时间里闲置的生产能力。

2. 供给方面

供给方面主要通过调整组织的生产能力，尽量达到与市场需求的一致。主要包括以下策略。

（1）改变劳动力数量。生产任务重时多聘用工人，生产任务轻时少聘用工人。这种策略在服务业用得较多。如旅游，具有明显的季节性，对于这样的公司，可以少用固定职工，在游客多时，多招募临时工。对于制造行业，由于需要专门技术，难以随时招聘技术员工，并且招聘的员工需要经过系统培训才能上岗，因此这种策略在制造业不太可行。采用这种策略，必须意识到，如果随时解雇固定职工，会受到相应的法律约束以及引起工会的反对，并会影响职工的工作热情。

（2）加班/松弛时间。在应对季节性高峰期需求时，通过职工的加班加点提高生产能力满足市场的需求。当需求小于生产能力时，企业利用松弛时间对工人进行培训，使得工人有时间组织解决问题小组活动和流程改进，在这个过程中使得技术工人得到再培训。与改变劳动力数量方法相比，利用加班或松弛时间方法改变生产能力显得没有那么苛刻，而且它既可以运用于公司全体成员也可以根据需要有选择地运用于部分员工。但这种方法有其局限性，过多的超时工作会使工作效率下降，质量降低，甚至引发安全事故，而空闲时间往往会导致机器和其他固定资产的使用效率降低。

（3）利用兼职工人。在一些特定的场合，聘用兼职工人是一项可行的选择方案——主要取决于工作性质、培训和技术要求，以及工会协定等。需要中等以下工作技能的季节性工作可以聘用兼职工人，在计时工资和额外福利方面一般比正式职工成本低廉。百货公司、餐馆和超级市场都可以使用兼职工人，公园和娱乐场所、度假胜地、旅行社、旅馆和其他具有季节性需求的服务型企业也可以使用兼职工人。如餐厅和车站，在忙时采用"钟点工"，以提高其服务能力。

（4）利用库存调节。这是制造型企业最常用的策略。尽管市场需求是波动的，生产能力在一定时期是固定不变的，但从一段时间的总量上讲，生产能力可以与市场需求负荷达到平衡，而这种平衡是通过利用库存来调节的。当需求率小于生产率时，库存量就会上升；当需求率大于生产率时，将消耗库存来满足需要，库存就会减少；当生产率和需求率相等时，库存不变。采取这种策略不必按最高生产负荷配备生产能力，节约了固定资产投资，是处理非均匀需求的常用策略。成品库存的作用就像水库，可以蓄水和供水，既防旱又防涝，保证水位正常。但是，通过改变库存水平来适应市场的波动，会产生维持库存费，同时，库存也破坏了生产的准时性，掩盖了管理问题。另外，服务性生产不能采用这种策略。

（5）转包。转包就是把一部分生产任务转给其他企业去做，利用其他企业的生产能力加工本企业的产品，相当于扩大了本企业的能力。但是，转包可能会带来交货不及时和质量问题，本企业会丧失部分控制权和收益。但是，处在激烈变化环境中的企业，不可能完全通过本企业的产能生产多变的产品或提供多样化的服务。与其花费巨大的投资扩充产能，不如借用其他企业的资源来满足特定的需要。

7.3　综合生产计划制订

1. 综合生产计划制订的过程

制订综合生产计划的一般步骤如下。

（1）确定每段时间的需求。

（2）确定每段时间的能力，包括正常工作时间、加班工作时间以及转包。

（3）明确企业和部门对于安全库存、员工队伍的流动程度等方面的有关政策。

（4）确定正常工作、加班工作、转包、维持库存、推迟交货、招聘和解聘等方面的单位费用。

（5）提出备选计划并计算各种费用。

（6）选择最满意的计划方案。

上述步骤的关键数学问题可以描述为：在已知计划期内，每一段时间 t 的需求预测为 $F(t)$，以生产计划期内成本最小化为目的，确定时段 $t = 1, 2, \cdots, T$ 的产量 $P(t)$，存货量 $I(t)$ 和劳动力水平 $W(t)$ 以及转包量 $O(t)$。

2. 综合生产计划制订的成本因素

在制订综合生产计划时，必须考虑生产成本、与劳动生产率相关的成本、库存持有成本和延期交货成本等。权衡这些成本组成的总成本大小，做出相应的综合计划决策。

（1）生产成本。生产成本是在某一特定时间段、某一生产类型下生产所导致的固定成本，包括直接或者间接的劳动力成本以及超时的补偿。

（2）与劳动生产率相关的成本。这种成本包括招聘、培训以及解聘员工所需要的成本。

（3）库存成本。最主要的组成部分是存货所占用的资金，其他包括存储、保险、税金以及存货损失的成本。

（4）延期交货成本。这种成本通常很难衡量，包括支出的成本、顾客好评的下降以及由于缺货引起的销售收益的减少。

3. 综合生产计划制订的方法

制订一个比较满意的综合生产计划，可以采用的方法很多。如线性规划法和反复试验法（the trial-and-error method）等。

（1）线性规划法是以综合计划中总成本最小化为目标，总成本包括正常工作时间、加班时间、转包单位费用、存货库存成本以及改变劳动力水平的相关成本等，约束条件为劳动力数量、工作时间、存货和转包能力等。通过建立相应的线性规划模型，可以获得最优的综合计划的解决方案。

（2）反复试验法是在管理实践中应用得比较广泛的方法。由于制订综合生产计划涉及的因素非常复杂，寻求最优的综合生产计划比较困难，因此人们常常应用反复试验法求出满意的综合计划。从生产运作方面考虑，可以采用改变库存水平、改变职工的数量和改变生产率三种纯策略来处理非均匀需求。三种纯策略任意组合可以形成无数混合策略。例如，可以将改变员工的数量与改变库存水平结合起来。混合策略一般要比纯策略效果好。对于这样的问题，可以使用反复试验法试验一些代表性的方案，从中选择一个满意的方案。

例 7-1　某公司将预测的市场需求转化为生产需求，如表 7-2 所示。该产品每件需 30 小时加工完成，工人每天工作 8 小时。招收工人需广告费、考试费和培养费，折合聘用一个工人需 300 元，解聘一个工人需付解雇费 200 元。假设生产中无废品和返工。为了应付需求波动，有 1000 件产品作为安全库存。单位维持库存费为 20 元/(件·月)。设每年的需求类型相同。因此在计划年度开始时的工人数等于计划年度结束时的工人数。相应地，库存量也近似相等。现比较以下不同策略下的费用。

表 7-2　预测的市场需求及每月的工作日

月份	预计月生产需求量/件	累计需求量/件	每月正常工作日数/天	累计正常工作日数/天
1	1 700	1700	20	20
2	1 500	3 200	21	41
3	1 300	4 500	22	63
4	1 000	5 500	21	84
5	1 500	7 000	23	107
6	2 000	9 000	24	131
7	2 500	11 500	21	152
8	2 500	14 000	20	172
9	3 000	17 000	20	192
10	3 000	20 000	20	212
11	2 500	22 500	19	231
12	2 000	24 500	22	253

解：（1）考虑库存调整策略。通过库存调整策略，生产计划是平稳进行的，即采用固定的生产效率进行。为此首先计算生产效率。由于工人必须在 253 天中生产 24 500 件产品，因此生产效率为 24 500/253 = 96.84 件/天，而 1 件产品加工需要 30 小时，每个工人

每天可工作 8 小时，这样需要工人数为 96.84×30/8＝363.15 人，于是取工人人数 364 人，则每天劳动生产率为：364×8/30＝97.1 件/天。按表 7-3 计算。

表 7-3 通过库存水平调整的策略

月份	累计生产天数	累计产量	累计生产需求	月末库存	维持库存费
（1）	（2）	（3）	（4）	（5）	（6）
		（2）×97.1		（3）－（4）＋1000	20（月初库存量＋月末库存量）/2
1	20	1 942	1 700	1 242	22 420
2	41	3 981	3 200	1 781	30 230
3	63	6 117	4 500	2 617	43 980
4	84	8 156	5 500	3 656	62 730
5	107	10 390	7 000	4 390	80 460
6	131	12 720	9 000	4 720	91 100
7	152	14 759	11 500	4 259	89 790
8	172	16 701	14 000	3 701	79 600
9	192	18 643	17 000	2 643	63 440
10	212	20 585	20 000	1 585	42 280
11	231	22 430	22 500	930	25 150
12	253	24 566	24 500	1 066	19 960

根据表 7-3，得出总的存储存成本为 651 140 元。

（2）考虑改变工人人数策略。通过每月的需求预测安排工人人数，上月工人数大于本月需求工人数，则解聘工人；上月工人数小于本月需求工人数，则招聘工人。由于在计划年度开始时的工人数等于计划年度结束时的工人数，则第一个月是否招聘或解聘工人，取决于 12 月份的工人数。整个计算如表 7-4 所示。

表 7-4 仅改变工人数量的策略

月份	预计生产月需求量	所需生产时间	月生产天数	每人每月生产小时	需工人数	月初增加工人数	月初裁减工人数	变更费
（1）	（2）	（3）	（4）	（5）	（6）	（7）	（8）	（9）
		30×（2）		8×（4）	（3）÷（5）			300×（7）或 200×（8）
1	1 700	51 000	20	160	319		22	4 400
2	1 500	45 000	21	168	268		51	10 200
3	1 300	39 000	22	176	222		46	9 200
4	1 000	30 000	21	168	179		43	8 600
5	1 500	45 000	23	184	245	66		19 800
6	2 000	60 000	24	192	313	68		20 400

月份	预计生产月需求量	所需生产时间	月生产天数	每人每月生产小时	需工人数	月初增加工人数	月初裁减工人数	变更费
（1）	（2）	（3）	（4）	（5）	（6）	（7）	（8）	（9）
		30×（2）		8×（4）	（3）÷（5）			300×（7）或 200×（8）
7	2 500	75 000	21	168	446	133		39 900
8	2 500	75 000	20	160	469	23		6 900
9	3 000	90 000	20	160	563	94		28 200
10	3 000	90 000	20	160	563	0		0
11	2 500	75 000	19	152	493		70	14 000
12	2 000	60 000	22	176	341		152	30 400

根据第（9）列计算的总和，得出变更工人的费用为 192 000 元，再加上 1000 件安全库存需 $1000 \times 20 \times 12 = 240\,000$ 元，则总费用为 $240\,000 + 192\,000 = 432\,000$ 元。

（3）一种混合策略。将全年分为两期，第一期采用库存调整策略，使生产按一个固定生产效率平稳进行。接着增加或裁减工人，第二期也采用同样的生产平稳的库存策略。假定第一期为全年的前六个月，第二期为全年的后六个月。参见表 7-3，根据计算全年的前六个月预测的需求总量为 9000 件，可用时间为 131 天。为此得出每天必需的生产效率为 $9000/131 = 68.7$ 件/天。而 1 件产品加工需要 30 小时，每个工人每天可工作 8 小时，这样需要工人数为 $68.7 \times 30/8 = 257.6$ 人，取工人数为 258 人，则在该期的生产率为 $258 \times 8/30 = 68.8$ 件/天。258 人生产六个月的生产量为 $258 \times 8 \times 131/30 = 9013$ 件。在下半期，可用的时间为 $253 - 131 = 122$ 天，需要的生产量为 $24\,500 - 9013 = 15\,487$ 件。这样下半期的生产效率为 $15\,487/122 = 126.94$ 件/天，由于 1 件产品加工需要 30 小时，每个工人每天可工作 8 小时，这样需要工人数为 $126.94 \times 30/8 = 476.03$ 人。为避免缺货，这里取 477 人。在下半期的生产效率为 $477 \times 8/30 = 127.2$ 件/天。这样在年初需要解聘工人为 $477 - 258 = 219$ 人，在年中需要增聘工人 219 人。这要整个工人变更费为 $219 \times (300 + 200) = 109\,500$ 元，计算见表 7-5。

表 7-5　混合策略的综合生产计划

月份	累计生产天数	生产率	累计产量	累计需求	月末库存	维持库存费	变更费用
（1）	（2）	（3）	（4）	（5）	（6）	（7）	（8）
					（4）－（5）+1000		
1	20	68.8	1 376	1700	676	16 760	
2	41	68.8	2 821	3 200	621	12 970	
3	63	68.8	4 334	4 500	834	14 550	
4	84	68.8	5 779	5 500	1 279	21 130	
5	107	68.8	7 362	7 000	1 362	26 410	

续表

月份	累计生产天数	生产率	累计产量	累计需求	月末库存	维持库存费	变更费用
（1）	（2）	（3）	（4）	（5）	（6）	（7）	（8）
					（4）-（5）+ 1000		
6	131	68.8	9 013	9 000	1 013	23 750	219×300 = 65 700
7	152	127.2	11 684	11 500	1 184	21 970	
8	172	127.2	14 228	14 000	1 228	24 120	
9	192	127.2	16 772	17 000	772	20 000	
10	212	127.2	19 316	20 000	316	10 880	
11	231	127.2	21 733	22 500	233	5 490	
12	253	127.2	24 531	24 500	1 031	12 640	219×200 = 43 800
						210 670	109 500

工人变更费用为 109 500 元，总的库存维持费为 210 670 元，总费用为 109 500 + 210 670 = 320 170 元。显然，混合策略还有多种方案，需要不断反复试验，尽量改善所采取的策略，减少生产的总费用。

7.4　综合生产计划的分解

由于综合生产计划不涉及具体产品，不能直接用于指挥生产活动。为此，必须将假定产品或代表产品转换成具体产品，从而将综合生产计划变成产品交付计划（master schedule）和主生产计划（master production schedule，MPS）。产品交付计划规定了要向顾客交付产品的具体型号、规格和交付时间；主生产计划规定了要出产产品的具体型号、规格和出产时间。

例如，某计算机生产厂计划提供的产品数量如表 7-6 所示。综合生产计划以假定产品为单位：1 月提供 400 台，2 月提供 500 台，3 月提供 600 台；将其变成具体产品，就构成了产品交付计划。具体产品合计数等于假定产品数。

表 7-6　综合计划和产品交付计划　　　　　　　　　　　（单位：台）

	1 月	2 月	3 月
计算机（假定产品）	400	500	600
具体产品：			
台式计算机	200	300	350
笔记本电脑	150	150	200
专用服务器	50	50	50
合计	400	500	600

得到产品交付计划之后，就可以得出产品出产预计划。在每个月，将交付数量减去相应月份的成品库存，加上相应月份顾客需要提走的数量，便可计算出每个月需要产出的数量，由此得出了初始的主生产计划。初始的主生产计划是否可行，必须要进行能力负荷平衡，调整超负荷的生产计划，使主生产计划可行。

主生产计划（master production schedule，MPS）是物料需求计划（material requirement planning，MRP）的主要输入。通过 MRP 处理，对具体产品的需求就会变成对构成产品的零部件和原材料的需求，使计划得以执行。

7.5　收益管理在服务业综合生产计划中的应用

1. 收益管理

当预订机票时，机票价格往往仅为机票正常票价的 30%或者 50%，而有时候，预订酒店房间比直接登记入住要贵。显然，这些实践活动中已经应用了收益管理。

收益管理是在不同时期对具有不同需求的顾客采取不同的产品或服务定价，以产生最大收入或收益的综合计划策略。

收益管理的历史可以追溯到 20 世纪 70 年代末 80 年代初，最初由美洲航空公司提出并应用于公司的运营中。美洲航空公司通过实时掌握同一航线上不同航空公司的航班情况，及时动态调整本航空公司的票价，通过机票价格调整不同航线和不同时段的客流量，以求得公司收益的最大化。

目前，收益管理已广泛应用于航空、饭店、旅游业、演艺等行业。例如，著名的美国华盛顿歌剧院曾经发生亏损，后来通过将票价从当时的三种价格（47 美元、63 美元、85 美元）改变为 29～150 美元的九种价格，使不同地位和收入的顾客按需购买，从而 90%以上的座位都能卖出，此后，其年度收入增长了 5%。由于服务能力与需求相匹配非常重要，而服务需求不能存储、服务需求难以预测以及服务能力难以测量等，所以在服务行业为了平衡供需协调，尽量采用收益管理。通过收益管理，针对细分市场进行差别定价，优化资源配置，适当地调整顾客需求，有计划地形成与需求方相匹配的供给能力，在成本不变的情况下使收益机会最大化，将机会成本和风险降到最低。

例 7-2　某酒店拥有 100 间客房，该酒店对每间客房收取一样的费用，每晚 150 元。每间客房变动费用 15 元，包括打扫清洁、使用空调，以及肥皂、洗发水等物品的消耗费用。客房的平均出售率为 50%，采用单一价格的净销售额是每晚 6750 元。收费情况如图 7-3 所示。

其实，部分客人愿意支付每晚高于 150 元的价格，而另一部分客人则只愿意支付低于 150 元的价格。图 7-4 显示该酒店设置的两种房费。据估计，100 元一间的客房每晚可以销售约 65 间，而 200 元一间的客房每晚可以销售 15 间，总收益是 8300 元，相较于目前的收益高出 1550 元。

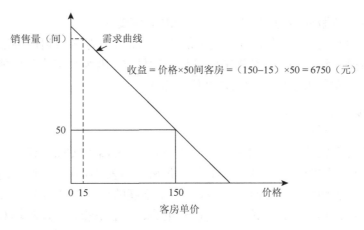

图 7-3　一种价格下的酒店收益

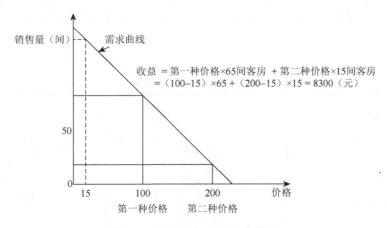

图 7-4　两种价格下的酒店收益

从数学角度分析，设置不同的价格可以带来更多收益。但实际上，应考虑以下三点。

（1）不同价格必须可行，让顾客感到公平合理。

（2）做好资源使用的预测工作并预计所需时间。例如，需要安排多少经济舱的座位？顾客会为能看到海景的房间支付多少钱？

（3）应对需求变化。这意味着在提供更多服务内容时需要管理更多的服务，也意味着需要调整价格结构，还可能因预测得不完美而需要应对新出现的情况。

2. 实施收益管理的基本条件

从运营的角度，收益管理适用的对象具有以下特征。

（1）市场可以根据顾客需求偏好进行细分，这是实行差别定价的前提。

（2）固定投资较大，运营过程中的单位固定成本很高，但单位变动成本较低。

（3）产品价值的易逝性，如酒店的房间和床位、舱位等。

（4）产品或服务可预售。

（5）市场需求的波动大。

（6）企业生产或服务能力相对固定，短期内不易改变。

显然，酒店、航空公司基本具有上述全部特征。以酒店为例，即使是相同的酒店套间，其经常在工作日是一种价格，而在周末则是另一种价格。因为在工作日可能主要面对的是商务人员需求，而在周末主要面对的是度假者需求。

3. 实施收益管理的基本策略

1）服务行业的定位

不同的服务行业实施收益管理的策略会不一样。Kimes 和 Chase 建议可以根据两个维度来定位服务行业，这两个维度为服务时间和价格，如表 7-7 所示。服务时间分为可预测和不可预测，价格分为固定和变动。这样根据两个维度的组合形成四个象限。在第一象限，常见的服务时间可以预测长短，采用固定价格策略，一般电影院、运动场和会议中心属于这种类型。在第二象限，服务时间可预测，但价格可以采用变动价格策略，如宾馆、航空线和旅游线路。在第三象限，服务时间不可预测，但采用固定价格策略，如餐馆、高尔夫球场、网络服务提供商等。在第四象限，服务时间不可预测，价格也是变动的，如持续的医院服务。

表 7-7　服务行业的定位

服务时间	价格	
	固定	变动
可预测	第一象限： 电影院 运动场 会议中心	第二象限： 宾馆 航空线 旅游线路
不可预测	第三象限： 餐馆 高尔夫球场 网络服务提供商	第四象限： 持续的医院服务

2）基于统计的需求预测

收益管理实施的成功依赖于需求预测的准确性。一般要采用最为精确的预测方法分析顾客到来的初始时间、初始数量，顾客在服务过程中的逗留时间，在不同的服务时间段顾客数以及顾客到来的时间间隔等。需求预测的精确度越高，收益管理越可能成功。这样便于采用超额预定保证金以及放弃预定惩罚的处理措施，有助于得到良好的服务过程。

3）市场细分及定价

通过发现产品价值周期，把相同的产品以不同的价格销售给不同的顾客。产品的价值周期是指相同的产品，对同一个顾客，在不同的时期其价值是不同的。如旅游点的宾馆，在旅游淡季和旺季，其价格会存在差异。细分市场的目标是挖掘顾客需求，将不同产品或服务销售给不同的顾客群，从而创造出最大利润。

7.6　本章小结

综合生产计划是生产运营活动的核心。生产计划制订的基础是需求预测。

按时间的长短，生产计划可划分为长期计划、中期计划和短期计划。长期计划主要考虑产品或服务的选择、工艺流程的选择以及生产系统的长期能力问题；中期计划关注如何有效地利用资源能力，最大限度地满足市场需求并取得最佳经济效益。在短期计划方面，制造型企业的核心是车间生产作业；服务型企业的核心是周劳动力与顾客计划以及日劳动力与顾客计划。

由于企业的生产或服务面对的是市场需求不断波动，整个计划期间成本最小，达到供给和需求的平衡是综合生产计划关注的主旋律。为此，综合生产计划必须从供给和需求两个方面着手。在需求方面，通过定价、促销和推迟交货手段调整需求方的需求。在供给方面，通过改变劳动力数量、加班/松弛时间、利用兼职工人、库存调节和转包等策略调整供给能力。

综合生产计划的制订要遵循一定的步骤，其关键的数学问题可以描述为：在已知计划期内，每一段时间 t 的需求预测为 $F(t)$，以生产计划期内成本最小化为目的，确定时段 $t = 1, 2, \cdots, T$ 的产量 $P(t)$，存货量 $I(t)$ 和劳动力水平 $W(t)$ 以及转包量 $O(t)$。显然，成本是生产计划制订考虑的目标，与生产计划制订相关的成本主要包括生产成本、与劳动生产率相关的成本、库存成本和延期交货成本。

综合生产计划制订一般有线性规划法和反复试验法等。应用线性规划方法需要建立相应的最优综合计划数学模型，难度较大。反复试验法是在管理实践中应用得比较广泛的方法，但只能求出满意的综合计划。

综合计划不涉及具体产品，不能直接用于指挥生产活动。为此，必须将假定产品或代表产品转换成具体产品，从而将综合生产计划变成产品交付计划和主生产计划。产品交付计划规定要向顾客交付产品的具体型号、规格和交付时间；主生产计划规定要出产产品的具体型号、规格和出产时间。

在服务业中，收益管理广泛应用。收益管理就是以合适的价格在合适的时间将合适的生产能力分配到预期的目标顾客，使得企业的收益最大化。实施收益管理需要其对象具有六个方面的特征：可对市场顾客的需求进行细分、固定成本较大而变动成本较小，产品不易储存、产品可预售以及市场需求的波动大。实施收益管理的基本策略主要包括服务行业的定位、基于统计的需求预测以及市场细分及定价。

习　　题

1. 简述企业生产计划的层次性，以及它们的特点。
2. 结合企业实例，从供给和需求两个方面分析企业综合计划的策略。
3. 简述企业综合生产计划的制订步骤以及关键的数学问题。

4. 分析综合计划与产品交付计划和主生产计划的区别。

5. 什么是收益管理？实施收益管理的条件是什么？实施收益管理的基本策略包括哪些？

6. F 公司打算对 2~5 月这 4 个月的生产进行计划。2~3 月必须按照需求预测精确生产，而 4~5 月可以在稳定的劳动力水平下采用加班和存货的办法。然而政府限制 4~5 月每个月的最大的加班劳动力为 5000 小时（2~3 月不加班）。如果需求超过了供给，就发生脱销。1 月 31 日有 100 名工人。需求预测为 2 月 80 000 件，3 月 64 000 件，4 月 100 000 件以及 5 月 40 000 件。生产率为 4 件/（人·时），工人每天工作 8 小时，每月 20 天。假设 2 月 1 日的库存为 0。就成本而言，雇用每位新工人 500 元，解雇每位工人 700 元；存货成本为每单位每月 100 元；标准工作时间的成本为每小时 100 元；加班成本为每小时 150 元；缺货成本为每单位 200 元。请计算这个计划的成本。

7. 已知某公司需求预测为：春季 20 000 件、夏季 10 000 件、秋季 15 000 件和冬季 18 000 件。在春初有 70 名工人和 1000 件的存货。根据工会的合同，一年只能在夏初解雇一次工人。而且，只能在夏末雇用新工人，让他们在秋季开始工作。夏初解雇和夏末雇用的工人数应该根据经过计算得出的计划产量得出，使得夏季和秋季的产量等于各自的需求预测。如果需求超过了供给，那么仅在春季使用加班，这意味着冬季可以出现缺货。雇用每位新工人 1000 元，解雇每位工人 2000 元；存货成本为每件每季 200 元；标准工作时间的成本为每小时 100 元；加班成本为每小时 150 元；缺货成本为每件 80 元。生产率为 0.5 件/(人·时)，工人每天工作 8 小时，每季节工作 50 天。请为下一年制订计划并计算其总成本。

第8章

库 存 管 理

引导案例

詹姆（JAM）电子是一家生产工业及电气等产品的韩国制造商企业。公司在远东地区的五个国家拥有五家制造工厂，公司总部设在首尔。

美国詹姆公司是詹姆电子的一个子公司，专门为美国国内提供配送和服务功能。公司在芝加哥设有一个中心仓库，为两类顾客提供服务，即分销商和原始设备制造商。分销商一般持有詹姆公司产品的库存，根据顾客需要供应产品。原始设备制造商使用詹姆公司的产品来生产各种类型的产品，如自动化车库的开门装置。

詹姆电子大约生产2500种不同的产品，所有这些产品都是在远东制造的，产成品储存在韩国的一个中心仓库，然后从这里运往不同的国家。在美国销售的产品是通过海运到芝加哥仓库的。近年来，美国詹姆公司已经感到竞争大大加剧了，并感受到来自顾客要求提高服务水平和降低成本的巨大压力。不幸的是，正如库存经理艾尔所说："目前的服务水平处于历史最低水平，只有大约70%的订单能够准时交货。另外，很多没有需求的产品占用了大量库存。"

在最近一次与美国詹姆公司总裁和总经理及韩国总部代表的会议中，艾尔指出了服务水平低下的几个原因：①预测顾客需求存在很大的困难。②供应链存在很长的提前期。美国仓库发出的订单一般要6～7周才能交货。存在这么长的提前期的主要原因：一是韩国的中央配送中心需要一周来处理订单；二是海上运输时间比较长。③公司有大量的库存。美国公司要向顾客配送2500件不同的产品。④总部给予美国子公司较低的优先权。美国订单的提前期一般要比其他地方的订单早一周左右。

为了说明预测顾客需求的难度，艾尔向大家提供了某种产品的月需求量信息。

但是，总经理很不同意艾尔的观点。他指出，可以通过空运的方式来缩短提前期。这样，运输成本肯定会提高，怎么样成本节约呢？

最终，公司决定建立一个特别小组来解决这个问题。

资料来源：王关义，2005. 现代生产管理[M]. 北京：经济管理出版社

8.1　库存的基本概念

一个组织内所有产品或资源都可以看作库存。也有人将其定义为一个系统为完成销售而采购的所有产品投入的资金。在零售行业，如超市、便利店等，店内所有展示的产品都是库存。在制造行业，如汽车整车厂、手机代工工厂等，所有的生产原料、在制品和产成品都是库存。库存系统则由一整套策略与规则组成，这些策略与规则的作用是监测库存水平，并决策维持怎样的库存水平，何时订货以及订单大小等问题。

8.1.1　库存的作用

首先介绍库存对于企业的积极作用，这也是企业愿意持有库存的主要原因。

（1）应对产品需求的不确定性。如果企业能够精确预测其产品未来的需求，那么当然可以安排生产以正好满足需求，虽然这么做也许并不是最为经济的做法。但是，企业往往并不能准确预测其产品需求，很多行业和企业中，预测的准确性是不高的。这时，就需要保持一定的安全库存来避免因为需求不确定性而造成缺货等问题。

（2）应对上游供应的不确定性。当企业向上游供应商订货后，订单可能由于多种原因而延迟交付。例如，物流运输时间上的波动，供应商仓库中缺货，供应商生产环节出现非计划停产，货物在运输过程中丢失，到货产品数量或品种误差，到货产品存在质量缺陷等。当这些问题发生时，为了保证企业自身生产或销售，需要保有一定安全库存，以防止生产中断或者销售缺货等问题。

（3）规模经济性。在订货、生产以及运输中都存在规模经济的问题。例如，订货环节中，有些固定订货费用与订货量大小无关，如采购人员的工资成本；有些固定生产成本与生产量无关，如生产线在切换生产产品类型时带来的生产线停产损失等；而有些固定物流成本与订货量无关，如货车的使用成本和驾驶员的人力成本，仓库入库的处理成本等。这些固定成本在每次订货时都会发生，所以单次订货量越大，这类成本就会越低。

（4）调节产能。由于很多行业和企业的产品具有季节性，企业往往在淡季生产累积库存，在销售旺季则不需要维持很高的产能也可以满足市场需求，所以库存往往用来调节产能。

（5）价格预期与投机。对于某些生产原料，企业还可能根据自己对原料市场价格走势的预期提前大规模采购。例如，石油化工企业和航空公司等会在国际原油价格低谷时囤积原料库存，从而降低生产运营成本。肉制品加工企业会在预期猪肉价格走势上升时提前大批量采购等。

8.1.2　库存的弊端

如果库存只有积极作用而没有消极弊端，那么企业面临的库存问题就非常简单了。正是由于这些弊端的存在，库存问题往往需要平衡正负两种作用，从而变得比较复杂。下面介绍库存会给企业带来的弊端。

（1）占用资金。不论企业规模大小，维持足够的现金通常是企业正常健康经营所必需的。而大量的库存堆积意味着企业将大量现金投入库存中，这些资金的机会成本巨大，是库存的一个主要弊端。而如果是举债经营，企业则面临着高昂的融资成本。

（2）库存存储需要成本。库存的存储往往需要占用大面积的场地和空间，这就需要投入大量资金来租用物流设施场地，支付库存管理费用等，此外还可能需要支付高额的保险费用等。

（3）过期风险。有些产品或原料保质周期较短，如生鲜的蔬菜、水果、海鲜等，库存如果不能快速销售，往往会因为过期价值大幅降低，导致企业亏损。此外，电子类消费品也会因为新产品不断上市而被迫大幅降价，如果库存管理不善也很容易出现亏损的情况。

（4）安全性要求。某些易燃易爆或有毒有害的产品或原料对于存放条件有严格的要求，这会导致其存储的成本大大高于一般产品。而一旦发生风险事件，企业可能面临巨大的损失。

（5）破损和丢失风险。库存在存放过程中还面临破损和丢失的风险，这进一步提高了企业经营成本。

8.1.3 库存成本

接下来介绍一些常用的库存控制模型，但在此之前，先了解一下考虑库存问题时的几类基本成本。

（1）库存持有成本。库存持有成本即持有库存时发生的相关成本，一般包含资金机会成本、存储设施成本、破损成本、过期成本、保险成本等。库存持有成本越高，企业会希望降低库存水平从而更频繁地订货。

（2）固定成本。每次订货或生产时发生的与订货量或产量无关的成本，如固定的物流成本、订货成本、生产线切换成本等。

（3）缺货成本。企业在库存为 0 时收到订单，这个订单要么延期等待，要么直接取消。订单延期会导致按延期时长的经济赔偿，并可能引起顾客的不满，从而影响长期的合作。而直接取消订单则可能导致企业商誉损失。如果缺货成本很高会促使企业持有更多库存以防止缺货发生，这里就会存在与库存持有成本之间的一个平衡。但不论是长期合作意愿的影响还是商誉损失都难以准确量化，所以通常这个成本是一个估计值。

8.2 库 存 模 型

库存模型大致可分为两类，即单期库存模型和多期库存模型。单期库存模型是指在一段时间内订货或生产决策是一次性的，不能重复订货。多期库存模型则是指产品可以多次订货或生产。

8.2.1 单期库存模型

单期库存模型最为经典的是报童模型。报童模型最初源于报童每天面临的一个经营问题，他需要决策每天从报社购买多少报纸，然后将这些报纸销售给消费者。如果他购买的报纸数量太少，那么有可能一部分消费者买不到报纸，而报童将承受潜在销售机会的损失。

相反，如果购买的报纸数量太多，则可能有部分报纸无法销售，从而造成采购成本的损失。因此，报童需要在这两种损失间进行平衡。除报纸之外，还有很多产品具有时效性短、无法多次订货的特点，如月饼、特定节日贺卡、为某球队夺取冠军而特制的纪念品等。

单周期库存控制的重点是订货量，没有订货时间决策问题，要确定订货量则需要精确预测产品的需求量。

对于单周期库存来说，订货量和实际需求量的关系有两种情况。

（1）根据预测确定的订货量与实际需求量一致。这是理想的巧合状态。

（2）根据预测确定的订货量与实际需求量不一致。这种预测误差是客观存在的。

①当需求量大于订货量时，会导致缺货而失去销售机会，产生机会损失形成机会成本。机会成本也称为缺货成本、欠储成本。它包括对顾客信誉的损失与错过销售的机会成本。如果短缺与用于生产的机器备件有关，那么缺货成本就是错过生产的实际成本。一般情况下，缺货成本仅指每单位的未实现利润，即

$$缺货成本 = 产品售价 - 产品成本$$

②当需求量小于订货量时，未售出的物品导致超储而造成损失，形成超储成本。超储成本也称为过期成本、陈旧成本。它属于期末剩余库存发生的损失。实际上，超储成本是购买成本与残值之差，即

$$超储成本 = 产品成本 - 产品残值$$

单周期库存控制的理想目标是确定最佳订货量，使长期的缺货成本与超储成本最小。既然不能事先精确地预测需求，通常用随机变量来描述产品的需求分布。下面将需求分别用离散型和连续型两种随机变量来表示，当需求服从连续型分布时，最优订货量 Q^* 应满足：

$$F(Q^*) = \frac{C_u}{C_o + C_u}$$

其中，$F(x)$ 为需求随机变量的累积分布函数。

当需求服从离散型分布时，确定最佳订货量可采用期望损失最小法、期望利润最大法和边际分析法。

1. 期望损失最小法

期望损失最小法就是比较不同订货量下的期望损失，取期望损失最小的订货量作为最佳订货量。假设某种物品的单位成本为 C，单位售价为 P，降价后处理价格为 S，单位机会成本为 $C_u = P - C$，单件超储成本为 $C_o = C - S$，实际需求量为 d 时的概率为 $P(d)$，则订货量为 Q 时的期望损失的计算公式为

$$E_L(Q) = \sum_{d > Q} C_u(d - Q)P(d) + \sum_{d < Q} C_o(Q - d)P(d)$$

例 8-1 某商场根据历史销售数据预测，今年全年商品 A 的需求分布情况如表 8-1 所示。

表 8-1 商品 A 的需求分布情况

需求 d/件	3500	3600	3700	3800	3900	4000
概率 $P(d)$	0.1	0.15	0.25	0.25	0.15	0.1

该商品的进货价为 60 元/件，商场零售价为 90 元/件。如果在年底之前卖不出去，只能以 20 元/件进行处理。试问该商场该进多少量的商品 A。

解： $C_u = 90-60 = 30$；$C_o = 60-20 = 40$；

当 $Q = 3800$ 时，有

$E_L（3800）= 40 \times 300 \times 0.1 + 40 \times 200 \times 0.15 + 40 \times 100 \times 0.25 + 40 \times 0 \times 0.25 + 30 \times 100 \times 0.15 + 30 \times 200 \times 0.1 = 4450（元）$

可按同样方法算出 Q 取其他值时的 $E_L（Q）$，结果见表 8-2。由表 8-2 可以得出最佳订货量为 3700 件，此时期望损失最小，为 3950 元。

表 8-2　商品 A 的期望损失计算表

订货量 Q	实际需求 d						期望损失 $E_L(Q)$（元）
	3 500	3 600	3 700	3 800	3 900	4 000	
	$P（D=d）$						
	0.1	0.15	0.25	0.25	0.15	0.1	
3 500	0	3 000	6 000	9 000	12 000	15 000	7 500
3 600	4 000	0	3 000	6 000	9 000	12 000	5 200
3 700	8 000	4 000	0	3 000	6 000	9 000	3 950
3 800	12 000	8 000	4 000	0	3 000	6 000	4 450
3 900	16 000	12 000	8 000	4 000	0	3 000	6 700
4 000	20 000	16 000	12 000	8 000	4 000	0	10 000

2. 期望利润最大法

期望利润最大法就是比较不同订货量下的期望利润，取期望利润最大的订货量作为最佳订货量。假设某种物品的单位成本为 C，单位售价为 P，降价后处理价格为 S，单位机会成本为 $C_u = P-C$，单件超储成本为 $C_o = C-S$，实际需求量为 d 时的概率为 $P(d)$，则订货量为 Q 时的期望利润的计算公式为

$$E_P(Q) = \sum_{d<Q} [C_u d - C_o(Q-d)]P(d) + \sum_{d>Q} C_u Q P(d)$$

例 8-2　某商店挂历的需求分布率如表 8-3 所示。已知，挂历的进价为 $C = 30$ 元/份，售价 $P = 60$ 元/件。如果在一个月内卖不出去，则挂历只能按 $S = 10$ 元/份降价处理。求该商店应该进多少挂历为好。

表 8-3　某商店挂历的需求分布率

需求 d/份	0	10	20	30	40	50
概率 $P(d)$	0.05	0.15	0.20	0.25	0.20	0.15

解： $C_u = 60-30 = 30$；$C_o = 30-10 = 20$；

当 $Q = 30$ 时，则

$E_P(30) = [30 \times 0 - 20 \times (30-0)] \times 0.05 + [30 \times 10 - 20 \times (30-10)] \times 0.15 + [30 \times 20 - 20 \times (30-20)] \times 0.20 + 30 \times 30 \times 0.25 + 30 \times 30 \times 0.20 + 30 \times 30 \times 0.15 = 575$（元）

可按同样方法算出 Q 取其他值时的 $E_P(Q)$，结果见表 8-4。由表 8-4 可以得出最佳订货量为 30 份，此时期望利润最高，为 575 元。

表 8-4　挂历的期望利润计算表

订货量 Q	实际需求 d						期望利润 $E_p(Q)$（元）
	0	10	20	30	40	50	
	$P(D=d)$						
	0.05	0.15	0.20	0.25	0.20	0.15	
0	0	0	0	0	0	0	0
10	−200	300	300	300	300	300	275
20	−400	100	600	600	600	600	475
30	−600	−100	400	900	900	900	575
40	−800	−300	200	700	1200	1200	550
50	−1000	−500	0	500	1000	1500	425

3. 边际分析法

边际分析法的基本思路是如果增加一个产品订货能使期望收益大于期望成本，那么就应该在原订货量的基础上追加一个产品的订货。

当增加到第 D 个产品时，如果下式成立：

$$P(D) \times C_o \leqslant (1 - P(D)) \times C_u$$

其中，D 为订货量，$P(D)$ 为需求量小于等于 D 的概率分布函数。

从满足需要的最小可能订货量开始，随着订货量的增加，$P(D)$ 上升。在某一点上，$P(D)$ 可以使上式两个期望值相等，将此时的 $P(D)$ 记为 $P^*(D)$，并称为临界概率。

$$P(D) \times C_o = (1 - P(D)) \times C_u$$

$$P^*(D) = \frac{C_u}{C_u + C_o}$$

确定了临界概率 $P^*(D)$，就可以根据经验分布找出最佳的订货量。如果需求分布是连续型分布，则一定可以找到一个需求量使得 $P(D) = P^*(D)$，按照此时的需求量订货即为最佳订货量。如果需求分布是离散型分布，可能无法找到满足 $P(D) = P^*(D)$ 的需求量，这时满足条件：$P(D) \geqslant P^*(D)$ 且 $P(D) - P^*(D)$ 为最小所对应的 D 即为最优订货量。

例 8-3　某批发商准备订购商品供节日期间销售。该批发商对包括订货费在内的每件商品要支付 4 元，商品的售价为 10 元。未售出的商品只能按 2 元出售。节日期间对该商品的需求量的概率分布见表 8-5，问该批发商的商品的最佳订购量是多少？

表 8-5　商品需求量的概率分布

需求量	10	20	30	40	50	60
概率	0.10	0.10	0.20	0.35	0.15	0.10
$P(D)$	0.10	0.20	0.40	0.75	0.90	1.00

解： $C_u = 10-4 = 6$ 元，$C_o = 4-2 = 2$ 元

$$P^*(D) = C_u/(C_o + C_u) = 6/(2 + 6) = 0.75$$

查表 8-5 可知，实际需求小于等于 40 的概率为 0.75，再结合求 D^* 的条件可以求出最佳订货量为 40。

报童模型除了应用于一般的库存问题，还可以用于飞机航班的超额预订以及酒店客房的预订业务。通常情况下，航班或酒店客房的预订顾客会由于各种原因而临时取消订单，这时航班上将出现空位，航空公司会因此承受退款带来的收入损失。相反，如果超额预订而很少或没有顾客取消订单，那么超额预定的顾客无法乘坐该航班，此时航空公司需要安排这些乘客乘坐其他航班，并给予一定的经济补偿，甚至可能因此闹出影响巨大的负面新闻，损害公共顾客关系。对于酒店客房管理同样存在类似的问题，可能会多出空余的客房。

例 8-4　通过整理某航班的经营历史数据发现，每当该航班座位全部被预订后，临时取消机票的顾客数量概率分布见表 8-6。该航班的平均票价为 800 元，当航班出现超额乘机时，航空公司的政策是为超额乘客找到时间接近的其他航班并为该乘客支付机票的所有费用。由于时间紧迫，通常航空公司要支付大约 2000 元的费用。那么航空公司究竟应该允许多少乘客超额预订该航班？

表 8-6　临时取消机票顾客数量的概率分布

人数	0	1	2	3	4	5	6	7	8	9	10
概率	0.05	0.08	0.10	0.15	0.20	0.15	0.11	0.06	0.05	0.04	0.01
$P(D)$	0.05	0.13	0.23	0.38	0.58	0.73	0.84	0.90	0.95	0.99	1.00

解： 这个问题中超额预订的顾客数量相当于报童模型中的订货量，而临时取消订单的顾客数量相当于需求数量，因此缺货成本 $C_u = 800$，而超储成本 $C_o = 2000$。

临界概率

$$P^*(D) = \frac{C_u}{C_o + C_u} = \frac{800}{2000 + 800} = 0.2857$$

根据表 8-6 的数据，最优的超额预订量为 3。

8.2.2　多期库存模型

多期库存控制的基本模型可根据需求是确定的还是随机的分为两类，当需求是确定的

时，主要考虑经济订货批量模型和经济生产批量模型。当需求是随机的时，为防止出现缺货，库存模型中将引入安全库存的概念。

1. 经济订货批量模型

经济订货批量（economic order quantity，EOQ）也称经济订购批量，即通过费用分析求得在库存总费用最小时的每次订购批量，用以解决独立需求物品的库存控制问题。该模型是由哈里斯（Harris）在1915年提出的，在企业界得到了广泛应用。虽然随着企业运作环境的变化也面临着许多挑战，出现了许多变形，但是它现在仍然是一种简单而有效的订货量确定方法。

经济订货批量控制的原理就在于控制订货量，使总库存费用最小。为了确定经济订货量，先做如下基本假设。

（1）需求是已知的常数，即没有需求的不确定性。

（2）需求是均匀的，即单位时间内的需求量不变。

（3）订货提前期是已知的，且为常数。

（4）产品成本不随批量而变化（没有数量折扣）。

（5）订货费与订货批量无关。

（6）维持库存费是库存量的线性函数。

下面分三种情况分别讨论。

1）不允许缺货

在这种情况下，物品的购入单价为常数而且不允许缺货，物品到货后入库时间很短，可以将全部物品看作同一时间整批瞬时入库的。

刚入库时，库存数量为 Q。由于需求是均匀的，随后库存数量以固定的速率降低。当库存降低到订货点 R 时，就按数量 Q 发出一个新的订单。经过一个固定的提前期 LT 后，物品到达并入库，物品在即将入库时的库存数量为零，如图8-1所示。

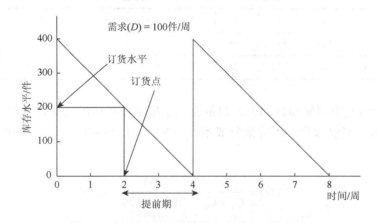

图8-1 经济订货批量模型中库存水平变化情况

相关基本参数设置为：c 为购买的单位货物的成本；D 为单位时间总需求量；K 为每次订货发生的固定费用（与供应商的联系费、采购人员差旅费以及物流运输费等）；h 为单位货物单位时间的库存持有成本（一般年库存持有成本按照采购成本的一定百分比计算）；Q 为订货批量；C_T 为单位时间总成本。

将前后相邻的两个订单之间的间隔时间定义为一个订货周期，那么在一个订货周期 T 内，采购相关的总成本可表示为

$$K + \frac{1}{2}QhT + cQ$$

此外，订货周期 T 与订货量 Q 之间存在以下关系：

$$T = Q / D$$

假设需求量 D 是恒定的，因此 Q 越大，订货周期也就越长。为了比较不同的订货量优劣，需要对比不同订货量下统一单位时间内的成本大小。因此，单位时间的总成本表示如下：

$$C_T(Q) = \frac{KD}{Q} + \frac{1}{2}Qh + cD$$

观察上式中的三部分，第一部分是固定订货成本，该成本随着订货量 Q 增大而减小；第二部分是库存持有成本，该成本随订货量 Q 的增大而增大；最后一项是变动订货成本，而这个成本与订货量 Q 无关。

令 $C_T(Q)$ 关于 Q 的一阶导数等于 0 可得最优经济订货批量的表达式如下：

$$Q^* = \sqrt{\frac{2KD}{h}}$$

再订货点 $R = D \times LT$，一个特殊情况是当订货提前期为 0 时，再订货点 $R = 0$，也就是说可以等到库存降为 0 再订货。

例 8-5 某公司以单价 8 元每年购入 3000 件某种产品，每次订货费用为 30 元，资金年利息率为 10%，年仓储费用按所存储货物价值的 15% 计算。若每次订货的提前期为 2 周，试求经济订货批量、最低年总成本、年订货次数和订货点（一年按 52 周计算）。

解： 已知 $D = 3000$ 件/年，$c = 8$ 元/件，$K = 30$ 元，$LT = 2$ 周，$h = 8 \times 15\% + 8 \times 10\% = 2$ 元/(件·年)，则

$$Q^* = \sqrt{\frac{2KD}{h}} = \sqrt{\frac{2 \times 30 \times 3000}{2}} = 300 \text{（件）}$$

年总成本 $C_T = 3000 \times 8 + 3000/300 \times 30 + 300/2 \times 2 = 24\ 600$（元）

年订货次数：$n = D/Q^* = 3000/300 = 10$（次）

订货点：$R = D \times LT = \frac{3000}{52} \times 2 = 115.4$（件）

2）允许缺货的经济订购批量

在生产实际中，由于各种原因导致所采购物资无法及时到达企业，造成缺货损失的情况发生。这种情况下的库存情况如图 8-2 所示。在允许缺货时的库存总费用，就不仅包括库存持有成本、固定订货成本和购买成本，还包括缺货损失成本。确定允许缺货的经济订购批量是库存持有成本、固定订货成本、购买成本和缺货损失成本四者之和总成本最小的批量。

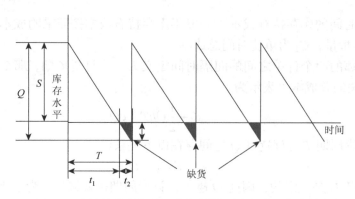

图 8-2　允许缺货的经济订货批量模型库存水平变化情况

相关基本参数设置为：c 为购买的单位货物的成本；D 为单位时间总需求量；K 为每次订货发生的固定费用；h 为单位货物单位时间的库存持有成本（一般年库存持有成本按照采购成本的一定百分比计算）；Q 为订货批量；C_T 为单位时间总成本，S 为目标最大库存量，则允许缺货量为 $L = Q-S$；单位物资缺货损失费用为 s；库存量为正数的时间为 t_1，库存量为零的时间为 t_2。则

$$t_1 = \frac{S}{D}, t_2 = \frac{L}{D} = \frac{Q-S}{D}$$

$$平均库存 = \frac{S}{2} \times \frac{t_1}{t_1+t_2}，平均缺货量 = \frac{L}{2} \times \frac{t_2}{t_1+t_2}$$

单位时间总成本可表示为

$$C_T(Q,S) = \frac{S}{2} \times \frac{t_1}{t_1+t_2} h + \frac{L}{2} \times \frac{t_2}{t_1+t_2} s + \frac{K}{t_1+t_2}$$

将 t_1, t_2 关于 Q, S 的表达式代入上式可整理得到

$$C_T(Q,S) = \frac{S^2 h}{2Q} + \frac{(Q-S)^2 s}{2Q} + \frac{KD}{Q}$$

对 Q 和 S 求一阶偏导并令其等于零，联立求解，得

$$Q^* = \sqrt{\frac{2KD(h+s)}{hs}}$$

$$S^* = \frac{sQ^*}{h+s} = \sqrt{\frac{2KDs}{h(h+s)}}$$

例 8-6　某公司以单价 10 元/千克每年购入 1200 千克某种产品，每次订货费用为 300 元，年保管费率为 20%，单位物资缺货损失费用为 5 元/年，试求允许缺货情况下的经济订货批量。

解：已知固定订货成本 $K = 300$，需求 $D = 1200$ 千克/年，单位时间库存持有成本 $h = 10 \times 20\% = 2$ 元/年，缺货成本 $s = 5$ 元/年

$$Q^* = \sqrt{\frac{2KD(h+s)}{hs}} = \sqrt{\frac{2 \times 300 \times 1200 \times (2+5)}{2 \times 5}} = 710 \text{（千克）}$$

3）价格折扣时的经济订购批量

实际中，为了刺激需求，获得更大的购买行为，生产商往往在顾客的采购批量大于某一个数值时提供优惠价格，这就是价格折扣。如图 8-3 所示，有两种数量折扣的情况，当采购数量低于 Q_1 时，物资单价为 c_1；当采购数量高于 Q_1 低于 Q_2 时，物资单价为 c_2；当采购数量高于 Q_2 时，物资单价为 c_3。

当企业订购数量达到一定额度时，可以享受价格折扣优惠，那么，企业是否应该增加订货呢？在数量折扣订货条件下，单价较低，年订购成本较低，较少发生缺货，装运成本也较低。但库存量大、库存持有成本高、存货周转慢且容易陈旧。是否增加订货关键要看是否有净收益。要在由于折扣而获得的价格优惠加上由于减少订购次数而节省的订购费用与随着订购批量扩大而增加的库存持有成本之间进行平衡，对是否接受价格折扣而增大订购批量作出决策。

在不允许缺货的经济订货批量模型中，订购量对于变动的采购成本没有影响，而在数量价格折扣的条件下，订购量将给采购成本带来影响，此时单位时间总成本的表达式如下：

$$C_{\mathrm{T}}(Q) = \frac{KD}{Q} + \frac{1}{2}Qh + c(Q)D$$

其中，$c(Q)$ 将随 Q 的增大而减小。

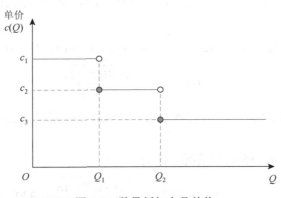

图 8-3　数量折扣产品单价

在此模型下，允许有价格折扣，物资的单价不是固定的。成本最低点或者是曲线斜率为 0 的点，或者是曲线的中断点，如图 8-4 所示。

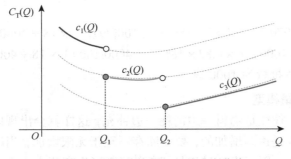

图 8-4　数量价格折扣下总成本曲线

当库存持有成本与价格无关时，价格折扣的最优订货批量的确定步骤如下。

（1）计算经济订货量 $Q_0 = \sqrt{\dfrac{2KD}{h}}$，若 $Q_0 \geqslant Q_2$，则 $Q^* = Q_0$。

（2）若 $Q_0 < Q_1$，分别计算 Q_0，Q_1，Q_2 下的总成本：

$$C_T(Q_i) = \frac{KD}{Q_i} + \frac{h}{2}Q_i + c_{i+1}D, \quad i = 0,1,2$$

比较上述总成本，最低总成本对应的订货量即为最优订货量；若 $Q_1 \leqslant Q_0 < Q_2$，则只需计算 Q_0，Q_2 下的总成本，并用同样的方法确定最优订货量。

当库存持有成本与价格有关时，价格折扣的最优订货批量的确定步骤如下。

（1）取最低价格计算订货量 Q，若 Q 可行（即按经济订货批量订货能取得对应的折扣），则 Q 即为最优订货批量。否则转下一步。

（2）取次低价格计算订货量 Q，若 Q 可行（即按经济订货批量订货能取得对应的折扣），则计算订货量为 Q 时的总成本和所有大于 Q 的数量折扣点所对应的总成本，其中最小的总成本所对应的订货数量即为最优订货批量。如果 Q 不可行，则重复本步骤。

例 8-7　某公司每年需要 4000 只开关。价格为：购买数量在 1～499 只时，每个开关 0.90 元；购买数量在 500～999 只时，每个开关 0.85 元；购买数量 1000 及以上时，每个开关 0.82 元。每次订货费为 18 元，单位产品的库存维持费用率为 18%，求最优订货批量和年总费用。

解：当 $c = 0.82$ 时，$H = 0.82 \times 18\% = 0.1476$，$K = 18$；$D = 4000$。则

$$Q(0.82) = \sqrt{\frac{2 \times 4000 \times 18}{0.1476}} = 987.7$$

也就是单价为 0.82 时，经济订购批量约为 988，与供应商的条件不一致，因此，不可行。

求次低的单价 $c = 0.85$ 时的情况。此时

$$Q(0.85) = \sqrt{\frac{2 \times 4000 \times 18}{0.85 \times 18\%}} = 970$$

也就是单价为 0.85 时，经济订购批量约为 970，与供应商的条件不矛盾，因此，970 是可行的。

大于 970 的折扣点只有一个，即为 1000 只。因此，分别计算订货量为 970 和 1000 时的总成本。

$C_T(970) = (970/2) \times 0.85 \times 18\% + (4000/970) \times 18 + 4000 \times 0.85 = 3548.43（元）$

$C_T(1000) = (1000/2) \times 0.82 \times 18\% + (4000/1000) \times 18 + 4000 \times 0.82 = 3425.8（元）$

所以，最优订货批量为 1000 只。

2. 经济生产批量模型

在实际生产中，往往是物料一边消耗一边补充，这样就会出现以下情况：①当生产能力大于需求时，库存是逐渐增加的，要使库存不至于无限增加，当库存达到一定量时，应该停止生产一段时间，因而生产过程是间断的；②当生产能力小于或等于需求时，生产过

程是连续的，不存在成品库存。当生产能力大于需求时，就要解决多大的生产批量最经济的问题。

经济生产批量模型（economic production quantity，EPQ）又称经济生产量模型，其假设条件与经济批量模型的假设相同。经济生产批量模型下库存随时间变化的过程如图 8-5 所示。生产在库存为零时开始，由于生产率 P 大于需求率 D，库存将以 $P-D$ 速率上升。经过时间 t_p 后，库存达到最大值 M。生产停止后，库存按需求率 D 下降。当库存降低至零时，又开始新一轮生产，如图 8-5 所示。

经济生产批量模型的基本参数设置为：c 为单位生产成本，K 为每次生产的生产准备成本，Q 为一次生产的批量，h 为单位货物单位时间的存储成本，P 为生产率（单位时间的产量），D 为需求率（单位时间的出库量，$D<P$），C_T 为单位时间总成本，R 为订货点，LT 为生产提前期。

最大库存水平为 $M=Q\left(1-\dfrac{D}{P}\right)$，单位时间库存持有成本为 $\dfrac{M}{2}h$，而单位时间的生产准备成本为 $\dfrac{KD}{Q}$，因此单位时间总成本可表示如下：

$$C_T(Q)=\frac{P-D}{2P}Qh+\frac{KD}{Q}$$

令 $\dfrac{\mathrm{d}C_T(Q)}{\mathrm{d}Q}=0$ 可以得到最优生产批量如下：

$$Q^*=\sqrt{\frac{2KD}{h\left(1-\dfrac{D}{P}\right)}}$$

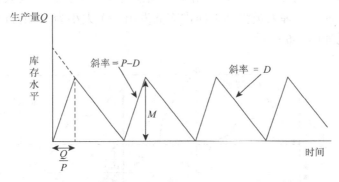

图 8-5　经济生产批量模型下库存水平变化情况

例 8-8　戴安公司是生产氧气瓶的专业厂。该厂年工作日为 220 天，市场对氧气瓶的需求率为 50 瓶/天。氧气瓶的生产率为 200 瓶/天，年库存成本为 1 元/瓶，设备调整费用为 35 元/次。求：①经济生产批量；②每年生产次数；③最大库存水平；④一个周期内的生产时间和纯消耗时间的长度。

解：已知 $K=35$ 元/次，$P=200$ 瓶/天 × 220 天/年 = 44 000 瓶/年，$h=1$ 元/(瓶·年)，需求率 $D=50$ 瓶/天 × 365 天/年 = 18 250 瓶/年。

①经济生产批量：

$$Q^* = \sqrt{\frac{2KD}{h\left(1-\dfrac{D}{P}\right)}} = \sqrt{\frac{2 \times 35 \times 18\,250}{1 \times \left(1-\dfrac{18\,250}{44\,000}\right)}} = 1477（瓶）$$

②每年生产次数

$$n = D/Q^* = 18\,250/1\,477 = 12.36 \approx 13 次③最大库存水平$$

$M = Q^*(P-D)/P = 1477 \times (44\,000-18\,250)/44\,000 = 864（瓶）④生产时间 t_p 和纯消耗时间：

$$(T-t_p)\ t_p = Q^*/P = 1\,477/200 = 7.385（天）$$
$$t-t_p = (Q^*/D) - (Q^*/P) = 1\,477/50 - 1\,477/200 = 22.155（天）$$

3. 随机型库存模型

前面对于需求有一个理想化的假设，即需求是恒定的，也就是说每个单位时间的需求是一样的，如每件产品每天的需求都一样。然而这个假设在大多数情况下都不成立，本节将讨论需求的不确定性给库存控制模型带来的影响。

不论条件如何变化，库存模型要解决的两个关键问题没有改变，即要确定订货的时间以及每次的订货量。这里介绍两种常见的库存控制策略，分别是持续检查策略和定期检查策略。

1）持续检查策略

持续检查策略也可以称为 (s, S)，即当库存状态下降到 s 水平时，发出订单并将库存状态提升到 S 水平。这里需要注意，库存状态不是库存水平，库存状态定义为仓库的实际库存加上未到的订货量减去缺货量。例如，当仓库中实际库存为 0 时，如果已向供应商发出订货量为 1000，而一个数量为 400 的顾客订货到达，那么此时库存状态为 $0 + 1000-400 = 600$。持续检查策略是指实时地检测库存状态，一旦该状态达到事先设定的再订货点 R，库存管理人员将马上向供应商发出一个大小为 Q 的订单。该策略下的库存水平变化情况如图 8-6 所示。

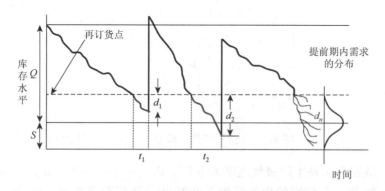

图 8-6　持续检查策略下库存水平变化情况

由于需求是不确定的，在订货提前期内需求可能超出再订货点 R，此时将出现缺货的情况。如果希望降低缺货的概率，就需要提高再订货点 R。对于该策略我们用一个服务水平的概念 α 表示，当设定服务水平为 $\alpha = 95\%$ 时，提前期内出现缺货的概率应该为

$1-\alpha=5\%$。如果单位时间（如每天）的需求服从独立同分布的正态分布，那么可以定义一个安全系数 z 与服务水平一一对应，如表 8-7 所示。

模型的其他相关参数：平均日需求 AVG，日需求的标准差为 STD，订货提前期为 L，每天单位库存的持有成本 h，订货的固定成本为 K。

表 8-7　安全系数表

服务水平	90%	91%	92%	93%	94%	95%	96%	97%	98%	99%	99.9%
安全系数	1.29	1.34	1.41	1.48	1.56	1.65	1.75	1.88	2.05	2.33	3.08

为了保证服务水平达到 α，需要设定如下的再订货点：

$$R = L \times \text{AVG} + z \times \text{STD} \times \sqrt{L}$$

其中，第一部分是订货提前期内的平均需求，而由于每天的需求服从独立同分布的正态分布，在提前期内的需求有 50%的概率超过这个值，也就是说如果没有第二部分的安全库存，这样的库存系统服务水平仅为 50%。因此，第二部分 $z \times \text{STD} \times \sqrt{L}$ 称为安全库存，用于提高安全性，避免出现缺货。

每次的订货量则可以通过经济订货批量模型确定如下

$$Q = \sqrt{\frac{2 \times K \times \text{AVG}}{h}}$$

该库存系统的平均库存水平为

$$\frac{Q}{2} + z \times \text{STD} \times \sqrt{L}$$

2）定期检查策略

定期检查策略与持续检查策略不同，该策略下库存系统并不是实时监测库存状态，而是采用一个固定的周期（r）订货，如每隔 1 个月向供应商发出一个订单。这样就已经解决了何时订货的问题，只剩下每次订货量大小的问题。由于不会实时监测库存状态，理论上在任何时刻都可能出现缺货（图 8-7），在某个订货时间点上发出订单时需要考虑下一次订货到货将在距离目前时间点 $L+r$ 之后，那么本次订货需要保证在这段时间内避免出现缺货，因此需要将库存状态提高到 S。如果要达到服务水平 α，必须保证在 $L+r$ 时间内的随机需求不会超出 S。对应的安全系数为 z，其他参数也与持续检查策略的相同。S 称为基本库存，定期检查策略也称为基本库存策略，其表达式如下：

$$S = (L+r) \times \text{AVG} + z \times \text{STD} \times \sqrt{L+r}$$

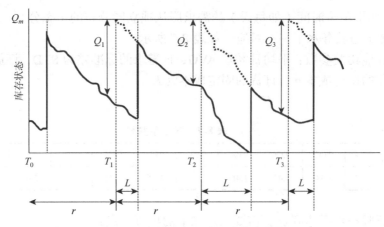

图 8-7　定期检查策略下库存变化情况

与持续检查策略中 R 的表示式类似,这里的第一部分同样是 $L+r$ 时间内的平均需求,而第二部分 $z \times \mathrm{STD} \times \sqrt{L+r}$ 则是安全库存。该库存系统的平均库存水平为

$$\frac{r \times \mathrm{AVG}}{2} + z \times \mathrm{STD} \times \sqrt{L+r}$$

8.3　库存管理评价

8.3.1　库存周转率

评价企业库存管理水平的一个重要指标是库存周转率,该指标在财务管理课程中应该也会学到,这里仅从运营管理的角度加深认识和理解。库存周转率的定义如下:

$$库存周转率 = \frac{年售出产品的成本}{平均库存价值}$$

其中,年售出产品的成本是销售数量乘以产品的采购或生产成本,特别注意,不是企业的年销售额。

根据前面学习的利特尔公式,可以将库存系统看作一个流程,产品是流程中的单位产品,而产品进入企业视为流程开始,产品销售出去则视为流程结束。那么流程中的三个基本概念 WIP(work in process)、TH(throughput)、FT(flow time)分别对应库存系统中的平均库存价值、售出产品的成本以及库存天数。

还可以将库存周转率定为库存天数的倒数,也就是说

库存周转率 = 1 年/库存天数 = 365 天/库存天数

8.3.2　库存 ABC 管理

企业需要的物料种类繁多,这些物料的重要程度、价格高低、资金占用各不相同。如何针对库存物料的不同情况和特点,实施重点的分类控制和管理,尽可能减少库存占用资金,加快资金周转,对企业具有重要的意义。

ABC 分类管理法是库存管理中常用的分析方法，也是经济工作中的一种基本工作和认识方法。ABC 分类的应用，在库存管理中比较容易取得以下成效：压缩库存量、解放被占用物资、使库存结构合理化以及节约管理力量。

帕累托在研究米兰的财富分布时发现，20%的人口控制了 80%的财富，这一现象被概括为"关键的少数和一般的多数"。这一规律的中心思想是在对各种因素进行统计分类的基础上，找出主要问题，从而将管理资源和管理工作的重点放在主要关节点，对其进行重点控制与管理。这一规律是普遍存在的，可以说比比皆是。例如，在社会结构上，少数人领导多数人；在研究机构中，少数科研人员取得研究成果的大部分；在人事方面，德智体诸方面拔尖的只是少数；在生产方面，20%的产品赢得了 80%的利润，20%的员工创造了 80%的财富等。总之，少量的因素带来了大量的结果。这一规律告诉管理者，不同的因素在同一活动中起着不同的作用，在资源有限的情况下，要把主要精力放在起着关键作用的因素上。在库存管理系统中，帕累托现象同样适用，主要体现在库存和资金占用上。上述库存价值昂贵，占用了大部分的库存资金；多数库存价格便宜，占用小部分的库存资金。

ABC 分类管理法的基本原理是：由于各种库存物资的需求量和单价各不相同，其年耗用金额也各不相同。那些年耗用金额大的库存品，由于其占用企业的资金较大，对企业经营的影响也较大，因此需要进行特别的重视和管理。ABC 分类管理法通常根据年耗用金额将物品分为三类。

A 类库存品：指 20%左右的耗用金额高的存货，它们在耗用总金额中所占比例在 80%左右。

B 类库存品：指 30%左右的耗用金额中等的存货，它们在耗用总金额中所占比例在15%左右。

C 类库存品：指 50%左右的耗用金额低的存货，它们在耗用总金额中所占比例在 5%左右。

一般来说，针对 A、B、C 三类库存品，需要采用相应的库存控制策略。对于 A 类库存品，对组织最重要，应为库存品管理的重点对象，一般应进行严格的连续控制方式；对于 B 类库存品，其重要程度介于 A 类和 C 类之间，企业要根据物料管理的能力和水平，采用不同方法对其实施正常控制。只有在紧急情况下，才赋予较高优先级，可按经济批量订货；对于 C 类库存品，对组织的重要性最低，对其管理也最不严格，一般采用比较简单的定量控制方式，可适当加大订购批量和安全库存。

需要注意的是，在进行 ABC 分类时，耗用金额不是唯一的分类标准，还需要结合企业经营和管理等其他影响因素。有时，C 类或 B 类库存品的缺少也会严重影响整个生产，于是该项 C 类或 B 类库存品必须进行严格的管理，会强制地进入 A 类。所以在分类时不但要依据物品的耗用金额，还需要考虑库存品的重要程度等其他因素。一些更复杂的存货分类系统则同时使用多个指标，并分别按照各个指标给库存品进行 A、B、C 类的划分。例如，一个零件可能被划分为 A/B/A 类，也就是按照价值划分，它属于 A 类；按照缺货后果划分，属于 B 类；按照供应不确定划分，属于 A 类。

8.3.3 ABC 分类的一般步骤

虽然 ABC 分析法已经成为企业的基础管理方法，有广泛的适用性，但目前还是广泛应用在库存分析中，此处以库存的 ABC 分析及重点管理方法为例来阐述。

ABC 分析的一般步骤如下。

（1）搜集数据。按分析对象和分析内容，搜集有关数据。例如，打算分析产品成本，则应搜集产品成本因素、产品成本构成等方面的数据。

（2）处理数据。利用搜集到的年需求量、单价，计算出各种库存品的年耗用金额。

（3）编制 ABC 分析表。根据已计算出的各种库存品的耗用金额，把库存按照年耗用金额从大到小进行排列，并计算累计百分比。

（4）根据 ABC 分析表确定分类。根据已计算的年耗用金额的累计百分比，按照 ABC 分类的基本原理，对库存品进行分类。

（5）绘制 ABC 分析图。以库存品种数百分比为横坐标，以累计耗用金额百分比为纵坐标，在坐标图上取点，并连接各点，则绘成 ABC 曲线。按 ABC 分析曲线对应的数据，以 ABC 分析表确定 A、B、C 三个类别的方法，在图上标明 A、B、C 三类，则制成 ABC 分析图。

例 8-9 某厂一个仓库物料有 10 个品种，它们的年需求量和单价如表 8-8 所示。假如企业决定按 20% 的 A 类物料，30% 的 B 类物料，50% 的 C 类物料来进行 ABC 库存分类。试进行 ABC 分类，并作相应处理。

解：（1）首先计算出每种库存品的年耗用金额，见表 8-8 的最后一列。

表 8-8　库存物料

库存品代号	年需求量/件 （1）	单价/元 （2）	库存资金/元 （1）×（2）
a	550	30	16 500
b	410	10	4 100
c	60	5 000	300 000
d	2 000	6	12 000
e	1 000	4	4 000
f	500	16	8 000
g	30	1 000	30 000
h	1 000	1	1 000
i	1 500	2	3 000
j	1 200	30	36 000

（2）按照年耗用金额从大到小进行排列，并计算累计百分比。然后根据分类标准进行 A、B、C 分类，见表 8-9。

表 8-9 库存物料 ABC 分类表

类别	库存品	库存资金	占总资金比重	资金比重	品种比重	资金累计比重	品种累计比重
A	c	300 000	72.4%	81.1%	20%	81.1%	20%
	j	36 000	8.7%				
B	g	30 000	7.2%	14.1%	30%	95.2%	50%
	a	16 500	4.0%				
	d	12 000	2.9%				
C	f	8 000	1.9%	4.8%	50%	100%	100%
	b	4 100	1.0%				
	e	4 000	1.0%				
	i	3 000	0.7%				
	h	1 000	0.2%				
小计		414 600	100%	100%	100%	—	—

（3）以库存品种数百分比为横坐标，以累计耗用金额百分比为纵坐标，绘制 ABC 分类图，见图 8-8。

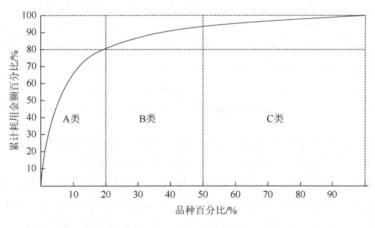

图 8-8 ABC 分类图

8.4 本 章 小 结

库存管理是运营管理的核心功能之一。在制造、零售、贸易等各类制造流通领域，一家优秀的企业一定会非常重视库存管理。企业通常需要针对库存水平制订周密的计划，以平衡持有库存的成本和为客户提供有竞争力的服务水平。

本章介绍了库存管理的基本概念以及其对企业管理的重要价值。库存管理一般涉及两个基础问题，即订货的执行时间点和订货量。根据库存产品的时效性、需求的随机性等实际因素，本章介绍了报童模型、经济订货批量模型、经济生产批量模型以及随机型库存模型等。

报童模型适用于库存产品时效性很短,而需求随机的情形。经济订货批量模型和经济生产批量模型则适用于需求确定的长期多次订货情形,随机型库存模型适用于需求随机的长期多次订货情形。

基础的单期库存模型和多期库存模型是实践中库存管理的基石,通过系统学习应掌握库存管理平衡供需的思维。此外,本章还介绍了评价企业库存管理水平的库存周转率指标,以及管理实践中常用的 ABC 分类等方法。

习 题

1. 某工厂从两个不同供应商处采购其生产系统需要的两个零部件(T 和 W)。这两个零件全年都需要。T 的使用频率比较固定,每当剩余的数量降到再订货水平就发出订单。W 从另一个供应商那里采购,该供应商每隔三个星期来访一次,并接受订单。这两种产品的数据如表 8-10 所示。

表 8-10 两种产品的数据

产品	T	W
年需求总量	10 000	5 000
持有成本	20%	20%
调整或订购成本	150 元	25 元
提前期	4 周	1 周
安全库存	55 单位	5 单位
产品成本	10 元	2 元

(1)T 采用了什么库存控制模型?其订购批量和订货点分别是什么?

(2)W 又采用了什么库存控制模型?相关参数应如何设置?

2. 某产品的日平均需求量为 100 单位,标准差为 25 单位,订货周期为 10 天,提前期为 6 天,盘点时的库存为 50 单位。如果要求服务水平达到 98%,应该订购多少产品?

3. DT 公司生产手机保护套,该公司缺乏足够人员来对每种物资进行同样严格的管理,因此公司决定向你寻求帮助,采用 ABC 分类法来管理物资,有关库存记录数据如表 8-11 所示。

表 8-11 库存记录数据

产品	平均月需求	单位价格/元
1	700	6
2	200	4
3	2000	12
4	1100	20
5	4000	21

产品	平均月需求	单位价格/元
6	100	10
7	3000	2
8	2500	1
9	500	10
10	1000	2

4. 简述库存的定义和分类。

5. 简述典型的库存控制方式及控制机制。

6. 库存控制的主要费用有哪些?

7. 简述持续检查策略的工作机理及库存变化特点。

8. 简述定期检查策略的工作机理及库存变化特点。

9. 简述 ABC 分类法的基本思想和实现步骤。

10. 一公司对某物料的年需求量为 80 万件, 每次订货的费用为 300 元, 年储存成本为购入价的 20%, 单位物资的购价可分为 3 段享受数量折扣, 如表 8-12 所示。求最优订货批量。

表 8-12　折扣表

定购数量/件	单位价格/(元/件)
0 ~ 9 999	25
10 000 ~ 19 999	20
20 000 以上	15

11. 某音乐会主办者需要决定订购多少件印有音乐会图标的 T 恤衫。如果能卖出, 每件赚 5 元; 如果卖不完, 还可以将剩余的 T 恤衫退回工厂, 但是每件要支付 3 元的赔偿。音乐会听众对 T 恤衫的需求是不确定的, 但是主办单位估计不会超出 200~1000 这个范围, 不同需求水平出现的概率如表 8-13 所示。

表 8-13　不同需求水平出现的概率

需求水平	200	400	600	800
概率	0.2	0.3	0.4	0.1

12. 已知各种物品的情况如表 8-14 所示, 对物品进行 ABC 分类。其中 A 类物品占总金额的 80%, B 类占 15%, C 类占 5%。

表 8-14　各种物品的情况

物品	1	2	3	4	5	6	7	8	9	10
单价	0.15	0.05	0.1	0.22	0.08	0.16	0.03	0.12	0.18	0.05
年需求量	26	65	220	750	1100	1750	85	25	420	20

第9章

企业资源计划

引导案例

A 公司成立于 1995 年，是某大型国有企业与德国某知名机械密封企业的合资企业。公司为石油化工、油田开采、炼油、造船、给排水和污水处理等工业用泵提供机械密封的设计、制造和维修服务，产品产量、质量及效益均居全国同行业前列。A 公司于 2015 年上线了思爱普（SAP）公司的 SAP（system applications and products）系统，历经半年运行后，企业面临的一大困境是如何精准管理 SAP 系统中的物料数据。

1. 物料数据面临问题

A 公司的 SAP 系统中，物料数据包含物料主数据、物料清单和物料工艺，这三部分共同形成一条物料信息。物料主数据包括物料编码、物料材质码、物料类型和图号，这四个数据一起形成主数据的物料描述。待物料编码生成后，再进行相应物料清单和物料工艺的建立，之后经过财务的成本核算，确认无误后，便形成了一条完整可使用的物料数据。

在 SAP 系统中，准确的物料数据是系统有效运行的基础。然而，A 公司 SAP 系统上线后的 6 个月里，公司频繁修改物料数据，修改次数达 4000 余次，导致公司 SAP 系统中的物料数据的准确度较差。

2. 物料数据问题成因

A 公司通过分析物料数据的修改记录，并结合工程部技术人员的反馈意见，发现物料数据不准确的原因主要有以下三个方面。

1）不规范的物料数据导入

在 SAP 系统上线前，A 公司并没有一个系统性的物料数据搜集和处理系统，只是通过 Excel 表格来记录物料数据。随着公司业务的不断发展和产品设计的多样化，基础性的物料数据已有 5 万多条。因为品种繁杂，图号以及产品材质的多样化，加之日常图号设计的随意性，相关负责人员对数据准确度的重视意识不够等，导致原本不规范的 5 万多条物料数据直接导入了 SAP 系统。

2）SAP 系统中存在不规范或不统一的物料编码

A 公司 SAP 系统上线前，中国区域原先的图号编码设定比较随意，一个物料可能存在几个不相同的物料编码，影响各关联子公司或部门之间的业务运转和信息共享。SAP 系统上线后，A 公司工程部开始对物料图号、材质码等进行规范和标准化（称为标准化工作）。但 A 公司标准化工作涉及多个环节，完全统一需要一定的时间间隔，造成新旧不同物料编码同时存在于 SAP 系统中。

3）物料数据录入错误

A 公司物料数据的录入步骤为：销售员接受顾客订单并将信息传递给合同部，合同部人员整理后传递至工程部，工程部人员进行设计出图，并将分解出的具体物料信息传递至数据录入人员，数据录入人员录入生产物料主数据。工程部人员根据生成的主数据，搭建物料清单和生产工艺。然后财务部门进行成本核算和物料释放。经过这些步骤后最终形成可以被系统使用的物料数据。然而，在这一系列数据收集和录入过程中有两种典型错误。

（1）顾客对物料的信息描述不是特别准确，销售人员和合同人员对相应产品的情况不够熟悉，会把错误的信息传递至工程部，使得图号或者材质信息发生偏差，导致最后录入的物料数据产生错误。

（2）工程部人员在设计产品或分解出具体物料信息时发生人为失误，如数字遗漏、字母和数字分辨不清等。

随着时间的累积，上述这三方面原因导致 A 公司物料数据的准确性较差，使得 A 公司在提升工作效率、降低管理成本方面遇到了较大障碍，公司亟待基于 SAP 系统来规范相关的基础数据。

资料来源：胡佳楠，2016. SAP 环境下 A 公司高库存问题及对策研究. 上海：华东理工大学.

9.1 企业资源计划的概念

企业资源计划（enterprise resource planning，ERP）这一概念产生于美国，由美国著名的信息技术分析咨询公司 Gartner 提出。

1990 年，Gartner 公司发表了《ERP：下一代 MRP II 的远景设想》（*ERP: A Vision of the Next-Generation MRP II*），第一次提出 ERP 概念。之后该公司陆续发表系列报告和系列标准，来深刻阐述和进一步界定 ERP。

Gartner 公司认为 ERP 系统具有如下特点。

（1）实现内部集成和外部集成。集成是 ERP 的核心，也是实现整个供需链的必要条件，包括内部集成和外部集成。内部集成实现产品研发、核心业务和数据采集的集成，外部集成实现企业与供需链所有合作伙伴的集成。

（2）支持混合方式的生产系统。ERP 系统既可以支持离散型制造环境，又可以支持流程型制造环境，也可以根据顾客定制，并调整业务流程。

（3）支持能动的监控能力，提高业务绩效。

（4）在整个企业采用计划和控制方法、模拟技术、决策支持技术和图形化表示技术，提高企业决策层的监控能力。

（5）支持开放式的顾客机/服务器系统。

其他协会和企业也从不同角度给出了相应的定义，典型的如下。

美国运营管理协会认为 ERP 系统是一个财务会计导向的信息系统，主要功能是对满足顾客订单所需要的资源进行有效整合与规划。目标是扩大企业整体经营绩效，降低成本。

SAP 公司提出了"管理＋IT"的概念，即 ERP 不只是一个软件系统，而是一个集组织模型、企业流程、信息技术、实施方法为一体的综合管理应用体系。ERP 使得企业的管理核心从"在正确的时间制造和销售正确的产品"，转移到了"在最佳的时间和地点，使企业获得最大利润"，这种管理方法和手段的应用范围也从制造业扩展到了其他行业。

德勤咨询公司认为 ERP 系统是一个允许公司对其业务流程的主要环节进行自动化和集成化，让公共数据和业务活动在企业内外得到共享，在实时环境里生成数据并访问信息的套装软件系统。

不同定义的侧重点不同，但总的来说，ERP 不仅仅是一套管理信息系统，更是一种管理理论和管理思想，利用企业所有资源，包括内部资源和外部资源，为企业服务，创造最优的方案和计划，达到企业的经营目标。

9.2　企业资源计划的发展历程

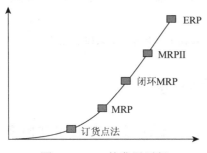

图 9-1　ERP 的发展历程

ERP 发展经历了五个大的阶段，分别是库存订货点法、MRP、闭环 MRP、MRPII 和 ERP，如图 9-1 所示。五个阶段向上兼容，下一阶段是上一阶段的提升和扩展。

9.2.1　传统订货点法

订货点法是传统的库存计划与控制方法，其基本思想是根据过去的经验预测未来的需求，根据物料的需求情况来确定订货点和订货批量。

订货点法的基本假设点如下。

（1）对各种物料的需求是相互独立的。

（2）物料的需求是稳定、连续的。

（3）订货提前期是已知的、固定的。

订货点法适合于需求比较稳定的物料库存控制与管理。然而，在实际生产中，随着市场环境的变化，需求常常是不稳定的、不均匀的，在这种情况下使用订货点法便暴露出一些明显的缺陷。

（1）盲目性。由于需求的不均匀以及对需求情况的不了解，企业不得不保持一个较大数量的安全库存来应对这种需求变化。这样盲目地维持一定量的库存会导致资金积压，造成浪费。

（2）高库存与低服务水平。传统的订货点法使得低库存与高服务水平两者不可兼得。一般认为，要达到高服务水平则必须高库存，即使高库存也会常常造成零件积压与短缺共存的局面。如果装配一个部件需要五个零件，当以 95%的服务水平供给每种零件时，每种零件的库存水平很高。但装配给零件时，五种零件都不发生缺货的概率是 $0.95^5 = 0.774$，大致每四次就有一次缺货。

（3）形成"块状"需求。订货点法的假设条件是均匀需求，但在制造过程中物料的需求是块状的：不需要时为零，需要时为一批。采用订货点法加剧了这种不均匀性，如图 9-2 所示。企业的产品、零部件和原材料都采用订货点法进行控制。一般来说，市场对产品的需求较稳定，呈小锯齿状。当产品的库存下降到订货点以下时，企业开始组织该产品的装配。当装配产品时，必须从零部件库中取出各种零部件，这样，零部件库存陡然下降，当没达到零部件订货点时，零部件不必订货，这时原材料也不必订货。

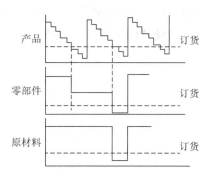

图 9-2 订货点法与"块状"需求

随着产品库存再次下降到订货点以下，再次需要进行产品的装配时，又要消费一部分零部件的库存，如果零部件库存量下降到订货点以下，就要组织资源进行零部件的加工，要进行零部件的生产就要从原材料库中领取原材料。由此可以看出，在产品的需求率为均匀的条件下，由于采用订货点法，零部件和原材料的需求率不均匀，呈"块状"。"块状"需求与"锯齿状"需求相比，平均库存水平几乎提高了一倍，因而占用更多的资金。

订货点法之所以有这些缺陷，是因为它没有按照各种物料真正需用的时间来确定订货日期。于是，人们便思考：怎样才能在需要的时间，按需要的数量得到真正需要的物料，从而消除盲目性，实现低库存与高服务水平？

9.2.2 物料需求计划

物料需求计划是当时库存管理专家为解决传统库存控制方法的不足，在不断探索新的库存控制方法的过程中产生的。最早提出解决方案的是美国 IBM 公司的 Orlicky，他在 20 世纪 60 年代设计并组织实施了第一个 MRP 系统。

1. MRP 的基本原理和处理逻辑

制造型企业的生产是将原材料转化为产品的过程。如加工装配式生产，工艺顺序如图 9-3 所示，一般包括原材料制成毛坯，毛坯加工成零件，零件组装成部件，部件总装成产品。按此生产过程，如果确定了产品的需求数量和需求时间，就可以确定产品装配数量和装配时间。确定了产品装配数量和装配时间就可按产品的结构确定产品所需的零部件的出产数量和出产时间，进而可以确定零部件投入数量和投入时间，直至原材料需要的数量和需要的时间，汇总得出所需的制造资源和需要时间。

图 9-3 从原材料到产品制造的生产过程

MRP 的基本原理就是在已知主生产计划（根据顾客订单并结合市场需求预测制定出来的各产品的生产计划）的条件下，根据产品结构或物料清单、制造工艺流程、库存状态等信息，编制出各个时段各种物料的生产和采购计划。

MRP 的处理逻辑如图 9-4 所示。

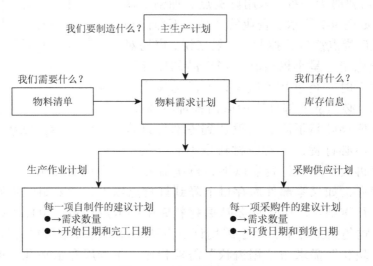

图 9-4　MRP 的处理逻辑

可见，MRP 的核心是围绕物料转化组织制造资源，实现按需准时生产。这里的"物料"是一个广义的概念，泛指原材料、在制品、外购件以及产品。以物料为中心组织生产，要求上道工序应该按下道工序的需求进行生产，前一生产阶段应该为后一生产阶段服务，各道工序做到既不提前完工，也不误期完工，因而是最经济的生产方式。MRP 正是按这样的方式来完成各种生产作业计划的编制的。

在 MRP 中，物料分成独立需求和相关需求两种类型。独立需求就是指对该物料的需求与对其他产品或零部件的需求无关。它来自企业外部，其需求量和需求时间由企业外部的需求来决定，如顾客订购的产品、售后用的备品备件等。其需求数据一般通过预测和订单来确定，可按订货点方法处理。相关需求则是指对某些项目的需求取决于对另一些项目的需求，如汽车制造中的轮胎需求取决于制造装配汽车的数量。相关需求一般发生在制造过程中，可以通过计算得到。对原材料、毛坯、零件、部件的需求，来自制造过程，是相关需求。MRP 处理的是相关需求。

MRP 思想的提出解决了物料转化过程中的几个关键问题：何时需要，需要什么，需要多少？它不仅在数量上解决了缺料问题，更关键的是从时间上解决了缺料问题。如果一个企业的经营活动从产品销售到原材料采购，从自制零件的加工到外协零件的供应，从工具和工艺装备的准备到设备维修，从人员的安排到资金的筹措与运用，都围绕 MRP 的这种基本思想进行，就可形成一整套新的方法体系，它涉及企业的每一个部门、每一项活动。因此，人们又将 MRP 看成是一种新的生产方式。

下面举例说明 MRP 的处理逻辑。

（1）要生产什么？

假设某公司生产 A 产品，现在接到顾客的订单，要求出产的日期和数量如表 9-1 所示，即第 8 周出产 8 件，第 11 周出产 15 件。

表 9-1 A 产品的要求出产日期和数量

周次	1	2	3	4	5	6	7	8	9	10	11
产品 A								8			15

（2）需要什么？

产品 A 的产品结构如图 9-5 所示。即 1 件 A 由 1 件 B 和 2 件 C 组装而成，其中 1 件 B 由 2 件 C 加工而成。在这里，同样的 C 处于两个不同的层次，分别在第 1 层和第 2 层。B 和 C 总装成 A 需要 2 周时间，C 采购周期为 2 周，C 加工成 B 的时间为 1 周。这里将总装、加工和采购的提前准备时间统称为提前期。

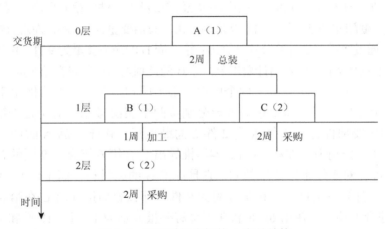

图 9-5 基于时间坐标的 A 产品结构

（3）现在有什么？

A、B、C 的现有库存数分别为 0 件、4 件和 5 件，A 的预计到货数在整个周期为 0 件，B 在第 2 周预计到货 10 件，C 在第 1 周预计到货 10 件，见表 9-2。

表 9-2 物料库存信息表

	周次	1	2	3	4	5	6	7	8	9	10	11
A	现有数 0											
A	预计到货量											
B	现有数 4											
B	预计到货量		10									
C	现有数 5											
C	预计到货量	10										

（4）MRP 怎样处理?

MRP 的处理涉及五种数据：总需要量、预计到货量、现有数、净需要量和计划发出订货量。预计到货量和现有数为库存数据，总需要量、净需要量和计划发出订货量为需求数据。其中：

$$净需要量 = 总需要量-预计到货量-现有数$$

如果计算的净需要量小于 0，则取 0。

计算过程自第 0 层开始，逐层处理，见表 9-3。

对于 0 层的产品 A，由于在第 8 周和第 11 周总需要量分别为 8 件和 15 件，现有数为 0 件，通过上述公式，可以非常简单地计算出在第 8 周和第 11 周产品 A 的净需要量分别为 8 件和 15 件。由于产品 A 的总装时间为 2 周，因此产品 A 的计划发出订货量在第 6 周和第 9 周分别为 8 件和 15 件。

对于第 1 层的 B 产品，由于 1 件产品 A 中包含 1 件 B，因此，通过第 0 层的产品 A 的计划发出订货量可以推导出 B 在第 6 周和第 9 周的总需要量分别为 8 件和 15 件。B 在第 2 周预计到货量为 10 件，现有数为 4 件，由于第 6 周总需要量为 8 件，第 6 周净需要量为 0 件，现有数变为 6 件；随着时间的推移，到第 9 周时，由于总需要量为 15 件，而现有数为 6 件，预计到货量为 0，通过净需要量计算公式计算出：第 9 周 B 的净需要量为 9 件。由于 B 的加工时间为 1 周，因此必须提前 1 周发出计划指令，即 B 的计划发出订货量在第 8 周为 9 件。

对于 C 产品，由于 C 本身处于两个层次：第 1 层和第 2 层。为简化计算，取 C 所在的最低层次：第 2 层，但总需要量的推导分别按两个层次考虑。对于处于第 1 层的 C，它是产品 A 的主要部件，即 1 件 A 由 2 件 C 总装而成，由于产品 A 的计划发出订货量在第 6 周和第 9 周分别为 8 件和 15 件，容易推导出 C 在第 6 周和第 9 周的总需要量分别为 16 件和 30 件；对于处于第 2 层的 C，它是加工 B 的原材料，而 1 件 B 由 2 件 C 加工而成，由于 B 的计划发出订货量在第 8 周为 9 件，那么容易推导出 C 在第 8 周的总需要量为 18 件。综合上述，C 在第 6、8 和 9 周总需要量分别为 16 件、18 件和 30 件。

由于 C 现有数为 5 件，在第 1 周预计到货量为 10 件，而第 6 周总需要量为 16 件，因此通过净需要量计算公式计算出：第 6 周 C 需要 1 件。同理，推导出在第 8 周和第 9 周净需要量分别为 18 件和 30 件。由于 C 的采购周期为 2 周，因此 C 的计划发出订货量在第 4 周、第 6 周和第 7 周分别为 1 件、18 件和 30 件。

表 9-3　MRP 的处理

产品 项目	提前期	项目	周次										
			1	2	3	4	5	6	7	8	9	10	11
A （0层）	2周	总需要量								8			15
		预计到货量											
		现有数	0	0	0	0	0	0	0	0	0	0	0	0
		净需要量								8			15
		计划发出订货量						8			15		

续表

产品项目	提前期	项目		周次										
				1	2	3	4	5	6	7	8	9	10	11
B（1层）	1周	总需要量							8			15		
		预计到货量			10									
		现有数	4	4	14	14	14	14	6	6	6	6		
		净需要量										9		
		计划发出订货量									9			
C（2层）	2周	总需要量							16		18	30		
		预计到货量	10											
		现有数	5	15	15	15	15	15	0	0	0	0		
		净需要量							1		18	30		
		计划发出订货量					1		18	30				

（5）MRP 处理的结果：我们缺什么？

通过表 9-3 的处理，可以得出这样的结果：产品 A 在第 8 周和第 11 周分别需要 8 件和 15 件，考虑总装周期为 2 周，因此产品 A 应该在第 6 周和第 9 周分别开始总装；B 在第 9 周需要 9 件，考虑其加工周期为 1 周，因此 B 应该在第 8 周开始加工；C 在第 6 周、第 8 周和第 9 周净需要量分别为：1 件、18 件和 30 件，考虑其采购周期为 2 周，因此 C 应该在第 4 周开始、第 6 周和第 7 周分别开始采购。当然，可以根据实际的净需要量结合订货批量进行采购，如 C 可以在第 4 周采购 19 件，以满足第 6 周和第 8 周的需求，然后再在第 7 周采购 30 件。

2. MRP 的输入信息

通过上述的 MRP 的处理逻辑，可以看出 MRP 涉及三个输入信息：主生产计划、物料清单（bill of material，BOM）和库存状态文件。

1）主生产计划

主生产计划是 MRP 的主要输入，其所列出的是企业向外界提供的产品等，它们具有独立需求的特征，包括：

（1）最终产品项，即一台完整的产品。

（2）独立需求的备品、配件，可以是一个完整的部件，也可以是零件。

（3）主生产计划中规定的出产数量一般为净需要量，即需生产的数量。

2）物料清单

物料清单表示产品的组成及结构信息，包括所需零部件的清单、产品项目的结构层次、制成最终产品的各个工艺阶段的先后顺序。实际产品对应有多种多样的产品结构树：同一零部件分布在同一产品结构树的不同层次上、同一零部件分布在不同产品结构树的不同层次上。这种特点给相关需求的计算带来了困难，一般采用低层码技术来处理，即取处在最底层的层级码作为该物品的低层码，一个物品只能有一个 MRP 低层码。

3）库存状态文件

库存状态文件保存了每一种物料的相关数据，MRP 系统关于订什么，订多少，何时发出订货等重要信息，都存储在库存状态文件中。物料清单文件是相对稳定的，而库存状态文件却处于不断变动之中。

3. MRP 的输出信息

MRP 输出的关键信息是生产和库存控制用的计划和报告。

（1）生产作业计划。生产作业计划规定了每个零件和部件的投入数量与投入时间、出产数量与出产时间。如果一个零件要经过几个车间加工，则要将零部件生产作业计划分解成分车间零部件生产作业计划。分车间零部件生产作业计划规定了每个车间一定时间内投入零件的种类、数量及时间，出产零件的种类、数量及时间。

（2）原材料需求计划。规定了每个零件所需的原材料的种类、需要数量及需要时间，并按原材料品种、型号、规格汇总，以便物资部门进行采购。

（3）库存状态记录。记录各种零部件、外购件及原材料的库存状态数据，以便于计划与实际的对比，进行生产进度控制和采购计划控制。

4. 相关参数

通过 MRP 处理，在求出净需要量后，要确定计划发出订货的数量与时间，与提前期、批量以及安全库存等若干参数有关。

1）提前期

MRP 中的提前期一般按计划单位计，如果计划单位为周，那么 MRP 中的提前期的计划单位也为周。在 MRP 中，提前期一般分为采购提前期和生产提前期。

采购提前期是指从发出采购订单开始，经供应商供货、在途运输、到货验收、入库所需的时间；生产提前期是指从订单下达开始，经过准备物料，准备工具、工作地和设备，加工制造，直到检验入库所需的时间，如零件的加工周期和产品的装配周期。

2）批量

在实际生产中，为节省订货费或设备调整准备费，需要确定一个最小批量。也就是说，在 MRP 处理过程中，计算出的计划发出订货量不一定等于净需要量。如表 9-3 中，尽管 B 在第 9 周净需要量为 9 件，但 B 在第 8 周的计划发出订货量不是必须为 9 件，考虑生产批量问题，可以为 10 件或 12 件等；同样地，尽管 C 在第 6、8 和 9 周净需要量分别为 1 件、18 件和 30 件，但在第 4 周的计划发出订货量并不一定必须为 1 件，考虑采购批量问题，可以为 20 件或 30 件。

一般地，增大批量就可以减少加工或采购次数，相应地将减少订货费或设备调整费，但在制品库存会增大，要占用更多的流动资金。而批量过小，占用的流动资金减少，但增加了加工或订货费用。因此，必须有一个合理的批量。

3）安全库存

设置安全库存是为了应对不确定性，防止生产过程产生缺料现象，避免造成生产或供应中断。尽管 MRP 处理的是相关需求，仍有不确定性。例如，不合格品的出现、外购件交货延误、设备故障、停电、缺勤等。因此，相关需求也有安全库存问题。

但 MRP 认为，只有对产品结构中最底层元件或原材料设置安全库存才是必要的。同时，安全库存的引入对净需要量的计算产生一定的影响。引入安全库存量后，净需要量的计算公式为

$$净需要量 = 总需要量 - 预计到货量 - 现有数 + 安全库存量$$

9.2.3　闭环 MRP

闭环 MRP 与 MRP 的最大区别在于闭环 MRP 增加了能力计划平衡功能。在 MRP 中，尽管按 MRP 的处理逻辑可以形成车间生产作业计划和采购计划，但车间生产作业计划和采购计划的可执行性很大程度上取决于车间生产能力的约束以及采购仓储的限制。为此，必须进行能力需求计划的平衡。如果能力需求计划可行，那么执行相应的能力计划和物料需求计划，否则，必须重新调整主生产计划和物料需求计划，使计划具有可行性。这样，形成了一个计划与控制系统，如图 9-6 所示。总的来说，闭环 MRP 在初期 MRP 的基础上补充了以下功能。

（1）编制能力需求计划。

（2）建立信息反馈机制，使计划部门能及时从供应商、车间作业现场、库房管理员、计划员那里了解计划的实际执行情况。

（3）计划调整功能。

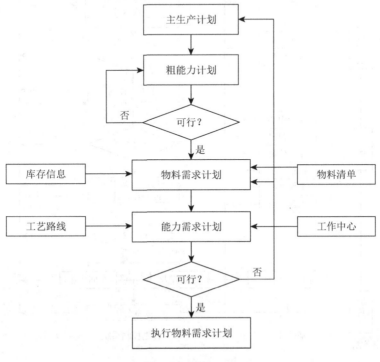

图 9-6　闭环 MRP

图 9-6 中，工作中心是企业直接的生产加工单元，是一组机器设备、人等生产资源的总称。一个工作中心可以由一台或者多台能力相近或相同、功能相同的机器设备组成，也可以由一个或多个直接生产人员组成。工作中心不同于企业加工中心，一个车间、一条生产线可以有多个工作中心。

工艺路线主要说明物料实际加工和装配的工序顺序，每道工序使用的工作中心，各项时间定额（如准备时间、加工时间、传送时间等），以及外协工序的时间和费用。工艺路线不同于企业工艺文件。后者主要用来制定人工在加工过程中的各种操作规范和工艺要求，而工艺路线是一种计划管理文件，强调加工的先后顺序、工时使用和费用等情况。

9.2.4　制造资源计划

制造资源计划（manufacturing resources planning, MRPII）是 20 世纪 80 年代初在 MRP 的基础上发展起来的，它是一种资源协调系统，代表了一种新的生产管理思想。

MRPII 的基本思想就是把企业看作一个有机整体，其逻辑流程如图 9-7 所示。MRPII 实际上从纵向和横向两个角度体现了其管理思想。在纵向上，一方面向下体现：从决策层、计划层到控制执行层，对企业经营计划层层分解，迅速下达，并具体落实到车间和班组，

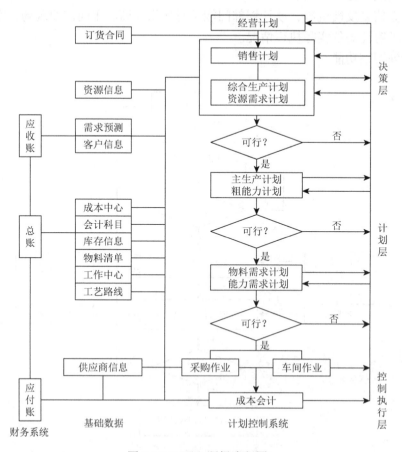

图 9-7　MRPII 逻辑流程图

责任明确；另一方面，通过向上反映，从控制执行层、计划层到决策层，将计划执行情况信息及时反馈，为计划的及时调整提供依据。在横向上，体现出企业的核心业务——计划控制系统与财务系统集成关系，它们之间的联系桥梁是信息的管理——生产基础数据的管理。通过信息系统将基础数据集成一体，实现企业各部门业务活动的沟通与联系，形成了一个资金流、物流、人员流和信息流的集成系统。

MRPII 的功能和范围已经远远超出了物料需求计划并覆盖了企业全部生产资源，解决了企业内部管理系统的一体化问题，其特点可以从以下六个方面来说明。

（1）计划的一贯性与可行性。MRPII 是一种计划主导型管理模式，计划层次从宏观（决策层）到微观（控制执行层），从战略到技术，由粗到细，逐层优化。MRPII 提供了一个与企业长期发展战略目标一致的完整而详尽的计划体系，加上产能的反馈与控制，使计划具有一贯性、有效性和可执行性。

（2）管理的系统性。MRPII 是一项系统工程，在一个计划原则的协调下将企业所有与生产经济直接相关的部门的工作联结成一个有机的整体，提高了企业的整体效率。

（3）数据共享性。MRPII 是一种企业管理信息系统，企业各部门都依据同一中央数据库的信息进行管理。任何一种数据变动都能及时地反映给所有部门，使数据共享，消除了许多重复工作和数据冲突，提高了企业决策的准确性。

（4）动态应变性。MRPII 是一个闭环系统，它要求跟踪、控制和反馈瞬息万变的实际情况。管理人员可随时根据企业内外部环境条件的变化迅速作出响应，及时调整决策，保证企业有效地运行。

（5）模拟预见性。MRPII 具有模拟功能，它可以解决 what-if 的问题，可以预见在相当长的计划期内可能发生的问题，事先采取措施消除隐患，而不是等问题已经发生了再花几倍的精力去处理。

（6）物流与资金流的统一。MRPII 集成了成本会计和财务功能，可以由生产活动直接产生财务数据，把实物形态的物料流动直接转换为价值形态的资金流动，保证生产和财务数据的一致。

9.2.5　企业资源计划简介

由于企业的生产经营活动——从原材料的采购、制造到产品的分销不仅需要对企业内部资源进行计划控制，也需要外部企业的密切合作，而 MRPII 仅局限于企业内物流、资金流和信息流的管理，由此产生了 ERP 的概念。ERP 将企业的运营流程当作一条紧密连接的供应链，对供应链上所有环节集成为一体化系统，实施有效管理。

ERP 系统能够自动完成一个组织功能领域的各项任务（财务、人力资源、销售、采购和物料分配），并能将这些不是同类领域的数据资料储存在一个数据库中，如图 9-8 所示。目的是通过信息共享和互相交流提高企业各部门之间的合作与交流。

与 MRPII 相比较，ERP 具有如下功能特点。

（1）扩充了企业经营管理功能。ERP 相对于 MRPII，在原有功能的基础上进行了拓宽，增加了质量控制、运输、分销、人事管理等功能子系统。对企业所有资源进行整合和集成管理，是将企业物流、资金流、信息流进行一体化管理。

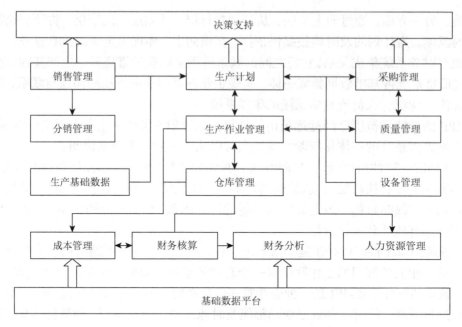

图 9-8　ERP 整体结构图

（2）面向供应链——扩充了企业经营管理的范围。ERP 系统把顾客需求和企业内部制造活动以及供应商的制造资源整合在一起，强调对供应链上所有环节进行有效管理。

（3）模拟分析和决策支持的扩展——支持动态的监控能力。为企业计划和决策提供多种模拟功能和财务决策支持系统，提供如产品、融资投资、风险、企业合并、收购等决策分析功能，在企业级的范围内提供了对质量、顾客满意等关键问题的实时分析能力。

（4）系统功能模块化。运用应用程序模块来对供应链上的所有环节实施有效管理。物流类模块实现对供应、生产、销售整个过程和各个环节的物料的管理。财务类模块提供一套通用记账系统，还能够进行资产管理，提供有关经营成果的报告，使企业管理决策建立在客观、及时的信息基础之上。人力资源类模块提供一个综合的人力资源管理系统，它综合了如人事计划、新员工招聘、工资管理和员工个人发展等各项业务活动。

从系统功能上来看，ERP 系统虽然只比 MRPII 系统增加了一些功能子系统，但更为重要的是这些子系统的紧密联系以及配合与平衡。正是这些功能子系统把企业所有的制造场所、营销系统、财务系统紧密结合在一起，从而实现全球范围内的多工厂、多地点的跨国经营运作。

9.3　企业资源计划软件应用现状

随着市场竞争日益激烈，企业普遍重视自身管理，对信息化管理提出了更加全面的需求。ERP 系统作为大型信息集成系统，在企业信息化推进过程中扮演着重要乃至不可替代的角色。ERP 系统广泛应用于生产制造、贸易流通、金融保险、电信服务、能源和交通等行业，其中，制造业是 ERP 系统的主要应用领域。

1. ERP 规模

根据 Gartner 咨询公司公布的数据，2019 年，全球 ERP 软件市场同比增长 9%，市场规模达到了 390 亿美元，2023 年全球核心 ERP 市场预计约 500 亿美元，如图 9-9 所示。

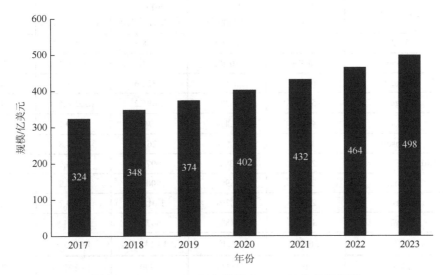

图 9-9　2017～2023 年全球核心 ERP 软件市场规模

20 世纪 80 年代，ERP 的前身 MRPII 作为一种信息化管理软件进入我国。之后，整体上我国 ERP 市场规模一直稳步增长。其中，2012～2018 年中国 ERP 市场规模的变化趋势如图 9-10 所示。但 ERP 作为存量市场，行业发展存在天花板，ERP 软件市场规模的增速在逐渐减慢。

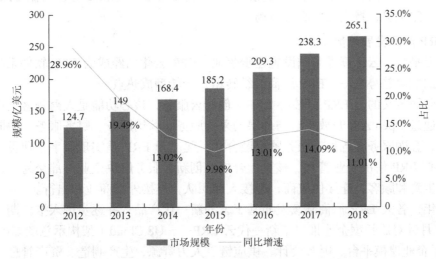

图 9-10　2012～2018 年中国 ERP 软件市场规模变化趋势

资料来源：中国产业信息网、智研咨询，2018

2. ERP 市场占有率

2018 年和 2019 年，全球主要 ERP 厂商的市场份额和收入如表 9-4 所示。SAP、Oracle 和 Workday 的市场份额位列前三。

表 9-4 2018～2019 年全球主要 ERP 厂商的市场份额

排名	ERP 厂商	2018 年市场份额	2019 年市场份额	2018 年收入/百万美元	2019 年收入/百万美元	2019 年收入涨幅
1	SAP	21.6%	21.3%	7 708.8	8 295.5	7.6%
2	Oracle	10.9%	10.8%	3 901	4 206.1	7.8%
3	Workday	6.5%	7.8%	2 324.6	3 041	30.8%
4	Sage	5.9%	5.3%	2 095.2	2 076.5	−0.9%
5	Infor	4.9%	4.4%	1 743	1 709.1	−1.9%
6	Microsoft	3.5%	3.5%	1 261.3	1 374.8	9%
7	Ultimate Software	2.8%	3%	997.1	1 183.9	18.7%
8	Visma	2.5%	2.9%	900.7	1 117.9	24.1%
9	Kronos	2.9%	2.7%	1 018.8	1 049.2	3%
10	Yonyou	1.8%	1.8%	647.4	698.1	7.8%
-	其他	36.8%	36.4%	13 142.5	14 145.2	7.6%
	总计	100%	100%	35 740.4	38 897.3	8.8%

资料来源：Gartner 咨询、德勤咨询，2020 年

中国 ERP 软件行业参与者，主要有国外 ERP 软件厂商 SAP、Oracle 等，国内厂商有用友、金蝶国际、浪潮、新中大、金算盘、佳软、金航数码、英克等。

目前在我国 ERP 市场的竞争格局中，国内厂商如用友、金蝶国际等持续发力，覆盖率和渗透率不断升高，但由于起步较晚，国外厂商如 SAP、Oracle 等在占据 ERP 市场上仍然具有一定优势，特别是在高端市场。

3. ERP 产品发展趋势

随着云平台、云计算等基础设施逐步落地，EPR 云化已经成为 EPR 软件系统未来发展与转型的主要趋势之一，ERP 厂商纷纷转型，云转型成热点。

用友公司定义的云 ERP 是核心 ERP+创新云服务，核心功能是人财物客集成一体化应用，并通过 Open API 开放平台与外层的采购服务、营销服务、财务服务、协同服务、人力服务、金融服务等各种云服务紧密融合在一起。云 ERP 是实现数字企业重生的基础设施，核心 ERP 解决企业管理、核算、合规；创新云服务解决企业外部交易、连接和共享，连接生意和顾客，连接供应商，连接人和团队，连接外部商业和出行。

近几年，各大 ERP 厂商陆续发布基于云的新一代产品，并逐步进入推广期。用友在 2017 年 7 月针对成长型企业推出了新一代云 ERP——U8 Cloud（架构示意图如图 9-11 所示），除了企业建模平台、财务会计、供应链、人力资源、生产制造、资产管理、移动应用（移动审批、移动 HR），还包含了电商通、U 会员、U 订货、友云采、友报账、友空

间等用友云服务。同样，2017 年金蝶公司将 ERP 系统升级为金蝶云，包括财务云、供应链云、HR（人力资源）云、全渠道营销云、生产制造云、大数据云服务等不同云产品模块，顾客可按照实际需求随意配置选择。此外，金蝶在中国企业云服务市场不断探索，旗下的云服务产品包括金蝶云·苍穹（大企业数字共生平台）、金蝶云·星空（成长型企业数字化平台）、金蝶精斗云（小微企业成长服务平台）、云之家（智能协同云）、管易云（企业电商云服务平台）、车商悦（汽车经销行业云）及我家云（物业行业云）等。

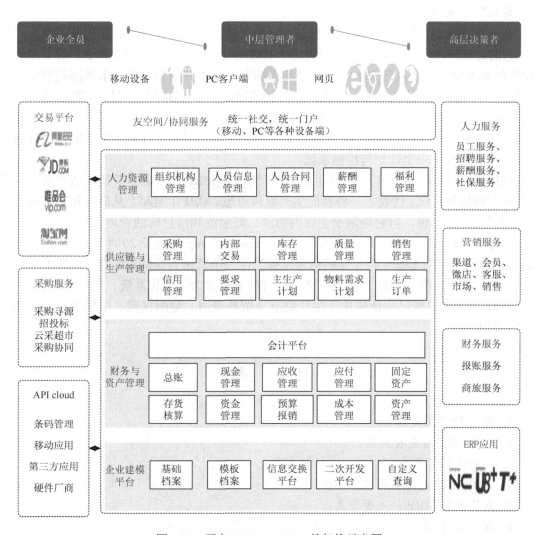

图 9-11 用友 U8 Cloud 2019 的架构示意图

云化赋能 ERP 加强外部链接，补强大型顾客存量离线 ERP 功能。ERP 互联网化后功能迅速往周边扩散（上：内部协同管控；下：硬件物联网（IoT）连接；左：上游供应链、合作伙伴连接；右：下游顾客、营销、物流整合），轻量化的云功能模块围绕核心 ERP 功能补强企业管理能力。

9.4　本章小结

本章主要学习了 ERP 的概念、ERP 发展历程和 ERP 软件应用现状，涉及的主要概念如下。

传统订货点法。用于生产计划与控制适合于需求比较稳定的物料库存控制与管理。然而，当需求不稳定的、不均匀时，使用订货点法暴露出盲目、高库存与低服务水平以及形成"块状"需求的特性。

物料需求计划（MRP）。基本思想是围绕物料转化组织制造资源，实现按需要准时生产。它的提出解决了物料转化过程中的几个关键问题：何时需要，需要什么，需要多少？MRP 的基本原理就是在已知主生产计划（根据客户订单并结合市场需求预测制定出来的各产品的生产计划）的条件下，根据产品结构或物料清单（BOM）、制造工艺流程、库存状态等信息，编制出各个时段各种物料的生产和采购计划。

闭环 MRP。闭环 MRP 与 MRP 的最大区别在于增加了能力计划平衡功能，使计划具有可行性，形成了一个计划与控制系统。

制造资源计划（MRPII）是 20 世纪 80 年代初在 MRP 的基础上开始发展起来的，它是一种资源协调系统，代表了一种新的生产管理思想。MRPII 实际上从横向和纵向两个角度体现了其管理思想，但它局限于企业内物流、资金流和信息流的管理。

企业资源计划（ERP）是由美国著名的 Gartner Group 公司于 20 世纪 90 年代初提出的。企业资源计划（ERP）将企业的运营流程当作一条紧密连接的供应链，拓展了 MRPII 局限于企业内部的管理范围，对供应链上所有环节集成为一体化系统，实施有效管理。

目前，ERP 系统已广泛应用于生产制造、贸易流通、金融保险、电信服务、能源和交通等行业中。

习　　题

1. 简述 ERP 的定义。
2. 简述 ERP 的发展历程。
3. 什么是订货点法？
4. 简述 MRP 的处理逻辑。
5. 简述闭环 MRP 的主要优点。
6. 简述 ERP 系统的核心管理思想。
7. ERP 与 MRPII 的主要区别是什么？
8. 典型的 ERP 软件供应商有哪些？
9. 每单位 A 由一单位 B、2 单位 C 与 1 单位 D 制成。C 由 2 单位 D 与 3 单位 E 制成。产品 A、产品 C、产品 D、产品 E 的现有库存分别为 20、10、20 和 10 单位。产品 B 在第 1 周的计划接收量为 10 单位，产品 C 第 1 周的计划接收量为 50 单位。对产品 A 和产品 B 采用按需定量法（L4L）。产品 C 所需的最小批量为 50 单位。产品 D 和产品 E 分别需要采购 100 单位和 50 单位的整数倍。产品 A、产品 B、产品 C 的提前期为一个周期，产品 D 和产品 E 的提前期为两个周期。第 2 个周期产品 A 的总需求为 30 单位，第 5 个周期为 30 单位，第 8 个周期为 40 单位。找出所有组件的计划订单发出日期。

10. 接下来 10 周产品 A 的 MRP 总需求如表 9-5 所示。产品 A 的提前期为 3 周，调整成本为 10 美元。每周单位产品的保管成本为 0.01 美元。期初库存为 90 单位。

表 9-5　MRP 总需求

周	1	2	3	4	5	6	7	8	9	10
总需求	30	50	10	20	70	80	20	60	200	50

使用最小总成本或最小单位成本法确定何时应该发出多少数量的第一份订单。

第 10 章

作业计划与控制

引导案例

分时共享专机调度问题

随着出行需求的不断改善，人们发现采用民用航班出行面临着一系列问题，如航班延误或取消、航班超售导致舱位降级或者不能登机、某些城市之间没有直达航班、办理登机手续和转机的时间过长、行李错放或丢失以及一等舱和商务舱数量有限等。为此，分时共享专机已成为一项新兴的服务业务，而这项业务的兴起离不开合理的资源共享和分配。

拥有自己的飞机的确能成就最美好的飞行计划，毕竟私人飞机能够节约大量时间，能提供舒适、便捷和保护隐私的飞行。但是，私人专机购买成本高、运营和维护费用大，对于许多公司，特别是对于中小型公司而言，私人专机并不总是能负担得起的。因此，将飞机的股份出售给那些本来买不起私人专机的顾客，让他们成为飞机的"部分拥有者"，已成为一个快速增长的行业。NetJets、Flexjet 和 Raytheon Travel Air 等公司就提供这样的解决方案，而其核心就在于基于分时共享的专机安排。顾客通过支付购买飞机部分权益的一次性成本、每月的管理费以及飞机使用时间的每小时收费等三部分成本就可以成为飞机的部分拥有者，并在每年都获得一定的飞行时数配额。这些专机部分拥有者可以致电管理这些飞机的公司，通过指定起飞时间、起飞地点、目的地和专用信息随时预订自己可享的行程。这样，顾客避免了建立配有专职维修人员和飞行员的飞行部门的费用，也不必支付高昂的所有权成本。同时，也具有税收优势，因为部分拥有者承担折旧费用。对于出售飞机股份的公司来说，有两种主要的成本：运营成本（燃料、维护、保养和驾驶成本等）以及在不转包额外飞机的情况下无法满足某些顾客要求的高额罚款。因此，从成本/利润的角度出发，需要寻找合适的飞机作业计划和路线安排以及相应的机组调度方案，使运营成本和惩罚成本最小化。该调度问题的解决对公司的盈利十分重要。

资料来源：Pinedo M L. Scheduling Theory, Algorithms, and Systems. 4th Edition. New York: Springer

10.1 概　述

作业计划具有战略重要性，也会给企业带来时间等方面的竞争优势。南非著名塑料包装集团 Astrapak 通过制订能力计划和详细调度使生产变得更精细，显著提高了顾客服务水平，能降低库存水平 40%，提高准时交货率 45%。三菱重工注重实现计划作业的自动化和提高准确度，能缩短调度时间到 1~2 秒，减少调度实施的费用 80%。对于钢铁、航空等企业，有效的计划和协调活动，能更好地使用现有设施。不少半导体制造企业也通过快速调整生产计划和优化生产能力提升效率。

在企业计划体系中，MRP 确定了各车间的零部件投入产出计划，将全厂性的生产计划变成了各车间的生产任务。各车间要完成既定的生产任务，还必须将零部件投入出产计划转化成车间生产作业计划。车间生产作业计划也就是人们常说的生产作业计划，也可简称作业计划。作业计划的主要任务是将主生产计划细化为每周、每个工作日、每个轮班甚至每小时的具体作业安排。换言之，就是把计划工作负荷分解成一个个精确具体的短期计划。同时，在空间上把生产运作任务细分落实到各工段、班组、工作地和个人。

为保证作业计划（生产任务）的按期完成，还必须实行作业控制。作业控制的主要任务是监控工单、赶工单的执行，及时调整系统能力以满足主生产计划的要求。

在作业计划与控制系统的设计中，必须有效地满足下列功能要求。

（1）把订单、设备、人员分配到工作中心或者其他特定的工作地，并且要避免资源负荷的超载，即达到资源负荷的平衡。实际上，这是一个短期能力计划。

（2）确定订单或作业执行的顺序。

（3）将已排序的作业安排到具体的工作中心、工作地或设备上，这就是通常所说的作业调度，有时也称为派工。

（4）生产作业控制，包括不断监控和检查作业的执行情况以及设备的负荷情况，保证订单的如期完成；及时为滞后任务或关键任务制订相应的赶工单等。

（5）根据设备运作的好坏和新指令的到来，不断地修订作业计划，以适应变化。

（6）控制作业过程中的质量问题。

从体系结构上讲，生产作业计划与控制可划分为作业计划层和生产调度层，如图 10-1 所示。作业计划层的主要功能是根据工厂和车间下达的中长期生产计划（如月、旬、周生产计划）和车间资源的实际状况进行零件分批和负荷平衡，生成系统资源需求计划。任务预处理时，着重要考虑的问题是在保证交货期的前提下，如何优化使用系统内的资源。生产任务的分批要使每批的零件搭配均衡，以达到高效均衡地使用车间制造资源的目的。生产任务的负荷平衡是要在同一批生产任务中使各主要设备的工作时间之差最小。生产调度层是在作业计划的基础上确定作业（如工件）加工顺序，以及加工过程中各种制造资源的实时动态调度。其中，生产任务静态排序确定每个工件进入系统的先后顺序，并确定机器加工每个工件的开始时间和完成时间。生产任务动态调度要对车间内的被加工任务进行实时再调度（考虑系统扰动）。另外，由于资源的静态分配并不意味着在实际的加工过程中零件一定可以得到这些资源，所以还要进行车间资源的实时动态分派。

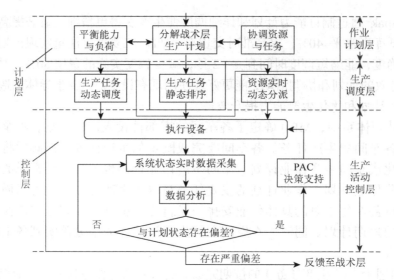

图 10-1　生产作业计划与控制的体系结构

10.2　作业计划

10.2.1　概念与符号

工厂里要对每个工人和工作地安排每天的生产任务，规定开始时间和完成时间；医院要安排患者手术，为此要安排手术室、配备手术器械、手术医师和护士；集装箱码头要完成不同的大型运输船舶上集装箱的装载或卸载工作，需要合理安排吊车、泊位以及集装箱卡车；学校要安排上课时间表，使学生能按规定的时间到规定的教室听事先安排的教师讲课，这些都是作业计划问题。甚至项目计划管理，也是一个作业计划问题。

编制作业计划实质上是要将资源分配给不同的任务，按照既定的优化目标，确定各种资源利用的时间问题。在这个过程中，有限的资源被不同的任务所"分享"，如飞机起飞降落分享跑道，患者门诊分享医师及医疗设施，学校排课分享教师、教室及上课时段，会议分享参会人员、会议室，育婴中心婴儿哺乳分享护士、奶瓶及奶粉，计算机工作站用户分享计算机 CPU（中央处理器，central processing unit）及内存，餐馆用餐分享厨师、餐厅、餐具及食物等。为完成这些任务而对资源进行的时间分配就形成了作业计划。在时间分配的过程中，会涉及任务在资源上处理的顺序或排序问题。另外，具体的优化目标不同，作业计划方案也会有所差异。

作业计划无论对制造业还是服务业都特别重要，执行得不好会导致企业资源的无效利用和顾客的不满意。在制造业，由于及时交货、库存水平、制造周期时间、成本和质量等绩效度量标准与每个生产批次的作业计划直接相关，因此作业计划十分关键。当然，由于顾客等待时间、队列长度、利用率、成本和质量与服务台的可得性有关，因而服务业作业计划也同样很关键。

一般来说，作业计划与作业排序不是同义词。作业排序确定的是作业（任务）处理的优先顺序；作业计划也称为作业排程或排产，不仅包括把作业分配到资源上进行作业排序，还包括确定作业的开始时间和完成时间。尽管如此，由于编制作业计划的关键任务是确定作业进行的优先顺序，当作业进行的优先顺序确定时，作业计划也就通过正向排产或反向排产的方式确定，因此，人们常常将作业计划与作业排序这两个术语不加区别地使用。而且，作业计划有时称为作业计划与调度。当然，更广义地说，调度还包括执行作业计划控制采取的具体行动，属于控制的范围。

在作业计划编制问题中，一般涉及三个有限集合。

（1）集合 $M = \{1, 2, \cdots, i, \cdots, m\}$ 表示 m 台机器的集合，表示提供服务者，用以加工工件或处理任务，如机床、维修工、工作地等。

（2）集合 $J = \{1, 2, \cdots, j, \cdots, n\}$ 表示 n 个工件的集合，表示接受服务者或服务对象。这些工件需要在这 m 台机器上加工。如果工件 j 需要多次在机器上加工，则用 (i, j) 表示一个工件 j 在机器 i 上的加工，称为工序 (i, j)。一个工件的所有工序均加工完成，则认为该工件加工完成。

（3）集合 $R = \{1, 2, \cdots, s\}$ 表示 s 种资源的集合，机器在加工过程中需要其中的若干种资源。在资源足够的情况下，可以忽略该集合及其约束。

排程的目的是设计一个调度方案，也称为时间表，它是排程问题的解。该调度为 J 中的每个工件按时间和加工顺序，在集合 M 中指定加工的机器，完成所有工件的加工，并使某个与工件完工时间相关的目标函数达到最优。一般情况下，一个可行调度满足下述条件。

（1）每一台机器在任何时刻至多加工一个工件，且每一个工件在任何时刻至多在一台机器上加工。在特别说明的情况下，如批处理机器或多功能机器环境下，这一条件可以放松。

（2）所有工件的每一个工序都必须完成加工。一个工件在加工过程中，如果可以被别的工件抢先而中断加工，并稍后在原来的机器或在其他机器上继续加工，则称该工件可以中断。根据中断后恢复加工的方式不同，中断可以分为两种：可续性中断和重复性中断。对于可续性中断，中断之后该工件的加工时间不受中断的影响，即中断后该工件的加工时间为其剩余加工时间；而对于重复性中断，中断后该工件的加工必须从头开始。

（3）工序必须在就绪时间（或前一工序完工）之后才能开始加工；对有先后约束 $j \to k$ 的工件，工件 k 的任一工序必须在工件 j 的全部工序加工完成后才能开始加工。

1. 机器集合

机器集合 M 中的机器按照机器数量和对工件加工方式的不同，可以分为不同的机器环境。

（1）单机：机器集合 M 中仅有一台机器，工件 j 仅有一个加工工序，由这台机器加工，这是最简单的机器环境，也是其他复杂机器环境的特例。

（2）平行机：机器集合 M 中有 m 台机器，工件 j 仅有一个加工工序，可以由 M 中任意一台机器加工，或由 M 的任意一个子集中的机器加工，因此这 m 台机器对同一个工件加工的能力是相同的，但这些机器对同一个工件进行加工所需要的时间可能会不同，有的机器加工速度快，有的机器加工速度慢。据此，平行机可以分为三类，即同型机，对所有工件的加工速度相同；同类机，对同一类型工件的加工速度相同，但对不同类型工件的加工速度不同；非同类机，对不同工件的加工速度均不同。

（3）多工序机：机器集合 M 中有 m 台机器，工件 j 有多个加工工序，这些加工工序可以由 M 中的某个子集中的机器加工。多工序机也可以分为三类，即每一个工件按给定的相同次序在这些机器上加工的流水作业车间、工件按给定的特定次序进行加工的单件作业或异序作业车间和工件依次在机器上加工但次序可以任意的开放作业或自由作业车间。

在排序与调度问题中，通常假设一台机器在某个时间只能加工一个工件，每个工件在同一时间只能在一台机器上加工。如果机器正在加工工件，那么称此机器是忙碌的；反之，则称此机器是空闲的。

2. 工件集合

工件集合 $J = \{1, 2, \cdots, j, \cdots, n\}$ 中的每个工件，需要一系列参数来描述，主要包括以下几个。

（1）加工时间：指工件 j 的工序 (i, j) 在机器 i 上加工所需的时间，用 p_{ij} 表示。特别地，在工序 (i, j) 可由平行机加工时，对同型机，有 $p_{ij} = p_j \ (i \in M)$；对同类机，有 $p_{ij} = \dfrac{p_j}{s_i} \ (i \in M)$，其中 p_j 是工件 j 的标准加工时间（通常指在速度最慢机器上的加工时间），s_i 是机器 i 的相对速度。

（2）就绪时间：指工件 j 可以开始加工的时间，可以用 r_j 表示。如果所有的工件都同时就绪，可以认为 $r_j = 0 (j = 1, 2, \cdots, n\}$。

（3）交货期 d_j：指工件 j 的加工应该结束的时间。

（4）权 w_j：表示工件 j 的重要性，或者相关费用或收益的数值。

3. 排序与调度的性能度量

给定机器对工件的一种加工安排，就可以决定一个排序或调度的时间表，即一个调度方案。该调度的性能度量通常与工件的完工时间紧密相关。描述工件 j 完工的常用参数有以下几个。

（1）完工时间：工件 j 的最后一道工序加工完成的时间，表示为 C_j。

（2）流程时间：$F_j = C_j - r_j$。

（3）延迟：$L_j = C_j - d_j$。

（4）延误：$T_j = \max\{L_j, 0\}$。

（5）提前：$E_j = \max\{-L_j, 0\}$。

（6）误工数：$U_j = \begin{cases} 0, & C_j \leqslant d_j \\ 1, & C_j > d_j \end{cases}$。

在描述工件 j 完工的参数基础上，可以定义描述一个调度的性能指标如下。

（1）最大完工时间 $C_{\max} = \max\{C_j \mid 1 \le j \le n\}$，又称为加工时间全长或时间表长度。当一批工件同时到达加工场所，最大完工时间体现的是这批零件的加工周期。

（2）最大延迟 $L_{\max} = \max\{L_j \mid 1 \le j \le n\}$。

（3）最大延误 $T_{\max} = \max\{T_j \mid 1 \le j \le n\}$。

（4）工件的总完工时间 $\sum C_j$。

（5）平均流程时间 $\overline{F} = \dfrac{1}{n}\sum F_j = \dfrac{1}{n}\sum(C_j - r_j)$。

（6）误工工件数 $N_T = \sum U_j$。

（7）加权误工工件数 $\sum w_j U_j$，当权 w_j 代表工件 j 的误工损失时，表示总误工损失。

4. 排序问题的表示法

机器、工件和目标函数的不同特征以及其他因素上的差别，构成了多种多样的排序问题及相应的排序方法。常用的排序问题表示方法是由 Conway 等提出的四参数表示法和 Graham 等提出的三参数表示法。

1）四参数表示法的基本形式为：$n/m/A/B$

其中，n 为工件数；m 为机器数；A 为车间类型（F 为流水作业排序问题；P 为流水作业排列排序问题；G 为单件作业排序问题）；B 为目标函数，通常为最小化。

例 10-1　$n/3/P/C_{\max}$ 表示 n 个工件在 3 台机器上加工的流水作业排列排序问题，目标函数是使最长完工时间 $C_{\max}$ 最短。

流水作业排序问题的基本特征是每个工件的加工顺序一致（指工件的流向一致，并不要求每个工件都经过每台机器），但工件在不同机器上的加工顺序不尽相同（有工序交叉）。排列排序问题是流水作业排序问题的特例，要求所有工件在各台机器上的加工顺序都相同。

排列排序问题的最优解不一定是相应的流水作业排序问题的最优解，但一般是较优解。

可以证明：对于仅有 2 台/3 台机器的特殊情况，排列排序问题的最优解一定是相应的流水作业排序问题的最优解。

2）三参数表示法的基本形式为：$\alpha \mid \beta \mid \gamma$

其中，α 域描述机器环境，只有一项；β 域描述排序的特征和约束，可以为空，也可以有多个项；γ 域是排序和调度的目标，通常有一项，但在多目标和多代理排序与调度问题中也可以有多项。

（1）α 域。单台机器用 1 表示。在平行机情形下，Pm、Qm 和 Rm 分别表示 m 台平行的同型机、同类机和非同类机。在多工序机情形下，Fm 表示 m 台流水作业车间；Jm 表示 m 台异序作业车间；Om 表示 m 台自由作业车间；FFc 表示柔性流水作业车间；FJc 表示柔性异序作业车间。FFc 是流水作业和平行机的推广，在柔性流水作业中有多类机器，每个工件有多道工序，每道工序需要在每类机器中的一台机器上加工，且每个工件的加工顺序相同。类似地，FJc 是异序作业和平行机的推广。

如果不特别指明机器的数量，则表示机器的数量是任意正整数；如果该域是空集（或 ∞），则表示机器有无穷多台，加工能力无限。

（2）β 域。β 域描述工件的特征或加工的特殊要求，可以有多项。如果是空的，则表示无约束、离线排序与调度问题。此域描述的内容包括加工就绪时间、截止时间或交货期、设置时间、机器可用性约束、加工次序的先后关系、能否停工、处理批量、是否在线问题等。

（3）γ 域。排序与调度作为一个最优化问题，其目标函数通常是一维的。一般情况下都是最小化正则目标函数。一个目标函数是正则的，指的是该函数是完工时间的单调非降函数。正则目标函数使得排序与调度问题只需在可行集中的一个占优子集中搜索就够了。例如，对最小化正则目标函数的单机排序与调度问题，不必考虑机器出现空闲的情况，因为此时机器不空闲的加工安排组成占优集。γ 域中的正则目标函数可分为两类：最小化最大费用和最小化总费用。当然，在一些情况下，目标函数也可以使用非正则函数，如最小化总提前期以减少可能由于成品库存产生的费用、最小化提前和延误的总费用以满足准时生产的需要等。

例 10-2　$1 \| \sum T_j$ 表示单机最小化总延误问题。

例 10-3　$F3 \| C_{\max}$ 表示三台机器流水作业，最小化工件最大完工时间问题。

例 10-4　$\alpha \mid d_j = d \mid \gamma$ 是带有共同交货期的排序问题。

10.2.2　单机与平行机器排序

1. 单机排序问题

单机排序是要确定 n 个独立作业以何顺序分派至一台机器上作业，以使某性能指标最佳。工作中心导向的排序是典型的单机排序问题。例如，有 10 个患者被分配到一个医疗诊所来治疗，他们应按什么顺序来接受治疗?是按到达顺序，还是先救治危重患者?

单机排序常采用规则调度方法，不同的调度规则适用的目标不同，如表 10-1 所示。

表 10-1　优先调度规则及其适用目标

规则名	英文全名	优先选择准则	适用目标
SPT	Shortest Processing Time	作业时间最短	平均流程时间最短；WIP 最少
WSPT	Weighted Shortest Processing Time	加权作业时间最短	重要的作业优先
LPT	Longest Processing Time	作业时间最长	保证较高的生产能力利用率
FCFS	First Come First Served	先到先服务	公平对待工件
EDD	Earliest Due Date	完工期限最紧	保证交货期（工件最大延误时间最小）
MWKR	Most Work Remaining	剩余作业时间最长	工件完工时间尽量接近
LWKR	Least Work Remaining	剩余作业时间最短	工作量小的工件尽快完成
STR	Slack Time Remaining	剩余松弛时间（离交货期所剩的时间减去剩余作业时间）最短	

续表

规则名	英文全名	优先选择准则	适用目标
STR/OP	Slack Time Remaining per operation	平均剩余松弛时间最短	
SCR	Smallest Critical Ratio	临界比（工件允许停留时间/余下作业时间）最小	
MOPNR	Most Operations Remaining	余下工序数最多	与 MWKR 类似（主要减少转运排队时间）

对于 $1\|\sum C_j$ 问题，工件按作业时间递增顺序（SPT）排列的调度是最优的。若 n 个工件的作业时间进行升序排列为 $t_{[1]} \leqslant t_{[2]} \leqslant \cdots \leqslant t_{[n]}$，则各工件的流程时间依次为

$F_{[1]} = t_{[1]}$ ；

$F_{[2]} = t_{[1]} + t_{[2]}$ ；

…

$F_{[j]} = t_{[1]} + t_{[2]} + \cdots + t_{[j]}$ ；

…

$F_{[n]} = t_{[1]} + t_{[2]} + \cdots t_{[j]} + \cdots + t_{[n]}$ 。

不难得出，这 n 个工件的平均流程时间为

$$\overline{F} = \frac{1}{n}[nt_{[1]} + (n-1)t_{[2]} + \cdots + 2t_{[n-1]} + t_{[n]}] \tag{10-1}$$

由式（10-1）可知，任意交换两个相邻的作业顺序，平均流程时间都将增加。除了最小化平均流程时间，在单机排程问题中 SPT 规则亦可以最小化平均延误时间、最小化平均等候时间等。

当作业附有重要的属性时（如延误罚金等费用），可赋予其不同的权重，权重值越大表示重要性越大。按 WSPT 规则，将作业时间除以权重，所得值 $\dfrac{t_{[j]}}{w_{[j]}}$ 越小者优先安排，以此类推。

例 10-5　一家公司有一条生产线能生产六个部件。制作每一个部件所需的时间及其单位材料成本列于表 10-2。你将如何对这些部件进行排序，使在制品库存成本降到最低？

表 10-2　JA 部件的基本信息

部件 i	JA01	JA02	JA03	JA04	JA05	JA06
作业时间 p_i /分钟	2.5	5	3.2	4	7	3
数量 Q_i /件	100	50	10	60	50	100
单位成本 c_i /元	5	20	1	40	100	4

解： 应用 SPT 规则可使平均流程时间最短，也减少在制品数。将每个部件的单位库存成本作为权重，可以通过 WSPT 规则将在制品库存成本降到最低。根据表 10-2 所给数据计算各部件的加权时间 p_i / c_i 列入表 10-3 中。

表 10-3　JA 部件的生产信息及相关计算

部件 i	JA01	JA02	JA03	JA04	JA05	JA06
作业时间 p_i /分钟	2.5	5	3.2	4	7	3
数量 Q_i /件	100	50	10	60	50	100
单位成本 c_i /元	5	20	1	40	100	4
加权时间 p_i / c_i	0.5	0.25	3.2	0.1	0.07	0.75

按加权时间进行升序排列，可得部件的加工顺序应为 JA05-JA04-JA02-JA01-JA06-JA03。

另一个常用的规则是 EDD 规则，即交货期越早者越排在前面。它可以实现工件的最大延误时间最小化，能够产生较高的顾客满意水平。但是，此方法会有增加延误工件总数的倾向。

对于延误工件总数问题，其最优调度的形式应是前面的部分是所有可以按时完工的工件，后面则是所有延误的工件。因此，前面的工件应该按照 EDD 规则安排加工，而后面工件的加工次序可以任意。该问题是多项式时间可解，可采用 Moore-Hodgson 算法进行求解。其基本思想是：先把所有工件按交货期递增的顺序排序，从而有 $d_1 \leqslant d_1 \leqslant \cdots \leqslant d_n$。算法迭代 n 次，在第 k 次迭代中，令 J 表示最优调度中可以按时完工的工件，J^c 表示最优调度中延误的工件，现在考虑工件 k。如果把工件 k 加入 J 中不产生延误的工件，则 $J \leftarrow J \cup \{k\}$；否则删除 J 中加工时间最长的工件，并把它加入 J^c 中。由于算法主要的计算是对工件的完工时间排序，因此整个算法的计算复杂度是 $O(n \log n)$。需要说明的是，Moore-Hodgson 算法仅产生问题的一个最优调度，而通常该问题的最优调度有多个，刻画该问题的所有最优调度是一个非常困难的问题。Moore-Hodgson 算法的具体步骤如下。

给定按交货期递增顺序排列的工件集 $\{1, 2, \cdots, n\}$。

步骤 1：置 $J := \varnothing, J^c := \varnothing, k := 1$。

步骤 2：$J \leftarrow J \cup \{k\}$。

步骤 3：如果 $\sum_{j \in J} p_j \leqslant d_k$，则转步骤 4；否则，令 $p_l = \max_{j \in J} p_j$，$J \leftarrow J - \{l\}$，$J^c \leftarrow J^c \cup \{l\}$。

步骤 4：如果 $k = n$，停止，问题的最优调度为：J 中的工件按 EDD 规则排序，J^c 中的工件任意排序；否则，$k := k + 1$ 转步骤 2。

例 10-6 目前 DW 生物医学咨询公司有六个待完成的咨询项目，项目的所需时间 P_i 和

截止时间 D_i 等信息如表 10-4 所示，时间单位为天。请问如何对这六个项目排序才能使延误的项目总数最小？

表 10-4 DW 公司待完成项目的时间信息

项目编号	P_i	D_i
1	10	15
2	3	6
3	4	9
4	8	23
5	10	20
6	6	30

解： 首先用 EDD 规则对 DW 公司待完成的项目进行排序，得出项目的优先顺序为 2-3-1-5-4-6，并计算对应的完工时间、延误时间和流程时间，列入表 10-5（a）。此时，最大延误时间 $T_{max} = 12$，延误项目数 $n_T = 4$。

通过两次迭代，已排序作业集合 $J = \{2, 3\}$。当 $k = 3$ 时，出现第一个延迟作业，即项目 1。检查包含项目 1 以前已排序的作业，将最长作业时间的作业移至集合 J^c。此时，项目 1 的时间最长，则 $J^c = \{1\}$。按此步骤继续处理，如表 10-5（b）（c）所示。最后，得出使 DW 公司六个项目使延误的项目总数最小的排序结果为项目 2-3-4-6-1-5 或 2-3-4-6-5-1。

表 10-5 DW 公司待完成项目的排序及其性能度量

（a）$J = \{2, 3\}$；$J^c = \{1\}$

项目编号	P_i	D_i	C_i	L_i	T_i
2	3	6	3	-3	0
3	4	9	7	-2	0
1	10	15	17	2	2
5	10	20	27	7	7
4	8	23	35	12	12
6	6	30	41	11	11

（b）$J = \{2, 3, 4\}$；$J^c = \{1, 5\}$

项目编号	P_i	D_i	C_i	L_i	T_i
2	3	6	3	-3	0
3	4	9	7	-2	0
5	10	20	17	-3	0
4	8	23	25	2	2
6	6				

（c）$J = \{2,3,4,6\}$；$J^c = \{1,5\}$

项目编号	P_i	D_i	C_i	L_i	T_i
2	3	6	3	-3	0
3	4	9	7	-2	0
4	8	23	15	-8	0
6	6	30	21	-9	0

例 10-7 五件薄金属板加工作业在爱佳公司的长滩工作中心等待分配。它们的生产时间和交货期如表 10-6 所示。请根据以下规则来对这些作业进行排序：（1）FCFS；（2）SPT；（3）EDD；（4）SCR。并对按这些规则排序的结果从平均流程时间、最大延误交货时间和使用率（总生产时间/总流程时间）等几个方面进行比较。

表 10-6　五项作业的生产时间和交货期

作业	生产时间	交货期
A	6	8
B	2	6
C	8	18
D	3	15
E	9	23

解： 根据不同的规则，计算该排序问题的流程时间和延误时间，如表 10-7 所示。同时，得出这些排序结果的平均流程时间、最大延误交货时间和使用率等各项性能参数，列入表 10-8 中。通过各排序结果的性能参数对比，可以发现 FCFS 和 SCR 两种规则的效率较低，既导致较高的平均流程时间，又造成较多的在制品库存。一般而言，SPT 和 EDD 是两种较优的排序规则，是企业排序时常用的优先规则。SPT 规则可使作业的平均流程时间最短，在制品数量少，能够减少企业的资金占用，降低成本。

表 10-7　五项作业排序的性能指标

（a）FCFS

工作顺序	P_i	C_i	D_i	T_i
A	6	6	8	0
B	2	8	6	2
C	8	16	18	0
D	3	19	15	4
E	9	28	23	5
总计	28	77		

（b）SPT

工作顺序	P_i	C_i	D_i	T_i
B	2	2	6	0
D	3	5	15	0
A	6	11	8	3
C	8	19	18	1
E	9	28	23	5
总计	28	65		

（c）EDD

工作顺序	P_i	C_i	D_i	T_i
B	2	2	6	0
A	6	8	8	0
D	3	11	15	0
C	8	19	18	1
E	9	28	23	5
总计	28	68		

（d）SCR

工作顺序	P_i	C_i	D_i	CR	T_i
A	6	6	8	8/6 = 1.33	0
C	8	14	18	18/8 = 2.5	0
E	9	23	23	23/9 = 2.56	0
B	2	25	6	6/2 = 3	19
D	3	28	15	15/3 = 5	13
总计	28	96			

表 10-8　五项作业排序的性能指标对比

规则	平均流程时间	最大延误交货时间	使用率
FCFS	77/5 = 15.4	5	28/77 = 36.4%
SPT	65/5 = 13	5	28/65 = 43.1%
EDD	68/5 = 13.6	5	28/68 = 41.2%
SCR	96/5 = 19.2	19	28/96 = 29.2%

2. 平行机器排序问题

平行机器排序问题是单机排序问题的推广，又是更复杂机器环境的特例。现实世界中存在着许多平行机问题，例如，多处理器计算机系统的进程调度问题，航班在多条机场跑道的起飞/降落的调度问题等。

平行机器排序问题就是如何将 n 个工作安排至 m 台平行机器的问题，包括工件在哪台机器上加工以及在同一台机器上工件的加工次序两方面。

例 10-8 下列十项工作需要在三台同型机上完成，工作时间如表 10-9 所示，试对该问题进行排序和调度。

表 10-9 十项工作的处理时间

工作 i	1	2	3	4	5	6	7	8	9	10
工作时间 t_i	5	6	3	8	7	2	3	5	4	2

解：此排序与调度问题为同型平行机器问题。从最小化平均流程时间的目标考虑，可先采用 SPT 规则对所有工作进行排序，得到排序结果{6，10，3，7，9，1，8，2，5，4}，然后不加区分地依序将工作指派至最早闲置的机器，如图 10-2 所示。

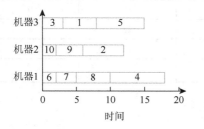

图 10-2 采用 SPT 规则的三台平行机器时间表

另外，对于平行机器排序问题 $Pm \| C_{\max}$，其目的是使所有工件的加工尽快完成，也起到平衡各台机器上负载的作用。LPT 规则是其中最重要的一种启发式算法。根据 LPT 规则，对所有工作进行排序，得到排序结果{4，5，2，1，8，9，3，7，6，10}，并依序将工作指派至最早闲置的机器。由于在轮流对三台平行机器进行任务分派的最后一个循环中只剩下一个工作 10，所以可将其分派给最先空闲的机器 3 以减少流程时间。同时，为了进一步提高每台机器上的性能，可分别对各台机器采用 SPT 规则进行排序，如图 10-3 所示。

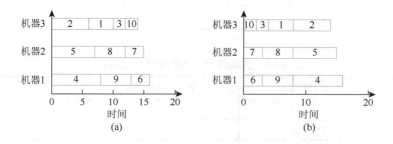

图 10-3 结合采用 LPT 和 SPT 规则的三台平行机器时间表

10.2.3 流水作业车间排序

流水作业车间的特征是每个工件的加工路线一致，各工件依次在机器上完成各道工序，但对于同一台机器而言，各工件在其上的加工顺序可能不同。该排序问题可表

示为 $Fm \| g$ ，其中 g 是完工时间的不减函数。常见的目标函数有时间表长和加权总完工时间。

若在全部机器上各工件的加工顺序也相同，则称为排列排序。对于 n 个工件、m 台机器的流水车间作业排序问题，由于每台机器上 n 道工序的可能排序数为 $n!$ ，因此此全部可能的排序数为 $(n!)^m$ 。如果仅考虑排列排序，则排序数只有 $n!$ 。但是，当 $m \geq 4$ 时，排列排序的最优解未必是相应的流水作业排序问题的最优解。

1. 时间表长的计算

对于给定的 n 个工件、m 台机器的排列排序问题 $Fm \mid prmu \mid C_{\max}$ ，若工件的顺序为 $[J_1, J_2, \cdots, J_n]$ ，则工件 J_j 在机器 M_i 上的完工时间 C_{ij} 满足：

$$C_{i1} = \sum_{l=1}^{i} p_{l1} \tag{10-2}$$

$$C_{1j} = \sum_{l=1}^{j} p_{1l} \tag{10-3}$$

$$C_{ij} = \max\{C_{i-1,j}, C_{i,j-1}\} + p_{ij}, \quad i = 2, 3, \cdots, m; j = 2, 3, \cdots, n \tag{10-4}$$

式（10-4）表示完工时间 C_{ij} 需满足技术和资源两种约束：工件 j 在机器 i 的开始加工时间不能早于该工件在上个工序机器上的完工时间，也不能早于前工件在本机器上的完工时间。

例 10-9　有一个 $6/4/P/F_{\max}$ 问题，加工时间矩阵如表 10-10 所示。当工件在 0 时刻同时到达车间，且加工顺序为 $J = (6, 1, 5, 2, 4, 3)$ 时，求最长流程时间 $6/4/P/F_{\max}$ 。

表 10-10　某 $6/4/P/F_{\max}$ 问题加工时间矩阵

j	1	2	3	4	5	6
p_{1j}	4	2	3	1	4	2
p_{2j}	4	5	6	7	4	5
p_{3j}	5	8	7	5	5	5
p_{4j}	4	2	4	3	3	1

解： 由于工件在 0 时刻同时到达车间，所以 $F_{\max} = C_{\max}$ 。采用式（10-2）～式（10-4）依次计算 $C_{ij}(i = 1, 2, 3, 4; j = 1, 2, \cdots, 6)$ ，直至最后一个值 C_{46} ，具体计算过程如图 10-4 所示。该图中，括号中的数字表示某工件在某机器上的完工时间。

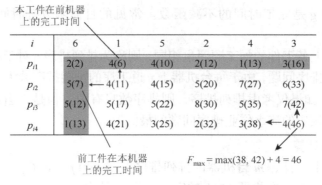

图 10-4　F_{max} 的求解过程

2. $F2 \parallel F_{max}$ 问题的最优算法

对于 $F2 \parallel F_{max}$ 的静态作业排序问题，只需考虑排列排序就可以得到对应问题的最优解。Johnson 于 1954 年提出了一个著名的有效算法，称为约翰逊算法。该算法基于约翰逊规则或者 SPT-LPT 规则，目的是使从第一个作业开始到最后一个作业结束的总流程时间最短。简言之，约翰逊规则的基本思路是：如果 $\min(p_{1i}, p_{2j}) < \min(p_{2i}, p_{1j})$，则工件 i 应该排在工件 j 之前，如果出现等号，则可以随意安排。

具体的约翰逊算法步骤如下。

（1）从加工时间矩阵中找出最短的加工时间。

（2）若最短的加工时间出现在 M_1 上，则对应的工件尽可能往前排；若最短的加工时间出现在 M_2 上，则对应的工件尽可能往后排。若最短加工时间有多个则任选一个。

（3）从加工时间矩阵中划去上述已排工件的加工时间。

（4）重复上述步骤直到所有工件都已排序。

例 10-10　求如表 10-11 所示某 $6/2/F/F_{max}$ 问题的最优排序。

表 10-11　某 $6/2/F/F_{max}$ 问题加工时间矩阵

i	1	2	3	4	5	6
p_{1i}	5	1	8	5	3	4
p_{2i}	7	2	2	4	7	4

解：应用约翰逊算法。从加工时间矩阵中找出最短加工时间为 1 个时间单位，它出现在 M_1 上。所以，相应的工件（工件 2）应尽可能往前排，即将工件 2 排在第 1 位。划去工件 2 的加工时间。

余下加工时间中最小者为 2，它出现在 M_2 上，相应的工件（工件 3）应尽可能往后排，于是排到最后一位。划去工件 3 的加工时间，继续按约翰逊算法安排余下工件的加工顺序。

求解过程可简单表示如下：

将工件 2 排在第 1 位　　2

将工件 3 排在第 6 位　　2　　　　　　　　3

将工件 5 排在第 2 位　　2　5　　　　　　3

将工件 6 排在第 3 位　　2　5　6　　　　3

将工件 4 排在第 5 位　　2　5　6　　4　3

将工件 1 排在第 4 位　　2　5　6　1　4　3

故最优加工顺序为：（2，5，6，1，4，3）。

为了简化步骤，约翰逊算法可以做些改变，形成改进的约翰逊算法。改变后的算法按以下步骤进行。

（1）将所有 $p_{1i} < p_{2i}$ 的工件按 p_{1i} 不减的顺序排成一个序列 A。

（2）将所有 $p_{1i} > p_{2i}$ 的工件按 p_{2i} 不增的顺序排成一个序列 B。

（3）将 A 放到 B 之前，就构成最优加工顺序。

这样，本例的求解过程也可如表 10-12 所示。

表 10-12　改进的约翰逊算法算例

（a）初始

i	1	2	3	4	5	6
p_{i1}	⑤	①	8	5	③	④
p_{i2}	7	2	②	④	7	4

（b）结果

i	2	5	6	1	4	3
p_{i1}	①	③	④	⑤	5	8
p_{i2}	2	7	4	7	④	②

其中，序列 A 为（2，5，6，1），序列 B 为（4，3），构成最优顺序为（2，5，6，1，4，3），与约翰逊算法结果一致。

值得注意的是，当从应用约翰逊算法求得的最优顺序中任意去掉一些工件时，余下的工件仍构成最优顺序。但是，工件的加工顺序不能颠倒，否则不一定是最优顺序。同时，约翰逊算法只是一个充分条件，而不是必要条件。例如，顺序为（2，5，6，4，1，3）不符合约翰逊算法，但它也是一个最优顺序。

经计算（表 10-13），该排序问题的 $F_{max} = 28$。

表 10-13　F_{max} 的求解过程

i	2	5	6	1	4	3
p_{i1}	1（1）	3（4）	4（8）	5（13）	5（18）	8（26）
p_{i2}	2（3）	7（11）	4（15）	7（22）	4（26）	2（28）

3. $Fm\,|\,prmu\,|\,F_{\max}$ 问题的求解算法

要找出在两台机器以上 n 个工件排序的最佳答案是十分复杂的，一般不存在多项式算法，属于 NP 难问题。对于一般的流水车间排列排序问题，可以用分支定界法。用分支定界法可以保证得到一般 $Fm\,|\,prmu\,|\,F_{\max}$ 问题的最优解。但对于实际生产中规模较大的问题，计算量相当大，以至于计算机都无法在短时间内求解。基于经济性的考虑，如果为了求最优解付出的代价超过了这个最优解所带来的好处，也是不值得的。于是，为了解决生产实际中的排序问题，人们提出了各种启发式算法。启发式算法以小的计算量得到足够好的结果，因而十分实用，如 Palmer 法、CDS 法、关键工件法等。

1）Palmer 法

Palmer 法是 Palmer 于 1965 年提出的一种按斜度指标不增的顺序排列工件的启发式算法，其工件斜度指标计算公式为

$$\lambda_j = \sum_{k=1}^{m} [k-(m+1)/2]p_{kj}, \quad j=1,2,\cdots,n \qquad (10\text{-}5)$$

其中，m 为机器数，p_{kj} 为工件 j 在机器 k 上的加工时间。

2）CDS 法

CDS 法是由 Campbell，Dude 和 Smith 于 1970 年提出的一种基于约翰逊算法的启发式方法。该算法先产生（$m-1$）个加工顺序，取其中优者。

具体做法是，先定义 $\alpha_j = \sum_{k=1}^{l} p_{kj}, \beta_j = \sum_{k=m+1-l}^{m} p_{kj}, l=1,2,\cdots,m-1; j=1,2,\cdots,n$，将每一组值看成是分别在两个机器上的加工时间，根据约翰逊算法可以求得一个排序，共可得到 $m-1$ 个排序，取其中最好的结果。

3）关键工件法

关键工件法是陈荣秋于 1983 年提出的一个基于关键工件（最长加工时间）的启发式算法，其步骤如下。

（1）计算每个工件的总加工时间 $p_j = \sum_{i=1}^{m} p_{ij}$（$j=1,2,\cdots,m$），找出总加工时间最长的工件 K，将其作为关键工件。

（2）对于余下的工件，若 $p_{1j} \leqslant p_{mj}$，则按 p_{1j} 不减的顺序排成一个序列 S_a；若 $p_{1j} > p_{mj}$，则按 p_{mj} 不增的顺序排成一个序列 S_b。

（3）S_a, K, S_b 即为所求排序。

例 10-11 考虑由三台机器组成的流水作业生产线，具体数据如表 10-14 所示。

表 10-14 某流水生产线的加工时间矩阵

任务	1	2	3	4	5	6
设备 A	3	8	5	6	7	4
设备 B	2	3	2	4	5	1
设备 C	6	10	7	9	6	5

试用 CDS 法求解该作业顺序问题，并求最长流程时间。

解：首先，求 $\sum\limits_{k=1}^{l} p_{kj}$ 和 $\sum\limits_{k=m+1-l}^{m} p_{kj}$ $(l=1,2)$，结果如表 10-15 所示。

表 10-15　用 CDS 法求解

	l	1	2	3	4	5	6
$l=1$	p_{1j}	3	8	5	6	7	4
	p_{3j}	6	10	7	9	6	5
$l=2$	$p_{1j}+p_{2j}$	5	11	7	10	12	5
	$p_{2j}+p_{3j}$	8	13	9	13	11	6

当 $l=1$ 时，按约翰逊算法得到加工顺序：J_1-J_6-J_3-J_4-J_2-J_5。

当 $l=2$ 时，按约翰逊算法得到加工顺序：J_1-J_6-J_3-J_4-J_2-J_5 或 J_6-J_1-J_3-J_4-J_2-J_5。

然后，分别计算最长流程时间，对于 J_1-J_6-J_3-J_4-J_2-J_5，$F_{max}=48$；对于 J_6-J_1-J_3-J_4-J_2-J_5，F_{max} 也为 48，故求得的作业顺序为 J_1-J_6-J_3-J_4-J_2-J_5 或 J_6-J_1-J_3-J_4-J_2-J_5，最长流程时间为 48。

通过对上述排序问题的分析，可以发现优先调度规则是常用的启发式算法之一。当然，有时运用一个优先规则还不能唯一地确定下一个应选择的工件，这时可使用多个优先规则的组合。这就涉及另外两种启发式算法：随机抽样法和概率调度法。

随机抽样法介乎分支定界法和优先调度法之间。它从可选作业计划中进行抽样，得出多个作业计划，从中选优。应用随机抽样法时，实际上是对同一个问题多次运用随机规则来决定要挑选的工序，从而得到多个作业计划。这种方法不一定能得到最优作业计划，但可以得到较满意的作业计划，而且计算量比分支定界法小得多。随机抽样法比用优先调度规则得到的结果一般要好。但是，它的计算量比后者要大，且求解的效果与样本大小有关。

在随机抽样中，从 k 个可供选择的工序以等概率方式挑选，每个工序被挑选的概率为 $1/k$。这种方法没有考虑不同工序的特点，有一定盲目性。因此，可以考虑选用对一定的目标函数的求解效果明显的优先调度规则来改进求解质量。事实上，把除随机规则以外的某个规则对一个问题使用多次，给不同的工序按某一优先调度规则分配不同的挑选概率，这样就可以得到多个作业计划供比较，最终得到一种作业计划。这也就是概率调度法的思路。试验表明，概率调度法比随机抽样法更为有效。

当然，以上这些启发式算法的简单性掩饰了排序工作的复杂性。实际上，要将数以百计的工件在数以百计的机器上的加工顺序决定下来是一件非常复杂的工作，需要有大量的信息和熟练的排序技巧。对于每一个准备排序的工件，计划人员都需要两大类信息：有关加工要求和现在的状况。加工要求信息包括预定的完工期、工艺路线、标准的作业转换时间、加工时间、各工序的预计等。现状信息包括工件的现在位置（在某台设备前排序等待或正在被加工），现在完成了多少工序（如果已开始加工），在每一工序的实际到达时间和离去时间，实际加工时间和作业转换时间，各工序所产生的废品（用来估计重新加工量）以及其他的有关信息。优先顺序规则就是利用这些信息的一部分来为每台机器决定工件的加工顺序，其余的信息可以用来估计工件按照其加工顺序到达下一个工作地的时间、当最初计划使用的机器正在工作时是否可使用替代机器以及是否需要物料搬运设备等。这些信息的大部分在一天中是随时改变的。

10.2.4 单件作业车间排序与调度

1. 问题描述

单件作业车间排序是最一般的排序问题。在此问题中，n 个工件安排在 m 台机器上加工，一台机器同时只能加工一个工件的一道工序，每个工件最多具有 m 道工序。每个工件的加工路线都不相同，每个工件访问机器的次序是任意的，工件没有一定的流向。工件之间没有优先权，也没有相关性。在满足各工件工艺路线条件下，对所有工件的工序排序，使总完工时间等目标最优。

工艺路线矩阵 D 和加工时间矩阵 T 可以用来描述整个排序问题。工艺路线矩阵 D 的每列表示一个工件各工序的加工，而每行的工件工序序号相同。例如：

$$D = \begin{bmatrix} 1 & 3 \\ 3 & 1 \\ 2 & 2 \end{bmatrix}$$

该矩阵表示工件 1 和 2 都有三道工序，且分别分配至机器 1、3、2 和机器 3、1、2 进行加工。

对应地，加工时间矩阵 T 的每列表示一个工件各工序的加工时间。例如，在矩阵

$T = \begin{bmatrix} 2 & 3 \\ 4 & 5 \\ 1 & 4 \end{bmatrix}$ 中，工件 1 的第一道工序的加工时间为 2，工件 2 的第三道工序的加工时间为

4，其余的工序时间以此类推。

2. 无延迟调度、活动调度和半活动调度

单件作业车间排序是最复杂的一类排序问题，多数情况下属于 NP 难问题，只有几种特殊情况存在多项式算法。为了求得最优解，有必要根据解的特性对解空间进行分类。一个最优调度首先是可行调度。这意味着，同一机器上没有任意两个时间区间重叠，分配给同一个工件的任意两个时间区间也没有重叠，并且调度问题的一些特殊工艺约束也能得到满足。在可行调度的基础上，可进一步构造半活动调度、活动调度和无延迟调度。

1）无延迟调度

一个可行的调度被称为是无延迟的，如果有工件在等待加工时，没有机器是空闲的。要求调度是无延迟的，就是要求机器不能有活动的空闲。如图 10-5 所示，该调度在机器 M_3 的开始时段存在一处延迟，此时，工件 2 的第一道工序 $J2\text{-}1$ 等待加工，即使这段空闲时间不足以加工这一道可加工工序。

对于多数的排序与调度问题，例如，对允许中断、目标函数是正则函数的问题，一定存在无延迟的最优调度。然而，确实存在一些排序与调度问题，其最优的调度并不是无延迟的。

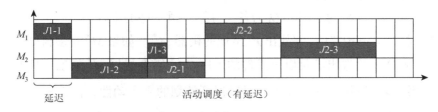

图 10-5 一个非无延迟调度

2）活动调度

一个可行的调度称为活动的，如果无法通过改变工序的加工次序，使得至少有一个工序可以提前完工，并且其他工序不会被推迟完工。这意味着在一个活动调度中，一台机器连续空闲的时间长度一定小于任意的一个可以加工工序的加工时间。图 10-5 就是一个活动调度。

3）半活动调度

一个可行的调度称为半活动的，如果不改变任意一台机器上工序的加工次序，那么就没有一个工序可以提前完工。如图 10-6 所示的调度就是一个半活动调度，但它不是一个活动调度，因为 M_2 在开始时段正好有一段空闲，可以用来加工工件 1 的第二道工序 $J1\text{-}2$，从而使该工序提前完工。可以发现，半活动调度中，各工序都是按最早可开工时间进行安排的。

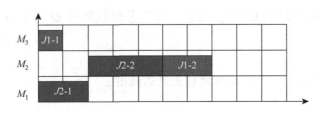

图 10-6 一个半活动调度

综上讨论可知，在所有可行调度中，无延迟调度是活动调度的子集，而活动调度则是半活动调度的子集。一个排序与调度问题的最优调度一定是活动的，但不一定是无延迟调度。

3. 构造活动和无延迟调度的启发式算法

活动调度和无延迟调度对于研究一般单件作业车间排序问题十分重要。通过构造活动调度和无延迟调度解，可以极大地减小最优解的搜索空间。在实际中，常采用启发式算法来快速构造活动调度和无延迟调度，同时它们一般也是对应调度问题的满意解。

将每安排一道工序称作一步，设 t 为计算步数；S_t 为 t 步之前已排序工序构成的部分作业计划集；O_t 为第 t 步可以排序的工序集合；T_k 为 O_t 中工序 O_k 的最早可能开工时间；T_k' 为 O_t 中工序 O_k 的最早可能完工时间。

1）活动调度的启发式算法

步骤 1：设 $t=1$，S_1 为空集，O_1 为各工件第一道工序的集合。

步骤 2：求 $T^* = \min\{T_k'\}$，并找出 T^* 出现的机器 M^*。如果 M^* 有多台则任选一台。

步骤 3：从 O_t 中挑选出满足以下条件的工序 O_j：需要机器 M^* 加工，且 $T_j < T^*$。这里，O_j 取自第 t 步可以排序的工序集合可以保证计划的半主动性；而 $T_j < T^*$ 则保证在机器 M^* 上安排 O_j 后，在 O_j 之前机器 M^* 上不会有足够的空闲可插入其他工序，因此保证了计划是活动调度。

步骤 4：将确定的工序 O_j 放入 S_t，从 O_t 中消去 O_j，并将 O_j 的紧后工序放入 O_t 中。使 $t=t+1$。

步骤 5：若还有未安排的工序，转步骤 2；否则停止。

2）无延迟调度的启发式算法

步骤 1：设 $t=1$，S_1 为空集，O_1 为各工件第一道工序的集合。

步骤 2：求 $T^* = \min\{T_k\}$，并找出 T^* 出现的机器 M^*。如果 M^* 有多台则任选一台。

步骤 3：从 O_t 中挑选出满足以下条件的工序 O_j：需要机器 M^* 加工，且 $T_j = T^*$。

步骤 4：将确定的工序 O_j 放入 S_t，从 O_t 中消去 O_j，并将 O_j 的紧后工序放入 O_t 中。使 $t=t+1$。

步骤 5：若还有未安排的工序，转步骤 2；否则停止。

例 10-12　有一个 $2/3/G/F_{\max}$ 问题，其工艺路线矩阵 $D = \begin{bmatrix} 1 & 3 \\ 3 & 1 \\ 2 & 2 \end{bmatrix}$，加工时间矩阵 $T = \begin{bmatrix} 2 & 3 \\ 4 & 4 \\ 1 & 5 \end{bmatrix}$，试分别构造一个活动调度和无延迟调度。

解： 活动调度的求解过程如表 10-16 所示，其调度结果的甘特图如图 10-7 所示。值得注意的是，该问题的活动调度存在多个解，在此不逐一列出。

表 10-16　活动调度的编制

t	O_t	T_k	T_k'	T^*	M^*	O_j
1	J1-1 J2-1	0 0	2 3	2	M_1	J1-1
2	J2-1 J1-2	0 2	3 6	3	M_3 M_3	J2-1

续表

t	O_t	T_k	T_k'	T^*	M^*	O_j
3	$J1$-2 $J2$-2	3 3	7 7	7	M_3 M_1	$J1$-2
4	$J1$-3 $J2$-2	7 3	8 7	7	M_1	$J2$-2
5	$J1$-3 $J2$-3	7 7	8 12	8	M_2	$J1$-3
6	$J2$-3	8	13	13	M_2	$J2$-3

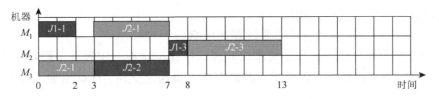

图 10-7　一个活动调度甘特图

无延迟调度的求解过程如表 10-17 所示，所得的其中一个调度的结果如图 10-8 所示。

表 10-17　无延迟调度的编制

t	O_t	T_k	T_k'	T^*	M^*	O_j
1	$J1$-1 $J2$-1	0 0	2 3	0 0	M_1	$J1$-1
2	$J1$-2 $J2$-1	2 0	6 3	0	M_3 M_3	$J2$-1
3	$J1$-2 $J2$-1	3 3	7 7	3	M_3 M_1	$J1$-2
4	$J1$-2 $J2$-2	7 3	8 7	3	M_1	$J2$-2
5	$J1$-3 $J2$-3	7 7	8 12	7	M_2	$J2$-3
6	$J2$-3	8	13	12	M_2	$J2$-3

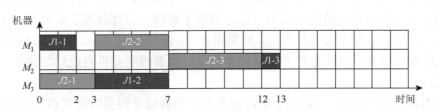

图 10-8　一个无延迟调度甘特图

10.2.5　服务作业计划

1. 影响服务作业计划的因素

服务的特殊性决定了服务作业计划与制造业作业计划有很大的差异。影响服务作业计划的主要因素有两大类：服务的易逝性；顾客参与服务过程。

1）服务的易逝性对服务作业计划的影响

（1）计划内容。在服务业中，作业计划要规定服务交易的时间或地点；而制造业中，作业排序仅仅涉及产品的生产加工过程。

（2）人员规模。因服务的易逝性，加之顾客的到达及服务时间都是随机的，所以服务的输出与劳动力的最佳规模之间的关系很难确定；而在制造业中，两者之间有紧密联系，因此可通过计算寻求最优作业排序方案。

2）顾客参与服务过程对服务作业计划的影响

（1）因顾客的参与使得服务系统难以实现标准化，这在一定程度上影响了服务效率。

（2）有时为了满足顾客心理需求，需要服务人员与之交谈，这就增加了控制服务时间的难度。

（3）对服务的评价往往是基于主观判断的。由于服务是无形的、服务质量与顾客感觉有关，不准确的评价信息反馈影响员工的工作积极性，甚至影响服务质量的进一步提高。

为使服务的易逝性及顾客参与服务过程的影响达到最小，通常采取一些策略，如在顾客需求调查的基础上，通过服务标准化提供模块化的服务产品，减少服务品种；通过自动化减少同顾客的接触；将部分作业与顾客分离等。

2. 顾客需求排序

顾客需求排序就是根据不同时间可利用的服务能力来对顾客排序。在这种方式下，服务能力保持一定，而适当地安排顾客的需求，以提供准时服务和充分利用能力。实际常用的方法如下。

1）固定时间表

采用固定时间表来满足顾客的需求，使顾客按固定时间表行动，既可以满足绝大多数顾客的需求，又可以减少服务能力的浪费。如果完全按照顾客的需求来安排服务会造成服务资源的巨大浪费。例如，火车、飞机和轮船等交通运输按固定时间表运行，可以减少运营能力的浪费。

2）预约

采用预约系统根据顾客的需求在特定的时间为顾客提供服务，既兼顾了顾客需求又兼顾了服务能力。这种方法的优点是能够为顾客提供及时的服务，避免顾客的等待时间，并能保证服务系统和服务人员的高效率，如牙科医生看病、律师服务、家电维修上门服务、拍婚纱艺术照等。这种方式也有不足，如果顾客迟到，或预约不到，服务系统的运营效率就会受到影响。因此，采用这种方法要注意制定好顾客迟到或没有赴约的预案。

3）预订

预订类似于预约，不同之处在于预订通常用于顾客接受服务时需要占据或使用相应的服务设施的情况。如顾客预订酒店房间、火车票、飞机票、饭店座位等。预订的优点是给服务管理者提供一段提前期来计划服务设施的充分利用。这种方式通常要先付订金，以减少顾客预订后又放弃给服务企业造成的损失。

4）提供服务优惠

对于服务处于低谷或淡季时，可采用提供服务优惠的策略来增加需求，缓解服务设施和能力负荷不足或闲置的情况。通过提供服务优惠的方式可用来调节服务需求，如淡季时服装打折、智能电表采用不同时段不同的电价、机票打折等都是通过提供优惠来调节顾客的需求。

5）排队等待

由于顾客到达的随机性与服务时间的随机性，即使服务能力再充分的系统也会出现排队现象。一种为顾客排序的不太准确的方法就是允许需求积压，让顾客排队等待。采用这种方式的重点就是使顾客等待时间尽量缩短，让顾客的等待成本尽量减小，对服务系统进行优化。

如上所述，通过需求排序和影响需求可减少需求的不均匀性，但不能消除。对于非均匀需求的策略，可以采取一些相应的策略，如改善人员班次安排、利用柔性时间工作人员、让顾客选择不同的服务、利用外单位设施、雇佣多技能工人和采用生产线方法等。

3. 服务人员排序

服务人员排序就是将服务人员安排到顾客需求的不同时间段，通过适当安排服务人员的数量来调整服务能力，从而最大限度地满足不同时间段的不同顾客需求。服务业与制造业生产计划类似，也要首先制订全年的服务运营计划，在此基础上，进一步制订每月、每周的作业计划，并通过作业排序方法把人员计划转换成每个人的日常排班计划。

从管理者的角度出发，希望降低成本，提高服务水平，即安排尽可能少的员工来满足服务的需要。员工则希望满足自己的休息要求。如休息日最好安排在周末，以便与家人团聚；每周的双休日连在一起，以便充分利用休息的时间。如何兼顾两方面的要求，合理安排员工的工作班次，做到在满足服务需要和职工对休息及工作时间的要求的前提下，使职工数量最少，就是人员班次计划问题所要解决的问题。下面介绍一种常用的 5 个工作日，连续休息 2 天的服务人员的排序方法。具体的服务人员排序步骤如下。

步骤 1：从每周服务人员需求数量中找出服务人员需求数量总和最小的连续两天。

步骤 2：依次从第一位员工休息开始安排。方法是：把步骤 1 找到的连续 2 天，安排给第一位员工休息，而安排其余 5 天让这位员工工作，这样，其余 5 天的人员需求数量各减 1，表示这 5 天的人员需求数量已经由这 1 人实现，从而得到了一周内各天新的人员需求数量。

步骤 3：对一周内各天新的人员需求数量，重复步骤 1，即找到服务人员需求数量总和最小的连续两天，安排给第二位员工休息，一直这样重复，直到安排完每一位员工。

例 10-13　一家出租车公司的电话预订部门对接线员每天需要的数量如表 10-18 所示。为保证每位接线员都能连续休息两天，该公司最多需要多少名接线员？并给出每位接线员都能连休两天的排班计划。

表 10-18 一周内对接线员的需求

星期	星期一	星期二	星期三	星期四	星期五	星期六	星期日
需要数量	8	8	7	7	6	5	4

解：在表 10-18 中寻找连续两天所需员工数量最少的工作日为星期六和星期日这两个时段，因此，将其安排给员工 1，使其星期六和星期日休息。

然后，对星期一至星期五的 5 个工作日人员需求数量中各减 1，如表 10-19 第三行。

表 10-19 一周内对接线员的排班

星期	星期一	星期二	星期三	星期四	星期五	星期六	星期日
接线员 1	8	8	7	7	6	5	4
接线员 2	7	7	6	6	5	5	4
接线员 3	6	6	5	5	4	5	4
接线员 4	5	5	4	4	3	5	4
接线员 5	4	4	3	4	3	4	3
接线员 6	3	3	3	4	2	3	2
接线员 7	2	2	2	3	2	3	1
接线员 8	2	1	1	2	1	2	1
接线员 9	1	1	1	1	0	1	0
接线员 10	0	0	0	0	0	1	0

以此类推，为保证每位接线员都能连续休息两天，该公司最多需要 10 名接线员。不过，从表 10-19 倒数第二行，可以看到接线员 9 实际上只需要工作四天，因为星期五已经不再需要接线员值班；从倒数第一行可知，接线员 10 只工作了一天。如果考虑节约人工成本，可以少聘一名接线员，即安排接线员 9 分别在星期五和星期日休息。由于该接线员不连休，可以考虑给其适当的补偿。

如果排班周期是旬、半月、月或更长的时间段，而且对员工的需求数较大，那么手工排班就会变得比较烦琐。此时可涉及算法模型，并借助整数规划软件来实现。

10.3 生产作业控制

10.3.1 概述

根据美国生产与库存协会（American Production and Inventory Control Society, APICS）的定义，生产作业控制是指利用车间的数据和数据处理文件，来维护和传递关于车间工单和工作中心状态信息的系统。

生产作业控制的一个主要问题就是数据不准确和缺乏及时性。当发生了这些问题以后，反馈到主生产计划的数据信息就是错误的，结果会导致错误的决策，从而常常会造成库存过量、缺货、延误交货期等问题。因此，生产作业控制是十分必要的。

生产作业控制的主要功能包括以下几点。

（1）为每个车间的工单指派作业优先级。

（2）维护在制品数量信息。

（3）将车间工单信息传送到办公室。

（4）提供实际产出数据来为能力控制服务。

（5）根据车间工单对机位的要求，为在制品库存管理提供数量信息。

（6）测量人员和设备的效率、利用率和产量。

要实现生产作业控制的上述功能，需要一些车间控制工具。而且，随着计算机和软件技术的长足发展，很多工具都可以采取计算机化的方式进行。利用计算机，可以方便地对下面一些基本车间控制信息进行管理。

（1）调度单。一般每天都需要生成调度单，调度单包含当天哪些作业需要完工，这些作业的优先级以及作业时间等信息。

（2）异常报告。异常报告说明需要处理的特殊状况和问题，如预计延期报告等。

（3）输入/输出控制报告。用以监控每个工作中心的工作负荷与其最大负荷之间的关系。如果出现极度不平衡，应立即识别出哪些需要进行调整。

（4）状态报告。状态报告将车间的运营状况总结后向上级汇报，通常包括按期完工的作业数量和比例、延期并未完成的作业、产出量等。废品报告和返工报告是两种典型例子。

当然，除了这些基本文档信息可以方便地管理，其他还需要一些有用的车间控制工具，如甘特图、PERT、CPM 网络图等。

10.3.2　甘特图

甘特图是作业排序与控制中最常用的一种工具，可较为直观地解决负荷和排程问题。它最早由甘特于 1917 年提出。这种方法是基于作业排序的目的，将活动与时间联系起来的最早尝试之一。有两种基本形式的甘特图：作业进度图和机器图。作业进度图表示一项工作的计划开始日期、计划完成日期以及现在的进度。例如，假设一个汽车制造公司有三项工作在进行中，它们分别是加工汽车零件 A、B 和 C。这些工作的预定计划和现在的完成情况如图 10-9 所示。

图 10-9　作业进度图

当前日期（以记号标出的 4 月 21 日）的甘特图显示出，A 的完成情况滞后于计划，B 在按计划完成，C 的完成情况则超前于计划。假设截止到 4 月 26 日，需要零件 A 的公司还不能收到订货，其装配线就要停产，那么这种情况就需要新的作业计划并更新甘特图。如果这三项工作都在等待进行磨削加工，之后他们要进行抛光才能最后交货，则图 10-10 表示三种工作在两种不同设备上的所需时间、时间安排和现在的进度。这种形式的甘特图就称为机器图，它描述不同工作在每一台机器上的工作次序，也可用来管理生产进度。

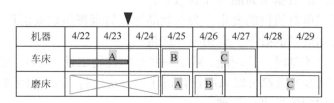

机器	4/22	4/23	4/24	4/25	4/26	4/27	4/28	4/29
车床	A			B	C			
磨床				A	B		C	

图 10-10　甘特机器图

如图 10-10 所示，在 4 月 23 日当天，A 刚好按计划完成，因为实际进度与当今的日期一致，而磨床是空闲的。甘特机器图可用于解决负荷问题，它可以显示几个部门、机器或设备的运行和闲置情况。这些关于该系统工作负荷状况的信息，可让管理人员了解何种调整是恰当的。例如，当一工作中心处于超负荷状态时，低负荷工作中心的雇员可临时转移到该工作中心以增加其劳动力，或者在制品存货可在不同工作中心进行加工，则高负荷工作中心的部分工作可移到低负荷工作中心完成。多功能的设备也可在各中心之间转移。

不过，甘特负荷图确有一些重要的局限性。一方面，它没有描述非预期事件，不能解释生产中可能的变动情况，如意料不到的机器故障及人工错误所形成的返工等。另一方面，它需要定期更新以解释新的工作和修改的工作时间估计。

10.3.3　输入/输出控制

许多公司由于生产过程负荷过重，很难进行排程以取得有效的生产率。这种情况经常发生，是因为他们不知道工作中心实际的工作完成量。有效的排程依赖排程与工作完成量的匹配。对生产能力和工作完成量缺乏了解会导致生产率的降低。要完成的工作较多，则需要加大设备的工作负荷并增加积压工作存量。超负荷将引起设备紧张，并导致低效率及有关质量问题。如果所要完成的工作较少，则可减少设备的负荷甚至使工作中心停工。减少设备的负荷将使生产能力闲置因而浪费了资源。

输入/输出控制（input/output control，I/O）也称投入/产出控制，是指对工作地的作业流进行控制。它的主要原则就是，工作中心的输入永远不能超过工作中心的输出。否则，工作地就会超负荷，就会产生积压，作业的效率也会下降，下游工作地的工作也会受到影响。I/O 控制的目的就是分析输入与输出之间的差异，找到问题的来源，采取适当的控制措施，从而有效地控制生产作业，使工作地的输入和输出达到完美的平衡，最终使得工作地的负荷能力充分利用，而且也没有超负荷运转，保证作业顺利完成。表 10-20 是一个输入输出报告的例子。

表 10-20　一个输入输出报告示例

本周完工日期	5 月 5 日	5 月 12 日	5 月 19 日	5 月 26 日
计划输入	210	210	210	210
实际输入	110	150	140	130
累计偏差	−100	−160	−230	−310
计划输出	210	210	210	210
实际输出	140	120	160	120
累计偏差	−70	−160	−210	−300

操作人员管理设备作业流量有以下几种可能选择。

（1）确定工作完成量。

（2）扩大设备规模。

（3）通过多种途径增加或减少工作地的投入，例如，与其他工作地之间相互调出（入）常规工作，增加或减少转包，提供较少产出（或较多产出）等。

在进行输入/输出控制中，虽然提供较少产出是人们不大喜欢的答案，但其利益是十分明显的。首先，由于其产品能按时供应，故顾客接受的服务水平可能提高。其次，由于充塞工作地及增加总成本的在制品存货减少，因而提高了效率。最后，较少的在制品存货，使掩盖的质量等问题减少，因而质量又得到了改善。

10.3.4　漏斗模型

漏斗模型是德国汉诺威大学的贝特（Bechte）和温娜多（Wiendall）等于 20 世纪 80 年代初依据库存控制思想而提出的，进而形成了完整的基于负荷导向的生产控制理论与方法。

所谓漏斗，是对一个处理过程的形象化描述。一个工厂、一个车间、一个工作地、一台机床都可以看作一个漏斗。作为漏斗的输入，可以是上道工序转来的加工任务，或来自用户的订货；作为漏斗的输出，可以是完成某工序的加工任务，也可以是工厂完工产品；而漏斗中的液体，则表示累计的任务或在制品。

利用漏斗模型，可对一个工作地的负荷、在制品库存以及平均通过时间（零件在该工作地的平均生产周期）和出产数量之间的相互关系进行动态分析，得出其数量结构，进而建立以工作地在制品控制为核心的生产作业计划与控制系统，如图 10-11 所示。

漏斗模型适合于多品种、中小批量生产系统的计划与控制。图 10-11（a）中漏斗的开口大小表示生产能力，它是可以调整的；液面高低则表示系统累计任务量的大小。通过调整输入和生产能力，可以实现液面及输出数量的动态控制。图 10-11（b）的输入输出图中，横坐标为时间，通常以日为单位；纵坐标为工作负荷，通常以小时表示。该图标识出了输入曲线和输出曲线，它们分别描述了工件的到达情况和完成情况。曲线的垂直段表示一定时间内到达或完成的一个或多个工件所包含的工作量，水平段表示相邻两个到达或完成的

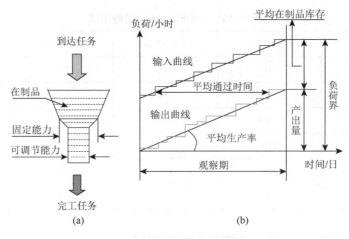

图 10-11　漏斗模型

工作任务之间的时间间隔。它们可以反映从过去任何一天开始输入到现在输出的情况。实际上对于多品种、中小批量的生产系统，几周时间已足够；当然对于长周期生产，则需要更长的时间。

　　由于在制品库存主要取决于加工任务的投料方法，因此可通过控制漏斗的输入，调整在制品数量和平均通过时间，同时控制其输出，从而保证生产系统能够均衡地进行生产。图 10-11（b）中输入和输出两条曲线任一时刻垂直方向的距离表示该时刻在制品占用量（以工作量表示），两条曲线的水平距离表示相应工作任务在该工作地停留的时间。通过对生产负荷的调整，控制生产输出，同时通过计算产出的时间，可以得出对应的输出曲线的斜率，从而可以对生产进行一定的指导和更正，避免出现积压或空闲。例如，如果上期输入曲线的斜率大于输出曲线的斜率，则表示在制品在积压，那么这期就可以适当减少输入；如果上期输入曲线的斜率小于输出曲线的斜率，则说明生产线闲置，那么本期可以适当增加输入。应用漏斗模型的理论和方法，还可以对生产系统进行全局和动态的监控，克服了传统的只注重单个工作地产量大小和设备利用率高低的弊端。

10.4　最优生产技术

　　最优生产技术（optimized production technology，OPT）是由以色列物理学家高德拉特（Goldratt）于 20 世纪 70 年代末首创的。OPT 最初称作最优生产时间表，20 世纪 80 年代才改称为最优生产技术。后来，高德拉特又进一步将它发展成为约束理论。

　　OPT 的倡导者强调，任何制造企业的真正目标只有一个，即在现在和将来都能赚钱。要实现这个目标，必须在增加产销率的同时，减少库存和运行费。这些作业指标的有效控制离不开良好的作业计划与控制，而 OPT 正提供了这样一种新的管理思想。

　　瓶颈是 OPT 最重要的概念。企业制造资源分为瓶颈资源和非瓶颈资源。瓶颈是实际生产能力小于或等于生产负荷的资源，该类资源限制了整个生产系统的产出速度。OPT

的基本思想是识别企业的瓶颈资源/非瓶颈资源，生产管理与控制基于瓶颈资源（约束）。具体体现为下述九条基本原则。

（1）主张平衡物流，而不平衡能力。所谓物流平衡就是使各个工序都与瓶颈机床同步。

（2）非瓶颈资源的利用程度不取决于其自身潜力，而是由系统的约束决定的。

（3）资源的利用和活力不是同义词。资源的利用是指资源应该利用的程度，资源的活力是指资源可以利用的程度。

（4）瓶颈上一小时的损失就是整个系统一小时的损失。

（5）非瓶颈资源获得的一小时毫无意义，因为只能增加一小时的闲置时间。

（6）瓶颈控制了库存和产销率。

（7）转运批量可以不等于（在许多时候应该不等于）加工批量。转运批量是指工序间转运一批零件的数量；而加工批量是指经过一次调整准备所加工的同种零件的数量，可以是一个或几个转运批量之和。

（8）加工批量应是可变的，而不是固定的。

（9）安排作业计划应同时兼顾所有的约束，提前期是作业计划的结果，而不应是预定值。

以九条基本原则为指导，OPT 的计划与控制是通过 DBR 系统实现的。DBR 的含义分别为 Drum（鼓）、Buffer（缓冲器）、Rope（绳索）。

（1）Drum 是把主生产计划看成整个生产中的"鼓"，生产能力及市场对生产过程的约束是"鼓点"，它决定企业生产的节奏。"鼓"的目标是使产出率最大。

（2）Buffer 是在瓶颈工序前设置一定的"缓冲器"，它提供的物料比预定的时间提早到达，对瓶颈进行保护，使其能力得到充分利用。

（3）Rope 喻指控制中心的作用。用一根看不见的"绳索"把瓶颈与其上游工序串联起来。在"绳索"的牵引下，在制品库存保持均衡、物料的流动保持均衡，整个生产也保持了均衡。

实施 DBR 主要步骤如下。

（1）识别瓶颈。当需求超过能力时，排队最长的机器就是瓶颈。在瓶颈上要采取扩大批量的办法来提高其利用率。瓶颈控制着企业的生产节奏——"鼓点"。

（2）基于瓶颈约束，建立产品出产计划。一般按有限能力，用顺排法对关键资源排序，使排产计划切实可行；按无限能力，用倒排法对非关键资源排序，使之与关键资源上的工序同步。倒排时，采用的提前期可以随批量变化，批量也可按情况分解。通过"缓冲器"的管理与控制，对瓶颈进行保护。

（3）通过"绳索"控制进入非瓶颈的物料，保持生产的均衡。"绳索"把瓶颈与其上游工序串联起来，起一种传递作用，驱动系统的所有部分按"鼓"的节奏进行生产。通过"绳索"控制企业进入非瓶颈的物料，使库存最小。

另外，采用 OPT 与 MRP 相结合，可以克服 MRP 排序思想的一些缺点。MRP 用无限能力计划法对全部自制零件不分主次地按工艺顺序倒排，得到零件进度表。由于不考虑生产能力的约束，每一种产品在其生产周期内的负荷分布肯定是不均衡的，在进行负荷与能力平衡时，需要作很大的调整。MRP 系统对单件小批生产、产品品种繁多、结构复杂的情况不太适应。OPT 则是适应上述情形的一种生产计划与控制方法，尤其是比较适合于一些零件种数较少、批量大的产品。它从系统观点出发，综观全局，抓住关键，力求取得全局满意解。

在实践中，可以在 MRPII 系统中引入 OPT 方法的"资源约束"理念，识别系统中的瓶颈资源与非瓶颈资源，并基于瓶颈资源进行生产计划与控制，具体结合点如下。

（1）重点控制关键制约因素——瓶颈资源。方法包括在瓶颈工序前设置质量检查点，避免无效劳动；在瓶颈工序前设置缓冲环节，使其免受上游工序生产率波动的影响；适当加大瓶颈工序的生产批量以减少瓶颈资源的调整次数；减少瓶颈工序中的辅助生产时间。

（2）对瓶颈工序的前导和后续工序采用不同的计划方法。为提高计划的可执行性，对瓶颈工序的上游工序采用分散控制的方法，按后续工序的要求，用倒排法决定前导工序的投产日期和数量；而对瓶颈及其下游工序采用集中控制的方法，按前导工序的完成情况，用顺排法决定后续工序的投产日期和数量。

（3）不采用固定生产提前期，用有限能力计划法进行排产。MRPII 一般按预先确定的生产提前期，用无限能力计划法编制生产进度计划，当生产提前期与实际情况出入大时，计划偏离实际而难以实施；OPT 考虑计划期内的资源约束，采用可变提前期，用有限能力计划法，按一定的优先规则编制可实施性好的生产进度计划。

10.5　制造执行系统

自 20 世纪 80 年代以来，伴随着消费者对产品的需求多样化，制造业的生产方式开始由大批量的刚性生产转向多品种少批量的柔性生产；以计算机网络和大型数据库等信息技术与先进的通信技术的发展为依托，企业的信息系统也开始从局部的、事后处理方式转向全局指向的、实时处理方式。在制造管理领域出现了 JIT、LP、TOC 等新的理念和方法，并以此将基于订单的生产扶正、进行更科学的预测和制订更翔实可行的计划。在企业级层面上，管理系统软件领域 MRPII 以及 OPT 系统迅速普及，直到今天各类企业 ERP 系统如火如荼地进行。在过程控制领域 PLC、DCS（device control system）得到大量应用也是取得高效的车间级流程管理的主要因素。但是，车间级的计划与控制仍存在一些问题难以解决：在计划过程中无法准确及时地把握生产实际状况，另外则在生产过程中无法得到切实可行的作业计划做指导；工厂管理人员和操作人员难以在生产过程中跟踪产品的状态数据、不能有效地控制在制品库存，而用户在交货之前无法了解订单的执行状况。产生这些问题的主要原因仍然在于运作管理业务系统与生产过程控制系统的相互分离，计划系统和过程控制系统之间的界限模糊、缺乏紧密的联系。针对这种状况，1990 年 11 月，美国先进制造研究机构（Advanced Manufacturing Research，AMR）首次提出制造执行系统（manufacturing execution system，MES）的概念。

根据 AMR 对 MES 的定义，MES 是上层的计划管理系统与底层工业控制之间、面向车间层的管理信息系统。它为操作人员、设备管理人员提供计划的执行和跟踪以及所有资源（人、设备、物料、顾客需求等）的当前状态。当工厂中有实时事件发生时，MES 能及时对这些事件做出反应、报告，并用当前的准确数据对它们进行约束和处理。这种对状态变化的迅速响应使 MES 能够减少企业内部那些没有附加值的活动，有效地指导工厂的生产运作过程，同时提高了工厂及时交货的能力，改善了物料的流通性能，提高了生产回报率。在 AMR 提出的三层的企业模型中，MES 位于面向顾客的计划层和面向设备控制的控制层之间，成为面向车间的执行层。换言之，MES 位于企业的执行层，很自然地成为计划层 MRPII/ERP 和底层设备控制系统之间的桥梁，如图 10-12 所示。它是针对计划层在生产执行管理方面的限制和不足而产生的，是 MRPII/ERP 的必要补充。MES 强调：①优化目标是整个生产过程；②需要收集生产过程中的实时数据并对实时事件进行及时处理；③同时与 MRPII/ERP 系统级计划层和车间中制造设备控制层保持双向通信能力，从上下两层接收相应数据并反馈处理结果和生产指令。MES 负责管理和优化从订单投产到最终加工成产品整个过程，需要准确维护当前的信息，指导、发动、响应、报告车间的活动，为企业的决策提供有关生产活动的关键信息。在工业 4.0 和智能制造背景下，德国工业 4.0 提出的基于"服务联网"智能管控理念中，MES 也成为沟通 ERP 和现场层的关键环节。

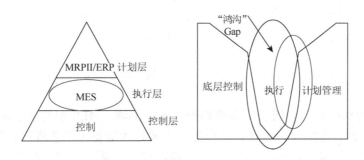

图 10-12　MES 在企业模型中的地位与作用

　　国际制造执行系统协会（Manufacturing Execution System Association，MESA）对 MES 的定义是：MES 是一些能够完成车间生产活动管理及优化的硬件和软件的集合，这些生产活动覆盖从订单发放到出产成品的全过程。它通过维护和利用实时准确的制造信息来指导、传授、响应并报告车间发生的各项活动，同时向企业决策支持过程提供有关生产活动的任务评价信息。MESA 提出了 MES 的功能组件和集成模型，并定义了 11 个功能模块，包括资源管理、工序调度、单元管理、生产跟踪、性能分析、文档管理、人力资源管理、设备维护管理、过程管理、质量管理和现场数据采集，MES 功能模块之间的关系及其在企业中的位置如图 10-13 所示。

　　MES 不同于以派工单形式为主的生产管理和辅助的物料流为特征的传统车间控制器，也不同于偏重作业与设备调度为主的单元控制器，它能把制造系统的计划和进度安排、追踪、监视和控制、物料流动、质量管理、设备的控制和计算机集成制造接口等集成考虑起来。可以说，制造执行系统是直接对接数字化、自动化、网络化生产的生产管控系统，也将在智能制造核心工业软件体系中占据重要的地位。

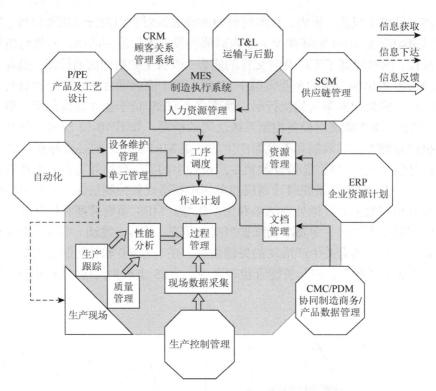

图 10-13　MES 功能模块之间的关系及其在企业中的位置

MES 的运行离不开信息流、实物流和控制流的协调。MES 中的信息流与其运行的两条主线有关：一是订单角度，包括订单创建、工艺技术准备（工艺规程、工艺文件等）、生产技术准备（人机料法环等）、下发控制、排产调度、派工生产、执行监控、完工入库等，表达的是订单的整体执行状态；二是流程角度，即按照订单工艺流程开展，主要是工序级别的完整执行数据包的管理，包括进度上的开工完工、工时的统计与分配、自检互检专检及其检验记录信息、工艺指导文件的现场展示等。通过这两条主线，基本就实现了对 MES 订单—工艺—工序等相关执行信息的全面管理。MES 中的实物流与其运行的两个闭环有关：一是订单生产准备与实物库存的关联协同闭环，即在生产技术准备中定义了所需的人机料法环，在相应的实物库存或管理模块实现对应的分配准备，从而实现按需准备的闭环控制；二是从实物库存到现场的闭环监控，即从库存到现场也应进行确认。通过这两个闭环控制，可以实现有效的实物状态闭环控制，避免盲目领料和库存模糊发料。MES 中的控制流主要是与硬件打交道的有关信息，与软硬一体化发展有关。随着物联网、CPS（cyber physical system）等技术的发展，与硬件直接连接和通信获取状态信息并反馈指令就具有了基础。MES 中的信息流、实物流和控制流不是孤立存在的，而是彼此融合的。

信息流与实物流的融合是 MES 的核心重点，主要涉及以下三个方面。一是以计划信息为纽带。计划规定了什么时间需要什么样的物料的根本信息，并使计划的制订和物料的管理联动起来。二是以订单工艺为主导。订单工艺是 MES 执行的主线，不仅是支持质量数据包或制造数据包的节点，也是各种实物周转的需求发源地和到位目的地。所有实物都要明确服务对象，以便做到精细的控制。例如，对于工人借用刀具，必须要求说明是为哪个订单、哪个工序、什么时间、在哪台资源使用。三是以信息—实物关联为目标。"码物分离"是很多企业都要解决的问题，信息与实物通过建立关联，如采用条码、RFID 等技术，实现基于数字化标识定义的周转过程的全程监控。

另外，信息流所代表的订单与工艺是 MES 运行的源头，控制流也是以此为基准进行运行的，信息流与控制流的融合也必不可少。一方面，需求由计划牵引作业程序精准控制、机床刀具的精准推送，避免程序的版本、刀具型号数量和状态的偏差等。这涉及与数控或自动化执行装置的通信。另一方面，还需要源于工艺决策的精准控制。可以依靠机床自身的自适应调整进行改进，或者将分析推理决策部分上升到 MES 中进行控制，并将分析推理结果转变为指令进行下发控制。在工艺决策的复杂性日益提升，而机床装备自身的计算系统的计算能力存在严重不足的情况下，相应的决策分析纳入 MES 中将是后续发展的一个普遍现象。

MES 带来的效益是巨大的，可以降低生产周期、减少在制品（WIP）、减少提前期以及改善产品质量等。特别地，在生产计划与控制方面，MES 可以帮助实现实时的订单状态、设备状态、库存可视性；实时进行作业优先级安排，提供对工厂管理的实时信息；合理地调度、分派，下发控制；开展顾客订单的跟踪以及实时的车间数据采集等。另外，MES 带来的知识化和员工授权改变了员工的精神状态，减少了监督，提高了工作效率。同时，它还会带来许多难以量化的间接经济利益，如满足顾客要求的高质量响应；提高制造系统对变化的响应能力以及顾客服务水平；均衡企业资源的利用率，优化产能，提高运作效率；大大缩短企业投资回报周期；通过员工授权，大大提高企业员工的工作能力与效率；提高企业敏捷性，增强企业核心竞争力等。

10.6　本 章 小 结

编制作业计划实质上是要将资源分配给不同的任务，按照既定的优化目标，确定各种资源利用的时间问题。在作业计划编制问题中，一般涉及机器、工件和资源三个有限集合。由于编制作业计划的关键任务是确定作业进行的优先顺序，当作业顺序确定之后，作业计划可以通过正向排产或反向排产的方式确定，因此作业计划与作业排序往往不加区别地使用。

常用的排序问题表示方法包括由 Conway 等提出来的 $n/m/A/B$ 四参数表示法和 Graham 等提出的 $\alpha|\beta|\gamma$ 三参数表示法。排序与调度的性能度量通常与工件的完工时间紧密相关，涉及工件的完工时间、流程时间、延误时间和数量及其平均值或最大值等度量指标。

按照机器的种类和数量不同，可以分为单台机器的排序问题和多台机器的排序问题。单机排序常采用 SPT、WSPT、EDD 以及 Moore-Hodgson 等规则调度方法。对于多台机器的排序问题，按工件加工的路线特征，可以分成流水作业车间排序问题和单件作业车间排序问题。流水作业车间排序问题常用的启发式算法包括约翰逊算法、Palmer 法、CDS 法、关键工件法和综合分割法等。在单件作业车间排序问题中，通过构造活动调度和无延迟调度解，可以极大地减小最优解的搜索空间。

服务的特殊性决定了服务作业计划与制造业作业计划有很大的差异。影响服务作业计划的主要因素有服务的易逝性和顾客参与服务过程。可采用固定时间表、预约、预定、提供服务优惠等方法进行顾客需求排序。在服务人员排序过程中考虑安排尽可能少的员工来满足服务的需要以降低成本，提高服务水平。

生产作业控制是指利用车间的数据和数据处理文件，来维护和传递关于车间工单和工作中心状态信息的系统。甘特图是作业排序与控制中最常用的一种工具，可较为直观地解决负荷和排程问题。输入/输出控制是指对工作中心的作业流和序列程度进行控制，是作业计划和控制系统的一个主要特征。OPT 的基本思想是识别企业的瓶颈资源/非瓶颈资源，生产管理与控制基于瓶颈资源。

MES 是上层的计划管理系统与底层工业控制之间、面向车间层的管理信息系统。它为操作人员、设备管理人员提供计划的执行和跟踪以及所有资源（人、设备、物料、顾客需求等）的当前状态。MES 是一些能够完成车间生产活动管理及优化的硬件和软件的集合，这些生产活动覆盖从订单发放到出产成品的全过程。作为直接对接数字化、自动化、网络化生产的生产管控系统，MES 也将在智能制造核心工业软件体系中占据着重要的地位和作用。

习　题

1. 说明排序、编制作业计划、派工、调度、控制等术语的含义及其相互关系。

2. 写出五个优先排序的规则，解释每个规则如何用于分配工作。

3. 排序问题的常用目标有哪些？

4. 在排序中何时最适于使用约翰逊规则？

5. 描述前向与后向排程之间的差异。

6. 甘特机器图与作业进度图之间有什么不同？

7. 什么是投入—产出控制？它如何帮助部门经理决策？

8. 用于评价排序规则的标准是什么？

9. 瓶颈工作中心是如何影响排程的？

10. 服务作业计划的影响因素有哪些？

11. 什么是半活动调度、活动调度和无延迟调度？

12. 求表 10-21 中 $6/2/F/F_{max}$ 问题的最优解，并求各工作中心的通过时间和空闲时间。

表 10-21　习题 12

任务 j	1	2	3	4	5	6
p_{1j}	5	4	8	2	6	12
p_{2j}	5	3	9	7	18	15

13. 有三辆汽车等待大修。请根据表 10-22 的数据采用每个作业剩余松弛时间最短的规则来决定这三辆汽车的优先处理顺序。

表 10-22 习题 13

汽车	顾客取车剩余时间	剩余大修时间	剩下的作业
A	10	4	喷漆
B	17	5	车轮校正、喷漆
C	15	1	钢板镀铬、喷漆、座椅整修

14. 某生产车间只有一台大型加工设备，计划期初接到六项任务，所需时间及预定交货期如表 10-23 所示。试分别按 SPT、EDD 和穆尔法进行作业排序，并加以比较。

表 10-23 习题 14

任务	J1	J2	J3	J4	J5	J6
生产时间	8	9	4	5	3	2
交货期	32	23	13	24	6	8

15. 如表 10-24 所示为五种零件的单工序排序问题，试分别用 SOT、EDD、EDD 约束下的 SOT 规则进行排序，并计算各种排序下的完工时间、平均流程时间和最大延迟时间。

表 10-24 习题 15

任务	J1	J2	J3	J4	J5
工时	4	8	2	6	5
交货期	28	25	13	8	9

16. 六种零件在两台设备上流水加工，工序时间如表 10-25 所示，试排出加工顺序使总加工周期最短，并求此时总加工周期。

表 10-25 习题 16

任务 j	1	2	3	4	5	6
p_{1j}	4	3	2	3	5	1
p_{2j}	6	8	9	12	7	10

17. 五项作业必须依次经过两个工序进行处理，如表 10-26 所示，请采用约翰逊规则进行排序，并计算总完工时间。

表 10-26 习题 17

作业	工序 1 所需时间	工序 2 所需时间
A	4	5
B	16	14
C	8	7
D	12	11
E	3	9

18. 一个商店有五名员工，商店每周需要营业七天。根据预测，每周各天需要的员工数量如表 10-27 所示。每个员工每周需要连续休息两天，并尽量安排在周末。员工不足时，少于四天的工作由兼职员工完成，请为该商店的员工做一个班次计划。

表 10-27　习题 18

星期	星期一	星期二	星期三	星期四	星期五	星期六	星期日
需要数量	6	5	4	2	3	3	2

19. OPT 的基本思想是什么？

20. MES 的地位和作用如何？主要功能包括哪些？

21. 案例讨论：医院治疗类选系统。

在医院中，最难以安排计划的是事故和急救部门。因为全天 24 小时都有患者随机前来就诊，并且事先没有任何通知。这就要求医院的接待人员和医护人员必须在最短时间内制订出满足所有要求的计划。特别是那些因遭遇严重事故者，或表现出某些重症的患者，必须马上得到抢救。因此，医院必须将这类病例列在首位。而那些不太急的病例，例如，患者身体不适，但所受伤害或所患疾病并不危及生命时，必须等待急救患者抢救以后才能接受治疗。而那些非紧急性的常规病例只能享受最低的优先级别。在许多情况下，这类患者必须等待的时间也最长。遇到医院人手紧张的时候，甚至可能要等上几小时。如果医院因为重症病例太多忙不过来，这些非紧急患者有时甚至会被请回家。如果医院已经预料到可能会发生伤患人数陡增的情况，那么，它就会建立一个治疗类选系统。这时，医护人员将对前来就诊的患者快速分类，确定每一位患者对应的急救级别。这样，他们就可以在很短的时间内为需要进行的不同治疗制订出一个合理的治疗计划。请讨论医院治疗类选系统所要解决的关键问题以及可能采用的计划方法和技术。

第 11 章

供应链管理

引导案例

我国供应链创新与应用的重点任务

随着信息技术的发展，供应链已发展到与互联网、物联网深度融合的智慧供应链新阶段。为加快供应链创新与应用，促进产业组织方式、商业模式和政府治理方式创新，推进供给侧结构性改革，2017 国务院发布了《关于积极推进供应链创新与应用的指导意见》（以下简称《意见》）。《意见》着眼于推动我国经济社会发展，全面提升我国供应链发展水平，为我国供应链发展指明了方向。

《意见》指出要以提高发展质量和效益为中心，以供应链与互联网、物联网深度融合为路径，以信息化、标准化、信用体系建设和人才培养为支撑，创新发展供应链新理念、新技术、新模式，高效整合各类资源和要素，打造大数据支撑、网络化共享、智能化协作的智慧供应链体系。

《意见》提出了如下六项重点任务。

一是构建农业供应链体系，提高农业生产组织化和科学化水平，建立基于供应链的重要产品质量安全追溯机制，推进农村一二三产业融合发展。

二是推进供应链协同制造，发展服务型制造，促进制造供应链可视化和智能化。

三是应用供应链理念与技术，推进流通与生产深度融合，提升供应链服务水平，提高流通现代化水平。

四是推动供应链金融服务实体经济，有效防范供应链金融风险，积极稳妥发展供应链金融。

五是大力倡导绿色制造，积极推行绿色流通，建立逆向物流体系，打造全过程、全链条、全环节的绿色供应链发展体系。

六是积极融入全球供应链网络，提高全球供应链安全水平，参与全球供应链规则制定，努力构建全球供应链。

《意见》针对目前我国供应链发展基础薄弱、人才匮乏、治理机制不完善等问题，提出了六方面保障措施：一是营造良好供应链创新与应用政策环境。二是积极开展供应链创新与应用试点示范。三是加强供应链信用和监管服务体系建设。四是推进供应链标准体系建设。五是加快培养多层次供应链人才。六是加强供应链行业组织建设。

《意见》的贯彻落实必将为我国供应链管理创新带来政策东风和重大发展机遇。

资料来源：国务院办公厅关于积极推进供应链创新与应用的指导意见，国办发〔2017〕84号，http://www.gov.cn/xinwen/2017-10/13/content_5231577.htm

11.1　供应链与供应链管理概述

11.1.1　供应链

1. 供应链的含义

供应链一词直接译自英文的"Supply Chain"，国内也有学者翻译为供需链，许多机构和学者在不同时期从不同角度给出了不同的定义。

一般认为，供应链的概念是先从制造业发展出来的。早期的观点认为供应链是制造企业中的一个内部过程，它是指将采购的原材料和零部件，通过生产转换和销售活动传递到用户的一个过程。传统的供应链概念局限于企业的内部操作，注重企业自身利益目标。

随着企业经营的进一步发展，供应链的概念注重了与其他企业的联系，注重了供应链的外部环境，将供应链定义为：一个通过链中不同企业的制造、组装、分销、零售等过程将原材料转换成产品到最终用户的转换过程，它是更大范围、更为系统的概念。

之后，供应链的概念更加注重围绕核心企业的网链关系。美国供应链协会认为：供应链涉及从供应商的供应商到顾客的顾客，从原材料到半成品再到最终产品生产与交付的一切努力。我国《物流术语》（GB/T 18354—2006）中对供应链的定义是：供应链是生产及流通过程中，将产品或服务提供给最终用户的上游和下游组织所形成的网链结构。

以顾客在京东商城购物为例，当顾客在京东商城在线购物时，供应链包括顾客、京东在线商城、京东仓库、京东物流、京东供应商和供应商的供应商。网站为顾客提供产品、价格及相关其他信息，顾客选择产品后，输入订单信息并付款（可选项，也可以货到付款），并可以在线查看订单的履行进程。随后的阶段是供应链利用顾客的订单信息满足顾客需求，这个过程涉及不同供应链环节的信息流、物流和资金流的变化。

供应链的定义虽然不尽相同，但总的来说，可以将供应链定义为是围绕核心企业，通过对信息流、物流和资金流的控制，从采购原材料开始，制成中间产品以及最终产品，最后由销售网络把产品送到消费者手中的将供应商、制造商、分销商、零售商直到最终用户连成一个整体的功能网链结构，其示意图如图11-1所示。

供应链不但是一条连接供应商到用户的物料链，而且是一条增值链。供应链的目标应是供应链整体价值最大化，供应链内的各个企业具有共同的利益和命运。一项产品的市场竞争力（包括产品的功能、质量、价格、服务、环保等）是链内企业共同努力的成果，而不是链内某一家企业所能独立完成的。以上理念是供应链的思想基础。

2. 供应链的典型结构

从原材料供应商到最终消费者，所有企业都包括在供应链中，而供应链中究竟包括哪些企业，这些企业各自出现的位置在哪里，相互之间的关系应该怎样定义，则取决于诸多因素。如产品的复杂程度、涉及的原材料种类、供应商的供货能力等都会影响供应链的结构。

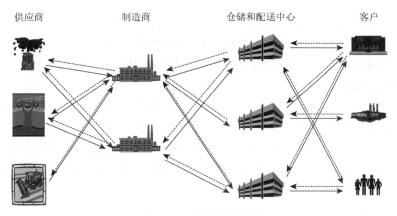

图 11-1　供应链示意图

供应链的结构主要包括供应链的长度（所包含的层面数）、各层面供应商或客户的数量、各层面之间的联系方式。现实生活中，供应链的结构在形式上是千差万别的，图 11-2 是典型的供应链分层网链结构模型。链上有一个核心企业，以核心企业为中心，上下游有若干节点企业。核心企业可以是制造企业，也可以是零售企业。供应链系统上游企业或下游企业或多或少，不一而同。从网链结构来看，供应链更像一棵根须众多、枝繁叶茂的大树，而不是从字面理解的一条传递的链条。

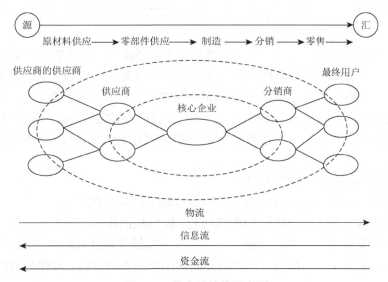

图 11-2　供应链结构示意图

资料来源：马士华，陈荣秋，崔南方，等，2015. 生产运作管理. 北京：清华大学出版社.

3. 供应链的类型

供应链可以从不同角度出发划分为不同的类型。

1）生产推动型和需求拉动型

顾客需求的满足可能是主动取得的，也可能是被动取得的。根据驱动模式，供应链可以分为生产推动型供应链和需求拉动型供应链。

生产推动型供应链主要是从上游厂商以及部件或产品生产厂商的角度出发,根据长期预测或销售订单、产品生产周期和库存现状有计划地将产品推给下游客户,核心企业是整个供应链运行节奏的控制者。推动模式比较适合供应链中需求不确定性相对较小,能通过预测进行管理的产品。

需求拉动型供应链主要是从下游和最终顾客的需求角度出发,按照顾客消费需求而不是预测需求来组织生产,以获得最终消费者需求信息的下游零售商、经销商或者顾客群体本身作为供应链运行节奏的控制者。拉动模式比较适合供应链中需求不确定性高、产品个性化突出、定制程度高、产品更新换代快、季节性或生命周期短的创新产品。

两种类型的比较见表 11-1。

表 11-1　生产推动型和需求拉动型供应链比较

优缺点	生产推动型	需求拉动型
优点	能够稳定供应链的生产负荷,提高机器设备利用率,缩短交货周期,增加交货可靠性	大大降低各类库存和流动资金占用,减少库存变质和失效的风险
缺点	需要备有较多的原材料、在制品和制成品库存,库存占用的流动资金较大,当市场需求发生变化时,企业应变能力较弱	将面对能否及时获取资源和及时交货以满足市场需求的风险

资料来源:孙元欣,2003. 供应链管理原理. 上海:上海财经大学出版社

推动模式和拉动模式的结合,将形成推拉混合型供应链,即供应链的某些环节以推动模式进行,其余环节则采用拉动模式推动和拉动的交界处成为推拉边界。例如,对通用零部件生产的供应链环节采用推式供应链的驱动模式,而对供应链下游环节(包括定制、组装环节)采用拉式供应链的驱动模式,在接到确切的订单后再进行最终产品的组装或生产。推拉混合型供应链的目的在于发挥推动模式和拉动模式的优点,同时规避两种模式可能面临的风险。

2)效率型供应链和反应型供应链

根据功能模式,供应链可以分为效率型供应链和反应型供应链。

效率型供应链主要体现供应链的物理功能,即以最低成本将原材料转化为零部件、半成品、产品,以及在供应链中的运输等;反应型供应链主要体现供应链的市场调节功能,即对未预知的需求作出快速反应,把产品分配到用户需求的市场。两种类型供应链的比较见表 11-2。

表 11-2　效率型供应链和反应型供应链的比较

内容	效率型供应链	反应型供应链
追求的目标	以最低的成本供应可预测的需求	迅速对不可预测的需求作出有效反应,使缺货、降价、废弃库存达到最小化
管理核心	保持高的平均利用率	配置多余的缓冲库存

续表

内容	效率型供应链	反应型供应链
库存策略	降低整个供应链库存	部署好零部件和成品的缓冲库存，应付不稳定的需求
提前期	在保持稳定的条件下尽可能缩短提前期（在不增加成本前提下）	大量投资，用于缩短提前期
供应商的选择指标	以成本和质量为核心	以速度、柔性和质量为核心
产品设计策略	采用标准化产品设计	采用模块化设计，在模块基础上进行变形设计

资料来源：邵晓峰，张存禄，2013. 供应链管理. 北京：北京教育出版社

3）稳定的供应链和动态的供应链

从供应链存在的稳定性来看，供应链可以分为稳定的供应链和动态的供应链。

稳定的供应链是指构成供应链的节点企业之间的关系相对稳定。这主要取决于市场需求的稳定性，需求单一的市场组成的供应链，其动态性较弱，市场稳定性较强。

对于需求变化相对频繁、复杂的市场环境下组成的供应链，其动态性必然较高。因为需求的变化必然导致供需关系的变化，进而导致供应链的变化。

实际上，供应链的稳定性是相对的，而动态性是绝对的。需要根据需求的不断变化，相应地调整供应链的组成。

除此之外，伴随着不同管理思想的引入，新零售、物联网等的出现和发展，供应链有了更加丰富多样的展现形式和类型，如渠道供应链、精益供应链、柔性供应链、敏捷供应链等。

11.1.2　供应链管理

1. 供应链管理的产生

供应链是客观存在的，但"供应链管理"这一概念是在 20 世纪 80 年代末提出的。20 世纪 90 年代供应链管理成为学术界和产业界讨论与研究的热点。1996 年美国先进制造研究公司（AMR）和国际咨询公司 PRTM 联合成立了供应链委员会。许多世界级的大型制造企业均已加盟该委员会。我国从 20 世纪 90 年代中期引进供应链管理，目前供应链管理已经成为我国企业管理的一个核心关键点。

供应链管理产生的原因主要有以下四个方面。

1）企业竞争环境日趋激烈

20 世纪 70 年代后期，随着生产力的飞速发展和社会经济水平的不断提高，世界各地的市场开始向以消费者（customer）为主导的买方市场方向发展，客户需求日益多样化。企业面临的竞争（competition）日益激烈，加上制造全球化与贸易自由化、技术革新速度加快以及信息社会和网络时代的到来，企业所处的政治、经济和社会环境也发生了巨大变化（change）。3C 带来了市场需求的多样性和不确定性。

2）管理模式的转变

由于市场竞争日趋激烈，世界各国的企业都在积极探索新的生产管理模式，以适应买方市场这一新的社会经济形式。

传统的管理模式是"纵向一体化"（vertical integration）管理模式。在这种指导思想下，企业为了最大限度地掌握市场份额，必然要牢牢控制用于生产和经营的各种资源。在企业的运作模式上，采用了"高度自制"的策略，一个企业囊括了几乎所有零部件的加工、装配活动。不仅如此，还把分销甚至零售环节的业务也纳入自己的业务范围之内，最后形成了无所不包的超级组织，这就是人们说的"大而全"和"小而全"。

传统"纵向一体化"管理模式在新的历史形势下暴露出越来越多的弊端，会增加企业投资负担，迫使企业从事不擅长的业务活动，使企业在每个业务领域都直接面临众多竞争对手。从 20 世纪 80 年代中后期开始，在企业管理中形成了一种"横向一体化"（horizontal integration）的管理热潮。供应链管理是"横向一体化"管理模式的代表。许多企业将自己的非核心业务外包（outsourcing）给其他企业，集中资源发展"核心能力"（core competence），通过共同的市场利益和业务结成联盟占据竞争中的主动地位。这意味着更加需要链上的各个企业加强合作，从而突出加强供应链管理的必要性。

3）发掘第三利润源泉

到目前为止，为降低成本、提高竞争力企业在内部管理上下了很大功夫，引入了全面质量管理、MRPII、ERP、精益生产等多种科学管理方法。因此，对于许多内部管理比较规范的企业来说，它们的第一利润来源（降低物耗）和第二利润来源（提高劳动生产率）可挖掘的潜力已经不大。而在供应链的两头，即零部件供应管理和产成品的流通配送环节，尚有很大的节约成本的潜力。由此提出一个新的课题，即如何在流通领域加强管理，改善企业之间在经营运作上的协调与配合，来发掘第三利润来源。

4）网络技术的发展

在日益激烈的竞争环境下，缩短产品研发周期、生产周期、上市周期就成为企业提高竞争力的一个重要方面，而产品研发周期、生产周期、上市周期的缩短需要企业关注整个供应链上物流和信息流的快速流动。网络技术的发展，使得实时信息可以在供应商、经销商和客户之间自由流动，供应链成员之间的边界进一步消融，从而为实现供应链管理提供了机会。

2. 供应链管理的含义

供应链管理就是使供应链运作达到最优化，以最小的成本，使供应链从采购开始，到满足最终顾客的所有过程，包括物流、工作流、价值流、资金流和信息流等均高效率地操作，把合适的产品以合理的价格，及时准确地送到消费者手上。

供应链管理是一种集成的管理思想和方法，注重企业之间的合作，把供应链中不同企业集成起来，通过统一协调、计划和控制，增加整个供应链的效率，最终使得供应链群体中的每一个企业都能受益。供应链管理倡导的管理理念包括：从纵向一体化转向横向一体化管理，从职能管理转向过程管理，从产品管理转向顾客管理，从企业间交易性管理转向关系性管理，从物质管理转向信息管理，从零和竞争转向多赢竞争，从简单的多元化经营转向核心竞争力管理。

供应链管理的基本内涵主要有以下内容。

（1）链内企业彼此之间由原来的市场竞争关系改变为合作伙伴关系。

（2）链内企业应树立共同的战略目标，加强各自的核心能力，实现优势互补，强强联合，并通过加强供应链内部的管理，有效地协调链内成员企业的生产经营活动，降低交易成本，改善物流运输和库存，努力挖掘第三利润源泉，提高供应链最终产品的市场竞争力，从而使链内企业共同受益。

（3）供应链管理的核心内容是把链内企业的全部生产经营活动集成起来，进行统筹规划，通过各环节的有效协调与配合，改善链内的物流、工作流、价值流、资金流和信息流。

3. 供应链管理的意义

国内外许多著名企业，如戴尔（Dell）、惠普（HP）、宝洁（P&G）、京东等，在供应链管理实践中取得了巨大的成绩，大大降低了整个供应链的成本，提高了服务水平和顾客满意度水平，从而提高了竞争力。供应链管理已成为现代企业管理中的一个新热点，实施供应链管理的现实意义主要有以下三个方面。

（1）有利于降低成本。德兰尼（Delaney）的《物流状况报告》指出，1997 年美国企业在相关的供应活动中的费用为 8620 亿美元，大约是美国国民生产总值（gross national product，GNP）的 10%。这个数字包括供应链中制造工厂和仓库内，以及供应链不同组成部分之间搬运、存储和控制产品所发生的成本。然而，这笔在物流方面的巨额支出包括许多不必要的成本。专家分析，通过使用更有效的供应链管理战略，食品杂货业每年可节约 300 亿美元，相当于其年运营成本的 10%。在我国，物流费用占国民生产总值的比例更高。因此，有效的供应链管理可以大幅度地增加收益或降低成本。Pittiglio Rabin Todd & McGrath 组织资助的研究项目《1997 年供应链绩效研究报告》指出，供应链管理的应用使总成本降了 10%。

（2）有利于改善客户服务水平。供应链管理可以缩短订货—生产周期，提高企业按时交货率，并较快响应客户需求。供应链管理的最终目的在于更好地满足顾客的需求，这又反过来促进企业进一步发展，从而形成一个良性循环。

（3）有利于提高企业的国际竞争力。在现代国际市场上，企业之间的竞争变成了企业供应链与供应链之间的竞争。加强供应链管理，与合作伙伴进行资源的优势互补，实现强强联合，有利于增强企业竞争实力。

11.2 供应链运作策略

供应链是动态的系统，必须根据供应链所服务市场的不同情况采用不同的运作策略。表 11-3 表示市场中两种不同类型的产品需要的不同运营系统。

表 11-3 不同类型的产品与所需的运营系统

产品类型		所需运营系统
功能性产品	生命周期长，需求预测较容易，误差小，产品种类少，价格稳定，提前期短，利润低	保证产品沿供应链迅速移动/高效率，降低成本，保持最小库存，提高生产能力利用率，低成本供应商

产品类型		所需运营系统
创新性产品	难以预测，生命周期短，需求预测较困难，误差大，产品种类多，价格先高后低，提前期长，利润高	提供较高的服务水平/及时供应，快速反应，合理配置库存，加工时间短，柔性供应商

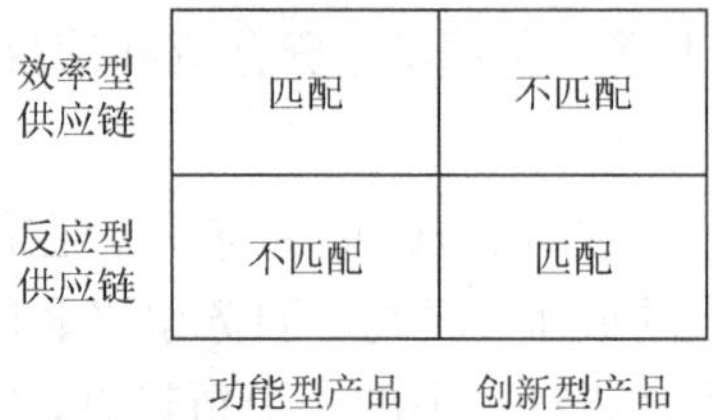

	功能型产品	创新型产品
效率型供应链	匹配	不匹配
反应型供应链	不匹配	匹配

图 11-3　与产品类型匹配的供应链运作策略

供应链运作策略需要与不同类型的产品相匹配。对于功能型产品，其边际贡献率低，缺货的边际利润损失不大，目标在于降低成本，应采用效率型供应链策略。而对于创新型产品，其边际贡献率高，缺货的边际利润损失大，目标在于快速响应市场需求变化，则需要采用反应型供应链策略，如图 11-3 所示。

效率型供应链策略要求保持较低的库存，尤其在供应链的下游，提高产品流动速度，减少库存积压的流动资金。供应链中的信息流动必须快速高效，以保证生产计划与销售计划的及时调整。反应型供应链策略则强调为最终顾客提供较高的服务水平，保证及时供应，提高迅速反应能力。下游库存保证顾客随时都可以获得产品供应。快速反应能力要靠供应链的信息化支持，如自动化的订单处理系统、仓库自动监控系统和信息的智能处理等。

11.3　供应链协调

11.3.1　供应链协调问题的提出

传统上，自发运行的供应链往往会由于多方面原因而处于失调状态。协调的供应链要求供应链每个环节都共享信息并且考虑自身行为对其他环节的影响。如果供应链不同环节的目标冲突或者环节之间的信息传递发生延误或扭曲，供应链失调就出现了。例如，福特公司有成千上万的供应商，每个供应商又有着自己的供应商。若每个环节的企业都企图让自身利润最大化，那么不同环节之间就出现了冲突的目标，从而导致供应链总利润的降低。

供应链失调的典型表现之一是牛鞭效应，用来描述供应链中的"需求变异放大"现象。其基本含义是：当供应链各节点企业只根据相邻的下级企业的需求信息作出生产或供给决策时，需求信息的不真实会沿着供应链逆流而上，使订货量逐级放大，到达源头供应商时，其获得的需求信息和实际消费市场中的顾客消费信息发生了很大的偏差，需求变异将实际需求量放大了，如图 11-4 所示。这种图形很像西部牛仔使用的赶牛的长鞭，所以形象地称为 bullwhip，中文常称为牛鞭效应。

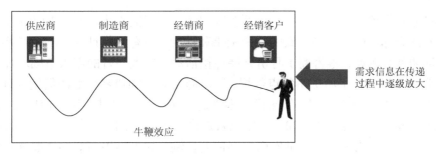

图 11-4　需求放大效应示意图

宝洁公司发现帮宝适尿不湿的供应链中存在牛鞭效应,公司对供应商的订单波动非常剧烈,而在供应链的末端,零售商的需求波动虽然存在,但幅度很小。原材料订单的大幅波动增加了企业成本,并使得供给与需求难以匹配。

供应链失调对供应链绩效有较大的负面影响,如表 11-4 所示。

表 11-4　供应链失调对供应链绩效的负面影响

绩效指标	失调的影响
生产成本	增加
库存成本	增加
补货提前期	增加
运输成本	增加
发货和收货的劳动力成本	增加
产品可获性水平	降低
利润	降低

因此,供应链失调如牛鞭效应导致供应链运作的诸多成本增加及顾客服务水平下降,会降低供应链中各方的效率,导致顾客满意度和供应链利润下降。这就需要管理者采取合适的行动来进行供应链协调,以使得协调后的个体或系统的利益不低于协调前的利益,实现双赢甚至多赢的目标。

11.3.2　提高供应链协调性的方法

1. 提高信息的准确度和共享性

管理者可以通过提高供应链不同环节获取信息的准确度和共享性,来提高供应链的协调度。

(1)共享顾客需求数据。在需求信息沟通不畅的供应链中,上游环节只了解其下游环节发出的订单,而对最终顾客的需求则一无所知。供应链信息扭曲的主要原因是供应链各个环节都使用接收的订单数量来预测未来的需求,而不同环节订单不同,预测也不相同。实际上,供应链需要满足的唯一需求来自顾客。如果零售商能够与供应链其他环节共享需求数据,那么供应链多个环节就能够基于顾客需求来预测未来需求,有助于削弱牛鞭效应。

（2）实施协作预测和计划。在共享顾客数据后，为了提高协调性，供应链各环节的参与者需要共同合作，得到协同一致的预测结果和计划。没有协作计划，顾客需求数据共享并不能保证协调。例如，零售商1月份开展促销活动，导致当月的需求急剧增加。即使零售商和制造商之间共享了历史销售点数据，制造商也必须知道零售商的促销计划，协同预测和计划以实现供应链协调。一般来说，零售商的预测通常是基于历史销售数据的分析，然而，未来顾客需求会受到如定价、促销以及新产品上市等因素的影响。有些因素由零售商控制，但有些因素由分销商、批发商或制造商控制。如果零售商能够获取这些信息，那么预测的结果将更加准确。同样，分销商和制造商的预测也受到由零售商控制因素的影响。因此，许多供应链正向着合作预测和计划系统努力。

2. 缩短订货提前期

订货提前期是指发出订单到收到货物之间所需的时间。管理者可以通过缩短订货提前期，来减少提前期内的需求不确定性。有研究人员发现，如果提前期缩短50%，那么预测误差将减少50%。缩短订货提前期对季节性商品尤其有益。

管理者可以在供应链不同环节采取不同措施来缩短订货提前期。例如，要求需求方通过增加订货次数，以最低的订货成本快速将需求传递给供应商。通过互联网或EDI（electronic data interchange）等现代信息技术来缩短订货提前期。借助信息系统如MRPII（制造资源计划）、ERP（企业资源计划）等，来减少计划时间，加速决策制定过程。制造工厂内通过提高柔性、实施单元制造、改进产品结构和优化流程等措施来缩短产品制造时间。越库运输可以用来缩短供应链不同环节之间运输产品的提前期。管理者也可以通过加强管理、协调各成员的活动来缩短各过程之间的等待时间。

3. 减少供应链流通环节

供应链流通环节越多，产品从制造商到最终用户的流通时间和流通费用也越多，牛鞭效应也越大。减少流通环节可以降低需求信息的放大程度，同时也可以更好地对顾客需求作出反应。基于现代信息技术的电子商务可以大大减少供应链的流通环节。

4. 设计定价策略

解决由价格下降导致的牛鞭效应，要求管理者采取合适的定价策略来稳定价格。

管理者可以通过取消降价促销或者天天低价策略来削弱牛鞭效应。通过价格的持续性，减少牛鞭效应对上游企业的影响。

可以将基于批量的数量折扣转变为基于总量的数量折扣。基于批量的数量折扣使零售商为了获得折扣而增大批量。提供基于总量的数量折扣消除了增大每一次批量的激励，从而减少了供应链中的订单波动。

可以在促销期内为采购数量设置上限，从而减少提前购买。这个限制应该针对具体的零售商，与该零售商的历史销售数据挂钩。也可以将支付给零售商的促销奖励与零售商的售出量而不是购入量挂钩。此时，零售商不能从提前购买中获益，只有当卖出更多时才能采购更多。基于售出量的促销可以极大地减少信息扭曲。

5. 设计供应链契约

供应链契约又称供应链合同合约，是指通过合理设计契约，减少合作方的机会主义行为，促使企业之间紧密合作，确保有效完成双方的订单交付，保证产品质量，提高用户满意度，降低供应链成本，提高整个供应链的绩效及每一个成员企业的绩效。供应链契约本质上是一种激励机制，有效的供应链契约可以协调和控制供应链成员间的生产、运作、资金及库存管理，实现收益共享和风险共担，改善供应链绩效。

常见的供应链契约有批发价格契约、回购契约和收益共享契约。

（1）批发价格契约，是指供应商和经销商相互签订批发价格契约，经销商根据市场需求和批发价格决策订购量。供应商根据经销商的订购量组织生产。对于未销售出去的一切风险由经销商承担。批发价格契约是最简单的合同类型，伴随着较低的管理成本。

（2）回购契约，是指供应商在销售季节结束后将经销商没有售完的货物以一个合理的价格回购，从而刺激经销商增加订购量，扩大产品销售量。其特征是需求不确定风险由供应商和经销商共同分担，常用于时间性较强的产品，如图书出版、报纸和服装行业。

（3）收益共享契约，是指供应商以较低的批发价将产品卖给经销商，并从经销商处获得一部分收益的协议。其特征是需求不确定风险由供应商和经销商共同分担，常见于电影发行行业。

供应链契约通过调整供应链成员之间的关系来协调供应链，使分散控制的供应链整体利润与集中系统下的利润尽量相等。即使达不到最好的协调，也要使每一方的利润至少不比原来少。

6. 构建战略伙伴关系

战略伙伴关系是随着集成化供应链管理思想的出现而形成的，是供应链中的企业为了达到特定的目标和利益而形成的一种不同于简单交易关系的新型合作方式。其目的是降低成本，提高整个供应链的竞争优势。

战略伙伴关系非常强调企业间的合作和信任。当供应链各环节存在合作和信任时，就可以消除多环节的重复工作，降低各环节的交易成本。当供应商信任来自经销商的订单和预测信息时，就不必再进行预测了。

一般来说，类似共享信息、改变激励、改进运作和稳定的价格通常有助于提高信任水平。供应链内合作程度和信任水平的提高需要有效合同以及良好的冲突解决机制。

11.4　供应链管理的发展

11.4.1　全球供应链

1. 全球供应链概念

全球供应链（global supply chain）一词最早出现在 Hishleifer（1956）的研究中，此后，经学者的不断丰富，形成了完整的定义。全球供应链是实现一系列分散在全球各地的相互关联的商业活动，包括采购原材料和零件、加工并得到最终产品、产品增值、对零售商和消费者的配送、在各个商业主体之间交换信息，其主要目的是降低成本、扩大收益。

如果供应链在某一国内建立，而且所有节点企业都是国内企业，那么该供应链就称为国内供应链。如果该供应链越过国界，包含的节点企业属于不同国家或者位于不同国家，那么这条供应链就称为跨国供应链或全球供应链。

因此，全球供应链是指供应链核心企业在全球范围内组建或构建的供应链，它要求站在俯视全球的高度，将供应链系统延伸至整个世界的各个角落，按企业的需要在世界各地寻找和选择最有竞争力的合作伙伴。

2. 全球供应链的特点

如表 11-5 所示，与国内供应链相比，虽然在运营理念和方法上没有本质的区别，但全球供应链仍有以下特殊性。

（1）国际性。国际性是指全球供应链的网络涉及多个国家，网络覆盖的地理范围大。全球供应链的物流是在不同国家或地区间进行的。国际物流跨越不同国家和地区，跨越海洋和大陆，运输的距离与时间长，运输方式多种多样，这就需要合理选择运输路线和运输方式，尽量缩短运输距离和货物在途时间，提升货物周转速度并降低物流成本。

（2）复杂性。全球供应链链条上涉及国际的经济活动。在经济活动中生产、流通、分配和消费四个环节存在着密切的联系，由于各国的社会制度、自然环境、经营管理方法、生产技术和习惯不同，在国际组织好产品从生产到消费的流动，就是一项相当复杂的工作。仅针对物流的复杂性而言，就包括了国际物流通信系统设置的复杂性、法规环境的差异性以及商业现状的差异性等。

（3）风险性。全球供应链涉及的风险主要包括政治风险、经济风险和自然风险。政治风险主要指由于链中节点企业所在国或产品运输所经过的国家政局动荡，如政局更迭、罢工、战争等造成经营损失或货物可能受到损害或灭失；经济风险可分为汇率风险和利率风险，主要指全球供应链运营中有关的资金由于汇率和利率的变动而产生的风险；自然风险主要指在物流过程中可能因自然因素，如地震、海啸、暴雨等引发的风险。

（4）技术含量高，标准化要求高。由于全球供应链范围广、运行环境差异大，需要在不同的法律、文化、语言、技术、设施环境下运行，大大增加了供应链的复杂程度以及网络系统的信息量和交换频度。要保证流通畅通，提高整个链条的效率，必须要有先进的国际化信息系统以及标准化的物流工具和设施。同时，对供应链的设计和管理的要求也更高。

表 11-5　全球供应链与国内供应链的比较

全球供应链的特点	在全球供应链中更重要的问题	出现在全球供应链中的新问题
较大的空间距离和时间差	运输和协调更重要 订货提前期更长 沟通和旅行更困难 信息和通信技术更重要 技术含量、标准化要求更高	语言和文化的差异 汇率、关税、补贴、配额
跨国市场	复杂的供应网络 各跨国市场之间的竞争	不同的法律法规、语言 汇率、政府政策和宏观经济的影响 全球范围的扫描
跨国运营场所	复杂的供应网络	在全球范围内分担工作 汇率

3. 全球供应链管理

全球供应链管理强调以全球化的观念,将供应链的系统延伸至整个系统范围,在全面、迅速了解世界各地消费者需求的同时,对整个运营进行计划、协调、操作、控制和优化,供应链中的核心企业与其供应商以及供应商的供应商,核心企业与其经销商乃至最终用户之间依靠现代信息技术支撑,实现供应链的一体化和快速反应,达到商流、物流、资金流和信息流的协调通畅,以满足全球消费者的需求。全球化供应链管理范畴较宽,是一种综合性的、跨国跨企业集成化的管理模式,也是全球化环境下企业跨国经营的管理模式。

作为一种新型的管理理念,全球化供应链管理具备如下特征。

（1）全球化的供应链管理模式以全球范围内的消费者来驱动供应链运作,以消费者满意为核心。全球化环境下企业的经营范围从国内市场扩展到全球市场,潜在消费者呈指数级增长,巨大的市场意味着巨大的发展机遇。全球化供应链管理的观点,将消费者服务定位为公司的核心,而且从战略上采取消费者服务的思想,以消费者满意作为自己的绩效标准,重视市场细分,针对不同消费者群体的不同需求,提高多样化的产品和服务,并且注重降低成本和提高效率,以取得消费者对企业产品的认同,提升企业的业绩。

（2）全球化供应链管理是一种新型的合作竞争理念。与传统企业的经营管理不同,全球化供应链管理是从全球市场的角度对供应链全面协调性的合作式管理,它不仅要考虑核心企业内部的管理,更注重供应链中各个环节、各个企业之间资源的利益和合作,让各企业之间进行合作博弈,达到"双赢"。那种完全站在企业个体的立场,在现有的市场上争夺产品和销售渠道,其结果不是你死我活就是两败俱伤的企业传统管理模式,不利于市场空间的扩大和经济的共同繁荣进步。全球化供应链管理的合作竞争理念把供应链视为一个完整的系统,将每一个成员企业视为子系统,组成动态跨国联盟,彼此信任,互相合作,共同开拓市场,追求系统效益的最大化,最终分享节约的成本和创造的收益。

（3）全球化供应链管理以现代网络信息技术为支撑。全球化供应链管理是现代国际网络信息技术发展与跨国战略联盟思想发展的结晶,高度集成的网络信息系统是其运行的技术基础。通过信息和资源共享,实现以消费者满意为核心的战略。

【案例】联想的全球供应链管理

2005 年 10 月,联想公布了新的组织架构,建立了一个按照职能、地域和"内部客户"三个维度紧密分工、协同运作的全球供应链体系。为了更好地服务于主要市场的客户,联想还在欧洲、美洲、新加坡和中国深圳设有供应链"据点",在前端为客户提供客户商务、信用管理和服务。

"两头在外,中间在内。"联想公司将产品的开发和产品的市场销售这两大环节即其价值链的最上游环节和最下游环节设置在市场更为完善、更为国际化的香港,信息渠道更宽,接收到的信息也更为快速和准确。而其价值链中间环节,即计算机产品的批量生产环节则放在了内地,大大降低了厂房等的资本支出,也获得了低廉的劳动力。除此之外,联想还与国内其他厂商发展委托加工的合作关系,既可以避免大量投资与基建,又能在订货量增大时保证供应。

资料来源: www.e-works.net.cn, 2019 年 4 月 29 日

11.4.2 绿色供应链

绿色供应链的概念是由美国密西根大学制造研究协会在 1996 年提出的，是一种在整个供应链中综合考虑环境影响和资源效率的现代管理模式。它以绿色制造理论和供应链管理技术为基础，使产品从物料获取、加工、包装、仓储、运输、使用到报废处理的整个过程中，对环境的影响（负作用）最小，资源效率最高。

实施绿色供应链管理，将"绿色""环境意识"理念融入整个供应链管理过程，使得整个供应链的资源消耗和环境影响负作用最小，是现代企业实现可持续发展的一种有效途径。

一般地，绿色供应链管理的业务环节有绿色设计、绿色采购、绿色制造、绿色物流、绿色消费和绿色回收等。

1. 绿色设计

绿色设计又称生态设计、环境意识设计，是指按照全生命周期的理念，通过改进设计把产品的全生命周期环境负面影响及未来产生废弃物降低到最小限度。力求在产品设计阶段系统考虑原材料选用、生产、销售、使用、回收、处理等各个环节对资源环境造成的影响，最大限度地降低资源消耗、尽可能少用或不用含有有毒有害物质的原材料，减少污染物产生和排放，从而实现环境保护。

2. 绿色采购

绿色采购是指从开展环境保护活动的企业采购环境负荷更小的原材料或零部件。

近年来，我国越来越多的企业积极践行绿色采购，如丰田公司为实现绿色采购，制定了《中国绿色采购指南》，要求供应商实施不损害环境对策，并对交货物品中的环境负荷物质进行管理。丰田将环境管理重点放在了化学品管理上，将批量生产阶段产品中不能使用的物质追加到 10 种，将包装材料不能使用的物质追加到 11 种，对材质为树脂、橡胶的零部件也提出了明确规定。

3. 绿色制造

绿色制造是一个综合考虑环境影响和资源效益的现代化制造模式，是在机械制造过程中，将环境因素考虑进去，其目的是利用技术手段，优化制造程序，降低环境污染，以节约资源和实施可持续发展。

绿色制造在缓解我国资源环境瓶颈约束、加快培育新的经济增长点方面具有重要现实作用，对加快转变经济发展方式、推动工业转型升级、提升制造业国际竞争力具有深远历史意义。

2016 年以来，我国先后发布了《工业绿色发展规划（2016—2020 年）》《关于组织开展绿色制造系统集成工作的通知》和《绿色工厂评价通则》三个涉及绿色制造的关键政策，以促进我国绿色制造工程。

4. 绿色物流

绿色物流是指在运输、储存、包装、装卸、流通加工等物流活动中，采用先进的物流技术、物流设施，最大限度地降低对环境的污染，提高资源利用率。

2018 年 1 月，国务院办公厅发布的《关于推进电子商务与快递物流协同发展的意见》中，鼓励电子商务企业与快递物流企业开展供应链绿色再造，推广绿色运输与配送。我国诸多企业特别是大型电商和快递企业积极践行绿色物流。苏宁物流推出"青城计划",致力于打造全链路绿色物流解决方案,重点减少快递包装浪费,推进减量化、绿色化、可循环发展。京东物流发起绿色物流行动——青流计划,通过京东物流与供应链上下游合作,探索在包装、运输、仓储等多个环节实现低碳环保、节能降耗。在绿色包装环节,采用可循环快递箱"青流箱",通过"胶带"瘦身减少胶带使用量,使用可循环生鲜保温箱。运输环节,京东物流在全国近 40 个城市推广使用了 5000 多台自营的新能源物流车。在仓储建设上,京东物流作为国内首家建设分布式光伏能源体系的企业,上海亚洲一号实现了仓储屋顶分布式光伏发电系统应用。

5. 绿色消费

绿色消费也称可持续消费,是指既能满足人们基本需求、提高生活质量,又对环境零损害、低损害的消费行为,是适应经济社会发展水平和生态环境承载能力的一种新型消费方式。

随着经济社会的发展,消费总量和消费强度在不断增加。因而,缓解资源环境压力、建设生态文明呼唤绿色消费。

习近平总书记指出,生态文明建设同每个人息息相关,每个人都应该做践行者、推动者。要加强生态文明宣传教育,强化公民环境意识,推动形成节约适度、绿色低碳、文明健康的生活方式和消费模式,形成全社会共同参与的良好风尚。

6. 绿色回收

绿色回收是指产品报废后,对产品和零部件进行回收处理,使产品或零部件得到循环使用或再生利用,以减少环境污染,提高资源利用率。

回收管理问题是一个世界性的难题,大多数国家以法律为主导,推行生产者责任延伸(extended producer responsibility,EPR)制度。所谓生产者责任延伸制度是将生产者对其产品承担的资源环境责任从生产环节延伸到产品设计、流通消费、回收利用、废物处置等全生命周期的制度。

以推动绿色回收,推动相关产业闭环可持续发展,我国目前正尝试在诸多领域推行生产者责任延伸制度。例如,2016 年国务院办公厅印发《生产者责任延伸制度推行方案》,面向电气电子、汽车、铅蓄电池和包装物四大行业探索生产者责任延伸制度。2018 年工业和信息化部等发布的《新能源汽车动力蓄电池回收利用管理暂行办法》和 2019 年生态环境部印发的《废铅蓄电池污染防治行动方案》中均采用生产者责任延伸制度。

【案例】华为的绿色供应链管理

(1)推行绿色采购

华为将绿色理念融入采购业务之中。2006 年,华为发布绿色采购宣言,向社会承诺在效能相同或相似的条件下,优先采购具有良好环保性能或使用再生材料的产品。建立绿色采购认证管理体系,对采购的产品和服务进行绿色认证。不采购违反环保法律法规企业的产品或服务。2008 年华为同深圳市环保局签署了《深圳市企业绿色采购合作协议》。华为将供应商的可持续发展绩效与采购份额、合作机会挂钩,对绩效表现好的供应商,在同等条件下优先采购其产品或服务。

（2）开展绿色供应链管理试点

2014 年，华为公司与深圳市人居环境委员会联合发起了"深圳市绿色供应链"试点项目，提出以市场为导向的绿色供应链模式，通过节能、环保改造，提升企业市场竞争力。项目在对供应商进行信息收集、筛选、评估与考核的基础上，针对性地组织了一系列研讨培训及专家现场技术辅导活动，交流行业中的先进环保技术，帮助供应商挖掘节能减排潜力。对主动实施污染防治设施升级改造的供应商，在资金扶持上给予倾斜。

同时，此项目帮助华为公司完善了绿色采购基准，健全了绿色供应链管理体系，让企业的环境管理模式从被动转变为主动，实现从原有末端治理的管理模式转变为全生命周期管理模式，从产品的开发、生产、分销、使用及回收到废弃物管理等全过程实现环境友好。在此基础上，委托第三方技术机构开展绿色供应链课题研究，总结华为试点经验，编写深圳绿色供应链指南。

（3）开展绿色供应商管理

华为的绿色供应商管理，分为供应商选择、绩效评估、合作三方面内容。在绩效评估过程中，建立了问题处理和退出机制。在供应商选择过程中，华为将可持续发展要求纳入供应商认证和审核流程，所有正式供应商都要通过供应商认证。华为主要采用公众环境研究中心（Institute of Public and Environmental Affairs，IPE）全国企业环境表现数据库调查供应商，进行供应商认证及选择。华为基于《电子行业行为准则》（electronic industry code of conduct，EICC），与正式供应商签署包括劳工标准、安全健康、环境保护、商业道德、管理体系及供应商管理等要素在内的供应商企业社会责任（corporate social responsibility，CSR）协议。

资料来源：生态环境部节能与综合利用司

11.4.3　闭环供应链

1. 循环经济与逆向物流

20 世纪 90 年代以来，随着对资源环境问题的不断认识，人们提出了人类社会应建立一种以物质闭环流动为特征的经济，即循环经济。

循环经济是指在生产、流通和消费等过程中进行的减量化、再利用、资源化活动的总称。减量化，是指在生产、流通和消费等过程中减少资源消耗和废物产生。再利用，是指将废物直接作为产品或者经修复、翻新、再制造后继续作为产品使用，或者将废物的全部或者部分作为其他产品的部件予以使用。资源化，是指将废物直接作为原料进行利用或者对废物进行再生利用。

为了促进循环经济发展，提高资源利用效率，保护和改善环境，实现可持续发展，许多国家和地区如欧盟、北美、日本纷纷立法。如德国的《包装条例》《循环经济与废物法案》，日本的《推进形成循环型社会基本法》《促进资源有效利用法》。我国于 2008 年 8 月颁布了《中华人民共和国循环经济促进法》。

循环经济本质上是一种生态经济，要求按照生态学规律，将人类经济活动从传统工业社会以"资源—产品—废弃物"的物质单向流动为基本特征的线性经济，转变为"资源—产品—再生资源"的反馈式或闭环流动的经济增长模式，使物质反复循环流动，资源得到充分、合理的利用，提高经济运行的质量和效益，把经济活动对自然环境的影响降到尽可能低的程度，达到经济发展与资源、环境保护相协调的可持续发展战略目标，从而实现可持续发展所要求的环境与经济的"双赢"。

从循环经济的本质可以看出，其核心是物料的循环，即物料及其附属信息在供应商、制造商、销售商和用户之间反复流动，从而形成循环物流。在循环物流中流动的物质，既有消费者需要的物品，也有消费者使用过的废弃物品。

循环物流由两种物流渠道构成：一种是物品通过"生产—流通—消费"途径，满足消费者需要的正向物流；另一种是合理处置废弃物的渠道，将不再被消费者需求的废旧品变成重新投放到市场上的可用商品的整个过程的所有物流活动。其作用是将消费者不再需求的废弃物运回到生产和制造领域，变成新商品或者新商品的一部分，其流动的方向与前者相反，这就是逆向物流。逆向物流和正向物流一起构成了资源、产品循环流动的渠道，周而复始，资源达到了最大限度的利用。

【案例】 苹果公司扩大全球循环利用计划

苹果公司于 2019 年宣布了一项扩大其循环利用计划的重大举措，将美国顾客可选的 iPhone 回收点数量增至 4 倍，方便顾客将自己的 iPhone 交给 Apple 的拆解机器人 Daisy 进行拆解回收。Daisy 将对送至美国各地 Best Buy 门店及荷兰 KPN 零售店的指定机型的旧 iPhone 进行拆解和回收。顾客还可参加 Apple Trade In 换购计划，前往任意 Apple Store 零售店或通过 apple.com，将手中符合条件的设备进行回收处理。

通过推行各种计划，Apple 已收到近 100 万部设备，而一台 Daisy 每年可拆解 120 万部设备。2018 年，Apple 对超过 780 万部 Apple 设备进行了翻新，此举使超过 8000 吨电子废弃物免于流向垃圾填埋场。

先进的循环利用技术必定会成为电子产业供应链的一个重要环节，Apple 正在另辟蹊径，推动整个行业向前发展。Apple 环境、政策与社会事务副总裁 Lisa Jackson 表示，Apple 将致力于设计能让消费者长久使用的可靠产品，而等到产品需要回收时，通过公司的计划，给每个人带去便利和好处，从而鼓励大家踊跃回收处理自己的旧设备。

资料来源：苹果公司（中国）官网

2. 闭环供应链概念

逆向物流的产生使得供应链结构从单一的前向供应链发展为包括逆向供应链在内的闭环供应链系统。

闭环供应链由前向供应链及其末端的顾客的产品作为起点，经过退货或回收、直接再利用、维修、再制造、循环再利用或者废弃处理等逆向运作，形成物流、资金流和信息流的闭环系统。

闭环供应链的关注点包括回收、分类处理、废弃或再利用。

（1）回收，是从末端消费者手中获得旧件，一般关注回收策略和回收模式。企业回收策略分为主动回收策略和被动回收策略，主动回收策略一般是在经济利益刺激下进行的，鼓励最终消费者返回产品到企业。被动回收策略一般是法律驱动的结果，企业被动接受返品并对产品进行回收和再利用。回收模式一般包括生产商自己回收、零售商回收和第三方回收。

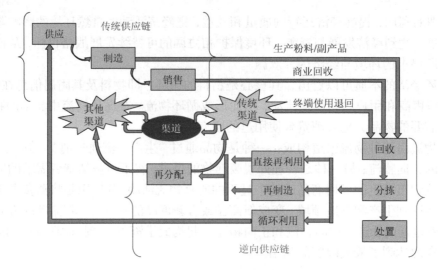

图 11-5　闭环供应链示意图

（2）分类处理，是对回收到的旧件，根据一定的判断标准，进行分类和处理，一般包括以下几类。①直接再利用：回收的物品不经任何修理可直接再用（也许要经过清洗和花费比较低的维护费用），如集装箱、瓶子等包装容器。②修理：通过修理将已坏产品恢复到可工作状态，但可能质量有所下降，如家用电器、工厂机器等。③再生：为了物料资源的循环再利用而不再保留回收物品的任何结构，如从边角料中再生金属、纸品再生等。④再制造：与再生相比，再制造则保持产品的原有特性，通过拆卸、检修、替换等工序使回收物品恢复到"新产品"的状态，如飞机发动机和汽车发动机的再制造、复印机的再制造等。

（3）废弃或再利用，对于无法再利用的旧件，进行环保化废弃处理，而对于可以再利用的旧件，则进入相应的闭环供应链环节进行再利用。

【案例】　格力绿色——以增值服务置换废弃电器电子产品

格力电器于 2011 年投资数十亿元在石家庄、郑州、天津、芜湖、长沙分别设立了五个再生资源公司，主要业务是对废弃电器电子产品进行无害化拆解处理。

针对格力再生资源基地所需的回收，格力建立"O2O 电商平台＋线下销售渠道＋绿色再生处理＋绿色生态再生设计"即"四合一"绿色回收系统。

（1）O2O 电商平台。消费者通过格力商城或者格力商城 APP 参与"以旧换新"活动，提交废旧家电回收单，格力派工系统会派出回收人员上门回收。通过与京东商城等网络平台战略合作，整合电商行业资源，充分发挥"互联网＋回收"的优势，为回收增加动力。

（2）线下销售渠道。格力销售网点对消费者宣贯"绿色环保"的理念，通过增值服务以及"以旧换新"的活动增加废旧家电回收量，拓宽回收的渠道。

（3）绿色再生处理。格力五大再生资源处理基地，拥有齐备的四机一脑（洗衣机、电视、空调、冰箱、电脑）处理线，设备和环保投入约占三分之一。通过对废弃电器电子产品的回收拆解，让原料再生，从而实现家电产业链的生态循环，做到经济效益、环境效益和社会效益的高度统一。

（4）绿色生态再生设计。格力电器设计部门结合格力绿色再生资源五大基地拆解情况，注重封闭式循环设计理念，在结构性设计时就会考虑节能和再生利用。

格力电器的长远目标是实现绿色设计、绿色科技、绿色产品、绿色制造、绿电指标、绿色供应链、绿色合作、绿色产业链和绿色营销的整套绿色理念。

资料来源：中华人民共和国商务部，2018-03-08

11.4.4 智慧供应链

智慧供应链是结合物联网技术和现代供应链管理的理论、方法与技术，在企业中和企业间构建的，实现供应链的智能化、网络化和自动化的技术与管理综合集成系统。这一概念由复旦大学的罗钢在 2009 年上海市信息化与工业化融合会议上首次提出。

随着生产、物流、信息等要素纷纷走向智能化，供应链向"智慧"转型成为时代发展必然。2017 年 10 月，《国务院办公厅关于积极推进供应链创新与应用的指导意见》中明确指出：到 2020 年，形成一批适合我国国情的供应链发展新技术和新模式，基本形成覆盖我国重点产业的智慧供应链体系。

智慧供应链的典型特征如下。

（1）高度智能化。智能化是智慧供应链最显著的特征之一。基于先进的物联网、人工智能技术、计算机技术和信息技术，实现自动化和智能化。不仅包括库存、生产、输送、分拣等单一作业环节的自动化，还包含机器人、无线射频识别（radio frequency identification，RFID）、制造执行系统（manufacturing execution system，MES）、仓库管理系统（warehouse management system，WMS）等智能化硬件与软件的应用。

（2）流程数字化。智慧供应链的框架体系内，要实现智能和敏捷，就需要实现供应链全流程的数字化，进行实时控制。

（3）信息互联化。智慧供应链的核心在于信息的有效和及时联通。需要依托互联网、大数据、云计算等技术，确保信息对内透明，以保证智慧供应链的正常运转。信息系统需要与更多设备、其他系统相兼容，保证信息传递的流畅。

（4）布局网络化。借助互联网和物联网技术，各类设备智能地连接在一起，构成一个全方位的网状结构，网络中的每个节点都可以快速地进行信息交换和决策。

（5）生产柔性化。智慧化体现为可以根据市场节奏而灵活调节，助力企业提高效率、降低成本。

目前，不少企业开始提供智慧供应链解决方案，如 IBM 设置专门的平台提供供应链优化解决方案，通过人工智能、物联网、自动化和区块链等技术提供端到端的供应链可视性、实时发现深度洞察和行动建议，将中断转变为客户互动、业务增长和获利的商机，创新 供应链管理。京东推出诸葛·智享智慧供应链商家开放平台，提供精细化、智能化、自动化库存决策产品，为商家提供最优库存管理决策支持，将更专业的智慧供应链全链路解决方案开放赋能。

【案例】　阿里的端到端智慧供应链

阿里的端到端智慧供应链是一个开放、共享、共建的系统化协同的供应链体系，覆盖消费者需求洞察、商品管理、库存部署和协同执行等方面。

（1）消费者需求洞察，通过数据分析线上线下的消费者心理，形成对消费需求的数字化。

（2）商品管理，追求实现商品全生命周期数字化，从商品研发到铺货再到商品定价及消费者对商品的反馈，整个商品实现全生命周期的数字化管理。

（3）库存部署，追求智能化的库存流动。传统的做法是人驱动货的流动，阿里的智慧供应链在洞察到消费者需求后，希望驱动货自己去找场，涉及整个仓配网络的建设、销售预测和库存计划等。

（4）协同执行，供应链的核心本质问题是协同的问题，阿里的智慧供应链通过移动办公技术、APP 端的技术，把整个生态里面的合作伙伴、品牌商、经销商、小店以及整个平台的运营能力全部链接上来。在大数据驱动下整个人机协同变成人和机器是同一个系统，做到无缝的协同。

资料来源：云栖社区，2018-09-28

11.5　本章小结

本章主要学习供应链和供应链管理的相关概念、供应链管理的运作策略、供应链协调和供应链发展。

总的来说，供应链的定义是围绕核心企业，通过对信息流、物流和资金流的控制，从采购原材料开始，制成中间产品以及最终产品，最后由销售网络把产品送到消费者手中的将供应商、制造商、分销商、零售商直到最终用户连成一个整体的功能网链结构。供应链可以从不同角度出发划分为不同的类型。

供应链管理就是使供应链运作达到最优化，以最小的成本，使供应链从采购开始，到满足最终顾客的所有过程，包括物流、工作流、价值流、资金流和信息流等均高效率地操作，把合适的产品、以合理的价格，及时准确地送到消费者手上。供应链管理是一种集成的管理思想和方法。

供应链是动态的系统，必须根据供应链所服务市场的不同情况采用不同的运作策略。另外，传统上，自发运行的供应链往往会由于多方面原因而处于失调状态，导致供应链运作成本增加及顾客服务水平下降，会降低供应链中各方的效率，导致顾客满意度和供应链利润下降。需要管理者采取合适的行动和协调来进行供应链协调，实现双赢甚至多赢的目标。

目前，围绕全球化、信息化和绿色可持续，供应链管理的相关概念不断延伸发展，如全球供应链、绿色供应链、闭环供应链、智慧供应链等。

习　题

1. 什么是供应链？供应链有哪些类型？
2. 什么是供应链管理？供应链管理的内涵是什么？
3. 请分析企业实施供应链管理的意义。
4. 典型的供应链运作策略有哪些？
5. 什么是牛鞭效应？
6. 供应链失调的影响有哪些？
7. 提高供应链协调性的方法有哪些？
8. 什么是全球供应链？
9. 简述绿色供应链管理的优势及其内容组成。
10. 简述闭环供应链管理的全过程。
11. 简述智慧供应链的典型特征。

第四部分

运营系统维护和改进

第 12 章

设备管理与运维

引导案例

数字孪生技术助力运行监控和智能运维

随着物联网的广泛应用，数字孪生通过连接现实世界的对象，可以帮助实现装备的健康管理、远程诊断、智能维护和共享服务。结合传感器数据和仿真技术，数字孪生技术为客户分析特定的工作条件并预测故障，从而节约运维成本。Ansys、GE 和西门子等公司在风电、航空等行业的产品运行监控和智能运维方面已有一些成功的应用。

对于能够实现智能互联的复杂产品，尤其是高端智能装备，将实时采集的装备运行过程中的传感器数据传递到其数字孪生模型进行仿真分析，可以对装备的健康状态和故障征兆进行诊断，并进行故障预测；如果产品运行的工况发生改变，对于拟采取的调整措施，可以先对其数字孪生模型在仿真云平台上进行虚拟验证，如果没有问题，再对实际产品的运行参数进行调整。Ansys 公司利用此技术帮助风电企业避免非计划性停机，实现预测性维护和运行控制与优化。

在航空发动机的数字孪生应用方面，由于每台发动机的飞行履历、飞行环境、健康服役的寿命以及维护历史差异很大，GE 航空通过数字孪生模型记录了每台航空发动机每个架次的飞行路线、承载量以及不同飞行员的驾驶习惯和对应的油耗，通过分析和优化，预测航空发动机的部件和整机性能以及剩余寿命等性能表现，并帮助延长发动机的服役周期，改进发动机的设计方案。对于正在空中运行的航空发动机进行实时监控，一旦出现故障隐患，可以通过对数字孪生模型的分析来预测风险等级，及时进行维修维护，显著提升了飞行安全。

资料来源：黄培，2020. 数字孪生应用的十大关键问题. 机械工程导报，（3）.

12.1 设备管理概述

12.1.1 设备管理的重要性

设备是指可供在生产或生活中长期使用，并在反复使用中基本保持原有实物形态和功能的劳动资料与物质资料的总称，包括机床、仪器、炉窑、车辆、飞机、工程机械、工业设施等。它也是为了组织生产和运营，对投入的劳动力和原材料所提供的必需的各种相关劳动手段的总称。设备管理则以设备为研究对象，根据企业的生产经营目标，应用一系列理论方法，通过一系列技术、经济、组织措施，对设备的物质运动和价值运动进行全过程的科学管理，从规划、设计、选型、购置、安装、验收、使用、保养、检验、维修、改造、更新直到报废，保持设备的良好运行状态并不断提高设备的技术水平，使设备资产的投资回报最大化，进而使企业获得最佳效益。

在迪士尼，让游客安全乘坐各种光亮而干净的设施是保持迪士尼乐园作为世界最热门的度假地形象的必要条件。通用电气公司也以其设备维护战略著称，该公司在很多情况下使用 20 世纪的机器生产着现代化的冰箱，甚至是最先进的飞机引擎，在不采用最新的设备和最先进的生产线的条件下获取最强的竞争力。美国奥兰多公共事业委员会每年都会对每台发电机组进行 1～3 个星期的停机维护工作，并为此要付出每天 55 000 美元的额外开支。虽然花费巨大，但有效的预防性维护措施显著地避免了意外的设备失效，使其电力分布系统的可靠度在佛罗里达州名列榜首，从而为其获得了竞争优势。

设备本身经历了蒸汽时代、电气时代、数控时代和智能时代的不断转变，在生产的主体由人力向设备转移的今天，设备管理与运维已经成为关系到企业核心竞争力、经济效益及生存发展的重要环节。设备管理是企业生产经营管理的基础工作，只有加强设备管理，正确地操作使用，精心地维护保养，进行设备的状态监测，科学地修理改造，保持设备处于良好的技术状态，才能保证生产连续、稳定地运行。反之，如果忽视设备管理，放松维护、检查、修理、改造，导致设备技术状态严重劣化、带病运转，必然故障频繁，无法按时完成生产计划、如期交货。同时，设备管理是企业产品质量的保证和提高企业经济效益的重要途径。产品是通过机器生产出来的，如果生产设备特别是关键设备的技术状态不良、严重失修，必然造成产品品质下降。不仅产品的高产优质依赖设备，而且产品原材料、能源的消耗、维修费用的摊销都和设备管理直接相关。在工业企业中，设备及其备品备件所占用的资金往往占到企业全部资金的 50%～60%，设备管理水平的高低也影响着企业生产资金的合理使用。另外，不容忽视的是，设备管理是搞好安全生产和环境保护的前提。如果设备技术落后和管理不善，不仅会导致设备事故和人身伤害，还会造成有毒、有害气体的排放以及液体、粉尘等环境污染。再则，从企业长远发展的角度看，只有不断加强设备管理，才能推动生产装备的技术进步，以先进的试验研究装置和检测设备来保证新产品的开发与生产。

12.1.2　设备管理的发展

1. 事后维修

工业化最早从英国开始，直到 20 世纪初的很长一段时间都采用事后维修方式。事后维修是在设备发生故障后再进行修理的一种维修方式。由于事前不知道故障何时发生、在哪个零件上出现，因此缺乏修理前的准备，设备停工修理时间较长。同时，由于这种修理是无计划的，常常打乱生产计划，容易影响产品质量和交货期，给企业带来较大损失。事后修理是比较原始的设备维修制度。目前，除在小型、不重要设备中采用外，已被其他设备维修制度所代替。

这个阶段由两个时期组成：兼修时期和专修时期。在兼修时期，由于设备比较简单、修理方便、耗时少，设备的操作人员也就是维修人员。随着设备技术复杂系数的不断提高，设备修理难度不断增大，技术要求也越来越高，专业性越来越强，开始有了专业分工，进入了专修时期。这时操作工专管操作，维修工专管维修，为了便于管理和提高工效，专业人员统一组织起来，建立了相应的设备维修机构，并制定适应当时生产需要的人员基本管理制度。

2. 预防维修

国际上有两大预防维修体制共存，一个是以苏联为首的计划预修制；另一个是以美国为首的预防维修制。这两大体制本质相同，都以摩擦学的机械磨损规律为基础，但由于在形式和做法上有所不同，效果上有所差异。

计划预修制是预防维修的一种，旨在通过计划对设备进行周期的修理。其中包括按照设备和使用周期不同安排大修、中修和小修。一般设备一出厂其维修周期基本上就确定下来。其优点是可以非计划停机，将潜在故障消灭在萌芽状态，而缺点是维修的经济性和设备保养的差异性考虑不够。由于计划固定，考虑设备使用、维护、保养、负荷不够，容易产生维修过剩或欠修。在随后的维修实践中逐步发展出定期维修、定期与状态相结合的点检预修等方式。我国 20 世纪 80 年代前的工业受苏联影响较多，也基本采用以时间周期、维修复杂性为主要分类的计划维修体制。

预防维修制是通过周期性的检查、分析来制订维修计划的管理方法，也属于预防维修体制，多被西方国家采用。对影响设备正常运行的故障，采取预防为主、防患于未然的措施，以减少停工损失和维修费用，降低生产成本，以提高企业经济效益为目的。该体制的优点是可以减少非计划的故障停机，检查后的计划维修可以减少部分维修的盲目性，而缺点是受检查手段和检查人员经验的影响较大，可能检查失误，导致维修计划不准确，也造成维修过剩或欠修。

3. 生产维护

20 世纪 50 年代，美国提出生产维护方式，该方式采用系统的观点，站在生产的角度设计维修模式，强调维修是为生产服务的要求。生产维护包括四类具体的维护方式：维修预防、事后维修、改善维修和预防维修。这一维修体制突出了维修策略的灵活性，更贴近企业实际，吸收了后勤工程学的内容，提出了维修预防、提高设备可靠性设计水平及无维修设计的思想。维修预防是在设备的设计、制造阶段就考虑维修问题，提高设备的可靠性和易修性，以便在以后的使用中，最大可能地减少或不发生设备故障。改善维修也称纠正性维修，一般是在设备耗损故障阶段使用的维修策略，是指通过换件或者修复活动恢复设备功能的过程。生产维护强调对不重要的设备采用事后维修，避免维修过度；对重要设备则通过预防维修，减少非计划停机的发生；对于设计缺陷和固有故障强调采用技术改造、更换等维修方式。

4. 设备综合管理

20 世纪 70 年代，英国丹尼斯·巴克思提出综合工程学的概念。1974 年，英国工商部给了如下定义：为了求得经济的生命周期费用（life cycle cost，LCC）而把适用于有形资产的有关工程技术、管理、财务及其业务工作加以综合的学科就是设备综合工程学，涉及设备与构筑物的规划和设计的可靠性与维修性，涉及设备的安装、调试、维修、改造和更新，以及有关设计、性能和费用信息方面的反馈。

日本在美国生产维护的基础上吸收了美国的后勤工程学和英国综合工程学的思想，提出全面生产维护（total productive maintenance，TPM）——以设备全生命周期为对象的生产维修观念。它将人的因素引入设备管理中，综合各类设备维修方式的特点，使之成为一套完整的管理体系。全面生产维护管理体系体现为三个"全"：一是全效率，即将设备有效作业率作为衡量设备的指标体系，明确而全面。企业必须科学分析引起设备有效作业率下降的七大损失，并逐步改善。二是全系统，即采用多种维修方式相结合，既兼顾维修的经济性，又兼顾维修的有效性。三是全员参与，即如何调动企业全员参与到设备管理当中，发挥人员的主观能动性，挖掘人员的潜力，尤其是操作人员的自主活动。它是日本式的设备综合管理，在全世界，特别是今天的中国得到推广。

20世纪80年代，中国在苏联的计划预修体制基础上，吸收综合工程学、后勤工程学和日本全面生产维护等内容，提出了对设备进行综合管理的思想。但是，由于缺乏详细、可操作的规范性，又由于企业不同，对设备综合管理的理解的不同而使管理实践各有特点，未形成有效的统一模式。

对设备进行综合管理，主要围绕以下四方面展开。

（1）以工业管理工程、运筹学、质量管理、价值工程等一系列工程技术方法，管好、用好、修好、经营好机器设备。对同等技术的设备，认真进行价格、运转、维修费用、折旧、经济寿命等方面的计算和比较，把好经济效益关。建立和健全合理的管理体制，充分发挥人员、机器和备件的效益。

（2）研究设备的可靠性与维修性。无论是新设备设计，还是老设备改造，都必须重视设备的可靠性和维修性问题，因为提高可靠性和维修性可减少故障和维修作业时间，达到提高设备有效利用率的目的。

（3）以设备的一生为研究和管理对象，即运用系统工程的观点，把设备规划、设计、制造、安装、调试、使用、维修、改造、折旧和报废的全过程作为研究和管理对象。

（4）促进设备工作循环过程的信息反馈。设备使用部门要把有关设备的运行记录和长期经验积累所发现的缺陷提供给维修部门和设备制造厂家，以便它们综合掌握设备的技术状况，进行必要的改造或在新设备设计时进行改进。

当然，随着设备本身技术水平和复杂性的提升以及计算机技术的发展和广泛应用，新的设备维护方式也不断出现，其中有代表性的包括以下几类。

（1）基于状态的维修：在准确把握设备状态的基础之上采取的针对性维修手段。

（2）预知维修：在状态性维修基础之上，对设备部件剩余寿命和故障趋势的准确预测而采取的针对性维修手段。

（3）以可靠性为中心的维修：基于设备状态数据的科学分析，利用可靠性理论而制定的维修策略。

（4）精准维修：又称开药方式的维修，是建立在对设备信息精准诊断的基础上，能够做到精准开药方，治愈设备疾病的维修体系。它针对未来的维修有更高的标准，需要预测更准，能够输出准确的维修工时工序、维修内容、换件、工具、技术力量投入等。

（5）智能化维修：在维修过程及维修管理的各个环节中，以计算机为工具，并借助人工智能技术来模拟人类专家智能（分析、判断、推理、构思、决策等）。

综上所述，设备维护方式已经或正在发生着一系列变化，其总体趋势是从事后维护向事中、事前维护转变；从计划为主的维修向检修为主的维修转变；从单一维修模式向系统化、多模式并存的方式转变；从人工经验型维修向基于数据分析的科学型维修转变；从人工作业模式向全面应用计算机管理的电子化模式转变。

12.2　设　备　维　护

12.2.1　设备的磨损与故障规律

1. 设备的磨损类型
设备在使用或闲置过程中均会发生磨损。根据不同原因，设备磨损可分为有形磨损、无形磨损和综合磨损。

设备的有形磨损包括使用磨损和自然磨损。使用磨损是指设备在使用过程中，外力的作用使零部件发生摩擦、振动和疲劳，使设备实体发生磨损或损失，通常表现为设备零部件的原始尺寸或形状改变、公差配合性质改变使精度降低、零部件损坏等。设备闲置或封存时，由于自然力的作用（如锈蚀、腐蚀、老化等）而造成设备的实体磨损称为自然磨损，它与设备的使用过程无关。设备的有形磨损可分为可消除性的有形磨损和不可消除性的有形磨损，它们都会造成设备物质技术状态的劣化。

设备的无形磨损是指因生产技术进步而使设备发生价值贬值与经济劣化。技术进步的形式表现为不断出现性能更完善、效率更高的新设备，还表现为新材料的出现和广泛应用使加工旧材料的设备被淘汰，以及生产工艺的改变使原设备失去使用价值。

设备在有效使用期内同时遭受有形磨损和无形磨损，即设备的综合磨损。若使设备的有形磨损期与无形磨损期接近，当设备需要大修时正好出现了效率更高的新设备，便无须进行旧设备的大修理，可用新设备更换同时遭受两种磨损的旧设备。如果有形磨损期早于无形磨损期，是否继续使用还是更换未折旧完的旧设备则取决于设备的经济性。

2. 设备的磨损规律
设备维护中一个重要的理论是研究机械磨损规律的"设备修理周期结构"理论。这种理论认为，由于摩擦磨损，随着磨损时间的延续和按一定规律磨损量的增加，将会引起机器零件表层的破坏和几何形状与尺寸的改变，甚至会造成机构动作的失调与工作精度的下降，最后丧失工作能力，导致故障或事故的发生。设备在使用过程中，由于零件与零件之间的摩擦会产生磨损，这种磨损称为机械磨损。这种磨损有其自身的规律性，从投入使用到磨损报废一般可以分为三个阶段，如图 12-1 所示。

第 I 阶段为初期磨损阶段。在设备使用初期，零件表面形状和粗糙度都有明显变化，磨损较快，是设备逐渐适应加工需要的阶段，也称为磨合期或跑合期。这一阶段一般时间较短。

第Ⅱ阶段为正常磨损阶段。指设备接触摩擦部分融洽，磨损速度逐渐稳定，若设备零件工作条件不变或变化很小，设备的磨损基本随时间均匀增加，比较缓慢，该阶段设备可以表现出最高的生产效率。这一阶段的时间较长。

第Ⅲ阶段为剧烈磨损阶段。指设备由于长期使用，形状、精度和性能迅速下降，故障增加，最终设备停止运转。在实际工作中一般不允许设备零件使用到剧烈磨损阶段，在零件趋向于正常磨损阶段后期时就应加以修复或更换，否则可能导致整个设备不能正常工作，甚至出现重大事故导致设备报废。此阶段时间也较短。

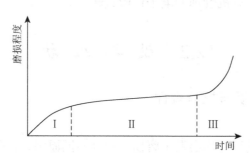

图 12-1　零件磨损示意图

设备磨损规律是客观存在的，不同设备各个磨损阶段的时间是不同的。同一设备由于不同方式的使用和维修，其设备的寿命也是不同的。为了使设备经常处于良好的状态，就必须做到合理使用、经常维护，以延长设备零件的正常磨损阶段；加强对设备的检查，在零件尚未到达剧烈磨损阶段前就进行修理，以防止设备故障，减少修理工作量；通过试验确定易损零件在正常生产条件下的磨损率和使用期限，有计划地进行更换修理。

3. 设备的故障规律

设备维护中另一个重要的理论是研究故障规律和设备可靠性的"故障分析与状态管理"理论。这种理论认为，设备的故障除了磨损的原因，还有外界工作条件如温度、压力、振动等原因，以及内部工作条件如内应力、变形、疲劳及老化等多种原因。运用这种理论是要通过对设备的异常现象的数据检测、对故障频率及其分布的分析、设备可靠性的原因分析，并运用数理统计方法分析它的规律性，进而得到设备劣化与维修必要性的信息。这种理论和方法对尚未掌握维修规律，以及重型、精密、电子、自动化等设备是比较适用的。

设备故障是指设备或其零部件在运行过程中发生的丧失规定功能的不正常现象。一般而言，按故障发生的速度，故障可分为两类：突发故障和渐发故障。突发故障也称损坏故障，一般是由偶然性、意外性造成的。这种故障一旦发生，对设备所造成的损坏一般很大，可能使设备完全丧失其功能，必须停机修理，甚至报废处理。渐发故障也称劣化故障，它是由于设备性能逐渐劣化，机能慢慢降低而引起的故障。设备无论是处于运转或闲置状态均会出现性能劣化。所谓设备的劣化是指磨损和腐蚀造成的耗损、冲击和疲劳等造成的损坏和变形、原材料的附着和尘埃等造成的污染，从而使设备的精度、效率和功能下降的现象。设备劣化按其产生原因一般可分为使用劣化、自然劣化和灾害性劣化三类。此外，也有人认为，由于社会劳动生产率的提高和技术的进步，原有设备相对落后而造成的产量或质量下降、价值降低的现象亦应视为设备的劣化。

根据设备出故障的基本规律，人们归纳出传统设备的故障曲线，因其形状像浴盆，故又称浴盆曲线，如图 12-2（a）所示。从浴盆曲线可以看出，设备故障率的变化显现三个不同的阶段。

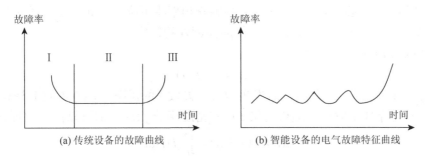

图 12-2　设备故障曲线

第 Ⅰ 阶段为初期故障阶段。这个阶段的故障主要是由于设计上的原因，操作上的不习惯、新装配的零件没有跑合或质量不好、制造质量欠佳、搬运和安装的大意以及操作者不适应等，开始时故障率较高，随后逐渐降低。再过一段时间故障率就比较稳定了。减少这个阶段故障的措施是：慎重地搬运及安装设备，严格进行试运转并及时消除缺陷；细致地研究操作方法；将由于设计和制造造成的缺陷情况反馈给设备制造单位以便改进。这一阶段的工作主要是抓好岗位培训，让操作者尽快掌握操作技能，提高操作的熟练程度。

第 Ⅱ 阶段为偶发故障阶段。在这个阶段，设备处于正常运转状态，故障率较低，一般情况下是由于维护不好和操作失误而引起的偶然故障。偶发故障阶段故障率的高低，取决于是否使用可靠性高的设备，以及是否做好日常维护保养和小修工作等。这一阶段持续的时间较长，主要管理工作是抓好日常维护和保养工作，掌握机器性能，定期维修。

第 Ⅲ 阶段为耗损故障阶段。这时设备经过很长时间的使用，某些零件开始老化，故障率逐渐上升，而后加剧。这说明设备处于不正常状态，必须停机检修，更换已损坏的零件，恢复设备原有性能。设备故障率重新增加的这段时期称为耗损故障期。做好设备的预防性修理和进行改革性维修，可以降低设备的故障率，延长设备的有效寿命。

在工业 4.0 等先进制造环境下，企业引进的复杂智能化设备在结构、性能以及相应的故障类型等方面都较传统的机械设备发生了较大的变化。由于智能设备的电气故障约占整个故障数的 70%，电气故障的规律对掌握这些智能设备的"健康"状况信息、应用先进的维修策略显得更加重要。智能设备的电气故障通常呈现偶发、快速老化的特征，如图 12-2（b）所示。

认识设备的故障规律，对加强设备管理有重要的作用。管理人员可以根据设备故障在不同时期的特点和规律，采取不同的措施。

12.2.2　设备维护相关术语及度量指标

英国标准（3811：1993）对维修定义如下：为保持或恢复物品达到能履行所要求功能

的状态而进行的所有技术和管理活动的组合。其中，管理活动包含监督活动。设备维护常用的三个关键度量指标为可靠性、维修性和可用性。

1. 可靠性

可靠性是指在一定条件下、在规定时间内设备或产品正常运行的概率。在确定系统的保障要求时，维修频率将成为一个非常重要的参数。维修频率在很大程度上取决于系统的可靠性。一般来说，提高系统的可靠性，则维修频率将下降；与此相反，降低系统的可靠性，则维修频率将上升。不可靠系统往往需要额外的维修。

可靠性函数 $R(t)$ 可表达为

$$R(t) = 1 - F(t) \tag{12-1}$$

其中，$F(t)$ 为该系统在 t 时刻运行时发生故障（失效）的概率。$F(t)$ 本质上是故障分布函数，也就是不可靠性函数。若随机变量 t 具有密度函数 $f(t)$，则可靠性函数可表达为

$$R(t) = 1 - F(t) = \int_t^\infty f(t) \mathrm{d}t \tag{12-2}$$

假设失效前的工作时间为指数密度函数，则有

$$f(t) = \frac{1}{\theta} \mathrm{e}^{-t/\theta} \tag{12-3}$$

其中，θ 为平均寿命；t 为所研究的时刻；e 为自然对数的底。那么，在 t 时刻的可靠性函数是

$$R(t) = 1 - F(t) = \int_t^\infty \frac{1}{\theta} \mathrm{e}^{-t/\theta} \mathrm{d}t = \mathrm{e}^{-t/\theta} \tag{12-4}$$

衡量设备可靠性最常用的方法是计算平均故障间隔期（mean time between failure，MTBF）。对于式（12-4）中的指数函数，平均寿命 θ 就等同于平均故障间隔期，它是所研究的全体对象的使用寿命的算术平均值。令瞬时失效率为 λ，则有

$$R(t) = \mathrm{e}^{-t/\theta} = \mathrm{e}^{-\lambda t} \tag{12-5}$$

λ 为在某一规定的时间间隔内故障出现的概率。此时，可通过失效率计算出系统的平均寿命，即

$$\theta = \frac{1}{\lambda} \tag{12-6}$$

当然，不同个体的故障特性可能随着各自的应用而存在相对差异，如机械设备的故障分布函数可能不同于电子部件的故障分布函数。因此，失效前的工作时间不服从指数密度函数，而服从其他的密度函数，如韦布尔分布、伽马分布等。

可靠性测量的基本单位是失效率（failure rate，FR），是指在所有测试的设备中出现故障的设备比例，记为 FR（%），或者在一定时间内出现故障的次数 FR（N）：

$$\mathrm{FR}(\%) = \frac{失效次数}{检测的设备总数} \times 100\% \tag{12-7}$$

$$\mathrm{FR}(N) = \frac{失效次数}{总的运行时间} \tag{12-8}$$

这样，能够描述可靠性指标的平均故障间隔期可以计算为失效率的倒数，如下：

$$\text{MTBF} = \frac{1}{\text{FR}(N)} \qquad (12\text{-}9)$$

失效率可用每小时的故障次数、每 1000 小时的故障百分率或每百万小时的故障次数来表示。例如，设在规定的工作条件下对 10 个部件进行试验。部件失效情形为部件 1 在 75 小时后失效，部件 2 在 125 小时后失效，部件 3 在 130 小时后失效，部件 4 在 325 小时后失效，部件 5 在 525 小时后失效，而总的运行时间是 3805 小时，那么可计算出每小时的故障率为

$$\text{FR}(N) = \frac{5}{3805} = 0.001\,314 \ (\text{次/小时})$$

例 12-1　20 套用于飞机上的空调系统均在实验工厂进行了 1000 小时的测试。其中，两套系统分别在系统运行 200 小时和 600 小时后出现了故障，试计算该空调系统的失效率和平均故障间隔期。

解：根据式（12-7）和式（12-8）可得

$$\text{FR}(\%) = \frac{\text{失效次数}}{\text{检测的设备总数}} \times 100\% = \frac{2}{20} \times 100\% = 10\%$$

$$\text{FR}(N) = \frac{\text{失效次数}}{\text{总的运行时间}}$$

其中，　　　　　　　　总时间 $= 1000 \times 20 = 20\,000$（小时）

非运行时间 = 第一套的失效时间 800 小时 + 第二套的失效时间 400 小时 = 1200 小时

则总的运行时间 = 总运行时间 − 非运行时间 = 20 000 − 1200 = 18 800（小时）

$$\text{FR}(N) = \frac{2}{18\,800} = 0.000\,106 \ (\text{次/小时})$$

接下来，可根据式（12-9）计算出平均故障间隔期为

$$\text{MTBF} = \frac{1}{\text{FR}(N)} = \frac{1}{0.000\,106} = 9434 \ (\text{小时})$$

如果飞机一个航次飞行 6 天，那么还对每个航次的失效率进行计算：

失效率 = 每小时失效次数 × 24 × 6 = 0.000 106 × 24 × 6 = 0.0153（次/航次）

例 12-2　MH 急诊机构发现其某子系统的可靠性只有约 0.713，如图 12-3 所示。因此，决定针对可靠性最差的 A 和 B 环节提供冗余措施，试分析改善后子系统的可靠性。

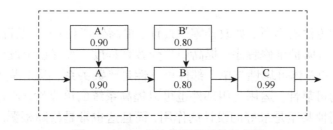

图 12-3　MH 急诊机构子系统示意图

解：定义 T_i 为 i 个零件失效的时间，T_s 为整个系统失效的时间。根据可靠性函数的定义，$R(t) = 1 - F(t)$ 则

$$R_s(t) = P\{T_s > t\} = P\{\min(T_1, T_2, \cdots, T_N) > t\}$$
$$= P\{T_1 > t, T_2 > t, \cdots, T_N > t\}$$
$$= P\{T_1 > t\} \times P\{T_2 > t\} \times \cdots \times P\{T_N > t\}$$
$$= R_1(t) \times R_2(t) \times \cdots \times R_N(t)$$
$$= 1 - [1 - F(t)]^N$$

原来子系统是一个串联系统，系统的总可靠性为各组成部分可靠性之积，即

$$R_s(t) = R_1(t) \times R_2(t) \times \cdots \times R_N(t) = 0.9 \times 0.8 \times 0.99 = 0.7128$$

当提供冗余后，环节 A 和 B 的可靠性都得到冗余。对于并联系统，若定义 T_p 为并联系统失效的时间，则 $T_p = \max(T_1, T_2, \cdots, T_N)$，且得

$$F_p(t) = P\{\max(T_1, T_2, \cdots, T_N) < t\}$$
$$= P\{T_1 < t, T_2 < t, \cdots, T_N < t\}$$
$$= F_1(t) \times F_2(t) \times \cdots \times F_N(t)$$

那么，并联系统的可靠性 $R_p = 1 - F_p = 1 - \prod_{i=1}^{N}[1 - R_i(t)]$，若并联系统由相同组件构成，则总可靠性 $R_p = 1 - [1 - R_i(t)]^N$。

改善后的子系统为串并混联，根据上述分析，可得其可靠性为

$$R = [1 - (1 - 0.90)^2] \times [1 - (1 - 0.80)^2] \times 0.99$$
$$= 0.99 \times 0.96 \times 0.99 = 0.94$$

值得注意的是，故障一词用以描述一种产品不能按目的运行的情况，这不仅包括产品根本不能运行的情况，也包括产品运行低于标准或未按目的运行的情况。例如，一个烟雾报警系统可能没能对烟雾的出现做出反应（没有运行），也可能发出警报，但声音太小从而不能提供准确的警告（低于标准运行），或者它可能在烟雾不存在情况下却发出警报（非目的反应）。

可靠性总是受一定条件即正常运作条件限制的。这些条件既包括荷载量、温度和湿度范围，又包括运行程序和维修计划。用户忽视这些条件经常导致零件或整个系统过早出现故障。例如，用一辆客车来运载沉重的货物导致机车的过度磨损、耗用；在坑坑洼洼的道路上行车经常最终导致轮胎出现故障；而用一个计算器敲打钉子可能使它失去执行运算的功能。

提高可靠性的方法有多种，如改善零件设计、提高生产和（或）装配技术、增加试验、利用备用部件、改善防护维修程序、提高用户受教育程度、改善系统设计性、安全性和经济性等。由于系统的总体可靠性与单个部件可靠性是函数关系，因此提高个体部件可靠性能提高整个系统的可靠性。运用备用部件也可以提高系统的可靠性。不过，不恰当的生产或装配程序会抵消掉甚至是最好的设计的作用，而且这也常是故障根源。在实际运用中出现的故障经常可以通过提高用户的知识水平及精确推荐维修期或维修程序而减少。同时，也可以通过简化系统（因而减少可能产生系统故障的部件数目）或改变部件间的关系（如提高界面的可靠性）来提高总体可靠性。

当然，人们会经常遇到一个问题：到底将可靠性提高到多大是合适的？显然，电灯泡

所需的可靠性与飞机所需的可靠性的内涵是不同的。因此，问题的答案要根据提高可靠性带来的潜在的效益和所耗的费用来定。一般说来，提高可靠性的成本是逐步增加的。所以，尽管开始时效益的提高要比成本的增加快得多，但最终会出现相反的趋势，可靠性的最优水平在于效益增加量与成本增加量相等时的那一点。从长期看，提高可靠性和减少成本的努力还将带来可靠性最优水平的提高。

2. 维修性

维修性是一种固有的设计特性，主要涉及维修任务执行的便捷性、精确性、安全性和经济性。从广义上说，维修性能够通过维修耗时、维修工时、维修频率、维修成本等指标来加以度量。这里介绍一些最常用的度量指标。

1）维修耗时指标

维修可分成以下两类：修复性维修和预防性维修。修复性维修指出现故障后，使系统恢复到必要性能水平时不可或缺的、非计划性的活动。这些活动包括故障定位、拆卸、修理、移除与更换、重新装配、校准调试、检测等。此外，这类维修还包括所有的不是事先计划的软件维修，如适应性维修和匹配性维修。预防性维修是为使系统的性能保持在规定状态所必需的计划性的活动。这类维修包括对指定重要对象的定期检测、保养、校准、监控和（或）换件。

维修是由对于系统故障的诊断、修复或防护等行为构成的。维修时间是在对某一给定的系统（或产品）进行必要的修复性维修或预防性维修时，由各个维修操作的工作时间组成的。维修性就是系统在维修时是否方便迅速的一种度量指标，用完成维修工作所需要的时间衡量。下面说明几种较常用的维修性时间度量指标。

（1）平均修复性维修时间（mean time to repair，MTTR）。系统每一次发生故障时，为将该系统修复到良好的工作状态，需要一系列的步骤。这些步骤包括故障检测、故障分离、拆卸以便达到故障部位、修复等。对于已知的故障，完成这些步骤就构成了一个修复性维修周期。平均修复性维修时间是由各次维修周期时间的数学平均值所表示的一个复合值，可记为 $\bar{M}_{ct}$，并用式（12-10）来计算：

$$\bar{M}_{ct} = \frac{\sum \lambda_i M_{ct_i}}{\sum \lambda_i} \tag{12-10}$$

其中，λ_i 为被测产品中第 i 个组成部分的故障率，通常用设备每工作小时的故障次数表示。

值得注意的是，$\bar{M}_{ct}$ 只考虑实际的维修时间，也就是直接消耗在该系统上的维修工作时间，不包括物流延迟时间和管理延误时间。虽然所有的时间要素都是很重要的，但在设备设计中，主要是把 $\bar{M}_{ct}$ 这个指标作为保障性特性的一个度量。若修复率为 μ，则有

$$\bar{M}_{ct} = \frac{1}{\mu} \tag{12-11}$$

（2）平均预防性维修时间（mean preventive maintenance downtime，MPDT）。预防性维修由那些为保持系统规定的性能水平所需要的活动组成，可能包括下列任务：定期检查、保养、关键件的计划性更换、校准、大修等。平均预防性维修时间（$\bar{M}_{pt}$）是对某一产品完成预防性（或已计划的）维修活动所经历的时间平均值，可表达为

$$\bar{M}_{pt} = \frac{\sum f_{pt_i} M_{pt_i}}{\sum f_{pt_i}} \qquad (12\text{-}12)$$

其中，f_{pt_i} 为第 i 次预防性维修活动的频率，即为每系统工作小时中预防性维修活动的次数；M_{pt_i} 指完成第 i 次预防性维修活动所需消耗的时间。

预防性维修活动可能在系统全负荷运转时进行，也可能要求停工进行。在这种情形下，我们关心的是因预防性维修活动造成的系统停工时间。同样，$\bar{M}_{pt}$ 只包括系统实际的维修时间，不包括物流延迟时间和管理延误时间。

（3）平均实际维修时间（mean time to maintain，MTTM）。平均实际维修时间是指执行计划（预防性）或非计划（修复性）维修所需要的平均维修时间或平均耗时，不包括物流延迟时间和管理延误时间，记为 $\bar{M}$ 并计算如下：

$$\bar{M} = \frac{\lambda \bar{M}_{ct} + f_{pt} \bar{M}_{pt}}{\lambda + f_{pt}} \qquad (12\text{-}13)$$

其中，λ 为修复性维修率或故障率，f_{pt} 为预防性维修率。

（4）平均物流延误时间（mean logistics downtime，MLDT）。物流延误或停机时间是指停机检修时间中消耗于以下情况的部分时间：等待取得备件、为了进行维修等待必需的测试设备、等待运输、等待维修所需的某一设备等。物流延迟时间虽不包括在实际维修时间内，却是构成总的停机检修时间的一个主要部分。

（5）平均管理延误时间（mean administrative downtime，MADT）。管理延误或停机时间是指由于管理特性因素导致的维修延误中的那部分停工时间，这些因素包括：人员委派的快慢、罢工、组织机构的制约等。管理延误时间不包括在实际维修时间内，但也常是构成总的停机检修时间的一个重要部分。

（6）平均等待时间（mean waiting time，MWT）。平均等待时间由平均物流延误时间和平均管理延误时间构成，其大小可以体现系统的保障性，或者通过维修支持的可靠性。它们受到维修队伍整体水平、维修辅助设施、备件、技术信息以及管理的影响。其中维修队伍整体水平取决于人员数量专业技能和个人综合能力；维修辅助设施表现为工具、设备和技术信息的运用；备件则取决于可替换备件状态及备件信息管理；技术信息来源于图样和说明书等资料；管理则表现为组织、信息和维修管理控制系统及流程。

（7）平均停机检修时间（mean downtime，MDT）。停机检修时间是为修理和恢复一个系统充分良好的工作状态和（或）保持系统的该种状态所需要耗费的总时间，在此时间内，系统是不工作的。停机检修时间包括平均实际维修时间和平均等待时间，如图12-4所示。其平均值可根据每一项维修任务的经历时间和相应的频率来进行计算。

（8）其他维修耗时指标。其他常用的维修耗时指标还包括中位数和最大值指标。例如，修复性维修时间中位数 $\tilde{M}_{ct}$ 和预防性维修时间中位数 $\tilde{M}_{pt}$ 可以给出数据样本最好的平均值位置。它将维修时间的值分成两个部分，使得50%的值等于或小于这个中位数，50%的值等于或大于这个中位数。再如，最大实际修复性维修时间 M_{max} 可以定义一个维修停工值，以此值为上限，预期某一规定百分比的全部维修活动能够在界限内完成。

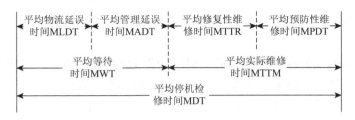

图 12-4 平均停机检修时间的构成

2）维修工时指标

上面所讨论的维修性的各个指标是与耗时有关的。虽然维修活动经历的时间在完成维修任务中极为重要，但还必须考虑在维修过程中所消耗的维修工时。在完成规定的维修任务中，增加人力资源在许多情况下能够缩短经历时间。不过，这样做的代价有可能是昂贵的，特别是需要技术水平高的人员去执行要求维修时间较短的维修任务。换句话说，对于维修任务而言，维修性的核心是便捷性和经济性。因此，以最低限度的维修成本在维修耗时、工时以及人员技能之间取得平衡是我们追求的目标。维修工时指标包括：

（1）系统每工作小时的维修工时（MLH/OH）。

（2）系统每工作周期的维修工时（MLH/cycle）。

（3）月维修工时（MLH/month）。

（4）每项维修活动的维修工时（MLH/MA）。

当然，所有这些指标都可以用平均值规定。此外，可以通过同样的方法计算平均预防性维修工时和平均总维修工时。对于每一维修水平，这些值都是能够被预测的，并可以用来确定具体的保障要求和相关成本。

3）维修频率指标

如前所述，平均故障间隔期和 λ 是度量可靠性的关键指标。可靠性与维修性是密切相关的，平均故障间隔期和 λ 这两个可靠性指标是确定修复性维修频率的依据。在系统的设计中，维修性所涉及的就是在系统处于工作状态时用以配合将排除故障维修要求最小化的那些特性。所以，对于一个特定系统的可靠性和维修性的要求必须是兼容的和相辅相成的。

除了系统保障中的修复性维修，维修性还涉及使得该系统的预防性维修需求最小化（如果不能忽略不计）的设计特性。有时，增加预防性维修需求是为了改进系统的可靠性。例如，通过在指定时间更换某些选定的零部件以降低故障次数。但是，如果控制不当，引入预防性维修的结果将是高成本的。更有甚者，由于过多的预防性维修活动经常会诱发故障，因此过多的预防性维修活动（特别是对于复杂的系统或产品）往往会对系统的可靠性产生不良的后果。因此，维修性的一个目标就是要以最低的总成本在修复性维修与预防性维修之间保持适度的平衡。

（1）平均维修间隔时间（mean time between maintenance，MTBM）。平均维修间隔时间是指全部维修活动（修复性维修和预防性维修）所需时间的平均值，其计算式如下：

$$MTBM = \frac{1}{1/MTBM_u + 1/MTBM_s} \tag{12-14}$$

其中，MTBM_u 为非计划（修复性）维修的间隔时间，MTBM_s 为计划（预防性）维修的间隔时间。

（2）平均拆卸间隔时间。平均拆卸间隔时间作为 MTBM 的一个指标，是指两次换件之间的平均时间间隔，是决定备件要求的一个重要的参数。在许多情况下，完成修复性维修和预防性维修并不需要对零配件进行更换。在另外一些情况下，则要求换件，由此使得备件的可用性和库存要求成为必需。此外，可能还需要较高级别的维修保障（即中继级维修和基地级维修）。

4）维修成本指标

对许多系统或产品而言，维修成本是总生命周期成本的一个主要部分。而且经验表明，贯穿系统开发早期的设计决策对维修成本有较大的影响。因此，从定义系统需求开始就把总生命周期成本看成一个主要的设计参数是有必要的，尤其有意义的是执行维修活动的经济性。换句话说，维修性与那些最终导致以最低的总成本执行维修的系统设计特性直接相关。在考虑维修成本时，下列与成本有关的指标可适当地作为系统设计中的标准。

（1）每次维修活动的成本。

（2）系统每工作小时的维修成本。

（3）每月维修成本。

（4）每次任务或每任务段的维修成本。

（5）维修成本与生命周期总成本之比。

3. 可用性

可用性可在不同的范围内使用。在某些情况下，可用性可作为系统齐备性的度量指标，即当被要求使用时，系统准备妥当或可使用的程度或概率。有时，可用性可能是指当被要求时，系统不仅准备妥当，还能以某种令人满意的状态完成其全部使命的概率。另外，可用性还可指完成既定任务方案使得全局在某一规定点令人满意的概率。所以，可用性度量指标应针对一特定的方案或一系列方案。

常用的可用性度量指标包括以下三种。

1）固有可用性（inherent availability，A_i）

固有可用性是指在理想的保障环境中（即有适用的工具、备件、维修人员等），某一系统或设备能按要求在任一需要的时刻全局满意工作的概率。它不包括预防性或计划的维修活动、物流延迟时间和管理延误时间，可表达为

$$A_i = \frac{\mathrm{MTBF}}{\mathrm{MTBF} + \bar{M}_{ct}} = \frac{\mu}{\lambda + \mu} \qquad (12\text{-}15)$$

2）可达可用性（achieved availability，A_a）

可达可用性是指在理想的保障环境中（即有适用的工具、备件、人员等），在规定的使用条件下，某一系统或设备能在任一需要的时刻处于良好状态的概率。该定义与 A_i 的定义相近，包括预防性维修时间，不包括物流延迟时间和管理延误时间。A_a 可用下式表示：

$$A_a = \frac{\mathrm{MTBM}}{\mathrm{MTBM} + \bar{M}} \qquad (12\text{-}16)$$

3）工作可用性

工作可用性（operational availability，A_o）指在实际保障工作环境中，某一系统或设备能在任一需要的时刻良好工作的概率，如下所示：

$$A_o = \frac{\text{MTBM}}{\text{MTBM} + \text{MDT}} \qquad (12\text{-}17)$$

通过上述定义，不难发现可用性是可靠性和维修性（包括维修保障性）相关指标的函数，因此，可用性是产品可靠性和维修性的综合反映。

为了开展合理的装备保障性分析，常采用修理级别分析（level of repair analysis，LORA）。其目的是为装备的修理确定可行的、效费比最佳的修理级别或做出报废决策，并使之影响设计。修理级别分析是一种系统性的分析方法，它以经济性或非经济性因素为依据，确定装备中待分析产品需要进行维修活动的最佳级别。修理级别是指装备使用部门进行维修工作的各级组织机构。通常多采用三级维修机构，即基层级、中继级和基地级。基层级是由装备的使用操作人员和所属分队的保障人员进行维修的机构，只限定较短时间能完成的简单维修工作，配备有限的保障设备和人员。中继级比基层级有较高的维修能力，即有数量较多和能力较强的人员及保障设备，承担基层级所不能完成的维修工作。基地级具有更高修理能力的维修机构，承担装备大修和大部件的修理、备件制造和中继级所不能完成的维修工作。

在开展分析时，首先假设 O 级所有的候选对象都是不可修复的，并且在失效时被丢弃。考虑到故障率和获得补货备件的时间，修理级别分析模型计算了每个 O 级站点必须保留多少组件以满足需求。模型存储了每个可修复候选组件的所有成本。然后，假设所有可修复候选组件将被发送到 D 级进行修复。此时再计算各候选组件所需的所有物流要素，并把所有这些成本都存储在可修复的各候选组件上，包括数量上已经减少的 O 级需要的候选备件。接下来，假定所有可修复的候选对象在 I 级都进行了维修，所有子装配和待维修部件都将送往 D 级，所有这些成本也都被存储起来。最后，通过比较每个可维修候选方案的成本来优化维修水平，即在哪一级丢弃或在哪一级维修。

另外，预防性维修与修复性维修都有修理级别分析的要求，不过有些预防性维修工作比较简单，不需要复杂的分析，可以直接确定其修理级别，如保养就是在基层级进行的。对于复杂的维修工作，需要拆卸、分解等，必须通过修理级别分析才能得到合理的修理或报废的选择。

12.2.3　设备的科学使用

设备只有在使用中才能发挥其作为生产力要素的作用，而对设备的使用科学与否又直接影响着设备的使用寿命、精度和性能，从而影响其生产产品的数量、质量和企业的经济效益。

（1）合理配备设备。企业应根据生产经营目标和发展方向，按产品工艺技术要求考虑主要生产设备、辅助生产设备、动力设备和工艺加工专用设备的配套性。各类设备在性能方面和生产率方面应互相协调，随着产品结构的改变，产品品种、数量和技术要求的变化，各类设备的配备比例也应调整。

（2）按设备技术性能合理地安排生产任务。企业在安排生产任务时，要使所安排的任务和设备的实际能力相适应，不能精机安排粗活，更不能超负荷超范围使用设备。

（3）加强工艺管理。设备技术状态完好与否是工艺管理和产品质量的先决条件，但工艺的合理与否又直接影响设备状态。应加强工艺设计管理，严格按设备的技术性能、要求和范围，设备的结构精度等来确定加工设备。

（4）保证设备相应的工作环境和工作条件。设备对其工作环境和工作条件都有一定的要求。例如，一般设备要求工作环境清洁，不受腐蚀性物质的侵蚀；有些设备需安装必要的防腐、防潮、恒温等装置；有些自动化设备还需配备必要的测量、控制和安全报警等装置。因此，在设备安装时就要考虑设备的环境和工作条件要求，以保证设备正常使用。

（5）设备的使用管理。随着设备的日益现代化，其结构原理也日益复杂，要求配备具有一定文化水平和技术熟练的工人来掌握使用设备。为了正确合理地使用设备，应建立健全设备使用管理规章制度，如岗前技术培训和上岗凭证操作制度、"定机、定人、定职责"、设备使用守则、设备操作规程、设备维护规程、操作人员岗位责任制等。同时，使规章制度得到遵守执行也是一个极其重要的方面，往往也是难度最大的一个方面。在企业中应对设备的操作工人进行思想教育，使他们认识到合理正确使用设备的重要性，并要求他们认真执行正确使用设备的各项基本要求、规章和相应的设备操作规程。

12.2.4 设备的维护和保养

1. 预防性维护与事后维修决策

采取预防性维护容易造成设备的过度维修，浪费时间和金钱；采取故障后抢修容易导致故障，机器停歇时间过长，对生产造成的损失太大。通常需从成本的角度去平衡，寻求总成本最低的预防维护水平。

传统的预防性维护和事后维修之间的关系如图 12-5（a）所示。根据这种观点，管理人员需要在两种费用之前进行权衡。若分配更多的资源给预防性维护，则设备停工的次数会减少。但有些情况下，事后维修费用下降的速度可能低于预防性维护费用上升的速度，因此总费用曲线会开始上升，在超过最优点后，企业最好是等待设备出现故障，以便进行事后维修。

然而，该图中的费用没有考虑到停工的所有费用，即很多间接费用被忽略了。例如，一般企业都没有考虑为停工期间准备的各种库存所产生的费用。而且停工对员工的士气会产生多种影响。员工可能会认为，按标准进行操作和维护并不重要。停工时间也会影响交货期，损害与顾客的关系，影响未来的销售。在考虑所有的停工费用后，设备维护费用曲线可以通过图 12-5（b）表示。系统没有出现停工时，系统维护费用处于最低水平。

假设所有与停工时间相关的潜在费用都已知，那么可以从理论上计算出设备维护的最优情况。这种分析当然也需要非常精确的历史数据，如维护费用、停工概率和维修时间等。

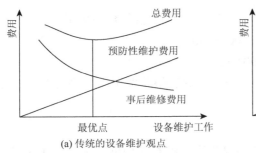

(a) 传统的设备维护观点

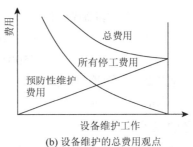

(b) 设备维护的总费用观点

图 12-5　设备维护费用

例 12-3　某会计师事务所专门负责为企业编制工资账册。为提高效率，这家事务所对多项业务实现了自动化处理，并利用高速打印机来处理和准备各种报告。但是这种计算机系统也带来一些问题。在过去的 20 个月中，打印机出现停工故障的统计数据如表 12-1 所示。

表 12-1　停工故障统计数据

停工次数	停工次数对应的月份数量	频率
0	2	0.1
1	8	0.4
2	6	0.3
3	4	0.2
总计	20	1

这家会计师事务所估计，每次打印机出现故障停工时，平均造成时间和业务损失 3000 元。有一种解决方案是签订打印机的预防维护服务合同。但即使签订了预防维护服务合同，打印机仍会出现停工故障，平均每月一次。这项服务的费用是每月 1500 元。试分析该会计师事务所应该采取预防维护决策还是事后维修决策？

解：首先根据历史数据，在没有采用服务合同的情况下，计算平均故障次数以及每月平均事后维修费用。

$$平均故障次数 = \sum (故障次数 \times 相应的频率)$$
$$= 0 \times 0.1 + 1 \times 0.4 + 2 \times 0.3 + 3 \times 0.2$$
$$= 1.6（次）$$

接着，可得出：

$$平均故障维修费用 = 平均故障次数 \times 每次故障平均费用$$
$$= 1.6 \times 3000$$
$$= 4800（元）$$

对于预防维护费用，平均每月故障一次，则有

$$预防维护费用 = 平均故障维护费用 + 服务合同费用$$
$$= 1 \times 3000 + 1500$$
$$= 4500（元）$$

比较两种方案，可知签订预防维护服务合同的期望总费用比不签要低，因此这家会计师事务所应该采取预防维护决策。

2. 设备的保养

从设备的磨损理论可知，设备在使用过程中，随着磨损的增加，加工精度不断降低，因此，要保证设备能以正常的工作精度运转，就应设法减少或延缓设备的磨损，设备的日常维护和保养是重要的手段。当设备的磨损达到一定程度，设备的工作精度不能满足需要时，就应进行修理以恢复设备原有的工作精度。

设备的保养是指按照操作规定经常观察设备运转情况，及时地对设备进行清洁、润滑、紧固、调整、防腐等工作的总称。根据机器设备维护保养工作的深度、广度及工作量的大小，维护保养工作可分为日常保养（或称例行保养）、一级保养和二级保养等。

日常保养是按照设备的维护保养规程进行的例行保养，是预防故障发生的积极措施。操作人员的定期例行保养包括每日班前检查、加油；班中严格按设备操作规程使用设备，发现问题及时处理或报告；下班前对设备认真清扫擦拭，并将设备状况记录在换班日志上。专业维修人员的巡回检查事项包括操作人员操作合理性、机器运转正常情况、违章情况、调整与处理一般性故障。

一级保养以操作人员为主、维修人员为辅，对设备进行局部解体和检查，清洗所规定的部位，疏通油路，更换油线、油毡，调整设备各部位配合间隙、操作机构等，使之灵敏可靠，并紧固设备各个部位。保养完毕，应做详细记录，相关技术员负责验收。

二级保养以维修人员为主、操作人员参加，列入设备检修计划，对设备进行部分解体、检查和修理，更换或修复磨损件，局部恢复设备精度。完成后，应以完好设备条件作为验收标准。

在各类维护保养中，日常的例行保养是基础。保养的类别和内容要针对不同设备的特点科学地规定，既要考虑到设备的生产工艺、结构复杂程度、设备工作量的大小等具体情况，又要照顾不同产业部门维修习惯，不宜强求。

3. 设备的维修

设备的维修是修复由于正常或不正常的原因而造成的设备损坏和精度劣化，通过维修更换已经磨损、老化、腐蚀的零部件，使设备性能得以恢复。其实质是设备物质磨损的补偿。

设备维修按目的和规模可分为小修、中修和大修三种类型。

（1）小修是修复或更换少量的使用期限短的磨损零件，并进行必要的局部解体，消除一些小缺陷，调整设备，以保证设备能正常使用到下一次计划修理。小修费用较少、工作量也较小。

（2）中修是更换或修复数量较多的已磨损零件，修复设备的主要零件、校正设备基准，使设备达到规定的精度、性能和生产能力。

（3）大修需要全部拆卸设备，修复或更换全部磨损零件和修复基准零件，校正和调整整个设备，使其恢复原有的精度、性能和生产率。大修费用最多、工作量最大。

三者工作量的比值一般是：中修是大修工作量的 56%，小修是大修工作量的 18%。

如前所述，设备维修有不同的类型，如事后修理和预防性计划维修是按照故障与维修之间的关系来划分的，恢复性维修和改善性维修是按照设备维修功能来划分的等。通常所说的设备维修大多指的是恢复性维修，它是恢复设备性能、保证设备正常运行的主要手段。不论采用哪种维修模式，维修的基本原则是保证生产和节省费用。这就要求企业加强对设备磨损规律和故障规律的研究，加强对设备的分类分级管理，根据设备的状况合理确定维修种类、维修时机，并尽可能避免设备的过量维修。

12.2.5　设备的更新和改造

1. 设备的更新

设备的更新是指用比较经济和完善的设备替换技术上不能继续使用或在经济上不宜再用的设备。就实物形态而言，设备的更新是用新的机器设备代替陈旧设备；就价值形态而言，是设备在运行中对于磨损掉的价值重新给予补偿。这种补偿形式有两种：①简单更新，即以同型号的新设备更换旧设备。其优点是有利于减少机型，减轻修理工作量。同时，也能保证原有产品质量，减少使用陈旧设备的能源、维修费等开支。但是，它不具有技术更新的性质，因此，如大量采用这种类型的更新，企业设备的平均役龄虽然很短，却不能大幅度地提高企业的经济效益，会导致企业技术的停滞。②技术更新。这是指以技术上更先进、经济上更合理的新设备代替物质上无法继续使用，经济上不宜再用的陈旧设备，即以结构更先进、技术更完善、效率更高、性能更好、耗费能源和原材料更少、外观更新颖的设备代替那些落后陈旧的设备。设备更新，主要是指后一种。

设备更新的关键是正确地确定它的技术经济界限，即找出设备合理的更新周期。设备到达更新周期，意味着设备寿命的结束。由于更新要从技术和经济两个方面考虑设备是否适宜继续使用，为此，对设备的寿命要有全面的认识。从不同的角度分析设备的寿命有如下几种情况。

（1）自然寿命，亦称物质寿命，是指设备从投入使用到报废所经过的全部时间。设备的自然寿命是根据设备的有形磨损确定的，主要取决于设备本身的质量、使用状况和维修工作。

（2）技术寿命，是指设备从开始使用到因技术落后而被淘汰所经过的时间。设备的技术寿命主要取决于科学技术的进步，由于设备的无形磨损，它可能尚未达到自然寿命，却因达到技术寿命而被淘汰。

（3）经济寿命，亦称经济的价值寿命。它是指从设备诞生起到由于综合磨损，使其在价值形态上失去使用价值为止经历的全部时间。设备的经济寿命由设备的使用成本所决定。在设备的使用阶段，必须支付维持费用（使用成本）来维持设备的使用，当使用成本过高时，就应当淘汰。

（4）折旧寿命，亦称折旧年限。它是指财务部门为了收回设备投资以便日后重置或更新设备而把设备投资逐步摊入产品成本，当设备价值的余额折旧到接近于零时所经历的时间。设备的折旧寿命一般是根据设备的有形磨损和无形磨损规定的，它对企业淘汰设备决策的影响很大。

（5）设备的役龄。它是指设备已经使用的时间。设备的役龄是与设备寿命密切相关的一个指标，它反映了设备的新旧程度，可供制订设备的更新改造方案时参考。

研究设备寿命的目的在于及时进行决策，以提高企业的经济效益。随着技术进步、产品开发速度加快、企业之间竞争加强，设备最佳使用年限的确定应以物质寿命、经济寿命和技术寿命三者综合加以考虑，以求获得设备最佳技术经济效果。在进行设备更新时，要很好地了解所需设备的技术发展动向和市场供应情况，制定目标明确、切实可行的更新计划。

2. 设备改造

设备改造是指在原有设备的基础上，对设备的结构进行局部改造，或是把科学技术的新成果应用于现有设备，改变现有设备落后的技术面貌，提高设备的现代化水平。例如，将旧机床改造为程控、数控机床，或在原有机床上增设精密检查装置等。

通过设备改造可以充分利用现有条件，满足生产的需要，减少新设备的购置，节省投资。同时还可以改善设备的性能，提高产品的质量和生产效率，降低成本，全面提高生产的经济效益。

设备改造的内容很广泛，应根据本企业的生产技术特点及产品和工艺要求来决定。一般机器设备技术改造的主要内容如下。

（1）提高设备的自动化程度，实现数控化、联动化。

（2）提高设备的功率、速度和刚度，改善设备的工艺性能。

（3）将通用设备改装成高效的专用设备。

（4）提高设备的可靠性、维修性。

（5）改进设备安全环保装置及安全系统。

（6）使零部件标准化、通用化和系列化，提高设备的"三化"水平。

（7）降低设备能耗等。

设备的技术改造要结合产品的升级换代和生产发展的需要，充分考虑新技术的可靠性，以及维修配件的供应条件等。当设备性能不能满足产品质量要求、生产率远远低于先进设备、能源消耗高、维修费用不经济时，陈旧设备不宜继续使用。应当采取更新而不是改造的方法。

在设备改造过程中，要遵循针对性、先进适用性、可靠性和经济性的原则。要从实际出发，按照生产工艺的要求，针对生产中的薄弱环节，采用不同的新技术，以企业的产品更新换代、发展新品种和提高产品质量为目标，结合设备在生产过程中所处的地位及技术状况来决定哪些设备必须改造以及如何改造。采用的技术应先进适用，根据不同的设备、不同的生产工艺和批量，采取的技术标准应有高有低，不盲目追求高指标，更不为改造而改造。制定设备改造方案时，采用的新技术一定要有充分把握。它必须经实践证明是可行的，经技术论证适用于改造设备。要有实实在在的经济效益。制定设备技术改造方案时，要进行可行性分析，综合考虑投入的人力、物力、财力和创造的效益，力求以较少的投入获得较大的产出。

12.3　卓越设备管理与运维

12.3.1　概念与内涵

设备是制造企业的核心资产,设备资产的绩效水平是度量系统的重要维度之一。卓越设备管理的概念体现了设备管理领域的一个最重要的变化,即目标和绩效、设备全生命周期管理和设备精益运维的系统整合,旨在引导组织追求"卓越绩效"。卓越不仅要体现设备管理在某一个环节的优秀,如运维和保障,还要体现从优秀走向卓越,以追求"组织的效率最大化和全系统的价值最大化"为目标。

(1)全生命周期管理的本质目标是实现设备全生命周期效益的最大化。以设备全生命周期管理为内容,做好基础信息的精细管理。设备的基础信息要规范、完整和清晰,要反映设备管理全过程的痕迹。通过信息的贯通,支持全生命周期的分析与决策,最终实现设备全生命周期效益最大化的目标。

(2)精益设备运维管理的本质目标是实现运行效益最大化。设备管理精益化工作的宗旨是设备运行综合效能最大化。以生产制造为中心、不断提高产品质量为根本、原辅材料高效利用为准绳、运行费用合理控制为基础、持续稳定提高设备运行效率为导向,采取综合技术经济管理措施,系统化推进设备管理精益化的各项工作,实现设备运行综合效能最大化。

(3)全面生产维护是精益管理在设备专业的具体要求,能不断提升设备综合效率。通过"全员、全系统"的推进及管理的改善,最终实现"全效率"的目标。全效率在全面生产维护系统中主要是指设备的综合效率(overall equipment effectiveness, OEE)指标,即设备在开动率、性能率、优质率三个不同维度的综合要求。

随着越来越多的管理者开始关注业务卓越化管理,欧洲品质管理基金会(European Foundation for Quality Management, EFQM)提出了通用的 EFQM 卓越业务模型。将设备管理的需求融合到该模型中,形成了卓越设备管理与运维的模型,如图 12-6 所示。

随着我国信息化与工业化深度融合的不断推进以及"中国制造 2025"、"工业 4.0"等的提出,智能制造已成为两化深度融合的主攻方向。卓越设备管理体系将在智能制造整体框架下进行建设:抓住团队、技术、数据和备件四大资源,落实全生命周期资产管理、精益运维过程管理、精美现场作业管理三个层次的过程执行,最终体现卓越绩效指标的管理结果。

1. 抓住四大资源

(1)团队:解决当前维护队伍人才不足、维修手段落后与先进智能化设备之间的矛盾。用好设备维护专业团队是设备管理的基础出发点。团队资源还包括与企业运维关系密切的外部资源,如专家资源、厂家资源和合作伙伴等。

(2)技术:设备本身的技术特性、故障特征、设计指标等专业信息始终是设备运维管理的基础资源。

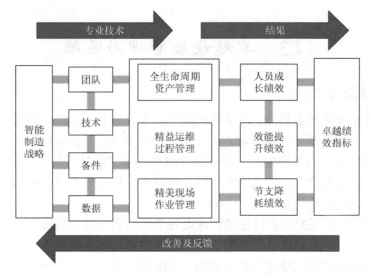

图 12-6　卓越设备管理与运维模型

（3）数据：应当是一种新的资源，数据的分析与利用是智能制造环境下的重要使能手段。

（4）备件：做好备件资源的经济规划，确保备件的高可用性、低库存成本和高周转率。

2. 落实三个层次的过程执行

（1）全生命周期资产管理：贯穿设备规划、设备前期、设备验收到设备变动、设备报废的全过程资产变动管理。

（2）精益运维过程管理：基于设备技术要求，以工单为形式，支撑设备运维作业的全过程。

（3）精美现场作业管理：智能制造环境下强调现场作业的落地与人机和谐。

3. 体现卓越绩效指标的管理结果

（1）人员成长绩效：设备管理体系的运行需要支撑团队的进步和人员水平的提升。

（2）效能提升绩效：设备管理体系的运行需要体现设备综合效率的提升。

（3）节支降耗绩效：设备管理体系的运行需要体现成本的节约、能耗的降低、经济效益的显著提升。

卓越设备管理与运维管理（excellent asset management & maintenance，EAM²）系统，意为以精益的过程追求卓越的结果，区别于传统的企业资产管理（enterprise asset management，EAM）系统。EAM² 在设备管理的基础上增加了精益运维，包括卓越设备全生命周期资产管理和精益运维管理两大部分。通过企业自我完善（领导力），制定合理维护策略，优化资源配置，以及精益过程管控和现场改善，实现员工的快速成长、生产效率的提升、良好的维修经济效益，支持企业的一体化目标。

12.3.2　设备业务的分层管理

设备管理业务是企业的核心业务，设备管理的研究方法可以归纳为三类：一是整体的方法，即尽可能地在一个管理体系下完成设备管理全部任务；二是分层的方法，即将复杂的管理问题分解为多个层次的子问题分别进行研究，并处理好各层次之间的耦合问题；三是只针对局部问题进行研究。事实上，在企业规模不大、人力资源不足的情况下，企业可将设备资产运营、设备运维等管理职责全部汇总采用一体化管理。其优点在于沟通顺畅，但是专业化程度不够，不适合大型资产密集型企业。另外，目前绝大多数信息化系统所支撑的管理模式可以归结为局部管理范畴。很多 ERP 系统侧重于"台账、工时、成本"，以财务核算为中心的价值管理模式。而基于全面生产维护的软件系统，则侧重于运维工单管理，以计划任务管理为核心的事务管理模式。

在智能制造环境下，强调分层管理模式。虽然针对设备的全生命周期一体化管理的本质需要，理论上可以将涉及多个层次的管理问题采用单一管理模式统一考虑，但在实际应用中应分别就不同职能部门、不同管理层级的绩效、职责和操作特点来考虑地域分散性和人员素质等问题。因此，分层管理模式在大型企业设备管理中具有更好的适应性。大型企业设备管理的分层系统架构如图 12-7 所示。

第一层：卓越绩效运营层。该层的重点是实现设备资产的运营绩效管理与统计分析。构建统一的设备资产基础数据平台、统一的设备绩效考核体系、统一的设备资产台账、统一的全生命周期履历管理平台与供应链网络一体化的集成平台（包括生产、物资、采购管理系统的交互等）等。

第二层：精益过程执行层。该层的重点是实现设备全生命周期管理、精益运维管理，实现设备的健康管理。其包括两大部分，一是全生命周期设备资产管理平台，即从设备入厂开始到设备报废的全过程跟踪；二是精益管理执行平台，即如何将设备运维所要求的业务，包括润滑、保养、维修、点检等，按照精益管理及全面生产维护管理思想，固化流程并实现落地。

第三层：精美现场管理层。设备运维管理的重点在现场，难点也在现场。精益管理的要求也必须依靠现场的改善来落地。即如何给设备运维人员提供方便快捷的现场辅助手段，如移动互联工具、现场终端等信息化手段，提升现场工作的效率、信息采集的准确性与实效性。

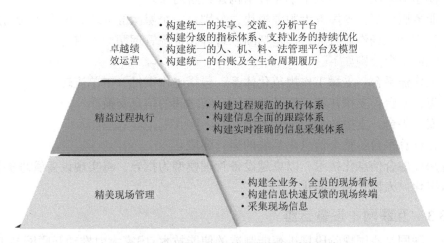

图 12-7　大型企业设备管理的分层系统架构

设备管理的业务分层支持了卓越设备资产管理与运维,在信息化架构上涵盖实体对象层、工业大数据层、模型对象层和业务服务层,同时应用于工作流平台、集成平台、安全平台和云计算平台。其结构框架为四横四纵,如图12-8所示。

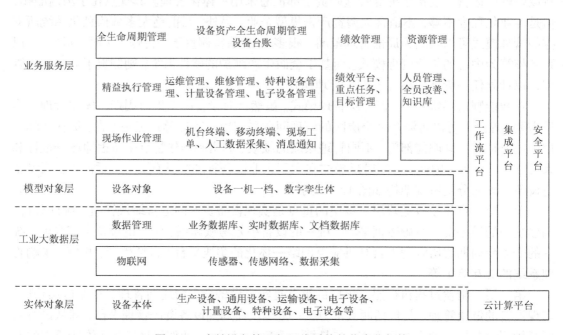

图12-8 卓越设备管理与运维系统的信息化架构

四个横向层次分别如下。

(1)实体对象层:设备运维体系的管理对象,涵盖多种分类的设备,以及运维人员和备件资源。

(2)工业大数据层:涵盖物联网采集、传输和多维数据的管理。

(3)模型对象层:采用数字孪生技术构建设备对象。

(4)业务服务层:支撑五大服务模块,分别是三个层次的管理,即全生命周期管理、精益执行管理和现场作业管理;还包括绩效管理和资源管理两个支撑管理。

四个纵向平台分别如下。

(1)工作流平台:支撑工作规范化体系,包括工作审批、工单流转。

(2)集成平台:支撑智慧工厂其他应用系统之间的信息交换。

(3)安全平台:支撑数据安全和系统安全。

(4)云计算平台:整个信息化系统的运行环境。

通过深度融合信息化技术,以卓越设备管理模型为指导,将实现设备管理的体系化、全维度数字化、人性化和智能化。

12.3.3 互联网 + 设备运维

工业互联网是我国现阶段推进智能制造的使能技术。国家大力推动互联网与工业融合发展，提升工业制造数字化、网络化、智能化水平；推动工业机器人、人机智能交互、物联网等技术在生产过程中的应用，推进生产装备智能化升级、工艺流程改造和基础数据共享，提高仿真优化、数字化控制和自适应控制水平；着力在工控系统、工业云平台等核心环节取得突破，加强工业大数据的开发与利用，构建全面感知、物物互联、预测预警、在线优化、精准执行的智能制造体系；鼓励基于互联网开展故障预警、远程维护、质量诊断、远程过程优化等在线增值服务，拓展产品价值空间，实现从制造向"制造＋服务"的转型升级。

互联网对设备运维的带动作用体现在以下几个方面。

（1）从传统的维护成本组织向维护服务组织转型。传统的维护成本组织在企业中还处于成本单位，即所有消耗及费用全计入当期制造成本。而精益思想认为，维护组织应当按利润单元来看待，其理由是任何一项维护成本的节约都会体现为企业利润的增加。更为重要的是，投入到企业维护业务中的"成本"必将产出更大的"效益"，这体现在产品的质量和产量方面。同时，由于生产设备的复杂性特征，设备维护队伍向着专业化、专门化方面发展，企业内部也出现了专门的维护组织——而不是传统分散在生产部门之间。合同化运维及组织的维护承诺也逐渐成为企业维护考核管理的重要方面。

（2）从传统的以人为主的管理向以设备技术为主的管理转型。由于传统的设备以电气传动、机械磨损为主要特征，因此故障特性和技术管理内容相对标准，从而管理的重点在于"人"的管理，考核的重点在于"事"的考核。而智能制造环境下，设备复杂度空间提升，维护工作必须借助电子化诊断设备，根据数据报告进行决策。从而设备本体的技术特性、故障特性的管理与研究成为设备管理的基础性工作，表现在设备一机一档、设备维护知识库的建设等方面。

（3）数据将成为重要的维修资源。构建设备一体化全生命周期管理平台，逻辑上形成一体化设备工业大数据。通过大数据搜索与管理平台，不仅将多台设备的所有记录集中起来，而且可针对某台设备轻松地查看从设备基础档案到设备维护保养、维修记录等全部信息。通过强大的数据分析能力，判断故障发生的原因，快速地分析并帮助设备人员找出解决设备维护方案的问题。

（4）完全的电子化运维。电子化运维虽然提出已有很长一段时间，但由于受信息技术的限制，全面电子化受限于人机交互的友好性、移动设备的计算能力等因素，开展效果一直不佳。然而，随着移动计算、边缘计算能力空前发展，移动助手、虚拟现实等应用于工业现场。同时各类维护技术资料实现了数字化、三维化，信息共享云端化，网络覆盖无死角。这些技术进步为电子化运维的创新发展打开了新的一页。

（5）云化的信息技术平台。信息化架构按照云平台技术的架构，而不再是简单的企业管理信息化架构，支持企业未来向混合云、公有云的方向发展。整个应用系统支撑"三屏合一"的技术架构及开发方法，采用互联网 API 网关和微服务技术，将移动应用及自带设备（bring your own device，BYOD）作为企业信息化的标配，支撑企业业务全面互联网化。

（6）智能维护的广泛应用。由于工厂设备变得越来越复杂，过时的监测和维护技术会降低设备的可用性。意外的设备故障可能会增加生产成本，从而对生产交货产生不利影响。

生产系统中存在一些不可见的因素，如性能劣化、精度衰减、能力损失、结构性偏差、自然老化等，这些因素对质量和成本的影响甚至超过可见因素。如何精确预测不可见因素的运动轨迹，主动和精准地采取维修对策，将成为智能装备管理和维修的重要课题。例如，引导案例中数字孪生等技术在智能维护中的推广应用就是帮助企业实现设备预测性维护与优化的一个重要议题。另外，智能维护的广泛应用还需充分考虑技术进步带来其他一些方面的挑战，如关于投资的技术经济分析与平衡、组织结构的障碍、人力资源方面的设计、社会化维护体系和维护外包问题以及网络安全等。

12.4　本 章 小 结

设备是指可供在生产或生活中长期使用，并在反复使用中基本保持原有实物形态和功能的劳动资料和物质资料的总称。设备管理则以设备为研究对象，根据企业的生产经营目标，应用一系列理论方法，通过一系列技术、经济、组织措施，对设备的物质运动和价值运动进行全过程的科学管理，从规划、设计、选型、购置、安装、验收、使用、保养、检验、维修、改造、更新直到报废，保持设备的良好运行状态并不断提高设备的技术水平，使设备资产的投资回报最大化，进而使企业获得最佳效益。设备管理的发展过程可分为事后修理、预防维修、生产维护和设备综合管理等阶段。设备综合管理学是一门以设备全生命周期为研究和管理对象，为了求得经济的生命周期费用而把适用于有形资产的有关工程技术、管理、财务及其业务工作加以综合的学科。

设备维护的理论有两个基本观点：一是建立在摩擦学之上，研究机械磨损规律的"设备修理周期结构"理论；二是建立在故障物理学之上，研究故障规律和设备可靠性的"故障分析与状态管理"理论。设备维护中相关度量指标包括可靠性、维修性、可用性等方面，可用性是产品可靠性和维修性的综合反映。为了开展合理的装备保障性分析，常采用修理级别分析。

卓越设备管理体现了目标和绩效、设备全生命周期管理和设备精益运维的系统整合，旨在引导组织追求"卓越绩效"。全生命周期管理的本质目标是实现设备全生命周期效益的最大化。精益设备运维管理的本质目标是实现运行效益最大化。全面生产维护是精益管理在设备专业的具体要求，能不断提升设备综合效率。

习 　 题

1. 什么是设备？设备维修体制的发展如何？
2. 设备综合管理的内容是什么？
3. 请解释设备的生命周期成本。
4. 设备可靠性、维修性和可用性指标包括哪些？
5. 设备的磨损与故障规律如何？
6. 请举例说明设备维护的决策包括的内容。

7. 为什么要进行设备的更新和改造?

8. 请你谈谈卓越设备维修与运维的挑战和机会。

9. 一个系统的 A_i 为 0.999，最大可接受 $\overline{M}_{ct}$ 是 1.5 小时，请问该系统设计的平均故障间隔期最小值为多少?

10. 某设备的各组件的平均故障间隔期分别为 1500、1200、1000 和 800 小时，请问该设备的平均故障间隔期为多少?

11. 笔记本电脑的光盘生产商希望平均故障间隔期至少达到 50 000 小时。近期对 10 个单元进行了测试，结果是一个在 10 000 小时故障，一个在 25 000 小时故障，还有两个在 45 000 小时故障，剩下的单元一直运行到 60 000 小时，试计算下列故障数据：①失效率；②单位时间的故障次数；③该测试过程的平均故障间隔期。

12. 表 12-2 列出了 HG 电力公司生产的发电机在过去 20 年的故障情况。请计算每年平均故障次数。

表 12-2　HG 电力公司发电机停工故障统计数据

故障次数	故障次数对应的年数数量
0	2
1	2
2	5
3	4
4	5
5	2
6	0

13. 捷讯公司的绘图仪每次故障的维护费用是 500 元。请根据表 12-3 的数据，计算平均每天的故障费用。

表 12-3　停工故障统计数据

故障次数	每天发生故障的频率
0	0.1
1	0.2
2	0.4
3	0.2
4	0.1

14. 五名银行员工的工作安排及其可靠性数据如图 12-9 所示，试分析他们的业务流程的总可靠性。

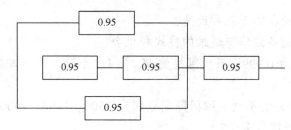

图 12-9　某银行业务流程及其可靠性

第 13 章

精 益 生 产

引导案例

上海通用汽车精益生产

"柔性化共线生产、精益生产技术"是人们在谈到上海通用先进的生产方式时经常提及的，但很少有人能真正明白什么是柔性化，什么是精益生产。实际上，柔性化与精益生产不仅是上海通用生产制造的一个环节，更是从采购到销售整个企业流程运作的基本理念。作为一条柔性化精益生产的生产线，它仅仅是整个通用制造体系（general manufacture system，GMS）系统中一个具体的工艺流程。

假如把 GMS 看作一架高速运转的机器，那么"标准化、缩短制造周期、质量是制造出来的、持续改进、员工参与"则是保证这部机器运转良好的最重要的五个环节，而实际上 GMS 就是以这五条作为其构成的最基本的原则，而这五条原则又循序渐进，互为补充，互相促进，最终达到良性循环的效果。

1. 万事有道：标准化

精益生产方式，最重要的是要确立标准和规范。看似简单的标准化实际上包含着众多方面，如工作场地布置标准化、定额工时管理标准化、标准化的作业流程以及简单明了的视觉标记的运用和管理。

在工作场地布置方面，规定工具、材料摆放在工位或者岗位的什么地方，使操作的员工最直接、最有效、最便捷取用到相应的工具或者材料。定额工时的管理则是在确定一个基本产品操作完成时间的基础上，对产品的生产环节如手工操作时间、取料时间、行走时间和机器运转时间进行分析，以减少不必要（不增值）时间浪费，进而提高工作效率的一种标准。标准化作业则是指在保持最佳操作方法之上，不断改进基准线，进一步归纳总结新标准之后的经验和优势，加以推广，持续改进，周而复始，由此得到恒定的产品质量和提高现场的安全以及人机工程的合理性。目视管理采用"红绿灯"管理，红灯停、黄灯缓、绿灯行。在零件的标签上，红色代表废品、黄色代表待处理品、绿色代表合格品、增加的一种颜色灰色则代表在制品，同样工作现场的设置和取料箱也以红黄绿作为禁止（废品）、缓行（待处理）、放行（合格）的标记，对于一个基本岗位工作基本情况的考核，没有大段文字的审核报告，有的只是简单色块表示。简单明了的色块通过视觉可以刺激人对颜色最本能的反应，而最本能的反应则是最有效的。

2. 人人有责：制造质量

GMS 系统认为质量是制造出来的，而不是检验出来的。其本质在于把质量观念置于整个产品生产制造环节，而非仅仅是最后一道检验的环节，其意义在于不同环节、不同流程阶段的工位心中都要树立质量的观念（基础是要有质量的标准化），每发现一处缺陷都要消灭在萌芽状态。当然，这并不意味着没有质量检验关。实际上，在总装线上一辆车装配完成，经过规定检验合格报交后，仍旧需要送到封闭的更加严格检验部门进行如耐久性、淋雨实验等。在整个质量环节仍旧有一个基本的原则，那就是"不接受缺陷、不制造缺陷、不传递缺陷"，这条原则实际上就是把每一个工位，无论是上一道工序还是下一道工序都首先看作彼此的"客户"，本岗位、本客户不接受上一道工序传来的缺陷，同时自己也不能产生失误和差错，如果产生失误和差错，下一个工位或客户有权拒绝接受，三条原则对每一工序和岗位都适用。这三条原则在实际的工作流程中有着广泛的应用。

3. 永恒目标：缩短周期

缩短制造周期最能体现物流和一体化管理的概念。交货周期是指 OTD（order to deliver）从接受客户订单直至收到货款的全过程。缩短交货周期对企业有着非常重要的意义，首先交货期的缩短，会获得用户的满意，同时客户反馈的过程加快，利于产品的改进，质量的提高。同时根据订单，可以避免过量生产，减少流动资金的占用。缩短交货周期包括生产现场的物流管理和 CKD 远洋运输的物流。就现场的物流管理来说，主要是通过物料看板、物料少量精益再包装、地址配送等几个环节的配合来实现的。CKD远洋配送则是指由国外供应商将零部件包装后由集装箱运至国内按照要求进行重新包装，然后分别送入企业仓库或者国内供应商，再通过企业仓库运至生产现场的一种物流形式。

4. 修正坐标：持续改进

持续改进是以标准化的实施为前提的，每一个点滴的小改进都是进一步提升的基础。持续改进的一个重要步骤就是全员的生产维修，设备维修的方式是自主保养加预防性维修加抢修。在自主保养方面强调操作工要对设备进行自主保养，形成"自己的设备自己维护"的主人翁意识。同时还要对操作工进行设备保养知识的培训。除此之外，还要通过专业仪器对设备进行专业性的振动分析，以得出人为无法分析和判断的精确数据。

5. 以人为本：员工参与

企业中最重要最核心的要素就是人。上海通用提倡员工参与的观念，不断激励员工，同时下放职权，给员工以充分参与创造的空间。提倡员工参与，即激励个人的能动性，更提倡团队方式参与到工作目标的实现上。在上海通用的车间里，可以看到每一个小组的休息点都有打印好的合理化建议单和建议箱，每一项被最终采纳的合理化建议都会得到物质和精神上的奖励。据悉，从 2000 年 5 月开始，已经采纳合理化建议 1500 条，直接节约成本 188 万元。

另外，柔性理念也体现在对员工的培训上，其目的是通过多方位的培训，使员工能胜任不同的岗位，为所有的员工提供更多的发展计划和机会。所谓一人多岗，一岗多能也是完全源自丰田生产理念，一人多岗，一岗多能的培训也最终为一个生产线上不同车型的共线生产打下了基础，而一人多岗，一岗多能也同样可以使员工避免产生枯燥呆板的情绪，在不同的工作环境和岗位撞击出更多的火花。

——根据 http：//www.ciotimes.com/industry/car/c/car200803271104.html 文章改编

13.1　精益生产的概述

13.1.1　精益生产的起源

精益生产（lean prodution，LP）是美国麻省理工学院国际汽车项目组的研究人员给日本汽车工业的生产方式取的名称。精益生产既是一种以最大限度地减少企业生产所占用的资源和降低企业管理与运营成本为主要目标的生产方式，同时又是一种理念，一种文化，即不投入多余的生产要素，只在适当时间生产的下道工序或市场需要数量的产品。它的实质是管理过程的优化，通过大力精简中间管理层，进行组织扁平化改革，减少非直接生产人员；推行生产均衡化、同步化，实现零库存与柔性生产；推行全生产过程的质量保证体系；减少和降低任何环节的浪费；最终实现拉动式准时化生产。精益生产的核心是追求消灭包括库存在内的一切"浪费"，并围绕此目标发展了一系列具体方法，逐渐形成了一套独具特色的生产经营管理体系。它起源于日本丰田汽车公司的一种生产管理方法。

20 世纪 40 年代中后期，美国是全球汽车业的霸主。以福特为代表的美国汽车工业实行了大规模生产方式。这种生产方式以提高生产效率为目的，每条生产线，甚至每家汽车制造厂只生产单一品种的汽车。在当时的情况下，日本丰田汽车公司去美国福特公司学习，结果发现根本不可能照搬"福特模式"。因为，日本市场需求量小，无法满足福特大规模的要求。以冲压机床为例，福特给每一汽车品种配置一台昂贵的机床，进行大量生产。而在 1949 年，日本全年生产的卡车数仅 25 622 辆，汽车数 1008 辆。丰田公司为了生存，不论订单数量多少、品种的变化多样都得接单。在这种情况下，根本不可能为每一汽车品种配置一台昂贵的机床，丰田公司必须想办法实现在一条生产线上生产多种品种的汽车。1950 年朝鲜战争爆发，订单开始增加，即使如此，仍达不到福特大规模生产的要求。正是在这种背景下，丰田公司开始摸索在小批量多品种的市场环境下的生产方式。

20 世纪 70 年代后期，以丰田为代表的日本汽车工业已经在全球汽车市场的竞争中处于领先地位。1979 年开始，美国麻省理工学院的一批学者对世界各大汽车公司进行研究，发现以丰田为代表的日本汽车工业的生产方式与欧美汽车公司的生产方式存在很大差异。在此基础上，根据丰田生产系统的特点加以总结提炼，命名为 Lean Production，即精益生产。

日本丰田汽车公司精益生产方式的出现，适应了当时社会的发展。精益生产方式是第二次世界大战后日本汽车工业遭到"资源稀缺"和"多品种，少批量"的市场制约的产物。目前，精益生产已广泛应用于制造业和服务业。

波音公司应用了精益生产的理念和方法，在商用飞机制造领域首次建立了完整的精益生产体系，并将精益生产的方法从工厂延伸至所有工作领域。通过"拉动式"生产计划，强调"适时适量"，实施均衡生产，消除浪费，实现品质、增量和节约的三重最优化并获取最大的增量价值。按照精益生产理念，波音于 2006 年 11 月启用一条移动装配线用于飞机的最后组装,生产过程中移动速度为每分钟1.6英寸,将原来20架在制品飞机减少到8~10架,装配周期缩短一半。改变了之前可能在某一个生产线工位上闲置很久的情况,有利于在满足客户交付要求的前提下,处理好"生产单元追求生产批量"与"飞机按时装配交付"之间的矛盾,而不是简单地追求各生产单元的最大生产率。

南方航空公司目前也应用了精益生产的理念和方法。该公司上线飞行员品质助手系统,航前提醒飞行员应执行的具体节油措施,航后告知飞行员每个航班节油情况及机队、公司对比数据,实现数字驱动节油精细化管理。旅客在出行前6个小时,可以通过南方航空APP、微信、客服热线等渠道,提前选择不用餐,并可获得一定数额的南航里程奖励。不到两年间,南方航空公司节约餐食超过300多万份,可供吨公里油耗已连续下降,节油能力保持行业领先水平。

13.1.2 精益生产的特点

与单件生产方式和大量生产方式相比,精益生产方式既综合了单件生产方式品种多和大量生产方式成本低的优点,又避免了单件生产方式生产效率低和大量生产方式柔性不足的缺点,是生产方式的又一次革命性飞跃。精益生产与大量生产方式在生产目标、工作方式、管理方式等方面存在很大的差异,具体见表13-1。

表 13-1　大批量生产与精益生产特点比较

比较项目	精益生产方式	大批量生产方式
生产目标	追求尽善尽美	尽可能好
工作方式	集成、多功能、综合的工作组	分工、专门化
管理方式	权力下放	宝塔式
产品特征	面向用户、生产周期短	数量很大的标准化产品
供货方式	JIT方式、零库存	大量库存缓冲
产品质量	由人工保证,质量高、零缺陷	检验部门事后把关
返修率	几乎为零	很大
自动化	柔性自动化、但尽量精简	刚性自动化
生产组织	精简一切多余环节	组织机构庞大
设计方式	并行方式	串行模式
工作关系	集体主义精神	相互封闭
用户关系	以用户为上帝,产品面向用户	以用户为上帝,但产品少变
供应商	同舟共济、生死与共	互不信任、无长期打算
雇员关系	终身雇佣、以企业为家	可以随时解雇,工作无保障

精益生产集准时生产制和柔性制造的优点于一体,在质量管理上贯彻六西格码的质量管理原则,不是依靠检查,而是从产品的设计开始就把质量问题考虑进去,确保每一个产

品只能严格地按照唯一正确的方式生产和安装；在库存管理上，体现了节约成本的要求，在满足顾客的需求和保持生产线流动的同时，做到了产成品库存和在制品库存最低；在员工激励上，精益企业的员工被赋予了极大的权利，真正体现了当家作主的精神，并且人事组织结构趋于扁平化，消除了上级与下级之间相互沟通的隔阂，做到全厂上下一条心。所有这一切都体现了降低成本、提高产品竞争力的要求。

13.1.3 精益生产的技术支撑系统

精益生产的技术支撑系统如图 13-1 所示。精益生产的最终目标是提高公司的整体利润，其途径分为经济性和适应性两个方面，即不断地消除浪费降低成本，同时通过柔性生产提高竞争能力来不断适应市场需求能力，扩大市场份额。JIT 生产方式可以有效地实现这两个方面的提升，而看板管理又是实现 JIT 的一种有效的管理方法。成功的看板管理需要很严格的条件：通过全面质量管理以及低成本自动化技术保证产品质量，通过设备的快速切换以及合理布置实现小批量生产并最终达到均衡化生产，通过合理的设备布置与标准化的作业以及多技能员工的紧密配合达到同步化生产，在此基础上还需要良好的外部协作。显然，上述目标和策略实现的基石是全员参与的改善和合理化活动以及 5S 现场管理等。

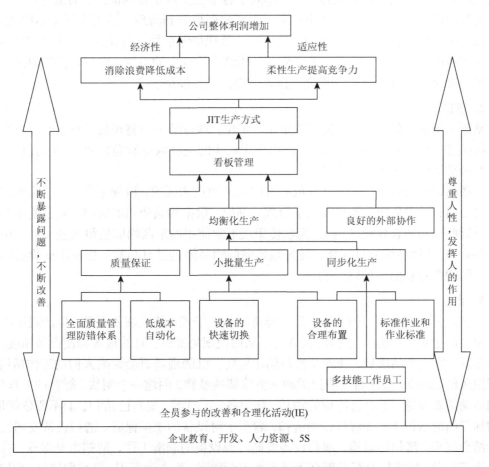

图 13-1　精益生产的技术支撑系统图

13.2 5S 现场管理

5S 管理起源于日本，通过规范现场、现物，营造一目了然的工作环境，培养员工良好的工作习惯，其最终目的是提升人的品质，养成良好的工作习惯。凡事要遵守规定，认认真真地对待工作中的每一件小事，自觉维护工作环境。5S 是来自日文的五个单词的简称——整理（SEIRI）、整顿（SEITON）、清扫（SEISO）、清洁（SEIKETSU）和素养（SHITSUKE）。5S 现场管理的目标就是营造安全、舒适、明亮的工作环境，提升员工的工作热情，从而塑造企业良好的形象。

1. 整理

整理是把要与不要的人、事、物分开，再将不需要的人、事、物加以处理。其要点是对生产现场的现实摆放和停滞的各种物品进行分类，区分什么是现场需要的，什么是不需要的；其次，对于现场不需要的物品，如用剩的材料、多余的半成品、切下的料头、切屑、垃圾、废品、多余的工具、报废的设备等，要坚决清理出生产现场，这项工作的重点在于坚决把现场不需要的东西清理掉。对于车间里各个工位或设备的前后、通道左右、厂房上下、工具箱内外，以及车间的各个死角，都要彻底搜寻和清理，达到现场无不用之物。

整理的目的是：①改善和增加作业面积；②现场无杂物，行道通畅，提高工作效率；③减少磕碰的机会，保障安全，提高质量；④消除管理上的混放、混料等差错事故；⑤有利于减少库存量，节约资金；⑥改变作风，提高工作情绪。

2. 整顿

整顿是把需要的人、事、物加以定量、定位。通过前一步整理后，对生产现场需要留下的物品进行科学合理的布置和摆放，以便用最快的速度取得所需之物，在最有效的规章、制度和最简捷的流程下完成作业。

整顿活动的要点是：①物品摆放要有固定的地点和区域，以便于寻找，消除因混放而造成的差错；②物品摆放地点要科学合理。例如，根据物品使用的频率，经常使用的东西应放得近些（如放在作业区内），偶尔使用或不常使用的东西则应放得远些（如集中放在车间某处）；③物品摆放目视化，使定量装载的物品做到过日知数，摆放不同物品的区域采用不同的色彩和标记加以区别。

3. 清扫

清扫是把工作场所打扫干净，设备异常时马上修理，使之恢复正常。生产现场在生产过程中会产生灰尘、油污、铁屑、垃圾等，从而使现场变脏。脏的现场会使设备精度降低，故障多发，影响产品质量，使安全事故防不胜防；脏的现场更会影响人们的工作情绪，使人不愿久留。因此，必须通过清扫活动来清除那些脏物，创建一个明快、舒畅的工作环境。清扫活动的要点是：①自己使用的物品，如设备、工具等，要自己清扫，而不要依赖他人，不增加专门的清扫工；②对设备的清扫，着眼于对设备的维护保养。清扫设备要同设备的点检结合起来，清扫即点检；清扫设备要同时做设备的润滑工作，清扫也是保养；③清扫也是为了改善。当清扫地面发现有飞屑和油水泄漏时，要查明原因，并采取措施加以改进。

4. 清洁

整理、整顿、清扫之后要认真维护，使现场保持完美和最佳状态。清洁是对前三项活动的坚持与深入，从而消除发生安全事故的根源。创造一个良好的工作环境，使职工能愉快地工作。

清洁活动的要点是：①车间环境不但要整齐，而且要做到清洁卫生，保证工人身体健康，提高工人劳动热情；②不但物品要清洁，而且工人本身也要做到清洁，如工作服要清洁，仪表要整洁，及时理发、刮须、修指甲、洗澡等；③工人不但要做到形体上的清洁，而且要做到精神上的"清洁"，待人要讲礼貌、要尊重别人；④要使环境不受污染，进一步消除浑浊的空气、粉尘、噪声和污染源，消灭职业病。

5. 素养

素养是努力提高人员的素养，养成严格遵守规章制度的习惯和作风，这是 5S 活动的核心。没有人员素质的提高，各项活动就不能顺利开展，开展了也坚持不了。所以，抓5S 活动，要始终着眼于提高人的素质。

表 13-2 是 5S 的一个规范示例。

表 13-2　5S 规范示例

5S	规范	适用场所	检查记录
清扫	把永远不可能用到的物品清理掉		
	把长期不用，但有潜在可用性的物品指定地方放置		
	把经常使用的物品放在容易取到的地方		
整理	应有仓库场地布置总体规划，并画出规划图	●	
	物料、物品放置应有总体规划	●◆	
	区域划分应有标识	●◆	
	物料架应有标识	●◆	
	不同物料应有适当的标识来区分	●◆	
	物料放置应整齐、美观	●◆	
	通道要空出、不杂乱	●◆	
	应有车间场地布置总体规划，并画出规划图	◆	
	不同的生产线、工序应设牌标识	◆	
	工位摆放应整齐	◆	
	设备摆放应整齐	◆	
	工人工作台面应整齐	◆	
	文件、记录等物品放置应有规划	■	
	物品放置应整齐、美观	■	
	必要时应做一定标识	■	

5S	规范	适用场所	检查记录
整理	档案柜应整齐,有必要的标识	■	
	抽屉应整齐,不杂乱	■	
	员工应有员工卡		
	要设置文件布告栏		
清洁	地面要清洁		
	墙面要清洁		
	物料架要清洁	●	
	物料无积尘	●	
	通风要好,保持干燥清爽的环境	●	
	工人工作台面要清洁	◆	
	设备要清洁	◆	
	光线要充足	◆	
	办公桌面要清洁	■	
	档案柜要清洁	■	
	抽屉要清洁	■	
	文件、记录不肮脏破烂	■	
整顿	坚持上班 5S 一分钟,下班 5S 一分钟		
	定期有检查		
	对不符合的情况及时纠正		
素养	语言有礼貌		
	举止讲文明		
	着装要整洁		
	工作主动、热情		
	有强烈的时间观念(按时完成任务、开会不迟到等)		

注:包含三种场所的 5S 规范示例
  ● 表示对仓库的规范要求; ◆ 表示对车间的规范要求; ■ 表示对办公现场的规范要求。
  全空白表示适用于所有场所。

13.3　消除浪费

精益生产的核心思想是消除浪费。要消除浪费,需要遵循四个步骤:①了解什么是浪费;②识别工序中哪里存在浪费;③使用合适的工具来消除已识别的特定浪费;④实施持续改进措施,重复实施上述步骤。

13.3.1　七种浪费

精益生产方式中所指出的浪费，和日常生活中所提到的浪费有着截然不同的含义，在工业生产中，凡是不能直接创造出价值的一切活动，均视为浪费。

（1）不为工序增加价值的任何事情。

（2）不利于生产不符合客户要求的任何事情。

（3）顾客不愿付钱由你去做的任何事情。

（4）尽管是增加价值的活动，但所用的资源超过了"绝对最少"的界限。

精益生产方式将所有浪费归纳成七种浪费：纠正错误、过量生产、物料搬运、动作、等待、库存、过度加工，如表13-3所示。

表13-3　精益生产中常见的七种浪费

浪费	定义	表现	起因
纠正错误	对产品进行检查、返工等补救措施	额外的时间和人工进行检查、返工等工作；由此而引起的无法准时交货；企业的运作是补救式的，而非预防式的（救火队方式的运作）	生产能力不稳定；过度依靠人力来发现错误；员工缺乏培训
过量生产	生产多于需求或生产快于需求	库存堆积；过多的设备；额外的仓库；额外的人员需求；额外场地	生产能力不稳定；缺乏交流（内部、外部）；换型时间长；开工率低；生产计划不协调；对市场的变化反应迟钝
物料搬运	对物料的任何移动	需要额外的运输工具；需要额外的储存场所；需要额外的生产场地；大量的盘点工作；产品在搬运中损坏	生产计划没有均衡化；生产换型时间长；工作场地缺乏组织；场地规划不合理；大量的库存和堆场
动作	对产品不产生价值的任何人员和设备的动作	人找工具；大量的弯腰、抬头和取物；设备和物料距离过大引起的走动；人或机器"特别忙"	办公室、生产场地和设备规划不合理；工作场地没有组织；人员及设备的效率低；没有考虑人机工程学；工作方法不统一；生产批量太大
等待	人员以及设备等资源的空闲	人等机器；机器等人；人等人；有人过于忙乱；非计划的停机	生产、运作不平衡；生产换型时间长；人员和设备的效率低；生产设备不合理；缺少部分设备；缺乏预防性检修措施
库存	任何超过客户或者后道作业需求的供应	需要额外的进货区域；停滞不前的物料流动；发现问题后需要进行大量返工；需要额外资源进行物料搬运（人员、场地、货架、车辆等）；对客户要求的变化不能及时反应	生产能力不稳定；不必要的停机；生产换型时间长；生产计划不协调；市场调查不准确；

浪费	定义	表现	起因
过度加工	亦称"过分加工的浪费",既指多余的加工,也指超过顾客要求的精密加工,造成资源的浪费	瓶颈工艺; 没有清晰的产品/技术标准; 无穷无尽的精益求精; 需要多余的作业时间和辅助设备	工艺更改和工程更改没有协调; 随意引进不必要的先进技术; 由不正确的人来作决定; 没有平衡各个工艺的要求; 没有正确了解客户的要求

特别地,精益生产方式认为库存是万恶之源。这是丰田对浪费的见解与传统见解最大不同的地方,也是丰田能带给企业很大利益的原动力。精益生产方式中几乎所有的改善行动皆会直接或间接地与消除库存有关。精益生产方式为什么将库存看作万恶之根源,而要想尽办法来降低它呢?

因为库存会造成下列浪费。

(1)产生不必要的搬运、堆积、放置、防护处理、找寻等浪费。

(2)使先进先出的作业困难。

(3)损失利息及管理费用。

(4)物品的价值会减低,变成呆滞品。

(5)占用厂房空间,造成多余的工厂、仓库建设投资的浪费。

另外,因库存所造成的无形损失,绝不亚于上述的有形损失,精益生产方式认为库存会隐藏问题点,而问题在精益生产方式中被认为是宝藏,问题如果能不断地被发现解决,则利益便会不断地产生。首先,库存量一多,因机械故障、不良产品所带来的不利后果不能马上显现出来,因而也不会产生对策。由于有了充足的库存,出现问题时可以用库存先顶上,问题就可以慢慢解决甚至不用解决,最起码是被掩盖住了,不急迫了,不会被上级追究了,似乎本部门的工作成绩就出来了。然后,由于库存量的存在,设备能力不平衡时也看不出(库存越多,越不容易看出来)。人员是否过剩,也无法了解。由于有较多的库存,供应部门需要增加人员,制造一线需要更多的人员来生产产品用于补充库存,需要增添设备来保证生产库存所需要的设备能力,从而形成新一轮的浪费。

13.3.2 　识别浪费的方法

企业实施精益生产,就是要根据精益思维的原则,在组织、管理、供应链、产品开发和生产运作方面建立有效的生产方式,以消除所有不增加价值的浪费为目标,逐步改善进而最大限度地谋求经济效益和提高竞争力。

但令人遗憾的是,许多企业在导入精益生产理念和方法后,很少认真地对整个产品的价值流进行分析,就很快进入了大规模的消除浪费活动,这些改进活动虽然可能改善了产品价值流的很小部分,使之流动得更加顺畅,但是其他部分的问题仍会导致大量库存,最终的结果是没有降低成本,甚至有所增加。如果仅仅局部实现了精益,那么改进效果的持续性就会受到限制，不能实现如大野耐一所说的在全过程中减少浪费，这将会导致精益生产的实施无法进行。

不同行业、不同企业的情况是千差万别的，在实施精益生产的过程中，经常会被企业杂乱无章的背景所迷惑，不知道从哪里、如何实施改善活动，会觉得改善活动无从下手。在这种情况下，就需要有一个有效的工具或方法，能够让我们找出浪费及其原因之所在，然后将其消除，这个工具就是价值流图分析技术。

价值流图分析作为一个有效的工具，可以通过作图的方法，帮助企业考虑整个产品价值流的流动，而不是只考虑孤立的过程，从而使企业能够对其整个价值流进行持续的、系统化的改进，提高企业的效益和在市场中的竞争能力。利用价值流图分析，不仅能够消除浪费，还可以消除产生浪费之根源，使之不至于卷土重来。

1. 价值流

价值流是当前产品通过其基本生产过程所要求的全部活动。这些活动包括给产品增加价值和不增加价值两部分，包括从产品最基本的原材料阶段一直到产品交付顾客的全部过程，如一辆汽车的制造，包括从顾客要求到概念设计、产品设计、样车制造、试验、定型、投产到交付后的使用、信息反馈和回收过程，会经过很多车间、工厂、公司，甚至可能经过多个国家和地区。从价值流的定义可以看出，价值流包括整个产品生命周期，地域范围可能包含若干个企业甚至国家和地区，所以做出产品的整个价值流的图分析是极为复杂的工作，但分析价值流的基本方法是相同的。

2. 价值流图

价值流图是指按照从顾客到供应商的顺序跟踪产品的生产路径，仔细画出物流和信息流的每个过程。然后针对绘制出的价值流图进行分析、提出问题，画出其未来的状态图，以指明价值应该如何流动。价值流图分析，可以使整个纷乱复杂的价值流变为可视的一张价值流现状图，使得价值流中的问题显现出来，这样就可以应用各种精益技术将不增值的活动即浪费消除。这种改进不仅能够消除浪费，还能够消除浪费之源，从而提高企业的竞争力。

常见的价值流图的符号如图 13-2 所示。

3. 价值流图的绘制

对一个产品来说，以下两条主要流动路径是至关重要的：一是从原材料到达顾客手中的生产流程；二是从概念到正式发布的产品设计流程。价值流就是使一个产品通过这些主要流程所需要的全部活动，包括增值活动、必要但非增值活动和非增值活动（即浪费）三类。研究表明，企业用于增值活动的时间仅占整个流程的极小部分，大部分时间都花在非增值的活动中。

价值流图有助于观察和理解产品通过价值流过程时的物料流动和信息流动，以及其中的增值和非增值活动，从而发现浪费和确定需要改善的地方，为改善活动定下一个蓝图和方向。同时也便于员工了解企业的状态，提供参与改善的机会。

应用价值流图分析企业生产流程，意味着要从全盘看待问题，而不是集中于某个单独的过程；意味着将改变整体，而不仅仅是优化某个部分。价值流图分析可以针对企业内部活动进行分析和改善，也可以针对从供应商出货起到顾客收货为止的整个价值流的分析和改善。

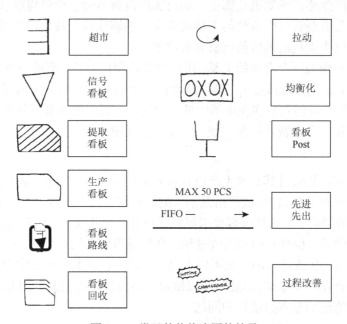

图 13-2　常见的价值流图的符号

绘制价值流图一般包括四个步骤。

第一步：确定顾客需求，绘出生产流程。

第二步：绘出当前物流过程。

第三步：绘出当前信息流。

第四步：计算全部生产周期 TPCT。

图 13-3 是某公司的价值流图示例。

有了"当前状态图"，管理人员一般都能比较容易地判别和确定出浪费所在及其原因，为消灭浪费和持续改善提供目标。"未来状态图"是以精益思想为指导，按照企业的实际情况，为未来的运作模式指明方向，设计新的精益流程。所谓"未来状态"，也仅仅是基于当前的技术和认知水平，在一定时间内可以达到的较为理想的目标。随着人们技术和认知水平的提高，原来的目标又变得不理想了，人们又进入了一个更高层次的改善循环。如此往复，正是精益思想中"与完美竞争，永无止境"的精髓所在。

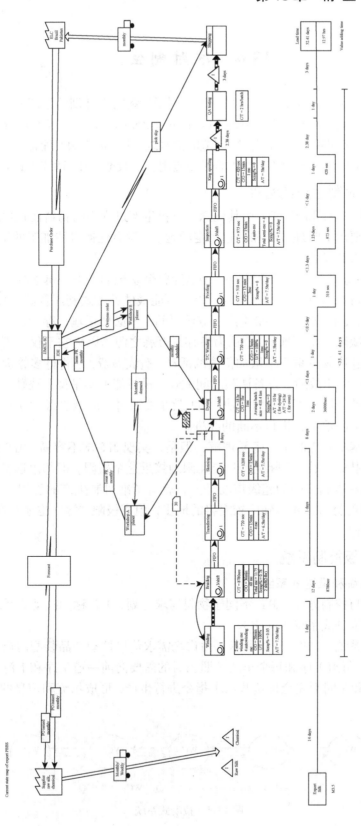

图 13-3　价值流图示例

13.4　准时制生产

准时制生产（just-in-time，JIT）是一种不同于物料需求计划的生产方式，也称无库存生产方式（stockless production）、零库存（zero inventories）或一个流（one-piece flow）。尽管 JIT 生产的理念最早可以追溯到福特创造的流水线生产，但使 JIT 理念得以重视并得到推广的原因是日本丰田汽车公司 JIT 方法的成功应用。一般地，JIT 适应于订货型生产。

13.4.1　准时制生产的哲理

JIT 是一种生产管理的哲理。按其概念，不仅生产过程中的物料而且供应商供应的原材料和外购件都要求准时地离开和到达指定的地点，没有任何等待加工的工件，也没有等待任务加工的工人和设备。

JIT 的最终目标是一个平衡系统，一个贯穿整个系统的平滑、迅速的物料流。在该方式下，生产过程将在尽可能短的时间内，以尽可能最佳的方式利用资源，杜绝浪费。

在 JIT 理念中，浪费包括过量生产、等候时间、不必要运输、存货、加工废品、低效工作方法和产品缺陷。特别地，JIT 认为库存是万恶之源，因为它不仅占用大量的资金，造成修建或租赁仓库等一系列不增加价值的活动，造成浪费，还将许多管理不善的问题掩盖起来，如机器经常出故障、设备调整时间太长、设备能力不平衡、缺勤率高、备件供应不及时等问题，使问题得不到及时解决。JIT 就是要通过不断减少各种库存来暴露管理中的问题，以不断消除浪费，进行不断的改进。

尽管 JIT 的基本思想简单，容易理解，但是，实现 JIT 却不容易。JIT 设置了一个最高标准，一种极限——零。实际生产只能无限地接近这个极限，但却永远不可能达到。日本丰田汽车公司从看到美国的超级市场开始，就有了准时制生产的思想，但还是经过了 20 多年坚持不懈的努力，才达到比较完善的地步，但离极限"零"也还存在差距。因此，JIT 需要不断改进。

13.4.2　看板控制系统

1. 拉动式系统和推进式系统

在生产计划与控制方面，JIT 不同于物料需求计划，JIT 称为拉动式系统（pull），物料需求计划称为推进式系统（push）。

对于拉动式系统，如图 13-4 所示，由市场需求信息拉动产品装配需求，再由产品装配拉动零件加工。每道工序和每个车间按照当时的需要向前一道工序和上游车间发出需求指令，上游工序和车间则完全按这些需求指令进行生产，形成物流和信息的统一。这种方式为拉动式方法。

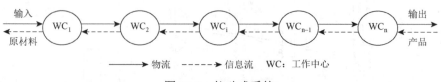

图 13-4　拉动式系统

对于推进式系统，如图 13-5 所示，计划部门根据市场需求，按零部件展开，计算出每种零件部件的需要量和需要时间，形成每个零部件的投入产出计划，然后将计划发给每一个工作地和车间。每一工作地和工作车间都按计划制造零部件，将实际完成情况反馈到计划部门，并将加工完的零部件送到后一道工序和下游生产车间，不管后一道工序和下游生产车间当时是否需要。这种方式称为推进式方式。由于实际生产作业计划会不可避免地受到随机因素的干扰，因此推进式方式必然造成物流和信息流的分离。

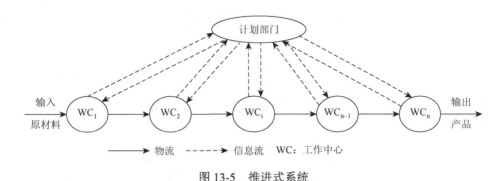

图 13-5　推进式系统

2. 看板

看板是传递生产计划与控制信息的工具，可以直接使用装载零件的容器、循环通知单或指令卡代替，起传递指令信号的作用。在 JIT 系统中，因为生产或零部件供应的指令信号均来自下游工序，所以它们的生产或零部件的供应都必须根据看板来进行。

看板一般分为两种，即生产看板和传送看板。生产看板用于指挥生产，规定了各工序应该生产的零部件种类及其数量。生产看板一般是通过指挥放置零部件的容器的适时适量的补给来指挥 JIT 生产的。传送看板则用于指挥零部件在前后两道工序之间的传送，即适时适量地将容器内的在制品传送到下游工序，一般容器内所规定放置的零部件的数量是固定不变的。

当需要改变产出率时，只需要根据简单的计算公式，从 JIT 生产系统中增减容器的数量，即可调整生产率。当然，在计算公式中还需要考虑安全库存量，但通常限制在日需求的 10%以内。这一计算公式给出的实际上是理论上所需要的看板/容器的数量。在实践中，企业通常尽可能地减少生产循环中的看板/容器的数量，以保证在制品库存最小化。

13.4.3　准时制生产方式实施的其他条件

通过前面的阐述，JIT 是一个拉动式系统，其生产计划与控制可以通过看板控制系统来完成。但要使整个 JIT 生产方式能够顺利实施，仅仅通过看板控制系统还远远不够，必须关注流程设计、全面质量控制、稳定的计划、与供应商建立合作关系、不断减少库存和改进产品设计，如图 13-6 所示。

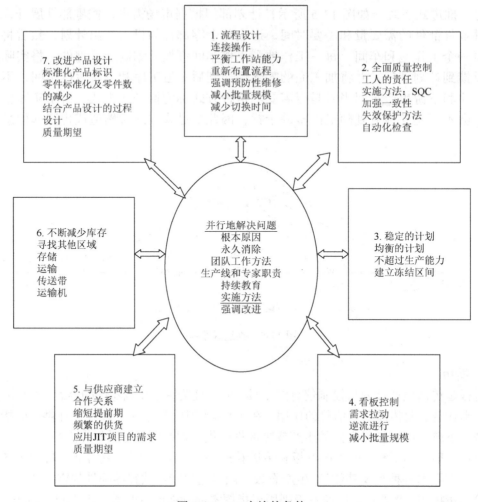

图 13-6　JIT 实施的条件

1. 流程设计

工厂设施的布置一般分工艺原则布置和产品原则布置。不管采用哪种布置方式，JIT实施要求工厂布局的设计应该能够保证均衡工作流，并具有最小化的在制品库存，这就意味着无论实际的生产线是否存在，都要把每个工作站（或工作中心）看成生产线的一部分。同一条生产线一般应该采用统一的原则进行能力平衡，并确保所有工作站的作业通过拉动系统联系到一起。因此，JIT 的设计必须把内部和外部的物流系统的各方面与工厂布局的联系清晰地显示出来。

2. 全面质量控制

全面质量控制是指制造工艺的每一步都要确保产品质量，而不是通过检验来确保质量；同时，所有员工必须对自己的工作质量完全负责，而不是推给质量检验部门。只有当员工对其工作质量完全负责时，才能保证系统中流动的全是高质量的产品，才能保证 JIT的最有效运行。

3. 稳定的计划

JIT 的基础是均衡生产，为了实现 JIT 的均衡生产，企业需要一个能够在较长时间保持稳定的均衡计划。均衡计划的条件是生产能力预留。在 JIT 环境下，通过预留生产能力，可以替代库存的缓冲作用。尽管预留生产能力必然会导致多余的劳动力和机器设备，从而导致该部分的成本上升，但这部分的成本仍会大大低于过量库存的成本，并且，通过在生产淡季让多余的劳动力从事工作站的日常维护工作，参加工作小组，以及思考工作改进措施，也会进一步提高生产质量和生产效率。

4. 与供应商建立合作关系

不同于传统的采购供应关系，在 JIT 系统中，企业与供应商建立合作关系。基于这种合作关系，供应商愿意且能够按看板要求进行小批量供应高质量的零部件，从而保证 JIT 系统平滑的工作流运行。

5. 不断减少库存

在 JIT 理念中，库存就是浪费，库存掩盖了实际生产中存在的问题，并使这些问题永远也得不到解决。为此，JIT 方法为使问题充分暴露往往逐步减少库存。一旦问题得以发现并解决，系统就可以减少库存，发现和解决更多问题，依次类推。随着生产问题越来越多地被解决，对库存的依赖性也就越来越小。

6. 改进产品设计

标准部件、模块化设计以及质量是产品设计的三个重要因素，它们是 JIT 系统的关键。尽量在产品设计中使用标准部件意味着工人需要处理的部件种类更少，采购、处理与质量检查能够程序化，大大降低生产人力成本；尽量采用模块化设计，通过模块化设计，大大减少需要处理的部件数，简化了装配、采购、处理和培训等；尽量将质量设计到产品与生产过程中，提高产品的质量，降低因产品质量造成的成本损失。

JIT 实施的目标是彻底消除无效劳动和浪费，具体目标如下。

（1）废品量最低。JIT 要求消除各种引起不合理的原因，在加工过程中每一工序都要求达到最高水平。

（2）库存量最低。JIT 认为，库存是生产系统设计不合理、生产过程不协调、生产操作不良的证明。

（3）准备时间最短。准备时间长短与批量选择相联系，如果准备时间趋于零，准备成本也趋于零，就有可能采用极小批量。

（4）生产提前期最短。短的生产提前期与小批量相结合的系统，应变能力强，柔性好。

（5）减少零件搬运，搬运量低。零件送进搬运是非增值操作，如果能使零件和装配件运送量减少，搬运次数减少，可以节约装配时间，减少装配中可能出现的问题。

（6）机器损坏低。

（7）批量小。

13.5　从制造到"智造"

随着移动互联网的迅速普及,社会环境变化和经济转型升级导致市场环境发生了重大改变。互联网+时代,大数据技术发展成熟,企业需要收集包括社交媒体及其他渠道的多源大数据,清楚地了解终端用户的动态需求,并以此指导自身的精益经营,从传统制造转化为智能制造。

伴随对智能制造的探索,美的从单一产品的制造商转向提供系统集成服务方案的科技集团,成为精益工厂智能化转型的良好范本。这家世界500强企业对于智造的定义,也随着企业的发展和行业的革新,不断被完善和丰满。2008年,美的对智能制造的探索始于内需,通过开展传统MES的建设提升产品品质;2013年,美的逐渐聚焦于一个核心六个维度的建设,即以智能精益工厂为核心,结合智能自动化、智能机器人、智能物流、智能信息化、移动大数据、物联网集成等六大关键技术应用;2018年,在人机新世代创新战略视野下,美的智造有了更大胆的探索:不仅引进机器人、打造智能工厂,注重基于大数据的分析和打通、让所有业务的互联互通,更大力打造工业互联网生态圈,向社会输出能适应各类复杂生产应用场景的自动化及商业解决方案。美的正在走一条中国特色"智造"之路:从自身智能制造的需求出发,加快转型升级,并集合软硬件资源和自身经验,向外输出智能制造方案,形成新的增长点。

13.5.1　软硬兼施的智造实践

建立效率驱动的智能精益工厂,硬件和软件是两只"翅膀"。硬件方面,智能自动化关注两个焦点:一是减小劳动强度,让工人更安全;二是取代工人,提升产品可靠性,满足客户个性化需求。软件方面,智能信息化是实现产品设计、制造和企业管理的信息化、生产过程控制的智能化、制造装备的数控化。如数控机器人、自动化生产线,都是集成的技术,将数字化的软实力与硬体装备的投入相辅相成,才能达至真正意义上的智能制造。

美的在智能制造的实践上,也有着同样的思路。美的集团智能制造职能负责人曾旻指出:"通过智能制造建设及数字化转型,美的已经成功实现了软件、数据驱动的全价值链运营。"例如,美的在总部、事业部、基地工厂三个层面,建成了一体化的企业级的自主MES系统,并已全面覆盖全集团32家国内工厂,1000多条生产线。平台日应用人数近万人、每天通过系统产生60万条财务交易凭证上传、100万条物资出入库记录、管控九万多个生产作业过程、覆盖制造全流程的采集与追溯,实现了制造过程中人、财、物等重要资源的集约化管理,极大地促进了智能制造的效能。而库卡、高创的加入,也让美的在深耕智能制造时优势明显。

13.5.2　前景无限的智造赋能

整合企业自身内部优势资源,以自身的业务板块协同和丰富行业实践为基石,从自身智能制造的需求出发,加快转型升级。并集合软硬件资源和自身经验,向外输出智能制造方案,赋能其他制造企业,形成新的增长点。

以美的清洁电器事业部为例，搭建的成品自动输送仓储系统就彰显了技术升级为精益生产带来的深度变革，成为家电制造业首家实现"成品分拣输送、堆码和智能立库"的一体化智能解决方案。通过引入大量机器人、自动化设备以及自主研发的软件应用，实现从成品下线到出货装柜环节的自动化。智能立库占地面积 6548 平方米，建筑面积相比同等平库降低约 3.3 万平方米、成本（包含运营成本）约为平库的一半，实现智能仓储、智能转产、智能出库。同时，由于对接 MES 系统和物流系统，对于所有使用 MES 码的箱体包装产品和企业都具备可复制性。据美的清洁电器事业部副总经理栾春介绍：这一项目，是美的集团内部对于优势资源整合的一次成功例证，不仅充分展现了智能制造技术的注入为企业带来的效益，也展现了向社会分享智能制造领域成果、赋能其他制造企业的可能。

具体来说，精益工厂的发展路径，分为传统精益工厂、数字精益工厂、智能精益工厂三个阶段。目前美的已进入数字精益工厂建设阶段，基本完成了自动化集成，下一步是结合工业互联网、工艺仿真技术，为进入智能精益工厂阶段做准备。未来，将结合人工智能技术，实现智能自动化。

13.6　本　章　小　结

精益生产是一种以最大限度地减少企业生产所占用的资源和降低企业管理与运营成本为主要目标的生产方式，同时，它又是一种理念，一种文化，即不投入多余的生产要素，只在适当时间生产的下道工序或市场需要数量的产品。与大量生产方式相比，精益生产在生产目标、工作方式、管理方式等方面存在很大的差异。精益生产的最终目标通过不断地消除浪费和增强生产柔性能力提高公司的整体利润，其实现需要相应的技术支撑体系，如 5S 现场管理、消除浪费和 JIT 生产方式等。

5S 现场管理也是精益生产技术支撑的基础。5S 是指整理（SEIRI）、整顿（SEITON）、清扫（SEISO）、清洁（SEIKETSU）和素养（SHITSUKE）。5S 现场管理的目标就是营造安全、舒适、明亮的工作环境，提升员工的工作热情，从而塑造企业良好的形象。

精益生产的核心思想是消除浪费。要消除浪费，需要遵循了解浪费、识别浪费、消除浪费和改进浪费四个步骤。根据精益生产对浪费的定义，最常见的有七种浪费：纠正错误、过量生产、物料搬运、动作、等待、库存和过度加工。价值流图是一种能够分析和消除浪费的有效的工具。

JIT 是实施精益生产的关键。JIT 也称无库存生产方式、零库存或一个流。它认为库存是万恶之源，必须通过不断减少各种库存来暴露管理中的问题，从而消除浪费，并不断地进行改进。在生产计划与控制方面，JIT 不同于物料需求计划，JIT 称为拉动式系统，物料需求计划称为推进式系统。看板管理是拉动式生产计划与控制中的一种典型方法。要实施 JIT 生产方式，仅仅通过看板控制系统还远远不够，必须关注流程设计、全面质量控制、稳定的计划、与供应商建立合作关系、不断减少库存和改进产品设计。

制造转向"智造"是精益生产的趋势。智能制造战略聚焦"一个核心、六个维度"的建设，即以智能精益工厂为核心，结合智能自动化、智能机器人、智能物流、智能信息化、移动大数据、物联网集成等六大关键技术应用，前三项偏硬件，后三项偏软件。精益工厂的发展路径，分为传统精益工厂、数字精益工厂、智能精益工厂三个阶段。

习　题

1. 简述精益生产的概念。

2. 简要分析精益生产与大规模生产之间的区别。

3. 简要叙述精益生产的技术支撑体系。

4. 根据精益生产，浪费是如何定义的？最常见的有哪几种浪费？消除浪费应该遵循怎样的步骤？

5. 运用价值流图，以一个企业的实际运作情况为例，绘制出该企业的价值流图，并讨论如何消除这些浪费？

6. 探讨如何利用精益生产的理念改善下列企业：医院、银行和超市服务。

7. 5S 的含义是什么？5S 现场管理的目的是什么？结合实际生活或企业，讨论 5S 现场管理的必要性。

8. 什么是推进式系统？什么是拉动式系统？它们的区别是什么？

9. 什么是看板？看板有几种类型？

10. JIT 生产方式实施的条件是什么？结合企业案例，讨论其中一个条件或几个条件的重要性。

11. 案例分析

医院精益管理思考

流动并拉动价值（flow and pull value）是精益生产中的核心原则之一，在国际上，有越来越多的医院，应用精益生产中的流动与拉动的原理和方法来持续改善医院服务流程中的问题，并积累了大量的宝贵经验，值得学习和借鉴。

1. 何为流动？

医院里常见的流动有患者、信息和物料的流动，还有医务人员、辅助工、家属等的流动。医院门诊服务常面临的浪费有门诊患者在医院内来回跑动、无序穿梭、排队等待，甚至会被部门间的沟通不畅推诿，造成患者乱流和流动受阻。导致这样的原因主要有：①患者在医院不同部门之间流动，但各部门相互独立，布局不连续，患者经常会搞不清楚流程，即使知道流程，也常常找不到该去的地方，造成患者寻找困难；②医院信息的传递和沟通是被动的且不可视，而患者流、物料流以批量流和推动的方式为主；③就诊人数和医务人员工作量的峰谷分布严重不均衡。

患者就医的总成本包括看病支付的费用、所花费的时间及为解决问题所遇到的麻烦的总和。一个患者在就医期间，看病所花费的时间越长，遇到的麻烦越多，患者就越不满意，就医体验就越差，而这些对患者来说都是浪费，不产生价值。

"流动"顾名思义是使价值不间断地流动起来。"连续流动"之所以重要，是因为它能让浪费可视化，让价值最大化，以及让员工的主动性积极性得以充分发挥。有效的流动就是让患者、信息和物料等稳定的、可视的、根据需要单个的、朝着一个方向流动，而没有迂回、停留和受阻的流动。要保持有效流动，需要从以下几方面来改进。

1）生产同步化

生产同步化是精益管理的核心。工业上的生产同步化是指前工序的加工一结束，应该立即转到下一工序上。整个生产线的同步化是实现精益生产的一个基本原则。这种生产方式正是目前医院的改进需求，围绕患者需求，各部门间如何达成同步化？

患者到医院前，能通过互联网、手机 APP 等新媒体工具了解熟悉就医流程，并预约自己需要的医生。患者在挂号预约时，就能知道就诊的相关准备和医技检查预约，如需要带齐就诊所需的证件、就诊卡以及历史病例资料，如检查需要空腹等。

患者到医院后，映入眼帘的应该是整个医院布局和就医流程的大屏幕，就如高铁站和机场的班次信息的大屏幕一样。每位患者第一步都需要分诊，不应乱流，挂号参照火车站的自助售票、取票机，或飞机场的取登机牌的自助机，患者挂号后会顺着地标或指引（机场安检后到登机口有时候会走很长的路、飘过很多的景，但不会走错）走到预约的医生诊室，医生正好看完一个患者。候诊护士接着为你做诊前准备，再到医生诊室、相关辅助检查部门，不同检查部门之间都有信息的互通并提前预知，知道什么时间段、有多少人会来检查，资源适当配置后有序进行，让所有的诊疗过程达到稳定流动和全面协同。

2）生产均衡化

医院里有很多的不均衡现象，如门诊高峰、住院患者检查治疗高峰等峰谷值现象。生产均衡化是指企业采购、制造以及配送的整个过程都与市场需求相符合，医院可以理解为能力和需求相匹配。均衡化另一层意思是通过设备通用化和作业标准化，将复杂程度不一的工作进行均衡（如种类、数量和时间）。只有进行均衡后才能保持医院更好的流动。

2. 何为拉动？

目前，医院里很多工作还是靠预测、靠计划、靠推动方式来实施。如排班、补货、物资采购等，这些都是按预测，而不是通过客户需求来拉动，而医院的供应商也习惯按医院的计划补货送货，假如预测不准造成耗材物料堆积、人员浪费，或者库存不足、被动等待、响应不及时，影响医疗服务质量。产生以上问题的主要原因是，一方面没有认识到拉动的潜在作用，另一方面信息系统滞后，很难即时获取实际需求。

医院里的看板拉动，通过屏幕墙能监测和协调医院内的各项活动，提供患者动向的实时信息。如 GE 公司已经将美国航空航天局指挥中心搬到医院，根据看板的实时信息对进入医院、科室间移动、驶回的救护车、等候出院的患者、手术室计划安排以及接收流程进行优化，试图将入院、转诊、手术室、人员调配以及其他任务的不同部门连接起来。

约翰·斯霍普金斯医院的指挥中心建成投用还不到 1 年时间，取得了明显成效：等待住院床位的急诊患者下降了 30%，因没有康复床位或住院床位而被迫滞留手术室的患者减少了近 70%，同时对医院什么时候接近或超出接诊能力进行预测，并能发出预警，对海量数据进行高效分析，并将结果展现出来，让各个管理部门可以直观、便捷地根据数据指标，合理调度配置资源进行事件决策，这是理想的医院里的看板拉动。

如果需要充分利用每一张病床、每一分钟，没有这些强大的信息系统，无法做到这么精准。只有这样，医院才能高效地运转，精益求精，以达到最佳的服务效能水平。

　　越来越多地看到流动和拉动在医院的应用,如采血、生化免疫、血球、尿液等检测流水线,气动物流、物流小车和运输待清洁的餐具流水线等都是流动系统的应用。挂号预约、住院协调、医技检查集中预约、手术医护协同、不同部门的取号、叫号等都是拉动系统的应用。

　　这些流动并拉动的应用大大提高了工作效率和质量,如某医院检验科报告时间看板拉动,在年患者数增加 40%情况下,报告时间及时性的年投诉从 6 起降到 0 起,除了流程优化,看板拉动起关键作用,这确实是从被动变主动、从推动到拉动、从隐蔽到可视的思维上大的跨越。

　　思考:

　　(1)以你熟悉的医院为例,从患者角度谈谈医院服务流程常常存在的问题。

　　(2)结合精益生产的思想或技术支撑体系,医院精益管理还可以在哪几方面进行改进?

第 14 章

质量管理

引导案例

近年来，中国生鲜电商市场发展迅速，不断刺激着消费者新的消费需求，带动消费水平、消费方式不断升级。为促进上海在线新经济发展，鼓励新零售模式创新，2020 年 6～8 月，上海市消保委联合相关部门开展了"2020 年上海线上生鲜平台消费评价"，对 16 家线上生鲜平台进行了调查。

网络调查显示，线上生鲜平台已经成为消费者买菜的重要渠道之一，有 88.3% 的消费者有在线上买菜的经历，其中有 27.7% 消费者表示生活中主要是通过线上生鲜平台买菜的。此次调查主要围绕运营能力、品控能力、客服能力三个维度进行评价。

在运营能力方面，上海市消保委分别从品类丰富、区域覆盖、货品描述、价格标示和物流效率这五个项目进行考量。

在品类丰富度上，16 家生鲜平台均有鲜活水产类，其中 1 家平台鲜活水产类产品较少，但目前已经在逐步丰富中。

业务在上海的区域覆盖情况，有 3 家生鲜平台做到了上海地区全覆盖，有 5 家平台做到了上海地区基本覆盖。

商品描述方面，以鸡蛋为例，有 9 家平台在保质期标示方面做了明示，5 家平台没有标示鸡蛋保质期。另有 2 家平台的保质期只能在图片宣传页面找到，明示程度不够。

在关于规格描述方面，主要考量平台是否标明下限重量、配送价格以及可比较价格。16 家生鲜平台均明示了配送价格。

对于生鲜产品来说，品控是比较重要的一个环节。在物流防损方面，有 12 家生鲜平台可以做到物流环节无损耗，但也有一些平台连基本的防损措施都没有。

部分生鲜产品对冷链的要求非常高，经过购买测试，有 12 家生鲜平台的化水率接近0。其他平台化水率达到了 25%～45%。另外，有 1 家平台购买的冷冻产品送到时已无冰，接近常温。

在重量和规格方面，部分平台的重量相符度较低，有平台实际净含量和标示净含量相差达 53%。

在保质期方面，有一家平台的鸡蛋保质期标示 30 天，送到消费者手上时保质期还剩28 天，但也有若干家平台的鸡蛋未标注保质期。某平台产品送达时更是已过可生食期限。

在客服能力方面，上海市消保委主要考察为消费者服务和为消费者解决问题的能力。

在人工客服方面，本次调查中有 13 家平台可比较流畅地找到人工客服。但也有部分平台存在内部推诿的情况。经统计，本次调查中有 8 家平台的人工客服能够一次当场解决问题，但也有些平台需要多次反馈才解决问题，还有一些平台客服拒绝解决问题。

思考：当我们在讨论线上生鲜电商平台的质量问题时，我们所说的质量究竟意味着什么？要做好质量管理应该注意哪些问题呢？

14.1　质量的含义

质量是企业在市场上竞争的主要维度之一，20 世纪 80 年代，为了应对日本企业在全球给美国企业带来的冲击，美国商务部正式设立马尔科姆波多里奇国家质量奖（Malcolm Baldrige National Quality Award）以帮助本国企业建立更好的质量管理体系。而我国也分别由中国质量协会和国家质检总局于 2001 年和 2013 年设立全国质量奖和中国质量奖。由此可见，质量不仅关系到一个企业的生存与发展，也同样关系到国家的长期发展。

质量的定义种类繁多，根据美国质量协会（American Society for Quality）的定义，质量被认为是产品或服务的性能和特征的总和，这些性能和特征反映了产品或服务满足陈述的或隐含的需求的能力。这里性能指的是产品的主要功能，而特征是一些附加的次要特色。关于产品的设计质量的不同维度见表 14-1。

表 14-1　设计质量的维度

维度	含义
性能	产品或服务的主要功能
特征	一些附加的特征
可靠性/耐久性	产品可使用周期，并在此周期内保持性能的稳定性等
可维修性	易于维修维护
美感	感官特征，如声音、感觉和外观等
感知质量	以往产品的性能以及声誉

设计质量反映的是企业对于市场需求的响应，可以说是一种企业认为适合自己的"理想"状态，或者说是产出目标。但企业的生产或服务流程是否能够按照自己设计的规范稳定地提供产品或服务关系到另一种质量，也就是一致性质量。另一位质量管理大师克劳斯比（Crosby）就认为质量是"符合要求"。如果企业能够非常稳定地按照自己的设计规范交付产品，那么一致性质量是好的，但如果"理想"（设计质量规范）很丰满，现实（实际产出）很"骨感"（不能达到设计规范的要求），则总体给予消费者的质量感知依然是不好的。

其他有关质量的定义可以分为三类：基于用户的定义认为，质量"取决于观察者的眼睛"。依照质量管理大师朱兰（Juran）的定义，质量就是一种适用性，它反映的是消费者认为产品或服务满足自己需求的能力。营销人员和消费者喜欢这种方法。对他们来说，更高的质量意味着更好的性能和其他方面的改进。对生产经理来说，质量是基于制造的。他们认为质量意味着符合企业内部标准和"第一次就做对"。第三类定义是基于产品的，它将质量视为一个精确和可测量的变量。例如，真正好的冰淇淋有较高的乳脂含量。

本章介绍的方法和技术可用以管理所有三个类别的质量。首先必须通过研究（一种基于用户的质量方法）来确定包含质量的特征。然后将这些特征转换为特定的产品属性（基于产品的质量方法）。然后，组织制造过程以确保产品精确地符合规格（基于制造的质量方法）。忽略其中任何一个步骤的过程都不会得到高质量的产品。

14.2 质 量 检 验

质量检验管理阶段是从 20 世纪初至 30 年代末，是质量管理的初级阶段，主要特点是以事后检验为主。泰勒提出按照职能的不同进行合理的分工，首次将质量检验作为一种管理职能从生产过程中分离出来，建立了专职质量检验制度，并逐渐形成了制定标准（管理）、实施标准（生产）和按标准检验（检验）的三权分立。

如今为了确保系统按预期生产，依然需要对过程进行控制。最佳过程与标准期望相差不大。事实上，如果能完全消除生产或服务系统的不确定性，就不需要检验，因为没有缺陷。运营经理面临的挑战就是构建这样理想的系统。然而，现实中必须经常进行检验，以确保过程符合标准。这种检验包括测量、品尝、触摸、称重或测试产品（包括破坏性检验）。检验的目标是立即检测出一个失控的流程。检验只是发现系统或产品中存在的缺陷，而不纠正这些缺陷，也不改变产品或增加产品价值。

检验应该被看作改进系统的一种手段。运营经理需要知道两个关键点：①何时检验；②何处检验。

决定何时何处检验取决于流程的类型和每个阶段增加的附加值。检验可在下列任何时间地点进行：

（1）在供应商的工厂当供应商正在生产时；

（2）在自己的仓库当收到供应商的产品时；

（3）在高成本或不可逆的生产流程之前；

（4）在分步生产过程中；

（5）当生产结束时；

（6）在交付给客户之前；

（7）在客户接触点。

在后续章节中全面质量管理的七个工具有助于"何时何处进行检验"的决策。然而，检验并不能代替由训练有素的员工在良好的过程中生产出高质量的产品。在一家独立研究机构进行的一项著名实验中，100 件有缺陷的物品被混入一批"完美"的产品中，然后接受 100%的检验。在第一次检验中，检验员只发现了 68 件有缺陷的产品。检验人员又检验了三次才找到另外 30 个缺陷产品。最后两个缺陷产品则从未被发现。由此可见，检验过程中也存在不确定性。此外，检验员只是人，重复劳动会使他们感到无聊和变得疲惫，而且检验设备本身也不是绝对可靠的。即使 100%检验，检验员也不能保证完美。因此，良好的流程、员工授权和源头控制是比通过检验发现缺陷更好的解决方案。

14.3 统计质量控制

1924 年，美国数理统计学家休哈特提出控制和预防缺陷的概念。他运用数理统计的原理提出在生产过程中控制产品质量的 6σ 法，绘制出第一张控制图并建立了一套统计卡片。与此同时，美国贝尔研究所提出关于抽样检验的概念及其实施方案，成为运用数理统计理论解决质量问题的先驱，但当时并未被普遍接受。以数理统计理论为基础的统计质量控制的推广应用始自第二次世界大战。由于事后检验无法控制武器弹药的质量，美国国防部决定把数理统计法用于质量管理，并由标准协会制定有关数理统计方法应用于质量管理方面的规划，成立了专门委员会，并于 1941～1942 年先后公布一批美国战时的质量管理标准。从单纯依靠质量检验事后把关，发展到过程控制，突出了质量的预防性控制的管理方式。而这些方法真正大放异彩是质量管理大师戴明（Deming）将其带到日本帮助日本的制造业一时称霸全球。这些统计质量控制的方法也为后来的六西格玛管理奠定了基础。戴明的主要质量管理观点非常简洁，也称为戴明十四条（Deming's 14 Points），是全面质量管理发展的重要理论基础。

一般而言，统计质量控制是一系列不同的技术，用于从一致性角度评估质量。也就是说，产品或服务在满足设计阶段所设定的规范方面表现如何？使用统计质量控制技术管理质量性能通常包括对流程进行定期抽样，并使用统计得出的性能标准分析这些数据。

通常，生产或服务流程在其输出中存在一定的不确定性或波动。这种不确定性可能是由许多因素引起的，其中一些因素我们可以控制，另一些则是在这个过程中固有的。可以明确识别甚至可能管理的因素称为系统因素，对应的不确定性称为系统不确定性。例如，由于工人没有得到同等的培训或机器调整不当而引起的产品性能不确定性。过程本身固有的不确定性称为随机不确定性。例如，它可能是生产流程中某一类设备选型必然导致的结果。

学习本节内容需要掌握基础统计学有关知识。如一组数据的均值（$\bar{X}$）、标准差（σ）如何计算：

$$\bar{X} = \frac{\sum_{i=1}^{n} x_i}{n}$$

$$\sigma = \sqrt{\frac{\sum_{i=1}^{n} (x_i - \bar{X})^2}{n}}$$

其中，x_i 为观察收集到的数据值，n 为总共收集到的数据值数量。

在使用统计质量控制监控流程时，将获取流程输出的样本并计算样本统计数据。与样本相关的分布应该表现出与过程的实际分布相同的变异性,尽管抽样分布的实际方差会更小。这有利于快速检测出流程实际分布的受系统因素影响造成的变动。抽样的目的是发现流程何时受某种系统因素影响发生了变化,以便能够快速确定该变化的原因。

14.3.1 理解和测量流程不确定性

通常认为质量会随着不确定性降低而提高,如地铁到站时刻的不确定性降低说明地铁服务更加准时,木门与门框尺寸配合得更精确人们就可以少受大风天噪声的影响等。另外,由于技术的限制,几乎不可能将不确定性完全消除。因此,设计人员建立的质量规范不仅定义了产品或服务某方面属性的目标值,还定义了目标的可接受范围。例如,如果一个尺寸的目标值是 10 厘米,那么设计规范可能是 10.00 厘米 ± 0.05 厘米。这将告诉制造部门,虽然它的目标应该正好是 10 厘米,但 9.95~10.05 厘米的任何长度都可以。这些设计范围通常称为上限值和下限值。

对于设计规范较为传统的理解是任何满足设计规范的产品都同等满足质量要求,而任何落在设计规范以外的产品都被认为是有缺陷的产品。如图 14-1 所示,在整个设计规范之内质量成本为 0,而一旦超出设计规范,质量成本有一个跃升。

日本质量管理专家田口玄一指出,传统理解两个主要不合理的方面。

(1)从消费者的角度来看,恰好落在设计范围内的产品和恰好落在设计范围之外的产品并没有实质的差别。相反,正好处于设计规范的产品和落在设计规范边缘的产品之间质量差别明显。

(2)随着消费者的要求逐渐提高,企业往往有降低不确定性的压力,而图 14-1 并不能反映出这一逻辑。

田口玄一提出了一种更为合理的评价质量成本的方法,如图 14-2 所示。只有刚好满足设计目标值的产品质量成本为 0。当产品属性偏离设计目标值时,其质量成本随着偏离值的增大而增大,且增速也是递增的。

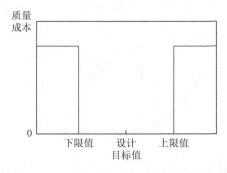

图 14-1　传统视角下不确定性质量成本

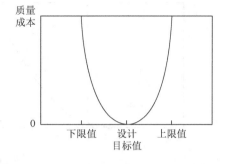

图 14-2　田口视角下不确定性质量成本

14.3.2 衡量过程能力

田口玄一认为符合规范不是一个是或否的选项,而是一个连续的函数。另外,摩托罗拉公司的质量专家认为,用于生产产品或提供服务的流程应该足够好,产生缺陷的概率应该非常低。摩托罗拉采用六西格玛极限，使过程能力和产品设计闻名于世。当设计一个零件时，某些属性被指定在上下限值之内。例如，用在精密设备上的一根轴承需要很精准的直径大小，设计规范的要求可能是 3.15 厘米 ± 0.01 厘米。

由于设备、人员以及组织方式等差别，能用于生产这样的轴承的流程可能有多种，管理人员需要在不同流程中进行权衡。例如，有些流程的产能可能比较高，但是生产的轴承直径大小不是很稳定，而其他流程可能产能较低，但轴承直径大小比较稳定。生产流程的稳定性可以用产出轴承的直径标准差来衡量。例如，抽样 100 根轴承，然后测量每根轴承的直径从而得到样本的均值及标准差等数据。假如我们测得的样本均值正好是 3.15 厘米，可以说这个生产流程是"瞄准"上下限中间值的，是非常理想的生产流程，但现实中往往很难做到这样完美趋中的流程。假设当前流程生产出的轴承直径的标准差为 0.004 厘米，那么每次产出的轴承直径会存在微小的差别。统计质量控制将通过控制图持续监测流程的产出，一旦发现轴承的直径超出目标值（3.125 厘米）上下 3 倍标准差（ ± 0.012 厘米）将终止生产流程。

我们可以看到流程产出的波动范围（ ± 0.012 厘米）比产品设计规范要求的范围（ ± 0.01 厘米）要大，这将导致生产出的产品有较高的比例是不符合设计规范的。采用六西格玛管理的企业会要求设计规范上下限离目标值的距离在 6 倍的流程标准差之内。例如，轴承的生产流程，如果要满足六西格玛要求，则流程的产出标准差要控制在 0.001 666 7（0.01/6）之内。

当一个流程的产出均值和标准差能够满足设计规范上下限要求时，称这个流程是胜任的。如图 14-3 所示，该图表示初始生产流程中产出轴承的直径分布，其均值是 3.15 厘米，而设计上下限分别是 3.16 厘米和 3.14 厘米。而流程控制上下限则是均值加减三倍的标准差，也就是 3.162 厘米和 3.138 厘米。这样的生产流程可能生产出有缺陷的产品，也就是图中两端深色区域。

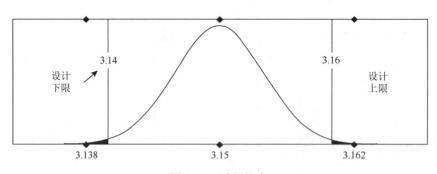

图 14-3　过程能力

而如果能改进流程，降低流程产出轴承的直径标准差，也就能减少生产缺陷产品的概率。如图 14-4 所示，改进后的流程产出标准差降为 0.002 厘米。此时，理论上流程的产出仍然有可能是缺陷产品，但这个概率要低了很多。此外，如果流程产出的均值偏离了目标值，如图 14-5 所示，流程均值向设计上限方向偏离了一倍的标准差距离，这会导致流程产出更多的缺陷产品，但是从图中可以看到，这个比例依然将非常低。过程能力指数就是用来衡量流程产出满足设计规范程度的一项指标。

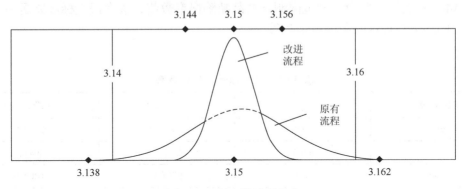

图 14-4 提高的过程能力

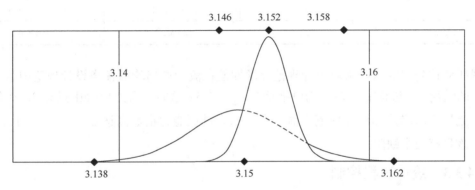

图 14-5 均值发生偏移下的过程能力

过程能力指数是设计规范允许的取值范围与流程实际产出的取值范围之间的比值。它反映了流程实际产出符合设计规范的程度，其正式计算公式如下：

$$C_{pk} = \min\left\{\frac{\overline{X} - \text{LSL}}{3\sigma}, \frac{\text{USL} - \overline{X}}{3\sigma}\right\}$$

其中，USL（upper specification limit）和 LSL（lower specification limit）分别代表设计上下限值，σ 为标准差。以图 14-5 的数据为例，生产流程产出的均值为 3.152，标准差为 0.002，则

$$C_{pk} = \min\left\{\frac{3.152 - 3.14}{3 \times 0.002}, \frac{3.16 - 3.152}{3 \times 0.002}\right\} = \min\{2, 1.33\} = 1.33$$

这个过程能力指数相当不错，流程产出的缺陷产品将非常少。

例 14-1 某工厂生产一种家用小型氧气罐，设计规范要求罐内氧气量均值应为 6L，上下限分别为 6.5L 和 5.5L。质量经理从生产线上取出一个样本，测量后发现该样本罐内氧气量均值为 6.1L，标准差为 0.2L。则该生产流程的过程能力指数是多少？

解：LSL = 5.5，USL = 6.5，$\overline{X} = 6.1$，$\sigma = 0.2$

$$C_{pk} = \min\left\{\frac{\overline{X} - \text{LSL}}{3\sigma}, \frac{\text{USL} - \overline{X}}{3\sigma}\right\} = \min\left\{\frac{6.1 - 5.5}{3 \times 0.2}, \frac{6.5 - 6.1}{3 \times 0.2}\right\} = \min\{1, 0.67\} = 0.67$$

表 14-2 提供了一些设计规范限制下产品缺陷概率数值，该表假设标准差是一定的且流程产出的均值与设计规范的中值相等。

表 14-2　能力指数与缺陷概率

规范限制	C_{pk}	缺陷数量	缺陷概率
$\pm 1\sigma$	0.333	317/千个	0.317 3
$\pm 2\sigma$	0.667	45/千个	0.045 5
$\pm 3\sigma$	1.0	2.7/千个	0.002 7
$\pm 4\sigma$	1.333	63/百万个	0.000 063
$\pm 5\sigma$	1.667	574/十亿个	0.000 000 574
$\pm 6\sigma$	2.0	2/十亿个	0.000 000 002

摩托罗拉公司的六西格玛设计规范要求即使在流程产出均值偏离设计规范中值 1.5 倍标准差的情况下，过程能力指数仍可维持在 $C_{pk} = 1.5$ ，这时每百万机会中只有 3.4 个缺陷。而如果流程产出均值和设计规范中值一致，那么过程能力指数高达 $C_{pk} = 2$ ，每十亿个机会中应该只有两个缺陷。

14.3.3　统计过程控制

过程控制是要在生产或服务进行的同时对其质量进行监控，其目标通常是为决策者实时提供能反映当前生产出的产品是否能满足设计规范的信息，并且能检测出流程均值和标准差的异常。更早发现流程的异常可以避免生产出有缺陷的产品，从而降低缺陷率。统计过程控制是指从生产中进行随机抽样，并测量样本的相关数据以检验当前流程是否受控。

之前的例子中用到的质量指标称为变量，属于可取连续值的计量型指标，如重量、长度、气温等，存在一定的接受范围。另一类质量指标则从是否满足规范分为两类，这种指标又称为属性，如颜色、材料、气味等，要么好要么坏。下面分别针对两类质量指标介绍四类基础的质量控制图。

（1）p-Chart 是以样本中次品所占比例作为过程控制指标，采用属性质量指标意味着样本只有两个标签，要么合格要么缺陷。计算出过程控制上下限后，我们可以把检测的每个样本的次品率标在控制图上。如果周期性取出的样本次品率一直处于控制上下限之内，可以认为流程当前处于受控状态。控制上下限的计算公式如下：

$$\text{样本总次品率 } \overline{p} = \frac{\text{所有样本中次品总数}}{\text{样本数量} \times \text{样本容量}}$$

$$样本次品率标准差\ \sigma_p = \sqrt{\frac{\overline{p}(1-\overline{p})}{n}}$$

$$过程控制上限\ \text{UCL} = \overline{p} + z\sigma_p$$

$$过程控制下限\ \text{LCL} = \max\{\overline{p} - z\sigma_p, 0\}$$

其中，n 为样本容量，z 为反映允许偏离均值范围的标准差倍数，一般取 $z = 3$（99.7%置信度）或 $z = 2.58$（99%置信度）。

绘制该控制图需要注意选取合适的样本容量，样本容量需要足够大以便计算次品率。例如，某流程的次品率仅为 1%，如果样本容量为 5，那么样本中出现次品的概率将非常小。依据经验，选取的样本容量应该保证每个样本中期望的次品个数为 2。按这个规则，次品率为 1%的流程中抽取的样本容量应为 200。

例 14-2　某保险公司希望设计一个控制图来监视保险索赔表单填写是否正确。该公司打算使用该图表来查看表单设计上的改进是否有效。该公司收集了过去 10 天内错误填写索赔表格的数量。保险公司每天要处理成千上万份这样的表格，由于检查每份表格的费用很高，每天只能收集到一小部分有代表性的样本。相关数据见表 14-3。请画出 p-Chart。

解： 首先，计算样品总次品率

$$\overline{p} = \frac{所有样本中次品总数}{样本数量 \times 样本容量} = \frac{91}{3000} = 0.030\,33$$

然后，计算样本次品率标准差

$$\sigma_p = \sqrt{\frac{\overline{p}(1-\overline{p})}{n}} = \sqrt{\frac{0.030\,33(1-0.030\,33)}{300}} = 0.009\,90$$

最后，计算过程控制上下限，选取 $z = 3$ 以保证 99.7%的置信度使得流程产出落在上下限之间。

$$\text{UCL} = \overline{p} + 3\sigma_p = 0.030\,33 + 3 \times 0.009\,90 = 0.060\,03$$

$$\text{LCL} = \max\{\overline{p} - z\sigma_p, 0\} = 0.030\,33 - 3 \times 0.009\,90 = 0.000\,63$$

根据以上数据可以绘制如图 14-6 的控制图 p-Chart。

表 14-3　保险公司样本数据

样本	样本容量	样本中次品数	次品率
1	300	10	0.033 33
2	300	8	0.026 67
3	300	9	0.030 00
4	300	13	0.043 33
5	300	7	0.023 33
6	300	7	0.023 33
7	300	6	0.020 00
8	300	11	0.036 67
9	300	12	0.040 00

续表

样本	样本容量	样本中次品数	次品率
10	300	8	0.026 67
总数	3000	91	0.030 33
	样本标准差		0.009 90

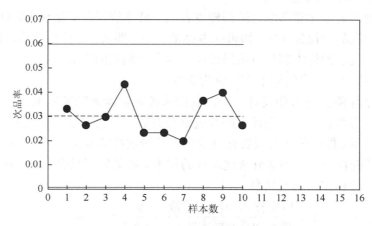

图 14-6　保险公司次品率 p-Chart

（2）c-Chart。在上述的 c-Chart 中，受控的产品或服务要么是合格的要么是次品。而有些情形下，一件产品或服务可能存在不止一个缺陷。例如，如果车间环境管理不善，汽车喷漆流程中很容易使灰尘等杂质附着在车身上，从而导致各种喷漆瑕疵，一辆车的瑕疵数量可能不止一个。当我们要检测一个产品上的缺陷数量时，用 c-Chart 比较合适。

基于缺陷随机出现在每个产品上的假设，我们认为每个产品上缺陷数量服从泊松分布。如果 c 是特定产品的缺陷数，那么 $\bar{c}$ 就是产品缺陷数的平均值，其标准偏差是 $\sqrt{\bar{c}}$。出于绘制控制图的目的，我们使用泊松分布的正态近似，并使用以下控制限制来构造该图。

$$\bar{c} = 每件产品平均缺陷数$$

$$\sigma_c = \sqrt{\bar{c}}$$

$$\text{UCL} = \bar{c} + z\sqrt{\bar{c}}$$

$$\text{LCL} = \max\{\bar{c} - z\sqrt{\bar{c}}, 0\}$$

与 p-Chart 一致，取 $z = 3$（99.7%置信度）或 $z = 2.58$（99%置信度）。

例 14-3　某建材公司通过 c-Chart 来检测供应商提供的 2 米 × 4 米的板材，对于中等质量的板材来说，一张板材上轻微划痕的数量均值应为 4 个。请设计三西格玛上下限的控制图。

解：对于这个问题很明显

$$\bar{c} = 4$$

$$UCL = \bar{c} + z\sqrt{\bar{c}} = 4 + 3 \times 2 = 10$$

$$LCL = \max\{\bar{c} - z\sqrt{\bar{c}}, 0\} = \max\{4 - 3 \times 2, 0\} = 0$$

（3）变量质量指标的控制图：均值控制图和极差控制图。不同于属性质量指标，在对变量质量指标进行控制时，我们通过抽样测量得到具体的重量、长度等数值，根据这些数据绘制控制图来决定当前流程是否处于受控状态。例如，在属性质量指标下进行抽样时，当某产品重量超过 10 千克时，我们认为是合格产品，而当其重量低于 10 千克时，我们认为是次品。而在变量质量指标的抽样中，通过测量可以记录 9.7 千克或 10.1 千克等数值。随后，应用这些数值来创建控制图以决定当前样本是否落在可接受的范围内。

要创建这样的控制图，有四个主要问题需要解决：①样本容量；②样本数量；③抽样频率；④控制上下限。

（1）样本容量：对于实际工业应用来说，我们希望样本容量尽可能小。这主要有两点原因：第一，样本必须在一段相对较短的时间内抽取，否则，流程可能已经产生变化，这时同一个样本中会有来自不同流程的产品，从而影响统计结果。第二，样本容量越大，检测的成本就越高。

一般而言 4~5 是较为合理的样本容量。此时，不论原总体是什么分布，样本均值的分布近似为一个正态分布。样本容量超过 5 会使得绘制的控制图上下限间距较小，从而使控制更为敏感。对于精度要求很高的流程，很有必要采用较大的样本容量。不过如果样本容量超过 15，那么一般而言使用均值控制图和极差控制图不如使用基于标准差的均值控制图。

（2）样本数量：一旦控制图创建好，每次抽样的结果可以添加到控制图上，并通过分析控制图决定当前流程是否受控。而要创建控制图，根据经验至少分析 25 个样本为宜。

（3）抽样频率：间隔多长时间进行一次抽样主要在两方面进行平衡，一方面是抽样检测的成本，一方面是调整流程获得的收益。一般而言，对于新的流程可以较为频繁地抽样，随着流程逐渐稳定需要降低抽样频率。例如，对于新投产的产品可能需要半小时抽出 5 件产品检测，而当投产 3 个月后也许一天抽样一次就够了。

（4）控制上下限：对于变量质量指标的标准统计过程控制一般将控制上下限设置在均值上下 3 倍的标准差。这样 99.7%的样本均值应该落在控制上下限之内。因此，一旦有样本均值落在上下限之外，我们就很有信心判断当前流程处于失控状态。

当流程产出分布的标准差 σ 已知时，均值控制图的上下限可通过以下公式获得

$$UCL = \bar{X} + z\sigma_{\bar{X}}$$

$$LCL = \max\{\bar{X} - z\sigma_{\bar{X}}, 0\}$$

其中，$\sigma_{\bar{X}} = \sigma/\sqrt{n}$ 为样本均值的标准差，n 为样本容量，$\bar{X} = \dfrac{\sum_{i=1}^{n} x_i}{n}$ 为样本的均值，

$\overline{X} = \dfrac{\sum_{j=1}^{m} \overline{X}_j}{m}$ 为样本均值的均值或者流程产出的目标值，m 为样本的数量，z 同样一般取值为 3。

在现实中，往往流程产出分布的标准差是不知道的，特别是新产品投产时。这时，往往使用极差来代替标准差。极差是指一个样本中最大的数值与最小数值之间的差异。计算每组样本的极差可以求出极差的均值

$$\overline{R} = \dfrac{\sum_{j=1}^{m} R_j}{m}$$

其中，R_j 为第 j 组样本的极差。对应的控制上下限如下：

$$\mathrm{UCL} = \overline{X} + A_2 \overline{R}$$
$$\mathrm{LCL} = \overline{X} - A_2 \overline{R}$$

极差控制图的上下限如下：

$$\mathrm{UCL}_R = D_4 \overline{R}$$
$$\mathrm{LCL}_R = D_3 \overline{R}$$

其中，A_2，D_3，D_4 的取值见表 14-4。

表 14-4　控制限系数表

样本容量 n	均值图系数 A_2	控制上限 D_4	控制下限 D_3
2	1.88	0	3.27
3	1.02	0	2.57
4	0.73	0	2.28
5	0.58	0	2.11
6	0.48	0	2.00
7	0.42	0.08	1.92
8	0.37	0.14	1.86
9	0.34	0.18	1.82
10	0.31	0.22	1.78
11	0.29	0.26	1.74
12	0.27	0.28	1.72
13	0.25	0.31	1.69
14	0.24	0.33	1.67
15	0.22	0.35	1.65
16	0.21	0.36	1.64
17	0.20	0.38	1.62
18	0.19	0.39	1.61
19	0.19	0.40	1.60
20	0.18	0.41	1.59

例 14-4 通过表 14-5 给出的数据构造均值控制图和极差控制图。

表 14-5 样本数据

样本数	测量值 1	测量值 2	测量值 3	测量值 4	测量值 5	样本均值	极差
1	10.60	10.40	10.30	9.90	10.20	10.28	0.70
2	9.98	10.25	10.05	10.23	10.33	10.17	0.35
3	9.85	9.90	10.20	10.25	10.15	10.07	0.40
4	10.20	10.10	10.30	9.90	9.95	10.09	0.40
5	10.30	10.20	10.24	10.50	10.30	10.31	0.30
6	10.10	10.30	10.20	10.30	9.90	10.16	0.40
7	9.98	9.90	10.20	10.40	10.10	10.12	0.50
8	10.10	10.30	10.40	10.24	10.30	10.27	0.30
9	10.30	10.20	10.60	10.50	10.10	10.34	0.50
10	10.30	10.40	10.50	10.10	10.20	10.30	0.40
11	9.90	9.50	10.20	10.30	10.35	10.05	0.85
12	10.10	10.36	10.50	9.80	9.95	10.14	0.70
13	10.20	10.50	10.70	10.10	9.90	10.28	0.80
14	10.20	10.60	10.50	10.30	10.40	10.40	0.40
15	10.54	10.30	10.40	10.55	10.00	10.36	0.55
16	10.20	10.60	10.15	10.00	10.50	10.29	0.60
17	10.20	10.40	10.60	10.80	10.10	10.42	0.70
18	9.90	9.50	9.90	10.50	10.00	9.96	1.00
19	10.60	10.30	10.50	9.90	9.80	10.22	0.80
20	10.60	10.40	10.30	10.40	10.20	10.38	0.40
21	9.90	9.60	10.50	10.10	10.60	10.14	1.00
22	9.95	10.20	10.50	10.30	10.20	10.23	0.55
23	10.20	9.50	9.60	9.80	10.30	9.88	0.80
24	10.30	10.60	10.30	9.90	9.80	10.18	0.80
25	9.90	10.30	10.60	9.90	10.10	10.16	0.70
						$\overline{X} = 10.21$	$\overline{R} = 0.60$

解：均值控制上下限为

$$\mathrm{UCL} = \overline{X} + A_2\overline{R} = 10.21 + 0.58 \times 0.60 = 10.56$$

$$\mathrm{LCL} = \overline{X} - A_2\overline{R} = 10.21 - 0.58 \times 0.60 = 9.86$$

极差控制图的上下限为

$$\text{UCL}_R = D_4\overline{R} = 2.11 \times 0.60 = 1.27$$

$$\text{LCL}_R = D_3\overline{R} = 0 \times 0.60 = 0$$

根据以上求出的上下限值绘制控制图如图 14-7 所示。从图中可以看到第 23 个样本均值非常接近控制下限，而 13～17 个样本连续高于均值或目标值。

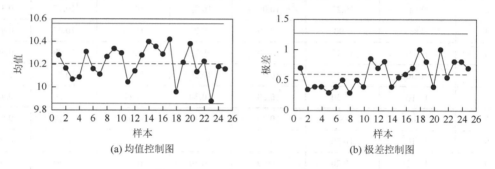

(a) 均值控制图　　　　　　　　　　(b) 极差控制图

图 14-7　均值控制图和极差控制图

当样本数据落在 3 倍标准差控制上下限以外时，我们认为有充分的证据表明流程失控了，因为这种事件发生的概率是 0.27%，这时生产会暂停检查设备等因素以确定流程失控的原因。但是，虽然概率很小，但理论上来讲依然存在流程正常，但样本测量值落在 3 倍标准差范围之外的，这种情况下我们找不出任何流程问题，但由于停产而损失了产能，导致企业额外承受成本损失，这种情况称为第一类错误。另一种情况是即便流程已经处于失控状态，但可能由于偏离正常状态不明显或者流程标准差本身较大，控制图无法在少量的样本检测下发现问题，这时生产会继续，从而使得这段时间内产品的缺陷率上升，这种情况称为第二类错误。应用控制图的两类错误见表 14-6。

表 14-6　应用控制图的两类错误

决策	流程状态	
	受控	失控
停止流程进行调查	第一类错误	正确决策
继续流程	正确决策	第二类错误

为防止第二类错误的发生，通常应该降低流程产出的不确定性，保持流程稳定生产。如图 14-8 所示，降低流程不确定性的好处显而易见，在流程产出分布的均值发生同样的偏移的情况下，图 14-8（a）就很难快速察觉流程失控的状态，而图 14-8（b）就很容易发现失控问题。

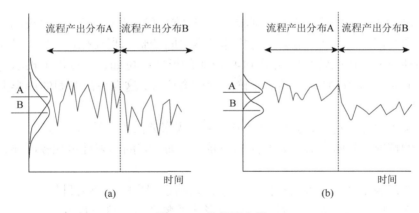

图 14-8　柱状图分析

　　除了流程产出样本数据落在 3 倍标准差之外，精细的质量管理体系中还可能因为其他因素触发质量问题调查。图 14-9 就是一些常见的值得注意的现象。之所以出现类似图像模式的控制图可能需要调查，主要是因为统计质量控制中应用统计方法的潜在底层假设是每次抽样都是独立同分布的，但往往这些抽样之间是存在相关性的，特别是相邻时间的样

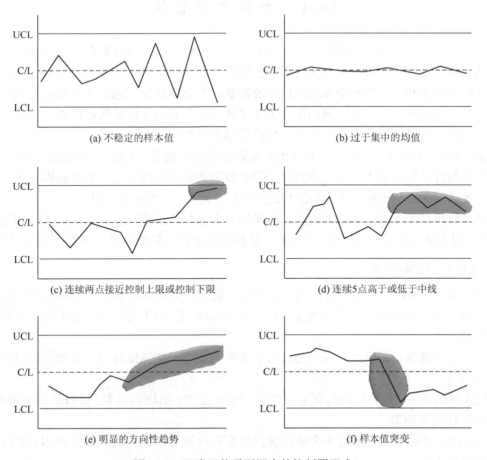

图 14-9　几类可能需要调查的控制图形式

本之间。例如，使用某种刀具加工切削轴承，那么随着时间的推移刀具会逐渐磨损，轴承的直径也就会有偏大的趋势，这会使得相邻样本之间的轴承直径存在一定的相关性，这在一段时间的抽样上有可能就会出现图 14-9（e）的形式。再如，一批加工轴承的原料可能硬度较高，在使用这批原料时产品的不确定性就会增大，这在一段时间的抽样上有可能就会出现图 14-9（a）的形式。

统计质量控制是通过统计抽样的方法对生产或服务流程进行事中监控，及早发现流程中出现失控的情况，从而降低缺陷产品的数量。然而，它的局限性也比较明显，主要表现在以下方面。

（1）仍然以满足产品标准为目的，而不是以满足用户的需要为目的。

（2）偏重工序管理，而没有对产品质量形成的整个过程进行控制。

（3）统计技术难度较大，主要靠专家和技术人员，难以调动广大工人参与质量管理的积极性。

（4）质量管理与组织管理未密切结合，质量管理仅限于数学方法，常被领导人员忽视。

正是由于上述不足，质量管理另一套思想体系即全面质量管理诞生。

14.4　全面质量管理

20 世纪 50 年代以来，随着生产力的迅速发展和科学技术的日新月异，人们对产品的质量从注重产品的一般性能发展为注重产品的耐用性、可靠性、安全性、维修性和经济性等。在生产技术和企业管理中要求运用系统的观点来研究质量问题。在管理理论上也有新的发展，突出重视人的因素，强调依靠企业全体人员的努力来保证质量以外，还有"保护消费者利益"运动的兴起，企业之间市场竞争越来越激烈。在这种情况下，美国费根鲍姆（Feigenbaum）于 20 世纪 60 年代初提出全面质量管理的概念。他提出全面质量管理是"为了能够在最经济的水平上、并考虑到充分满足顾客要求的条件下进行生产和提供服务，并把企业各部门在研制质量、维持质量和提高质量方面的活动构成为一体的一种有效体系"。全面质量管理扩大了质量管理的范围，从早期集中于生产过程扩展到了产品设计和原材料的采购，以及企业经营其他环节。其重要特征就是要求高层领导更多地参与到质量管理中。

14.4.1　质量成本

20 世纪 60 年代，克劳斯比提出"零缺陷"概念，他认为质量是"免费"的。要理解这一观点，首先要介绍一些质量成本（cost of quality，COQ）的概念。与质量相关的成本可分为四大类。

（1）鉴定成本：评定产品或工艺是否可接受的成本，如测试费用、实验室费用以及测试员成本等。

（2）预防成本：为防止缺陷发生而产生的成本总和，如培训成本、设备防错装置成本、质量改进计划费用等。

（3）内部故障成本：出现不合格在交付给客户前被检出而构成的损失成本，如返工成本、废弃成本等。

（4）外部故障成本：在交付后被检出不合格产品而构成的损失成本，如返工成本、退货成本、商誉损失甚至公关危机。

前三类成本都可以比较准确地估计，而外部故障成本则比较难以进行定量估计。例如，通用电气曾经因为一款洗碗机导致七起火灾事故而召回310万台产品，而维修成本远高于产品价值。上汽通用于2018年召回332万辆不同车型，保守估计维修费用也在10亿元以上，而商誉方面的损失更是难以估计。由此可见，企业可能往往低估外部故障成本。

根据克劳斯比的理论"所有没将事情第一次做对的行为是产生质量成本的主要原因"。因此，所谓"质量免费"是指通过员工培训、设备防错、设计认证等方式保证产品在设计、生产、售后等全过程中维持和提高产品质量，而这必将提高预防成本，但是随着产品质量实质性地提高，其他三方面的质量成本在长期来看可以得到有效降低，从而实现总体质量成本下降的目标，如图14-10所示。

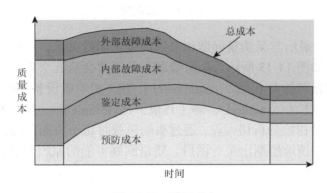

图14-10　质量成本

14.4.2　全面质量管理工具

为了在企业实施全面质量管理，需要质量管理人员甚至全体员工了解基本的相关的管理方法和工具，这里简要介绍七种常用的方法或工具，按照其常用功能又可分为三类。

（1）产生改进想法的工具：检查表、散点图、鱼骨图（也称为因果图或石川图）。

（2）组织数据的工具：流程图和帕累托分析。

（3）发现问题的工具：柱状图和控制图。

检查表是一种记录数据的结构化工具，见图14-11。通过检查表，管理人员可以在记录数据的同时更容易发现数据背后的模式及隐藏的相关事实，以便于后续的原因分析。例如，通过检查表记录缺陷产生于不同区域的数量，或记录不同类型的客户投诉。

缺陷	时间							
	1	2	3	4	5	6	7	8
A	///	/		/	/	/	///	/
B	//	/	/	/			//	///
C	/	//					//	////

图14-11　检查表

　　散点图可以揭示两个变量之间的相关性。例如，工厂生产效率和工人旷工率之间可能存在图 14-12 所示的相关性，研究变量之间的相关性往往是认识问题的第一步，挖掘所有因素之间有无相关性及相关性强弱是发现因果关联的先决条件。

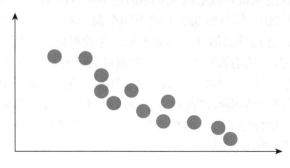

图 14-12　散点图

　　鱼骨图是图形化显示与某质量问题相关的因素之间的关系，从而找出造成质量问题根本原因的工具，如图 14-13 所示。质量管理人员通常会从五个方面着手分析质量存在问题的原因，它们分别是人（人员，manpower）、机（机器或设备，machinery）、料（原料，material）、法（方法，method）、环（环境，environment）。对于大部分问题，这五个方面提供了很好的初始分析切入点，通过头脑风暴将每个方面的潜在原因展示在对应的鱼骨上。当我们系统地绘制出鱼骨图后，质量问题可能的原因几乎会"自动"呈现在我们面前。

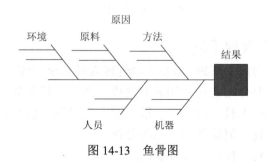

图 14-13　鱼骨图

　　帕累托分析是反映不同原因导致质量问题的百分比，从而帮助管理人员聚焦资源解决关键质量问题。如图 14-14 所示，某酒店在一个月内收集到 75 条客户投诉，通过帕累托分析进行投诉分类并计算不同类型投诉的频率和占比，可以发现其中 72% 的投诉来自客房服务，如果能找出导致投诉的根源，那么将来大部分的投诉都可以避免发生。其他现实中的例子如日本一家复印机制造商理光运用帕累托分析来解决客户回访问题，由于第一次服务未到位，理光需二次派出工程师上门服务，而这项费用由理光承担。找出集中回访发生的 11% 的工程师并对他们进行重新培训，这一举措降低回访数量 19%。

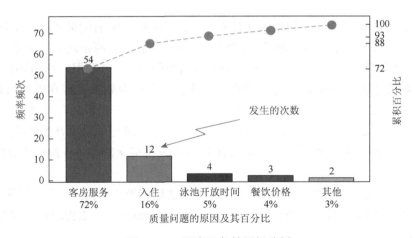

图 14-14 酒店服务帕累托分析

柱状图是用于分析质量问题相关的数据频次或频率的工具。它与帕累托图类似，区别在于帕累托图是按照百分比从高到低排列，而柱状图是按照某个质量指标来进行排序，如按轴承的直径大小，如果根据数据得到类似图 14-15（a）的柱状图可以比较有信心生产流程的产出服从正态分布，流程比较正常。而如果我们的数据给出的图形类似图 14-15（b），那么应该警惕是什么原因导致大量轴承的直径偏小。

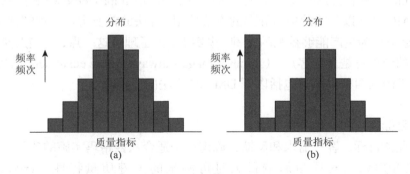

图 14-15 柱状图分析

流程图以及控制图在流程分析与设计以及本章的统计质量控制部分已经很详细地介绍过了，这里不再重复。

14.5 六西格玛管理

六西格玛是 20 世纪 80 年代由摩托罗拉公司创建的概念和相应的管理体系，并全力应用到公司的各个方面，从开始实施的 1986～1999 年，公司平均每年提高生产率 12.3%，不良率降到以前的 1/20。尽管六西格玛起源于生产制造行业，后来通用公司将其应用到人力资源、销售、客户服务以及金融业务等服务领域，也同样取得了巨大成功。可见六西格玛的核心思想和方法，也就是消除缺陷同样适用于制造业和服务业。

缺陷就是任何不符合客户规格要求的产品。公司的每一项活动都可能是缺陷发生的机会，六西格玛试图减少导致这些缺陷的流程中的不确定性。六西格玛将不确定性视为质量的大敌，六西格玛背后的许多理论都致力于解决这个问题。一个采用六西格玛控制的流程，在每十亿个机会中产生的缺陷不超过两个。通常，这表示为如果流程在偏离目标 1.5 西格玛情况下运行，每百万个机会只有 3.4 个缺陷。例如，上海浦东机场每年的乘客流量达 7000 万人，假设有 50% 的乘客托运行李，且每个行李在托运过程中有两次出现错误的机会，那么在六西格玛控制的体系下，全年应只有大约 $70 \times 50\% \times 2 \times 3.4 = 238$ 名乘客出现托运问题。

六西格玛思维的好处之一是使用一个共同的度量标准来比较不同的流程。这个度量是每百万机会中的缺陷数量（defects per million opportunities，DPMO）。这个计算需要三类数据：

（1）单位产品，即生产或服务流程的单位产出；

（2）缺陷，任何不满足客户要求的事件或失误；

（3）机会：缺陷发生的可能性。

$$DPMO = \frac{缺陷的数量}{每件产品缺陷机会数量 \times 产品数量} \times 1\,000\,000$$

六西格玛的工具包括许多在其他质量管理方法中使用的统计工具，但在这里，它们通过定义（define）、测量（measure）、分析（analysis）、改进（improvement）和控制（control），也就是 DMAIC 循环以系统的项目导向的方式使用。方法的首要重点是理解并实现客户的需求，因为这被视为生产能够盈利的关键。事实上，为了理解这一点，一些人使用 DMAIC 作为"愚蠢的经理总是忽略客户"（dumb managers always ignore customers）的缩写。

一个标准的六西格玛项目包括以下 DMAIC 方法的应用。

（1）定义。

①确定目标客户和他们的优先级。

②根据业务目标、客户需求和反馈，确定一个适合六西格玛实施的项目。

③确定客户认为对质量影响最大且可测量的关键质量特性（critical-to-quality characteristics，CTQ）。

（2）测量。

①确定如何度量流程及其执行方式。

②识别影响关键质量特性的主要内部流程，并测量当前由这些流程产生的缺陷。

（3）分析。

①确定最可能产生缺陷的原因。

②通过识别最有可能产生流程不确定性的关键变量来理解缺陷产生的根本原因。

（4）改进。

①确定消除缺陷原因的方法。

②确定关键变量并量化它们对 CTQ 的影响。

③确定关键变量的最大接受范围并建立测量变量偏差的系统。

④修改流程，使其产出保持在可接受的范围内。

（5）控制。

①确定如何保持改进。

②开发管理工具以确保关键变量保持在修改后流程的最大接受范围内。

14.6　本章小结

本章介绍了质量管理的基本概念，从用户价值、设计质量和生产质量三个维度构建了质量管理体系。根据质量管理发展的不同阶段，分别介绍了质量检验、统计质量控制、全面质量管理以及六西格玛管理等不同管理理念以及相关的基础管理方法。虽然以上不同的理念和方法处于质量管理不同发展时期的产物，但现代企业仍应视自身发展的阶段合理组合运用质量管理的理论和方法。

习　题

1. 一家公司目前在其原料验收部门尝试实施一个全面降低成本的计划。一个有可能降低成本的方法是取消一个检测点。这个检测点所检验的材料平均缺陷率是 0.04，通过检测所有的原材料，检测设备可以排除所有的次品。检测设备每小时能检测 50 单位产品。这种检测设备每小时的费用大约为 90 元。如果取消这一检测设备，次品进入产品装备线，并在最终检测时被发现了，此时每件替换成本为 100 元。

（1）是否应该取消该检测设备？

（2）单位检测成本是多少？

2. 一家金属加工厂生产的连杆的外径规格要求为 1 厘米 ± 0.01 厘米，一位检验人员在一段时间内抽取了若干样本，确定该样本的外径平均值为 1.002 厘米，标准差为 0.003 厘米。

（1）计算这个例子中的过程能力指数；

（2）这些数据能反映生产流程的哪些特征？

3. 一条装配线主管提取了 5 个样本，每个样本包括 6 个观测值，并在立项情况下为均值图计算了控制限。每个样本均值和极差如表 14-7 所示，请问 3 倍标准差的控制下限是多少？

表 14-7　样本的均值和极差

样本编号	样本均值	样本极差
1	2.18	0.33
2	2.12	0.38
3	1.86	0.40
4	1.98	0.38
5	2.02	0.35

4. 一位经理说她的生产流程运行得很好。在 1500 个零部件中，有 1477 个没有缺陷，并通过了检验。根据六西格玛理论，你如何评价这种表现？

5. 表 14-8 列出了去年某商店产生的所有质量成本。请问去年的四类质量成本分别是多少？

表 14-8 质量成本

项目	成本
检验费用	155 000 元
报废材料成本	286 000 元
返工费用	34 679 元
质量培训费用	456 000 元
保修费用	1 546 000 元
测试费用	543 000 元

6. 暖通空调制造公司为供暖、通风和空调行业生产零部件与材料。其中一家工厂为国内建筑市场生产各种尺寸的金属管道系统。其中一种产品是直径 6 厘米的圆形金属管道。虽然这是一个简单的产品，但成品管道的直径是至关重要的，如果管道太小或太大，承包商将很难将管道安装到系统的其他部分。目标直径为 6 厘米，允许误差为 ±0.03 厘米，任何超出规格的产品都视为残次品。此产品的主管有数据显示成品的实际直径均值为 5.99 厘米，标准偏差为 0.01 厘米。

（1）该流程当前的能力指数是多少？在这个过程中生产出残次品的概率是多少？

（2）生产线主管认为他能够在不改变流程的条件下调整工艺，使输出的平均直径与目标直径相同。如果他成功了，能力指数是多少？在这个调整后的流程中，生产出一个残次品的概率是多少？

（3）通过提供更好的员工培训和为设备升级投资，公司可以生产出与目标平均直径相等，标准偏差为 0.005 厘米的产品。在这种情况下能力指数是多少？以及生产出残次品的概率是多少？

7. 每天从某一保险公司某一特定部门抽取部分完成的表格，以检查该部门的工作质量。为制定本部门初步的规范标准，相关人员在 15 天内每天收集了 100 个样本，统计结果如表 14-9 所示。

表 14-9 样本统计结果

样本	样本容量	有错误的表单数量	样本	样本容量	有错误的表单数量
1	100	4	9	100	4
2	100	3	10	100	2
3	100	5	11	100	7
4	100	0	12	100	2
5	100	2	13	100	1
6	100	8	14	100	3
7	100	1	15	100	1
8	100	3			

（1）使用 95% 的置信区间（$z = 1.96$）绘制 p-Chart；

（2）绘制这 15 个样本的统计控制图；

（3）你对这个流程有什么看法？

8. 表 14-10 包含了喷油器键长尺寸的测量值，这些大小为 5 的样本每隔一小时采集一次。为喷油器的长度绘制一个三西格玛均值控制图和极差控制图。你怎么评价这个过程？

表 14-10　喷油器键长尺寸测量值

样本编号	观测值				
	1	2	3	4	5
1	0.486	0.499	0.493	0.511	0.481
2	0.499	0.506	0.516	0.494	0.529
3	0.496	0.500	0.515	0.488	0.521
4	0.495	0.506	0.483	0.487	0.489
5	0.472	0.502	0.526	0.469	0.481
6	0.473	0.495	0.507	0.493	0.506
7	0.495	0.512	0.490	0.471	0.504
8	0.525	0.501	0.498	0.474	0.485
9	0.497	0.501	0.517	0.506	0.516
10	0.495	0.505	0.516	0.511	0.497
11	0.495	0.482	0.468	0.492	0.492
12	0.483	0.459	0.526	0.506	0.522
13	0.521	0.512	0.493	0.525	0.510
14	0.487	0.521	0.507	0.501	0.500
15	0.493	0.516	0.499	0.511	0.513
16	0.473	0.506	0.479	0.480	0.523
17	0.477	0.485	0.513	0.484	0.496
18	0.515	0.493	0.493	0.485	0.475
19	0.511	0.536	0.486	0.497	0.491
20	0.509	0.490	0.470	0.504	0.512

参 考 文 献

阿曼德, 谢泼德, 2014. 创新管理: 情境、战略、系统和流程. 陈劲, 译. 北京: 北京大学出版社.

陈荣秋, 马士华, 2011. 生产运作管理. 3 版. 北京: 高等教育出版社.

陈荣秋, 周水银, 2002. 生产运作管理的理论与实践. 北京: 中国人民大学出版社.

盖泽, 等, 2005. 运营管理. 9 版. 北京: 人民邮电出版社.

海泽, 伦德尔, 2012. 运作管理. 陈荣秋, 张祥, 等, 译. 北京: 中国人民大学出版社.

李葆文, 2019. 设备管理新思维新模式. 4 版. 北京: 机械工业出版社.

刘思峰, 2015. 预测方法与技术. 2 版. 北京: 高等教育出版社.

刘徐方, 李耀华, 2019. 物流与供应链管理. 北京: 清华大学出版社.

柳荣, 2020. 新物流与供应链运营管理. 北京: 人民邮电出版社.

罗鸿, 2003. ERP 原理、设计、实施. 北京: 电子工业出版社.

马凤才, 2007. 运营管理. 北京: 机械工业出版社.

马士华, 陈荣秋, 崔南方, 等, 2017. 生产运作管理. 北京: 清华大学出版社

潘春跃, 杨晓宇, 2017. 运营管理. 2 版. 北京: 清华大学出版社.

乔普拉, 迈因德尔, 2017. 供应链管理. 6 版. 陈荣秋, 等, 译. 北京: 中国人民大学出版社.

任建标, 2006. 生产与运作管理. 北京: 电子工业出版社.

斯莱克, 布兰, 等, 2015. 运营管理. 7 版. 陈福军, 吴晓巍, 等, 译. 北京: 清华大学出版社.

孙元欣, 2003. 供应链管理原理. 上海: 上海财经大学出版社.

特罗特, 2020. 创新管理与新产品开发(原书第 6 版). 北京: 机械工业出版社.

万国华, 2019. 排序与调度丛书: 排序与调度的理论、模型和算法. 北京: 清华大学出版社.

王军, 王晓东, 2019. 智能制造之卓越设备管理与运维实践. 北京: 机械工业出版社.

杨建华, 张群, 杨新泉, 2006. 运营管理. 北京: 清华大学出版社.

张建林, 2012. MATLAB & Excel 定量预测与决策: 运作案例精编. 北京: 电子工业出版社.

张涛, 邵志芳, 吴继兰, 2020. 企业资源计划(ERP)原理与实践. 3 版. 北京: 机械工业出版社.

张卫良, 2008. 全球供应链管理. 北京: 中国物资出版社.

Benton W C, Shin H, 1998. Manufacturing planning and control: The evolution of MRP and JIT Integration. European Journal of Operational Research, 110(3): 411-440.

Chase Jr C W, 2015. 大数据预测: 需求驱动与供应链变革. 漆晨曦, 张淑芳, 译. 北京: 人民邮电出版社.

Chase R B, Aquilano N J, Jacobs F R, 2003. 运营管理. 北京: 机械工业出版社.

Davis M M, Aquilano N J, Chase R B, 2004. 运营管理基础. 北京: 机械工业出版社.

Fitzsimmons J A, Fitzsimmons M J, 2003. 服务管理——运作、战略与技术. 北京: 机械工业出版社.

Gartner, 2019. Market Share Analysis: ERP Software, Worldwide.

Hishleifer J, 1956. On the economics of transfer pricing. The Journal of Business, 29(3): 172-184.

Jacobs F R, Bendoly E, 2003. Enterprise resource planning: Developments and directions for operations management research. European Journal of Operational Research, 146(2): 233-240.

Pinedo M, 2007. 调度: 原理、算法和系统. 张智海, 译. 北京: 清华大学出版社.

Plenert G, 1999. Focusing material requirements planning(MRP)towards performance. European Journal of Operational Research, 119(1): 91-99.

Stevenson W J, 2015. 运营管理. 12 版. 张群, 张杰, 马凤才, 译. 北京: 机械工业出版社.

Tinkham M A, Kleiner B H, 1992. New developments in service operations management. Industrial Management, 34(6): 20-22.

University of Cambridge International Examinations, 2010. 商务运营管理. 教育部考试中心组织编译, 陈运涛, 编译.北京: 中国财政经济出版社.

参 考 文 献 · 345

Hingham, M. A., Kleiner, B. H. 1992. New developments in service operations management. Industrial Management, 34(6): 20-22.

Ministry of Commerce International Co-ntribution 2010. 海外で活躍する日本企業調査報告書. 東京: 海外 広報、印刷所: 東京広報社.